Sustainability in Arts Education Series
永续艺术教育丛书

统整的力量

THE POWER OF INTEGRATED CURRICULUM: THE CORE OF STEAM EDUCATION

[美] 陈怡倩●著
Yichien Cooper

直击 STEAM 核心的课程设计

CNS | 湖南美术出版社

目 录

2 推荐语

11 关于这本书

第一章
1 为什么要做统整课程计划

第二章
25 课程设计的要素：教学的对象

第三章
49 课程设计的基本要素：教学目标与内容

第四章
67 课程设计的基本要素：教学方法与评鉴

第五章
89 常见统整艺术课程

第六章
109 桥梁型的课程设计的理论架构

第七章
135 学生的心灵状态

第八章
165 价值观与课程设计

第九章
183 课纲与价值体系

第十章
213 课程规划与思维导图

第十一章
239 STEAM 艺术科技统整课程的本质与方向

第十二章
275 迈向系统化思维的统整教学

299 感谢的话

301 参考文献

推荐语

郭祯祥 前联合国教科文组织国际美术教育协会主席、世界华人美术教育协会创始人及主席

思维为美。

尹少淳 首都师范大学美术学院教授、亚洲美术教育研究发展中心主任、教育部国家美术课程标准研制（修订）课题组组长、中国美术家协会少儿美术艺术委员会主任

《道德经》曰："无名天地之始，有名万物之母。"其解释不一，我认同如此解释：天地最初是混沌一体的，其后逐渐分化，趋于具体，并以名命之。教育亦复如此。最初的教育乃于生活之中以综合之形态存在，随着知识的分化，学科的出现，教育也逐渐分科化。中国周朝的"六艺"和西方中世纪的"七艺"皆为大分化之教育形态。

分化是解决"人生有涯而知无涯"的困窘之良方，而且推进了学科向精深发展。其缺陷则是将原先完整的知识图景碎片化，破坏了知识的完整性，不仅降低了人们解决问题的能力，而且因为解决问题极少运用多学科知识，降低了人的创新能力，因为很多创新往往发生在不同学科间的交互与融通之中。此外，还原至生活情境中，也极少有单一学科的存在，因为不同学科常常是相互嵌入和勾连的。随着知识细分化现象日甚，弊端也就愈发突显。职是之故，对综合性的强调和追求成为当代知识界的"共识"，自然也形成了当代教育的一个突出特征。

在中国大陆的基础教育课程体系中，综合性一直受到关注，在分科的美术、音乐课程之外，还另设了综合性的艺术课程。即使在美术学科内部也设置了一个名为"综合 · 探索"的学习领域。修订甫毕的以核心素养为本位的普通高中美术课程标准则主张在"解决问题"的情境中，引导学生学会综合地进行跨学科学习和研究。事实表明，中国大陆的艺术教育在态度上是认同"综合"和"跨学科"之类观念的。为了与这本书的用语保持一致，且体现"主动"的意味，在以下行文中我需要用"统整"一词来包容"综合"和"跨学科"的含义。

但从现实看，迄今为止，我们“统整”之效果不彰，综合性艺术课程的“领地”全面退缩，实施者寥寥。究其原因，不在“观念”而在“技术”，对一些问题尚未找到有效的解决方案。例如：在统整的过程中，美术扮演什么样的角色？是主导，还是参与？在追求统整效应的时候，如何保持美术学科相对的完整性和系统性？统整的具体程序和方法是什么？什么样的师资能胜任统整教学？又应该如何培养具有统整教学能力的师资？

我需要说的话大致就是这些了，欲寻找统整的纾困之法，请读者诸君到陈怡倩教授的这本新著《统整的力量》中寻找，相信会有所获，不虚一读。

杰夫·基赛尔

2017年诺贝尔物理学奖获奖团队——美国国家汉德福激光干涉引力波天文台（LIGO）核心成员、美国富城市艺术委员会主席

今天，我们在科学和工程领域不断挑战传统方法的极限。人类经常需要从全新的经验、思维过程、研究领域中吸取新的观点，拓展创新并超越传统的方法。结集这些创新观念和经验最好的办法就是要融合科学、教育、艺术、生活等各个方面。那些来自于多元教育背景的个人和团队，将会是未来提供最具创意和创新成果的主力。而这种对多样性的需求，无疑凸显了新一代的工程师和科学家们必须尽早体验STEAM统整教育的重要性。

伯纳德·达雷斯

法国巴黎索邦大学象征艺术设计研究院院长、教授

若要解决大多数的问题，我们必须创新；若要创新，我们必须成为一个具备系统性和破坏性思维的人。怡倩的书提醒我们，统整课程在瞬息万变的世界中的力量。

汤姆·安德森

美国艺术教育学会前主席、美国艺术教育终身成就奖获得者、为生活而艺术创始人，参与美国国家艺术课程标准的制定

统整课程是“为生活而艺术”的核心，因为艺术不能只为艺术而存在，而是透过美学的框架，与人类、

相关事物进行沟通。在理想的情况下，艺术支持其他学科，同时也被所有学科支持，以培养学生在艺术上、学习上以及生活上的成长与成就为目的。为此，我极力推荐本书。

林静秋 加拿大英属哥伦比亚大学教育学院研究专员

统整课程的学习是21世纪人才养成的基础。陈教授以生动的个案与深入浅出的系统化论述，来引导读者认识统整学习的重要性。对于想认识当代教育趋势的家长、教育工作者、研究学者而言，本书是一本非常珍贵的重要典范。

胡牡丹 马来西亚少儿美术教育协会前主席、马来西亚启页艺术学院院长

课程设计看起来像每位老师在教学前一个必需的过程，陈教授对课程设计中最基本的要素一项一项说明，并且以大量的课程实例和图表相配合，以期读者和使用者更容易掌握和运用。最让我感动的是书中的第七章《学生的心灵状态》。在目前以学习者为中心的年代，我们不应当只关注孩子手部的技能和脑部的智慧，更重要的还有孩子在课程中的心灵状态。我强力推荐《统整的力量：直击 STEAM 核心的课程设计》!

陈琼花 中国台湾师范大学美术研究所专任教授、前副校长，中国台湾大叶大学艺术与设计学院院长

本书以宏观而细腻的视野阐述当代艺术教育的哲理与实务，是艺术教育工作者、研究者以及国家政策规划者所必须阅读参考的重要图书。

洪詠善 国际美感教育专家

随着人类知识领域的扩张，专业学科的系谱边界渐渐模糊。跨界与学科整合的思潮让艺术、社会、科学、数学等学科，得以在生活

中不同层面建构联结，以人类独有的思维与想象力，理解世界，与自然并进而谋求改善与解决之道。课程是桥，联结着教学者、学习者与其共享的学习课题，“统整”让学习场域与能量延展加成。本书之出版对于艺术教育师资培育、在职艺术教师专业学习，以及许多学校正努力发展跨领域、科目统整性主题、专题、议题等探究课程之伙伴而言，可说是珍贵且实用的礼物。

张宝雯 中国香港教育大学荣誉院士、香港美术教育协会前会长

本书深入浅出地讲解了课程统整的理念，实践及案例兼备。近年来，多个国家及地区都关注STEM[①]教育，陈博士以多角度分析艺术在STEAM统整课程中的角色，很值得教育工作者参考。

① STEM是四个单词的缩写：science（科学）、technology（技术）、egineering（工程）、mathematics（数学）。

王丽雁 中国台湾彰化师范大学教授、前国际美术教育协会亚洲代表

本书涵盖的主题相当全面，除了课程设计的基本要素、统整课程的意义与架构外，还涉及课程规划的方法、学生心灵状态、STEAM艺术科技统整课程等议题。本书的说明深入浅出，所援引的文献资料，除了经典著作，也涵盖近年来最新的研究成果。研究者生动地举出中国台湾及美国的生活与教学互动方面的案例，为文章增添活泼生动的气息，也对课程统整在实际运用中的可能性，提出新的思考，有重要的参考价值。

范凯熹 中国美术学院教授、博士生导师

没有综合(统整)化就没有现代化，生活本身就是一连串问题的求解过程，跨学科教育是“问题导向”而不是“学科导向”的教育。运用综合跨界的视觉艺术统整教育，其实就是早期儒家与当代西方教育的融合，也可以特别表

述为“跨学科”的视觉艺术教育。陈怡倩老师用不同于传统以学科为本的视觉艺术教育策略，选取综合的主题、少而精的案例、跨学科的内容，以综合美术、音乐、戏剧、律动等视觉艺术与专题探究相结合的组织方式，以“内容活动化、活动内容化”的教学风格，以注重学习方法和能力的价值取向，探讨我们面对的机遇与挑战”，建构了一个“有丰富意义的、统整的、有挑战性和主动性”并适合未来人才培养的视觉艺术综合课程与教学法，极具前瞻性和实用性；在当下流行的STEAM跨学科教育和PBL（问题式学习）教学法的实践与推广中，为我们提供了先进的理念和有益的经验。

王大根

上海师范大学美术学院教授、教育部美术课程标准组核心成员

2004年“第二届亚太区美术教育会议”上，我的论文《美术教育的跨学科学习》开篇即是：“跨学科学习本是人类的一种古老的学习方式，然而在新的历史时期，重新被赋予新的教育价值和意义而成为新颖的学习方式。”当时，台湾师范大学郭祯祥教授也认为：“在教育改革中，美术能与任何学科整合，处于‘轴心’地位。”2006年“世界艺术教育大会”上发表的《艺术教育路线图》也指出：艺术教育有两种可能，一是学科本身的鉴赏与创作；二是“教育中的艺术”（Art in Education，即AIE），把艺术视为教授普通科目的媒介和加深理解的手段，把艺术教育的优势扩展到所有学生及所有课程领域中。近年来，美国大力提倡的旨在培养学生科技理工素养的STEM课程，也增加了“艺术（arts）”，悄然变为STEAM课程。可见，艺术已成为一种视觉感知（眼）、形象思维（脑）和图像表达（手）的学习方式，一旦用于跨学科的研究性学习，就成为具有方法论意义的重要的学习方式。

陈怡倩博士作为美籍华裔，有开阔的国际视野和深刻的学术背景，《统整的力量：直击STEAM核心的课程设计》（以下简称《统整的力量》）一书，则是其多年理论研究和教学实践的结晶，诠释了一种既重视基本的专业培训，更能让职前老

师突破分科学习的局限，学会以统整和“弹性”的思维方式，设计统整课程以及艺术课程的统整教育；又融入了AIE的理念和STEAM课程真意，强调跨学科、创造力、思维能力、美感培训等，形成了一套“诠释”“反思”“创造”的统整教学法，追求永续教育的理想目标。

《统整的力量》作为“他山之石”，对我国艺术类统整课程存在的误解，对跨学科统整教育的不足，将是一方纠错之良药。同时，身处网络信息时代的中美教育已有广泛的交流，各类课程也已遍地开花，想必，《统整的力量》会深受欢迎，引导我国艺术统整课程健康发展。

张幼云 广州美术学院教授、中国美术教育南方研究中心主任

陈怡倩博士这本关于艺术统整课程设计的专著，联系自己在美国高校教授艺术统整课程丰富的教学经验，深入浅出地探讨了如何开展跨学科、跨领域的艺术统整课程设计与教学，既有先进的教育理念探讨，又有行之有效的操作方法介绍，真正做到了理论与实践的紧密结合。我们正在迎来人工智能的时代，重视综合创意的融合型艺术教育，将会演变为艺术教育的主流，这本书非常适时地为我们开展融合型艺术课程教学探索提供了富于启发性的方法论。

关小蕾 中国美术家协会少儿美术艺委会副主任

艺术教育虽然以美育的精神价值为目标，但就学科而言，却是典型的术科教育——实践性的技艺形式划分了不同的学科类型，也使得艺术教育分为各种不同的技艺门类。这一现象可以看成是术科实践的一种特征，好处自不待言，但短处也是明显的——各学科以技艺为中心，反而忽视了艺术教育的共享的、统一的精神价值。

陈怡倩的关于艺术教育的“统整和思维与价值”，正是针对前述的这种现象的短处，着力去发现各学科技艺之间的共通

处，整合出艺术教育的一般方法论。各种分离的技艺其实有着相通的方法。

因此我推荐她的这部专著，并相信该书对发展迅速的当代中国艺术教育事业而言，有着非常现实的意义。

张小鹭 原厦门大学学术委员、艺术学院副院长、教授

信息时代技术的进步，不断支撑着传统各类艺术门类趋于综合表现形态的变化，而大众文化、消费文化的社会背景，除了催化出新的越来越受人瞩目的审美趣味外，文化资本的竞争也进一步强化了流行艺术趋于综合表现的时尚冲击力。这对当代青少年及其他民众产生了巨大的影响，也对当前拘于单一学科的艺术教育提出了新的重大课题和挑战。

陈怡倩教授的这本专著《统整的力量》，正是面对这种挑战的回应。当然，无论是十多年前，美国官方教育部门提出的学校视觉艺术教育课程必须加入“音乐、戏剧、律动”的课程，还是数年前，中国国务院办公厅颁布的要加强审美教育，要在普通中小学和高等院校中增设影视、戏剧、舞蹈、戏曲等大众文化涵盖的课程，都同样显示了两国决策层针对艺术教育重心调整变化的回应。

陈怡倩教授的《统整的力量》在中国的出版，也可以视为美国的学校视觉艺术教育统整的理念，特别是其统整课程设计的可操作性和融合性在中国的分享和推广。20世纪90年代，统整课程在东亚也有过零星的探索，中国大陆曾开发过普通中小学不分科的综合艺术教育课改课程，扬州大学艺术系甚至还设置独特的2年学美术、2年修音乐的综合艺术教育专业；日本的鸣门教育大学也举全校各相关学科之力，承担文部省的综合艺术教育课程课题的研究。但是，由于大都是从局部的某艺术门类学科出发的跨学科的探索，它们缺乏统整的课程设计和实际的可操作性。诸如，“五音不全的美术高师生，怎么能教声乐？”类似的质疑不断，导致好的理念却难以在教学实践中奏效。

陈怡倩教授的《统整的力量》超越了通常统整“分科”的定式理念，课程和课题的设置，注重整体地连接艺术各学科的知识，运用教师自身既有的特长，发挥相关艺术经验和提倡自学的精神（借助互联网等便捷的资源），克服自身知识结构不够完美的缺点，就能够“创造”适应新的审美趣味的教学方法，“诠释”当今趋于综合表现的视觉艺术，“反思”流行艺术的弊端等，具有较强的可操作性。

以“诠释”当今脍炙人口的迪士尼动画片《冰雪奇缘》课题为例，倘若运用陈怡倩教授的课程设计理念，既可以从服装设计视野来分析，动画着装参考了19世纪40年代欧洲时尚潮流，并融入挪威玫瑰彩绘装饰性民间艺术风格，使观众情不自禁地沉浸于与众不同的情境之中；又可以从音乐的角度，即英语版动画主题曲《随心而行》，分析其深受百老汇歌舞片的影响，音乐夸张而富有戏剧性（相信即使“五音不全的美术高师生”，只要上网自学查找，也能自如分析）；还可以从视觉艺术、戏剧的观点来分析，《随心而行》在与动画演绎的结合上，讲求精确的同步，于叙事性中融入主角艾莎的情感倾诉、个性张扬，剧情发展、场景推演结合动画特技的艺术魅力——达到几乎完美的境界；再可以从舞蹈律动的视点来分析，动画借鉴了不少斯堪的纳维亚半岛舞蹈文化，比如说挪威舞会上的跳舞样式、舞会音乐，以及17世纪的蓬蓬裙舞蹈服装；尚可以从多元文化的理念，来剖析邀请中国演绎者姚贝娜，日本、韩国、欧美等众多歌唱家，用各自的语言来传唱动画主题曲《随心而行》，以达到连接多元文化背景的观众的目的。“反思”则可以分析其时尚流行的形态，皆源于迪士尼文化资本的全球化运作等。

他山之石，可以攻玉。最近，在中国，来自美国的着眼于跨学科统整的STEM与 STEAM教育思维受到各界关注，相信同样来自美国的陈怡倩教授的理论联系实际的统整教学理念及其《统整的力量》也会在中国的学校视觉艺术教育改革中，结合中国的国情和基础教育的实际，发挥其启迪和助推的力量。

关于这本书

这本书酝酿很久。

2001年，我在美国密歇根州大河谷州立大学（Grand Valley State University）任教时，逐渐意识到“以学校美术作品为核心”教学的瓶颈，逐渐尝试不再刻意划分“技术与理论”，并运用“反思”与“联结”的元素引领学生探讨艺术教学的本质，其间累积的教学经验成为我日后“桥梁型”架构的基础。2008年，在我任教于华盛顿州立大学三镇分校（Washington State University Tri-Cities）的第一个秋天，当时的系主任找我商量艺术统整课程的方向。她告诉我，因为教育学分的增加，许多学科课程将会删减。“统整艺术课程计划”本来专注的“视觉艺术教育”必须加入“音乐、戏剧、律动”的部分，在一学期里教完。她希望我在过渡时期开始准备。那个秋天，我观摩了许多公立学校音乐课的教学，以及戏剧班和舞蹈学院的演出。也在当时，我发现了华盛顿州艺术教师聘用条款里的漏洞，所谓“艺术老师必须具备优质合格的教师资格”并不等于“聘用具备艺术相关背景的合格教师”。果然，在整个学区里的9间公立小学与初中里面，有5间学校的艺术老师完全没有艺术背景。[①]刹那间，我突然明白，我的统整艺术课程将会是未来教师培训里唯一的艺术、音乐、戏剧、律动训练。这个顿悟让我十分伤感，大叹教育体系对“艺术”的不公；同时，我也深感责任重大，开始多方思考永续教育的问题。

① 2017年的今天，这种情形越来越严重，而且不只发生在视觉艺术领域里。13所中小学里非艺术教育系毕业的教师教授美术课的比重越来越大。非音乐教育系毕业的教师也可以教音乐课。

环顾坊间统整艺术教育的书籍，多半明确地“分科”，将统整打散成四个艺术领域。它们都建议在一个学期的教学里，分别教授艺术统整，再来做音乐统整、戏剧统整、律动统整，以制作作品、凸显各科技巧为培训重点。然而，我相信“统整”不是只有艺术领域才用得到的。统整里的“分科”，并不是统整教育的唯一方式。我不禁思考：

我如何在18周里，把艺术领域专业训练需要的培训巨细靡遗地教给学生？

他们大多数日后将成为班导师，那么，他们如何体悟分科学习的限度，确切地落实统整教育？

鱼与钓竿，我选择钓竿。

与其教他们分科的技术，不如教他们统整的思维与价值。

我认为统整教育的精神在于对“联结”的落实。除了重视基本的专业培训之外，其实最重要的是训练职前老师如何设计统整课程以及艺术课程。最大的挑战在于关注弹性思考，如何运用既有经验以及自学的精神来设计一个有意义的课程。“诠释”“反思”“创造”的教学法逐渐成熟。

2009年春天，我咬牙上阵。从打破单一思维着手，带领学生进入“统整”学科的世界。至今，我的学生大多数理所当然地成为中小学班导师，但也有人当了音乐老师、图书馆老师、艺术老师、资优班老师、监狱里的老师。他们“每天”都在进行“统整”的思维。

这本书是我对统整教育师资培训的教学经验的分享。主要的架构以我在华盛顿州立大学三镇分校教育系教授的“艺术统整学科”的内容为主，除了介绍课程设计与统整课程的规划基本必备的要素之外，也着墨于相关教育理论、教育思潮、统整学科的架构、统整课程设计实例，以及课堂上、生活上对教育和统整教育的反思。

本书的推广课程设计尽量追求理论与实践的融合，介绍并讨论影响统整教育设计的理论，从课程设计的要素中思考如何在统整教育课程设计里注入以学习者为中心的教学理念，进一步分析学生的心灵状态、价值观、价值体系与课程设计的关联。近年来，STEM与STEAM教育成为热门的话题。的确，它们契合时代脉搏，强调学以致用，以及理论与实践相结合。但事实上，它们的核心宗旨，就是跨科统整。STEM与STEAM是统整教育的形式之一。要贯彻理解STEAM的真意，必须明白融合知识的进程，积极思维的发散联想，才是永续教育的钥匙。面对现代教育强调的创造力、思维能力、STEAM、美感培训，老师需思考、拿捏并坚持统整课程的融通与实用。

我有幸可以同时在大学教导职前老师、实习班导师，也在家指导学龄儿童绘画。这几个不同的教学环境与教学对象启发我教学的灵感。所谓教学相长，学生们真诚的反应也让我特别注意统整课程设计的实用性与融贯性。毕竟，光有理论而没有实践的可能性，课程的内容不过沦为空谈。在教学里，我也发现，当学生在思考中应用统整来联结艺术（视觉艺术、戏剧、音乐、律动、媒体）与跨领域的知识时，他们会深度思考各种解决问题的方式之可能性，并在创作上力求突破。也正因为如此，我更加相信统整学科的学习经验是进行优质教育、增进批判性、培养创造思维的基石。

虽然我撷取的经验是以美国基础教育和艺术教育为主，但我相信这些经验对中国有意从事统整教育课程规划的老师们，甚至家长们都有帮助。另外，针对统整课程的多样性与多元学习，每一章最后都列举了几个相关问题，希望读者能反思、应用、融会贯通章节的主要思想。

暖身结束，让我们开始统整的旅程吧！

第一章

为什么要做统整课程计划

这种转变除了因应时代的趋势之外，
也凸显知识学习的单一化已无法适应知识的复杂性与多面性。
因此，统整学科的学习是 21 世纪的必然趋势。

长久以来，学校教育深信教师传授学生知识的有效管道，必须是透过学科独立的分科学习。唯有各科精进，才能凸显各科的特殊性和不同点，帮助学生体认到各科学问的精髓。从某方面来说，这样的学习的确有效地强调了各个学科的重点，并且加强了学生必备的知识与技能。这种以学科为本的独立性，在基础国民教育的教学中，自然有它存在的必要。然而学科具有独立性的同时，一方面，学生在学习环境的刻意分类学习之中，他们的学习一再被教学者有系统地区隔，学习方式也渐渐趋向分裂、片断，学习内容忽略跨学科的相关知识。另一方面，老师们疲于奔命，以分数、基数为重，忽略各科的联结，摒弃系统性的整合。久而久之，这种偏重于学科独立性的“理所当然”，渐渐造成以下几个畸形的现象。

一、老师和老师之间对课程规划的沟通太少，学习内容窄化而单一

老师和老师之间（无论是级任老师还是科任老师）一直以来都是平行线地进行教学。他们各司其职，你教你的，我教我的。其实，很多老师也明白，如果能建立良好的沟通管道，来探讨教学题材，对老师的教学和学生的学习都有事半功倍的效果。我曾经采访几位台湾资深的小学美术老师，他们针对老师之间严重缺乏沟通的情形语重心长地表示：在筹备校庆展示时，很多时候级任老师和科任老师之间都有类似的想法，但因为缺少沟通，不仅造成到处都是“大型面具”的窘况，也无形中导致资源浪费。除了学校的活动想法重叠之外，在教学上也因为沟通少，常常发生“我以为某科老师已经教过”或是“我以为你们没学过”的情形，而影响学生的学习。他们认为若要落实统整课程，得先以各科老师的沟通为主，打破分科教学的藩篱，肯定积极沟通教学内容与规划的必要性。

二、仰赖学生学习时举一反三、整合统整各科学习的知识来解决问题

因为各科独立、缺乏沟通，学生必须自己负起联结学习内容的责任。但是，因为平时接触整合应用的学习机会太少，即使他们自己做相关整合，他们也无法意识到自己的思维已经运用了跨学科的学习经验。因此，他们获取的知识无法持久。再者，因为每个学生的学习能力不同，素质好的、自发性强的学生可以融会贯通，但是需要老师提点的学生，因为自己无法运用，又缺乏统整学习的机会，于是学生与学生之间的学习落差会越来越大。

举例来说，我女儿上三年级的时候，有一天回到家之后，满脑子都是行星，不仅主动地上网搜索和行星有关的文章，还仔细

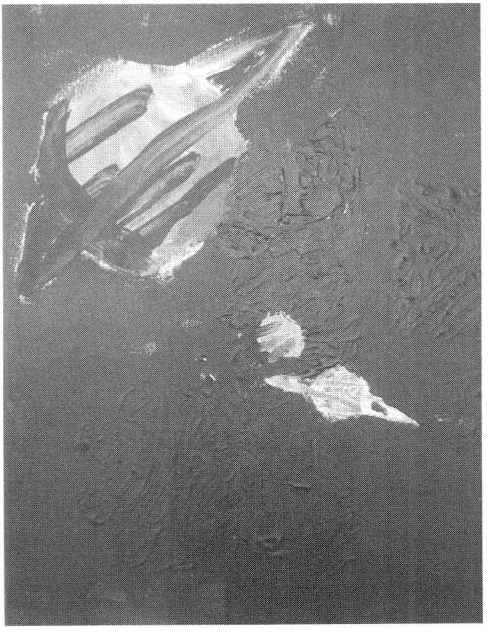

图 1-1◎夜空的行星 陈品瑄 (Emilie Cooper)，9 岁，丙烯颜料，2012

比较各个行星的图片。然后她向我要了一张画布，我临时找了张学生画坏弃置的画布给她，心中还觉得很抱歉。她也不在意，在画布上积极构图，一边挥洒，一边向妹妹叙述行星顺序、美术技巧和太空旅行（见图1-1）。

女儿一边画，一边告诉我她在学校学的关于行星的知识。她说，美术老师利用太阳系的行星来引导学生，学习如何运用颜色和适当的明暗技巧，让球体在黑色背景之中仍然成为视觉的焦点。虽然整堂课是以美术技法为主，老师只教导并要求学生把行星名字和顺序念过几次，对行星相关的自然科学知识并没有太多解释，但老师顺便告诉学生冥王星从九大行星除名的消息，这让女儿班上同学很兴奋，大叹：原来行星也有不合格的情形。她接着告诉我，在学校的图书馆课时，老师特别介绍由费斯·麦克诺（Faith McNulty）和史蒂芬·凯洛格（Steven Kellogg）合著的《如果你决定去月亮旅行》（*If You Decide to Go to the Moon*）。故事主轴是带领孩子到月球进行一场太空之旅过程中会经历的事。女儿告诉我，上课时，随着故事的进展，她与同学们在老师以及作者的引导之下热烈地讨论。凭着记忆，她述说班上如何讨论上太空之前的准备工作和心情变化、升空后在无重力空间活动的感受、看到月球在黑暗中闪烁如珍珠的兴奋、着陆之后的探索，还有规划回航的步骤等。

我在一旁聆听，心怀感激，也惊喜于老师们总算“沟通”了，心想：这小小的沟通带给孩子多少震撼啊！

几天以后，俄罗斯发生陨石事件。当天放学回家，女儿更是兴冲冲地告诉我们，她们班导师放映了一段在YouTube[①]上的影片，影片中是捕捉到的陨石划破天际的奇特景象。

① YouTube相当于国内的优酷，是视频分享的网站。

我忍不住问她：“你们正在学太空科学吗？你的老师们好棒喔，都给你最及时的信息，而且是从各个不同的学习角度来看太空科学！”

她看着我，满头雾水：“没有啊，妈妈。老师只是放给我们看而已啊！”

“老师没有教行星、太阳系、地球运转、月球与地球和太阳的关系?”

“没有啊!老师说以后会教。”

“那你那天画画时说的呢?”我有点急了。

“美术老师说了一些，图书馆老师也说了一些，但大多是我上网查到的。”

“所以，没有正在教太空科学?”

“没有啦!妈妈，你又想太多了。”

“多可惜啊!”我在心里悄悄地说。

虽然是巧合，但这三个老师所教的内容正好提供了一个全面性的学习机会。我的孩子在这些片段的激发中自己找到了学习动力。因为有动力，她不会因为信息的不足而中断学习，反而因为求知的渴望将这些点连贯起来，主动深入研究。

虽然陨石事件的确是偶发性的现象，我也深深赞许级任老师利用这个机会在课堂上播放影片的做法，但是，这些老师错失了一个深度教学的机会。的确，随机教学有的时候对学习记忆具有长效力和正面的影响，然而，我十分确信跨学科、结集老师专长来整合分工的教授方式，才是最完美的教育方式。试想，如果这三个老师能事先沟通，做好整合计划，各科老师针对太空科学一起设计教案，由美术老师运用巧思，引导学生用颜色来区分各行星的外貌特征;级任老师进一步解释它们与太阳的关系，讨论地球在太阳系中的地位、陨石的形成与陨石落地之后的损害;图书馆老师讲述人类登陆月球的历史，每位老师在同一个星期里，在各领域中探索，为“太空科学”提供不同层面的知识，那又会激发学生们多少知识的火花呢?对学生的学习会有多大的影响呢?

所谓联合教学，它的本意强调老师们相互之间的良性沟通，为学生的学习共同策划、统整课程设计。我把这样的教学称为“教育的乌托邦”。

然而，是否就因为是“乌托邦”，所以在受到时间与学习进度限制的现实生活中，要实现并不容易?

我不得不怀疑:是不是因为联合教学的实践有困难，我们才退而求其次地鼓吹各个老师自行设计教授“统整学科”（integrating curriculum）的课程？

可悲的是，在升学挂帅、用分数决定智能发展成败的速成社会，联合教学或是统整学科的教育方式似乎变得曲高和寡。

这种变调的教育，中外皆然。

第一节 我们为什么要重视统整学科

从1999年以来，我分别在美国佛罗里达州立大学(Florida State University)美术教育系、密歇根州大河谷州立大学(Grand Valley State University) 美术系和华盛顿州立大学三镇分校 (Washington State University Tri-Cities) 教育系培训师资，针对统整学科和艺术统整学科的课程设计来向职前老师针对有效运用艺术有效联结各个学科的必要性与实用性进行训练。

每学期的第一堂课，我都会问他们一个问题："总结你自身的成长经验和你在各学校实习之后的观察，能否举出特定的统整学科的学习经验？"

这个问题一丢出去，课堂上往往一片死寂。偶尔会有几个学生列举几个与艺术相关的活动。这些活动通常是"后续/外加活动"，比如引导学生在学习之后，画一张图、说个故事、看段影片，或是动手做一个东西来总结学习。

这样的概率虽然小，但也一针见血地指出学生们对"统整学科"的定义的了解还停留在"外加活动"的阶段，甚至认为那些活动是用来打发时间的活动（pass time activity）。他们并不是把艺术融入学习的过程，也不明白"统整学科"之实践与具体融入的必要性。坦白说，我对他们的诠释并不惊讶，但也深深认为他们相信的"统整学科"方式无法积极引导学生，达到深层教育的目标。

一、统整学科的定义

跨学科领域（interdisciplinary）与统整 (integrating)都强调教学内容的多元角度。然而，要注意的是，统整教学更进一步正视学科之间的相互关系、融合合流的方式。

20世纪90年代霍华德·加德纳（Howard Gardner）主持哈佛大学"零点计划"，指出分科教学的局限性，提倡正视学生的多元智能与跨科艺术的适才教育。他与维诺尼卡·博易斯·曼斯拉（Veronica Boix Mansilla ）专门进行跨学科的教育研究。他们把跨学科的教学方式，简单分为“汤”（soup）[②]与“沙拉”（salad）两种模式。“汤”是各科融合成一个整体，共同为学习目标注入必备的知识与技能训练。“沙拉”则是各科在学习进程里，仍然明显地保有各科的特性与主要的学习内容。所谓“跨学科领域的理解”（interdisciplinary understanding）指的就是学习者可以灵活运用许多学科结集的智慧来解决问题，学习有目的性（purposeful）、学科性(disciplined)以及统整性(integrative)。苏珊·爵克（Susan Drake）与洛贝卡·本恩斯（Rebecca Burns）也提出类似的看法，认为统整课程基本上是运用多元学科（multidisciplinary）来成就学习主题（theme）。他们根据教学方法、统整程度、教学目标的着眼点，把统整课程的模式分为：

② 也有学者提出混合果汁(smoothie)的看法，意义与“汤”相当。

（1）学科分支延伸（intradisciplinary）：由某一个主要学科向外延伸学习意识，扩展到类似的相关学科，学科的相关性可以从内容或方法来解释。譬如，以内容来评断，和科学相关的学科整合有自然科学、生物、物理、化学；若以方法来说，教语文的老师经常运用写作、阅读、口语会话、沟通等相关的学习活动来促进学生的学习。

（2）融合（fusion）：运用活动而将学生学习的态度、行为与知识、技能的获取融为一体。爵克与本恩斯举了一个例子，学校举办“和平周”，学生必须体认和平相处的意义。于是他们在社会课里学习各个国家、民族的特性以及力求和平相处的方式，在美术课里设计和平标志，在历史课里讨论战争的起源与寻求和平途径的必要。也就是说，各科均以和平为议题，从多方角度带领学生明白和平的意义。

（3）服务学习（service learning）：服务学习的本质就是统整教育的实践。学校与社区结合的服务学习往往要求老师与学生运用不同学科的知识来解决问题，提高生活水平。

（4）概念延伸的平行整合（parallel discipline）：同一个词在不同的领域会有不同的意义，比如“平衡”在美术、音乐、科学里的意义就完全不同。老师们在解释这个名词时，可以介绍并鼓励学生明白这个名词在不同情况、不同学科里的意义与应用方式。

（5）主题延伸的统整（theme-based）：依据学习主题需要，找寻相关学科来加强学生的学习。比如，“为生活而艺术”（Art for Life）的教学模式正是凸显艺术统整教育与生活经验的典范。它以主题为中心议题，连贯艺术对自我、环境、社区族群与全球视野的体认。

不过，宣传统整教育的重要性，并不表示我们就可以忽视以学科为本的教学。毕竟以学科为本的教学是奠定知识的基础。而且，所有统整的成功的先决条件在于对各学科的学习理论有透彻坚实的理解。学生们各科分开学到的精髓并不表示学生能够明白、联结、统整各科知识，统整教育的目的就是明白点出各科学科合作的可能性，以及它在教学与学习上有利无弊的长远影响。

那么，统整学科的定义是什么?

我把统整学科简单定义为：

把两个以上的学科知识有效地联结、利用、融合成一个整体的教学架构，来帮助学生跨越各学科，获得对知识的全面理解。

在这个定义里有两个重点。首先，强调的是架构。统整学习的架构必须具备“联结与融合”，把各个学科（局部）的知识有意义地组合成为一个整体。其次，它明确地点出学习的目的性：力求对知识全面理解的长效性。

二、统整学科的优点

在美国教育史上，提倡统整教学最有名的一个计划就是由哈佛教育研究院主导策划的“零点计划”(Project Zero)。“零点计划”成立于1967年，由美国哲学家尼尔森·古德曼（Nelson Goodman）提倡。针对儿童和成人如何通过艺术来学习的议题，哈佛大学成立了一支跨学科的研究团队探讨艺术教育的本质。几十年来，除了致力于凸显艺术教育在学习中的重要性之外，他们也探索与学习相关的议题，譬如对知识的理解、思维的方式、创造力的养成等，并陆续提出智慧发展、多元学习的重要论述。

现任“零点计划”的主要研究组组长与院长莎莉·提诗曼

（Shari Tishman）也曾提出，21世纪的世界公民绝对无法应用单一学科的知识来解决瞬息万变的问题。因此，她认为“零点计划”将致力于以学生为主导的跨学科优质教育，从个人能力、性格的理解来培养全球竞争力和全球意识，推广对于全球社会有意义的行为。2005年起，“零点计划”成立文化思维（Culture of Thinking）研究小组，组长让·日查特（Ron Ritchhart）以文化阻力（culture forces）的研究来鼓励老师正视在学习环境中的八个文化力 —— 语言、时间、环境、机会、例行、示范、互动和期望，并着手进行老师们跨领域学科合作的研究，以解决这些学习的问题。他们在研究中发现，当跨领域学科的老师组成一个团队，共同设计、统整并分享课程计划时，他们自己本身除了在交流中增进知识、更加了解学生之外，也集体产生一个共同的目标。该研究明白地指出，联合教学与统整教学对学生的学习有正面的影响。

艺术与人文的统整被视为实践统整教育的最佳管道，比如，统整课程可以健全学生的知识、经验，通过检视以生活为本的议题来体现生命教育。台湾学者黄壬来认为由艺术与人文落实生命教育，可以从四个面向来重组或融合新旧经验：（1）生活经验的面向，强调对经验的省思与批判；（2）社会生活的面向，以生活为本，来培育健全社会公民；（3）知识系统的面向，着重于脉络化知识的思维训练；（4）课程设计的面向，必须均衡上述三个面向（亦即生活经验、社会生活和知识系统）来引导学生学习知识，从而应用于生活、适应生活、尊敬生命。黄壬来的研究小组进一步以统整课程的教学方式来设计、观察、研究学生们如何接受、理解与艺术人文结合、饶富生命教育意义的课程，并拟定出以“生命美学”为使命的四大主题、十二个子题的生命教育能力指标。生命教育能力指标分六个阶段实施，课程设计子题皆依据程序性、继续性、统整性的课程组织原理来探讨生命教育概念、态度与行为，其中包含四项主题，即“生命源起”“生命维护”“生命发扬”及“生命完成”，再细分为十二个子题，即宇宙生成、生命生成、家庭与 婚姻、个我生命维护、群我生命维护、生态维护、两性尊重、感恩与关怀、服务与奉献、建构生死观、生命美学与信仰体认、实践生命价值。

统整学科教学逐渐受到重视，并被认为是培养21世纪人才的方式。自2009 年以来，因为受到经济萧条的刺激，美国积极提倡 STEM 统整教学，以实际运用的角度为核心，融贯科学（science）、技术（technology）、工程（engeneer）与数学（mathematics）的知识，寄望开启美国工商业的契机。这个运动已在教育界引起震撼，也带动另一波以 STEAM 为主，在STEM学科中加入艺术（art）来强调创意的风潮。创客空间（Makerspace）与 DIY（Do It Yourself）等“做中学”“学中研”的手脑并用、开放创意的机会，都是统整学科的实际例子。

总结上述的讨论，统整学科的优点有：

（1）提供一个不同的教学方式来提升学生的学习成效，而且经常效果显著。

（2）帮助学生从多元角度和观点来整体理解一个议题。

（3）促进学生批判思考、决策能力及价值观的健全发展。

（4）鼓励学生辨别、分析、综合、整合知识的能力，超越学科界限并刺激创造力。

（5）加强对知识理解力之长效性。

（6）引导学生评估、规划、运用所学，有效地解决问题。

（7）促进学生群体合作的机会。

（8）提升学习者的自发自省的精神，增加学习动力。

（9）重视学科与学科之间的联结性与相关性。

（10）迈向全民教育的目标。

三、实践统整学科的阻碍

其实，老师们都明白“统整学科”在教学上有一定的地位和价值。那么，为什么理论上知道统整学科的重要，真正落实在课堂上的实例却少之又少呢？

我认为造成“统整学科”沦为纸上谈兵的原因，是教学者长久以来存在的几个刻板观念：花时间、复杂、很难面面俱到。这些刻板观念让他们深深认为“统整学科”行之不易。

实践统整学科所面临的阻碍可能归于以下三个原因：(1)和时间的追逐战；(2)大众与小众的抉择；(3)不能犯错的迷思。

1. 和时间的追逐战

老师们认为统整学科费时费力，在现实的课堂里“没有时间”来实践。

这个“没有时间”的概念，无形中也把教学质量带入瓶颈中。因为教学着重于升学考试的内容，在赶课程进度的前提下，老师们依赖模拟试题来确认学生的学习成果，并没有时间再深入探索某一个理念，也没有时间让学生静心沉思新旧知识的相关性，更没有时间去让老师和学生一起反省审核学习成效。

“没有时间”成为许多老师挂在嘴边的借口。

“没有时间”也变成一种“这样的内容就够了”的代名词。

因为“没有时间”，老师往往在不自觉的情形下降低学生的学习标准。

“没有时间”让大家轻易地相信，适时的小小牺牲（牺牲小组讨论、议题延伸甚至副科学习的时间）是为了更大的成就(通过升学考试的窄门）。老师渐渐地因为没有时间而忽略了许多考试内容之外的重要知识。也因为没有时间，老师们渐渐地不再更新教学内容。

其实，许多老师全盘舍弃教案设计步骤的真正原因，是不愿意再更新教学内容的驱动力使然。在反复教授同样内容的过程中，说好听点是“教学纯熟”。有些资深老师认为教案设计只适用于新老师。他们年年重复教学内容，对待每个学科都像是写公文、做数学演算一样，要求学生反复练习。

老师们忘记时间是流动的，知识也不是静止不动的。在时间之河里，知识也日益更新、不断突破。一个既有的定理或许有了新的诠释或应用。同一个作者的文章在不同的大环境影响之下阅读，它的意义也很有可能改变。

我们常说“教学相长”，殊不知教与学一样重要。教学不忘进修、更新信息，其实是为成功的长效性学习奠定基础。

不再更新的教学内容，是停滞的、表面的学问。它就像黑心的苹果，即使再怎么有令人垂涎欲滴的可口外表，一旦被切开，仍然逃不过被立即丢弃的命运。

有内容的教学需要教学者的深思熟虑。以升学为主的教学内容所成就的，也只有表象的知识，不会持久。那些我们借由夜以继日不断演练考题堆砌出来的知识，在考试之后，一声欢呼后，也就被忘却。又有多少人认真想过，知识在日常生活中的实践与应用呢？

这些抓紧时间努力学习，不经思考沉淀的知识，被忘却之后，竟是时间的浪费。

2. 大众与小众的抉择

近年来，以分段能力测试学生似乎已经成为教育界的一种风潮。在它的旗帜下，教学成就以"大多数"的平均值为主。也因为要提升"大多数"的平均值，教育当局往往鼓励学校多多成立分段能力加强小组。其目的就是让学习落后的学生们能有机会加强，赶上"大多数"学生的学习能力。除此之外，老师也被要求反复演练，以确保落后的同学能达到基测的标准。

在这样的情形下，虽然学习落后的学生们可以有再学习的机会，可是相对的，学习能力超标准的孩子便被迫不断地、反复地重复学习内容，导致他们的学习停滞不前。结果，这些原本学习能力强的孩子，渐渐地对反复学习的内容产生反感，表现出不在乎的态度。

这种强调学习一致性的"假平等"，只会开教育的倒车。

老师们在面对一班能力程度不一的孩子们时，必须明白"教学内容弹性化"的重要性。否则，孩子进一步学习的机会常常稍纵即逝。

举个真实的例子，在美国幼儿教育中，有一项重要的学习指标是学童必须能拼出、书写、默记自己的名字。我的女儿在进入幼儿园之前就已学会怎么写自己的名字，然而在整整一年的幼儿园生活中，她带回家的作业十次有八次仍是练习写自己的名字。虽然我们一再向老师反映、暗示给孩子“不一样”的作业，但老师总是笑着夸赞女儿聪明，也提醒我们还有许多孩子无法达到学习标准。为了不让孩子有差别心和比较心，最好还是给“一样的”作业，免得女儿有优越感，以致伤了那些仍需努力学习的同学的心。

刚听到这样的回答，我和先生都惊讶得说不出话来。虽然我们明白老师对孩童社交个性养成的考虑，但仍然不理解为何老师全然放弃使孩子们精益求精的机会。我常常想，给“不一样”的作业，并不一定只会带来负面的团体社交情绪。其实，这完全要看老师应对的态度和语气。如果是以提升学习成效作为中心目标，老师们可以把“不一样”的作业当作一个学习指标的进阶。这种做法就像在课堂上普遍流行的贴纸奖励办法一样，强调的、鼓励的是正面的学习。老师们应该用正面的态度来利用“不一样”的作业，老师们也应该正视，幼儿园的学童在体能发育上已比幼儿强壮，心理上也逐渐脱离幼儿时期对大人的依赖，他们慢慢地不太喜欢大人把他们当小孩看待。他们急着长大，对自己已是幼儿园学生十分骄傲。举一个简单的例子，一个幼儿园的孩子，往往会告诉你他的年龄是 5 岁半，或是 5 岁3个月。他们对年龄正确度的斤斤计较，明显地告诉大人，他们有一种想要长大的渴望。

利用这个“急欲长大”“要像大小孩一样”的心理，老师们可以鼓励学童做一些较难的作业，对孩子们说出“就像一年级一样”的话。其实，正面激励的效果比负面情绪的影响还要大。因此，若用害怕小孩受伤的负面情绪为前提而阻止，甚至放弃其他学童再接再厉、进一步学习的机会，反而是在无形中告诉学习能力强的孩子:“我只要学到这样就够了。多做也不会让我学到更多的东西。我真的不需要太努力。”而那些需要加强复习的孩子，也隐隐约约养成“我可以慢慢来，不用太努力，反正大家会等我”的习惯。在这样的情况下，学习能力强、反应快或敏感的孩子，反而可能误会老师的本意，认为“只要我学慢一点，甚至笨一点，老师会多注意我一些”而故意对学习漫不经心，或者是因为教学内容缺乏挑战性而丧失学习兴趣。有些孩童甚至因此将对学习的注意力转移到造成行为乖张的地方。

等到变成这种情况，反而得不偿失了。

回到前面我女儿写名字的例子。老师其实只要很简单地做一个以家人名字为主的学习单，就可以激发她的学习兴趣。在这个学习单中，无形地引导她进阶学习（记住爸爸、妈妈、妹妹的名字）而不是要求她原地踏步，耐心等待，直到丧失对求取新知识的热诚。

在学习的过程中，等待就是停滞。它就像一个黑洞，只会往降低长期的学习效果的无底洞奔去。

要达到一个成功的教学的目标，首要条件必须确定：教学内容充实而具有弹性。资优教育界的泰斗乔瑟夫·任祖利（Joseph Renzulli）教授曾经语重心长地提醒教学者："潜力和表现当然有所区别。人类在数学、游泳或是钢琴表演上绝对拥有潜能，然而，除非这些潜力达到极致并展现傲人或卓越的成就，否则我不会轻易地将这些人的表现贴上天才的标签。我们（意即老师们）面临的挑战其实就在如何提供最好的学习环境来激发学生的潜能。"虽然不需要到为各个学生量身定做的程度，但起码要求内容必须扎实、深具挑战性。除了奠定基础之外，也可以让有优势的学生更积极地学习。

3. 不能犯错的迷思

老师们常以答题的对或错来决定学生的学习成效。因为一切朝"对"的方向看，我们很自然地会向学生示范"正确"的解题模式和诠释方法。身为老师（或家长）的我们相信，这么做的结果，学生犯错的概率便可降低。遇到学生答错的时候，我们也很自然地主动教导并叮咛学生："应该"这样做，这样回答就对了。朝"对"的方向走，在无形当中，我们也灌输学生"不能犯错"的想法。

"犯错"，在长久的教育史里，已经成为一个禁忌。

我在这里鼓励大家改变对"犯错"的看法。

其实，"犯错"是一个机会。

英国作家丹尼尔·科伊尔（Daniel Coyle）对天才的养成和学习特别好奇。他行走各国各地去观察各领域天才的学习情形。他发现，这些天才除了有先天的优势之外，最重要的是后天养成的遭遇挫折反而更加努力的不服输精神。这些天才的共同点在于允许自己“犯错”，一次次地在“犯错”之后停下来思考，然后尝试新的方法来突破瓶颈。如果又“犯错”了，就再次思考、反省可能“犯错”的原因，接着进一步寻找解决的方案。

科伊尔把这种针对“犯错”来“学习”的过程定义为“深层练习”（deep practice）。“深层练习”可以让学习者“尽情地、无后顾之忧地犯错，并从错误中学习”，不断地找寻更有效率的方法来解决问题。换句话说，练习不是盲目的，而是经过思考和脑力激荡的。

科伊尔的深层练习的确可以增进学习成效，但实行起来并不容易。因为要有成功的深层学习，得先找到一套有效的教学工具才行。

在教育界中，这个教学工具，就是教案课程的设计。

诚如科伊尔所说：“当我们看到别人有效率地投入练习时，往往会用意志力、专心度或专注力等字词来形容练习的过程。但是，坦白说，这些字眼并无法真正地形容那些挑战极限、让观众惊心动魄的经验。这些天才正忘我地投入练习中，从表面上看来，他们似乎不断遭到挫败，抓不到要领。事实上，他们正刻意极尽所能地挑战自己攀登能力的更高峰。也因为如此，失败的概率可想而知。然而，从某方面来说，这些挫败反而是自我成长的利器。”

因此，一个好的老师除了要有丰富的经验、耐心和广博的知识外，更要能在课程计划中提供学生深层练习的机会，带领学生思考研究，而不是使学生成为一个只会答题的读书机器。老师们需要舍弃“不能犯错”的教学思维，从正面的态度重新诠释“错误”的意义，了解到在学习过程当中所经历的沮丧和挣扎，其实是驾驭、学会某种技术或知识的必备要素。因为这些负面的情绪，就是帮助大脑进行深层思索的动力。

要确保学生学习的有效性，最简单也最直接的方法就是课程计划的编排和书写。在编写的过程中，老师可以针对学生的能力设计有利于学生学习的内容和活动，并预设学习的成效。维格金（Wiggins）与迈克提格（McTighe）鼓励老师们从事以预想学习成效主导的“逆向设计”(backward design)来规划教学计划。他们相信授课者心中如果已经预设一定的教学目标，预期学生有某种程度的学习表现，那么，在撰写课程计划时肯定有比较清楚的思维脉络，会为了增强学生学习效果而特意安排各式的学习活动。除了确保这些活动合乎逻辑性与次序性之外，他们也相信这种逆向设计，可以自然而然地吻合学习指标的要求。

逆向设计有三个阶段，每个阶段为知识的获取而积极思考（见表1-1）。表格中以提问的方式来检视主题—目的—成效三个方面所影射的内容、评量、实践的关联性。

表 1-1. ◎“逆向设计”的三个阶段

阶段	目标	方法	问题
第一阶段：拟定预期的学习结果	长效学习	建立教学优先顺序（首要条件是教学的内容必须符合国家学习纲领）	・在什么程度与条件下，学习的主题与过程除了代表了一个大概的想法之外，还有超越这个主题的持久价值？ ・学习的主题与过程确实阐述了学习学科的核心吗？ ・最值得让学生发现的学习主题与过程是什么？ ・在什么程度与条件下，学习的主题与过程可以激发学生的学习潜力？ ・有没有需要特别说明的错误观点？
第二阶段：决定可接受的教学证据	精确评量	连续性的、多样多元性的评估（考试、观察、提问、讨论、作业）	・我们要怎么去评断学生是否已经达到学习的目标？ ・我们可以提出具体证据来证实学生已经理解并掌握了学习的内容吗？
第三阶段：计划适合的教学与学习经验	具体实践	提供相关学习活动与资源、运用适合的教学方法	・学生学习的具体内容是什么？ ・是什么样的学习活动？ ・教学方式为何？ ・需要的教学材料有哪些？ ・教学计划是否有效、具备连贯性？

资料来源：本表根据维格金与迈克提格的理论整理而成。

虽然“逆向设计”可以引导老师在写教案时不离题、有目标和具有明确性等优势，然而，有些学者仍抱持怀疑的态度。例如，海蒂 · 海斯 · 雅各（Heidi Hayes Jacobs ）特别警告老师们在教学时还是不要忘记保持“教学的前瞻性”(looking forward)。“逆向设计”虽然效率高，但老师们多少也因为这个明确的目的性而束手束脚，无法全面、全盘发挥。“教学的前瞻性”的存在，就是要打破这个藩篱。因为有前瞻性，我们才可以不受预设教学目标的限制，只在“我们所知道的知识”(what we know) 和“我们可以做什么”(what we are able to do) 上着墨。

雅各的忧虑不是没有道理。的确，太过盲目地向着预设目标奔去，老师们可能会忽略偶发、无预警的学习机会，也可能会忘记，教学中有时不按牌理出牌的天马行空反而是引领学生、激励学生的最佳门道。

第二节 统整学科的学习是21世纪的必然趋势

21世纪是科技导向的时代。当我们在日新月异的科技新知与传统文化之间找寻平衡点时，我们必须承认并正视，我们自己和我们的下一代已逐渐仰赖网络搜寻、即时新闻与社交网站。当一个个学龄前儿童熟知iPad（苹果笔记本电脑）的指令，用食指滑拨、过关斩将的同时，我们必须深思：在科技的冲击下，我们获取知识的管道也不断地延伸扩张。

皮亚杰(Jean Piaget)将儿童的认知发展阶段分成“感觉动作期”(sensorimotor，0-2岁)、“前运思期”(preoperational，2-7岁)、“具体运思期”(concrete operational，7-11岁)、“形式运思期”(formal operational，11-16岁)四个阶段，每个认知发展阶段各自具备思维方式的特质。“感觉动作期”仰赖感官刺激以及实际的肌肉动作来探索。在这个阶段，思维发展是从单纯的反射、眼见为实到体认“物体恒存”（object permanence）的概念。“前运思期”因为对符号、记号功能的认知，儿童具备了对知识的转换能力，比如厕所的符号分男生、女生，儿童可以根据性别符号的提示使用厕所。这样的思维转换是直接的，进行的思维活动不牵涉到演绎、归纳、分析，它呈现的仅仅是基本的“直接推理”(transductive)，但不见得符合逻辑。到了“具体运思期”，儿童可以运用基本“逻辑运思”(logical operational)，但受限于真实的领域与情境。思维活动以线性为主，进行分类、对比、次序性的思考。“形式运思期”儿童则具备假设、推演、归纳的能力，协调相互性与反逆性，以及抽象性的思考。

在《思维之研究》（*A Study of Thinking*）这本书中，杰罗姆·布鲁纳（Jerome Bruner）的研究小组认为“分类”（categorizing）的能力代表以下的重大思维活动:（1）由繁入简，分类牵涉到对抽象与属性的认知;（2）识别与归类，有识别就可以进行安排与归类的活动，这些是帮助我们理解所处环境的媒介;（3）界定属性，定义属性可以降低重复学习的可能性;（4）指点提示，适时的分类可以提供解决问题的方向;（5）系统链接，分类属性的厘清有利于联结与联想、了解事件/事物相互之间的关系以及理解前因后果的可能性。这个分类简单点出不同的思维模式能造就不同的学习成果。诚如爱德华·德·博诺（Edward de Bono）所言："思维是个技术。如果知道方法，它可以建立也可以改善。"老师有必要了解各类思维模式的意义，以及运用之后对教学、学习的影响。

我们的思维模式在瞬息万变的时代，其实已经逐渐跳脱传统的纵向思维（vertical thinking），转为横向思维（lateral thinking）、网状思维（web thinking）、系统性思维（system thinking），甚至是创造性思维（creativity thinking）、视觉性思维（visual thinking）。这种转变除了因应时代的趋势之外，也凸显知识学习的单一化已无法适应知识的复杂性与多面性。因此，统整学科的学习是 21 世纪的必然趋势。

在设计统整课程时，我们往往会碰到言之无物，或是主从的纷争。这其实与我们对思考模式的理解与应用息息相关。其中，纵向思维、横向思维和系统性思维这三个模式影响教学计划、教学成效甚深。以下简要地解释纵向思维、横向思维和系统性思维模式的不同。

一、纵向思维（vertical thinking)

纵向思维（vertical thinking)是一种注重线性思维（linear think-ing）的逻辑思维模式，认为认知的形成有一定的次序，强调获取知识的步骤。这种思维方式一直受到教育界的肯定。一切按部就班，一步步地像组装模型飞机一般，从无到有地组合完毕。步骤清楚为主要的指导方式，知识的传授是线性的。这种思考方式适合数理与科学，强调逻辑分析、实验的步骤的精确度。在以线性思维为中心的教学里，老师对学生的学习进度力求一致化以达到预设的目标。

以纵向思维模式为导向的教学，坦白说，的确可以确保清晰的脉络，进而增进学生对某项知识的掌握深度。学生也可以通过严谨的科学性的训练，在模棱两可、混淆不清的情形下运用逻辑思考来分析、寻找文献数据，举证支持或否定假设，整合共通性，找出

“正确”的答案。然而，也因为这种思维黑白分明、强调单一步骤的绝对性，相对而言便缺乏弹性和预留给学生想象的空间。

二、横向思维（lateral thinking)

横向思维（lateral thinking)摒弃以单一性的纵向逻辑的思考模式来解决问题，强调在解决问题的过程中的可能性。也就是说，相对于纵向思维的绝对性，横向思维鼓励积极思考，用不同方式来解决问题。横向思维会在现有的框架中（可能是环境、政策或人为因素造成的）重组，寻求发展的可能性。正如横向思维的创始人爱德华·德·博诺用“挖洞”的比喻解释：“如果你想在不同的地方挖洞，那么，你不能只在同一个洞一直深挖。”相较之下，纵向思维就是一直在同一个洞挖掘，求的是深度；横向思维则探索不同的洞穴，求的是广度。横向思维在寻求解答的同时，也成就了创意与创造力的培养。横向思维的特性包括挑战既有的标签、寻找替代的方案、片段性的思维，以及跨领域的整合运用和反思。它虽然也是带有步骤型的思维模式，但是明显强调个人的自觉性与创造性的思维。原因在于，在寻求答案或是解决问题的过程中，横向思维允许有片段性的跳跃思考模式。它可以是不连续的联结，也不限制引用来自其他领域的相关信息。它强调过程，包容性强，允许错误的存在。也因为正视了这种不确定性，横向思维往往在寻求新方法的过程中不经意地找到了“正确”的答案。这股突破现况、鼓励创造力的思考模式的力量，无形中也促成了其他知识的联结，而使人们有了意想不到的收获。

横向思维也重视既存知识的联结和运用，这种思维方式与以经验为核心的螺旋形认知理论相辅相成。的确，唯有活用既存知识，善用资源，不拘泥于特定的思维模式，才能更有效地找出解决问题的方法。

三、系统性思维（system thinking）

系统性思维(system thinking)强调组成知识的各个环节之间的关系(relations)和互联性(interconnection)。和横向思维相比，系统性思维重视知识的整体架构。如果我们继续引用爱德华·德·博诺“挖洞”的比喻来诠释，系统性思维保留了横向思维的广度，更进一步考虑、探索“洞”与“洞”之间的关系。系统性思维默认我们挖下一个洞一定有其原因。而这个“挖下一个洞”的动机不容忽视，它虽然是完成思维的过渡，却也可能是成功解决问题或是获得知识的契机。

系统性思维可以是网状思维的整体呈现。网状思维(web thinking) 在教育界有其地位与价值。它是整合我们错综思路的有效方式。它把我们产生的概念一一列举，并在相互之间找寻关系。这当中经历筛检、淘汰、强化的过程。

第三节 结论

统整学科的教学目的是要打破单一学科、单一领域的框架。统整学科的教学强调的就是一个系统性的思维的养成。它融合纵向思维的深度、横向思维的广度、系统性思维的连接性，一体多面地介绍、诠释、反思与应用已获取的知识和想获取的知识。在学习的过程中，知识已不再是独立的个体，运用它的复杂性、互联性能有效地把知识的获取推向极致。这一切的成功与否，全然取决于老师愿不愿意积极主动地设计、规划、实践、评估并改进课程计划的撰写和教学。

问题与讨论

1. 依照你的观察和经验，你认为“统整学科”实践的阻力在哪里？为什么？有什么方法可以改善？
2. 作者提出现代思维以系统性思维为主。这个想法和“统整学科”有何相关性？
3. “统整学科”对学生的学习有何冲击？
4. 爱德华·德·博诺曾说：“纵向思维用在想法，横向思维用在改变这些想法。”他为什么这么说？这句话与统整学科的理念有什么关联？
5. 逆向设计与一般的课程设计规划方式有什么不同？

第二章

课程设计的要素：教学的对象

2

老师要常常问自己这个问题：“谁是我的学生？”

许多职前教师常常问我：在教课之前，真的有必要动手写课程设计吗？什么样的课程设计才能确保教学质量呢？教学设计是以简单扼要、重点式记录就好，还是要涵盖种种细节，以巨细靡遗为优？

如果你是一位资深教师，面对的是一群资质相近、反应灵敏、用功又专注力强的学生，你可能觉得简单的课程纲要就足够了。如果即将讲授的内容正好是你的专业特长，你对授课的内容熟悉到可以随兴地引经据典、信手拈来实例解说，那么，着手撰写课程计划可能不太有必要。但是说实在的，像这样的完美教学状态的可能性是少之又少，毕竟知识无涯，信息瞬变，再怎么熟悉的教材，还是可以有更新和加强的地方。

于是，就像我常常和学生说的：

为了保险起见，最好还是有一个教学计划比较好！

有了A计划还不够，要有B计划才行啊！

那么，什么是教学计划呢？

首先，教学计划的长短并没有一定的准则。因为，它的架构和老师自身的教学经验、内容以及个人习惯有关。然而，我建议老师们在撰写之前记住：简洁的大纲或是细腻的概括只是形式，重点在于课程计划得能确保教授内容的完整性、一贯性、实用性才行。特别是刚进职场的新手教师，遇到不熟悉的教学内容时的确会紧张。如果在踏进教室之前，能够拟定一份尽可能涵盖各层面的教学计划，详细准备教学的材料与内容并且在心里着实演练一遍，不仅心中不会紧张，也能够避免忘记应该要做的事。这样的话，教学的成功率肯定会高出很多。其次，教学计划的必备元素和格式没有一定的形式。譬如，华盛顿州立大学教育系的教学计划写作格式，是提供给教授们指导训练职前老师创作整合自己的课程设计，目的是让刚进课堂实习的老师们可以很快地掌握授课的方针。因此，这个格式会尽量地简略，希望职前老师们直接列出重点。

这些方针包括：学习目标（learning targets）、教学评鉴的方法（assessment strategies）、小组辅助教学（student grouping to support instruction）、学习的经验（learning experiences）、参考资

料（reference list）（参见表 2-1）。这个格式也注明“仅供参考”，明白点出“让授课老师具有自由发挥的空间”的教育宗旨。毕竟太过规格化、制式化的结果，反而会带来教学形式沦为机械化、教授内容了无新意或沦为一言堂的风险。

在此特别申明一点，这个教学基本要素是以单一学科教学为主，并不是以统整课程为核心的写作格式[①]（因此，表格中把跨学科、统整学科的学习摆在参考数据里）。不过，我们可以从这个例子中明白基本课程计划的格式、形态和方针，而且我们也可以发现，这个参考表格赋予老师极大的自由。因为各个基本要素里并没有硬性地排先后，完全视老师的写作习惯和思维方式来做适度的调整。

① 统整课程为核心的写作格式会在第五章与第八章说明。

表 2-1 ◎基本教学计划写作格式

学习目标
・授课目的 ・符合的课程标准 ・主要学习的专有名词 ・先前相关的学习经验
教学评鉴的方法
・发展型的评鉴法（formative assessment）：记录常态性的学习发展 ・总结型的评鉴法（summative assessment）：正式考核与评量 ・阶段性的评鉴表 （rubrics）
小组辅助教学
・分组活动的形式类别 ・分组的方式准则：随机、学习能力、共同兴趣、互动关系
学习的经验
・课程介绍：简单介绍学习的内容，用对话联结学生先前的知识，用提问引发学生的兴趣 ・学习活动：详细说明指导学程，列明必备的教学材料，确保流畅的学习步骤；解释必学的法则与方法，布置学生必须完成的练习与作业 ・学习总结：学习经验分享，延伸学习与先前经验结合
其他资料
・跨学科、统整学科的目的与相关内容 ・参考数据正确无误

资料来源：本表根据华盛顿州立大学教育系课程设计参考大纲整理改编而成。

这个教学计划写作的参考方针，其实就是辅助老师在安排学习日程表以及教学进度时的温馨提醒。它可以巨细靡遗，也可以简单扼要，也可以加上个人认为必备的提示。比如说，我认为在课程设计当中，教学对象与老师本身对教学的价值观也很重要。因为教学对象如果界定不清，很容易混淆学习的目标；老师的价值观可以左右授课的内容，也影响学生的学习。

基于这个理由，我把基础教学计划写作格式的方针重新分为四大组别：

（1）对象：教学对象、学习目标、老师的价值观。

（2）内容：学习的经验，教学所需的教材、资源和计算机科技。

（3）方法：教学的策略、小组辅助教学。

（4）成果：学生的声音、教学评鉴的方法。

我在训练职前老师的时候，会把这些方针以自我评量的提问方式来呈现，发给每一位学生(见表2-2)。很有意思的是，学生比较愿意接受改成提问方式的表格。他们认为提问的方式似乎是一种无形的对话，让他们可以自我提醒、评估并找出不足的地方。

的确，这张表格的目的就是让学生在做课程计划时有依据。他们可以照表一一审视自己在设计课程计划的过程中，有没有包括这些基本的必备要素。我告诉学生，这个“教学计划写作格式”的用途就像是“上菜市场之前我们会列举的清单”一样。我想大家都经历过如果没有事先列举采购清单，我们很容易无所适从，常常发生该买的没买、不需要的却买了一堆、超过经费的糗事。而采购清单的作用就是提醒我们一定要买的必备食材有哪些，除此之外，它可以帮助我们对采购经费的上限有个估算。

这个表格所扮演的就是一个提醒的角色，强调教学内容弹性化，而不是硬性的学习规则。我发现学生使用表格来进行课程计划的规划，对于他们整合思考有极大的帮助；他们设计出来的结果，也比直述性的冗长段落说明更有效。

为什么呢？

我想，可能是这个表格提供了一个开放性思维、以人为主导的规则。所以在学生们撰写课程计划的过程中，因为它的简单直接，学生们有机会在思路困惑时清楚地根据表格的提示而重新整合。同时，因为它没有硬性规定形式和内容，所以可以引导学生用脑反思，思考什么样的教学内容最适合学习主题与学习对象。

表 2-2 ◎教学计划写作格式

方针	自我评量问题	y/n
教学对象	・谁是你的学生？ ・是否适合学生的智能发展与年龄成熟度？	
学习目标	・教学内容是否和分段能力学习指标相吻合？ ・ 有没有清楚地一一列举相吻合的分段能力学习指标？	
老师的价值观	・对于教学内容是否有先入为主的观念？老师先前的知识与生活经验与教学内容是否有所关联？ ・是否相信教学内容会增进学生的长效学习？	
教学所需的教材、资源和计算机科技	・有没有包括学习单的范例？ ・有没有准备向学生们提问的问题清单？ ・若使用计算机，有没有包括介绍学生们在这个课程计划中会用到的网站与使用规则？ ・有没有清楚列举教学中所需要的器材、教具？ ・若预备使用投影片教学，有没有投影片教学内容的一览表？	
学习的经验	・有没有给学生整体的学习经验？ ・有没有清楚的教学流程？ ・有没有确切掌控每一个教学步骤的时间？	
教学的策略	・有没有清楚列举学生们在这个课程计划中应该完成、交给老师的作业？ ・有没有明确告知学生作业的内容，以及如何完成的方法和步骤？ ・有没有提供学生自发学习、创造的机会？	
小组辅助教学	・有没有提供学生分组讨论、群体学习的机会？ ・在小组教学中，有没有提供学生研究、讨论、搜寻资料、合作以及创作的机会？ ・有没有积极扮演协调人的角色，以确保学生们意见不合时能够理性面对？	
学生的声音	・搜集有关学生学习的资料、档案和成绩单考评表的方式，是否具有公平性和适当性？ ・学生们是否清楚学习目标的内容和获取知识的活动形式？ ・学生们是否知道如果遇到学习瓶颈，到哪里可以找到寻求帮助的途径？ ・学生们是否明白成绩考评和学习目标之间的密切关系？	

续表

方针	自我评量问题	y/n
教学评鉴的方法	・有没有包括正式的（计分）和非正式的（不计分）教学评鉴方法？ ・有没有使用发展性的教学评鉴方法，来长时间地关注在常态中学生的学习过程？ ・有没有使用总结性的教学评鉴方法来检视学生最终的学习效果？ ・有没有反映教学内容的成绩记录表？	
参考数据	・有没有列举在这个课程计划中所用到的信息、书本的来源？	

这种开放式的学习课程撰写模式也展现了教授对学生（职前教师）的信任度。换句话说，透过这个表格，我们把学习的主权还给学生。因此，他们在运用这个表格的时候愿意主动地接受可能的讨论空间、研究机会，进而表现出高效率的学习。在下面的章节里，我将依据这个表格来解释、叙述这些要素，并且讨论它们在教学中运用的例子。

第一节 教学对象：谁是你的学生

课程设计的第一步，就是要认清教学对象。这一步骤非常重要，它可是整个课程设计的精神支柱。

认请教学对象不光指年龄、年级，还得考虑学生的学习能力和学习经验。在写作规划教学的过程中，老师要常常问自己这个问题："谁是我的学生？"而且在这个问题中，"谁"是个不容忽视的重点。在着手规划时，忽略了"谁"的地位，教学的效果绝对不佳。

举例来说，有一个周末的早上，我匆匆忙忙地带着两个女儿，兴致勃勃地去参加一个教育团体在临近小学筹办的爱地球亲子活动。到场的时候，会场外已一列列地整齐摆满参加人员的鞋子。在小学员们(大约有70人)鱼贯有序地进入教室、坐在地上之后，现场立即播放一首关心地球、节源节能，用来教导小朋友在日常生活中做到节约能源、资源再利用的方法的歌曲。三个老师在前台以手语配合歌词，小朋友也跟着比动作，跟着唱。现场气氛轻松又活泼。看得出来，与会人员都满心期待活动取得成功。

讲课的老师出现了。她立即播放了一段影片，内容呼应刚刚的歌曲，陈述一个初中男生在家为父母分忧解劳、存零钱捐款救济贫困儿童的真实故事。

放完影片之后，老师又接着放映另一段影片，以求加强学习主题的效果。

没想到，在老师稍微做了简介之后，另一部影片又接着放映。

这时，有些小朋友慢慢不再感兴趣。

到了放映第6部影片时，有些孩子偷偷回头望家长区，向与会的父母投以求救的眼神，我的女儿们是其中之一。

到了第9部影片时，现场有些小骚动。原来一个男孩子坐得脚麻了，在换姿势时不慎碰到邻座小孩的手，而引发争执。现场两位工作人员连忙将两个孩子支开，分别安抚。

到了第11部影片开始播放时，我注意到女儿们一直低着头，完全没有在看影片。我在远处仔细察看，发现她们似乎在忙着注视地板上的动静。我心里十分困惑，等到自己往身边地板一看，看到蚂蚁列队，才恍然大悟女儿们分心的原因。

总算到了老师宣布她即将放送最后一段影片。看完影片之后，是吃点心与休憩的时间。

第12段影片虽然长，但我发现孩子们看得最专心。它讲的是一个原本生性挥霍的商人，如何改变心性、立志助人的过程。

接着课程结束，小朋友又列队离开。

女儿经过我身边的时候，困惑地问："活动呢，妈妈？不是有亲子活动吗？"

在2个半小时的活动中，我们看了12部短片。可惜，这不是电影欣赏课。

即使是电影欣赏课，放映之后，重点提示和讨论反思也是必要的。

我相信这位老师在前一个晚上，一定花了好一番功夫来整理挑选这些影片，还为它们一一排序，让课程可以流畅地进行。虽然每部影片都和节约能源、资源再利用、助人为乐有关，乍听之下，你可能会觉得这个课程充满非常多而且精彩的教学内容。然而事实上，这样像是大杂烩般的教学内容，学习质量和学习效果绝对不佳。

这位老师在计划课程时，忽略了以下几个主要的关键问题：

（1）教学的对象是谁？

（2）教学的内容有没有和学生生活经验相联系？

（3）教学的方法有没有多样化、弹性化？

（4）在课程里，有没有留白的机会？

一、教学的对象是谁

在前面这个"爱地球"的活动中，我们仔细回想，整个课程的主题清楚，都和环保、助人有关。然而，教学内容的设计并没有以孩童为中心，它并没有考虑到学习者的学习理解能力和耐力。这个课程计划其实是以教学内容和教学目标为主，考虑的层面全然以完成教学进度为优先。如图 2-1 所示，教学内容和教学对象是分开的个体，反映的是被动的交集；教学的方法以灌输教学为主，学习者只有全盘接受，没有商量的余地。

图 2-1 ◎被动型的授课方式。学习的交集以老师的期望值为主

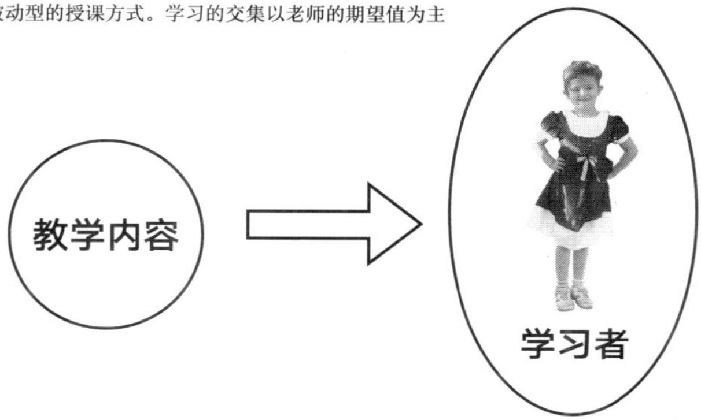

反之，以学习者为中心（learner-centered）设计的课程与教学，是自然而然地以学生的学习能力、理解力、经验、反应能力为考虑对象。教学方法不是单向的灌输，而是双向的不断沟通。于是，教学内容和教学对象的关系是流动性的，彼此相互配合、互动，学习过程深具包容性（参见图 2-2）。

图 2-2 ◎流动型的授课方式。学习的交集以学生的学习接受度为主

二、教学的内容有没有和学生生活经验相联系

虽然，这位老师细心地挑选出12个真人真事的短片来呼应教学主题，可是，这些助人事迹涵盖的方面太广泛，助人的方法也不尽相同，有些离学童的生活经验太远，有些举的例子太细、太多、太杂，一下子全丢给学生，反而让学生无所适从。

其实，很多老师正是犯了这样的通病，以为只要不断加入与主题相关的知识，教学内容就会丰富。于是，影片一部接着一部放映，原本的目的是要一而再，再而三地加强主题，最后反而成为疲劳轰炸。再者，虽然影片中展示给学生们一些亲身实践环保、俭约助人的例子，但教学的内容顶多也只涵盖生活教育这一项。而且，影片中稍微触及一些其他学科的知识（譬如地球变暖、回收环保），但老师并没有针对这些与科学、人文、社会等相关的其他领域，进一步解释和引导学生学习。

这种片段式、一面倒式的教学内容，本身并没有一个整体的面向。也正因为如此，学生学到的反而不深。

三、教学的方法有没有多样化、弹性化

我相信，许多老师在教学上都曾经遇到过这种两难：在时间有限的前提下，是以完成教学进度为主，还是以学生吸收能力的极限为主?

在绝大部分的时候，老师们会选择完成教学进度，而理由常常是不愿意在下一堂课再花时间去重复这个议题。下堂课还有另外的进度。至于学生能不能接受，我们偷偷地安慰自己：只要不是和基测有关，应该都没关系吧!

我想，这就是为什么那位老师坚持放完预先挑选的12部短片的原因吧!

我们都知道，一条橡皮筋如果拉久了，它就会渐渐地松弛。其实，学生们不断被要求吸收某种特定的模式，他们的大脑也是会疲乏的。

我们应该想一想：如果不断地加强某些重要的知识是必要的话，与其一再播放短片，还有没有其他的教学活动可以用来传达这些知识?

譬如：

• 可不可以以小组为单位、以情境教学的方式，讨论其他有效的日常环保方法?

• 可不可以用学习单来引导小朋友学习，顺便加强阅读理解力？

• 可不可以现场提供一些回收物，让小朋友动脑动手，重新为回收物注入新生命？

• 可不可以让孩子与家长发挥想象力和创造力，例如写诗或写剧本，让孩子真正理解实践环保、俭约助人的意义？

学生的身体语言往往传递着重要的讯息。当讲课的老师发现孩子们渐渐无法专注、眼睛无神，或是无法坐正，甚至打呵欠时，他们的身体语言在暗示：我已经不感兴趣了。他们的表情也在向老师求救：拜托，拜托，我的大脑需要不一样的刺激。我想做一些别的活动。我需要休息了！

老师们必须明白一个残酷的事实：教学的方法若缺乏弹性，带来的只有学习成效低的结果。

四、在课程里，有没有留白的机会

教学计划中得要有一个让学生喘息的机会。我把这个刻意安排的机会称为“教学中的留白”。我认为这个留白是任何教案的必备要素。因为，任何人都无法在短时间吸收过多的信息，即使是看了一场惊心动魄、声光剧情都令人回味的《哈利·波特》(*Harry Potter*) 电影，我们所记得的也不过是在脑海里、印象特别深刻的几个场景、几段对白罢了。

兼具声光效果、星光熠熠的好莱坞电影都只有这样的效果，更何况是平常的课堂？

教学中的留白不是空白。它是一个预留的空间，让学生沉淀刚吸收的知识，和同学老师沟通交流。在这个知识和知识交界的停顿中，不但可以让原本不断接受信息的大脑有喘息的机会，它更可以帮助学习者咀嚼刚刚获得的知识。

一个懂得利用教学中的留白的老师，会积极地让学生用回想的方式来思考主要的议题。即使是给学童一张白纸，再引导学童用画笔重新诠释刚才所学的知识，效果都比不断增加教学资料要好。

你或许会问：对一个假日的亲子活动，我们有必要这么严肃地讨论吗？

我的想法很简单：如果这个活动的本意在教育孩童，那么，这2个半小时的时间，便是一个让孩童有效学习的机会。运用得当的话，它绝对能带给与会者寓教于乐的经验。然而因为教学者的盲点，这个机会白白流逝了。

第二节 了解学生是教学成功的首要条件

在以学习者为主的教学中，教学者和学生学习的关系是平等、互动的。教学内容必须适才适用。要达到这个目的，老师们得知道与学生学习相关的事。但是，我们应该如何确切地了解学生呢？

老师们普遍认为，认识学生可以从“发展层面”和“学习能力”这两个最简单也最基本的层面着手。发展层面以年龄、体力为主，老师们可以很快地根据学生的年龄层来判断学生的体力是否能够负荷，心智是否成熟，也可以将此作为依据来预测学生的智能发展，进而断定学生的分段学习能力的范围。

然而，我认为所谓了解学生，并不只是单纯地针对学生的发展层面和学习能力层面而已。虽然这两个层面是认清教学对象的基本要素，但是如果只关注这两个层面，我们对学生的了解也只有表象。这样的结果很容易产生误解，甚至过于局限学生的学习认知。

认识学生的方式可以从多元的角度来审视，以求其完善与包容性。从这个角度切入，我们可以从两方面来了解学生：（1）多元智能；（2）多元背景。

一、多元智能

在教育界中，针对“了解学生”这个课题，影响最深的理论可以说是霍华德·加德纳（Howard Gardner）的多元智能理论（theory of multiple intelligence）。这个理论自1983年发表以来，已经成为心理学、教育界的圭臬。而影响教育界最重要的一点，就是它不再用单一的方式来审视学生的能力，这对教育界长期以来习惯用量化考试为主的评量模式而言，无疑是一大颠覆性的思维模式。加德纳根据人类思考方式、吸收运用知识的模式把人类的智能普遍性地分成以下八种：

（1）逻辑数理（logical-mathematical intelligence）：逻辑数理智

能强的人，对于推演、运算和数字非常敏感。除此之外，他们也擅长用比较（类比、对比）、因果逻辑的思维模式来了解事物之间的相互关系。

（2）空间智能 (spatial intelligence)：这类型的人对空间和方向特别敏锐。对与空间有关的事物，他们能够清晰地辨识其在空间中的形状、结构、线条、颜色等细节。这些心灵活动让他们有极强的记忆力来分辨物体和物体、物体与空间的关系。加德纳强调，虽然视觉可以辅助空间智能的发挥，然而，失去视力的盲人也可以有空间智能，那是一种对立体空间的敏感度和心灵活动。

（3）说话语言智能（verbal-linguistic intelligence)：很明显，具备这种智能的人对于文字和语言特别敏锐。他们不但喜好阅读，写作时也以对文字选择的精确度来表达：抒发情感。除此之外，他们也擅长用言语来表达与沟通。

（4）身体动感智能(bodily-kinesthetic intelligence)：极高的身体体能的灵活度和肢体语言的敏锐度，是具备这种智能的人的特征。这种对肢体活动的敏锐也包括对时间的准确度的敏锐。加德纳认为舞者、演员、运动员、音乐家、军人、警官、工人的工作内容，多多少少都与肢体协调度和身体表达能力有关系。

（5）音乐智能（musical intelligence）：对声音特别敏锐。具备音乐智能的人，除了能够辨别声音之外，也擅长透过声音或音乐来表达情感。他们通常十分有节奏感和韵律感，对音色、音感和旋律等运用自如。唱歌、作曲、玩乐器能让他们乐此不疲。

（6）自省智能 (intrapersonal intelligence)：自我体认的能力非常高，通常表现在能明确地反省自身。具备自省智能的人非常了解自己，对于自我的情绪个性、意志认知、欲念需求、优点缺点都能掌控良好，并给予适当的自我评价。也因为如此，具备这种智能的人往往自律自重。

（7）社交智能(interpersonal intelligence)：指在和他人相处时有流畅的应对进退的能力。具有社交智能的人社交能力强，适合群体活动，对他人的情绪和同理心的展露十分敏锐，对于识人用人、待人处事也很有一套。

（8）自然观察智能(naturalist intelligence)：对自身所处的环境

和与大自然有关的事物有特别敏锐的观察、洞悉、辨别、分类和归纳能力，并能运用与自然环境有关的知识，对物种、动植物、岩石矿产等资源有高度的兴趣。

我认为多元智能的理论对教育界的冲击有三：

（1）学生本身的多元性：每个学生具备着不同的智能。若想要了解学生的话，身为教育者必须明白，我们绝对不能单一地、片面化地去审视学生的才能。俗语说“一样米养百样人”，我们也应该以此态度来发掘各个学生的特长。因材施教的前提是必须先了解学生的学习智能特征和技能，唯有如此，才会使学生有学习的效果。

（2）教学内容的多样化：体认到学生各自有不同的学习潜能之后，老师们应尽量特意安排融合这八种智能，来提升教学内容和质量。学习方式不光只是强调语言、数理逻辑的应用，也要讲求批判思考、群体合作、自我评量、肢体结合、音韵动感、视觉空间等学习元素。唯有这种具备多样性的教学活动，才可以有效地积极激发各个学生的潜力。

（3）统整教育的必要性：多元智能让教学者了解，在寻求专业化的同时，教学内容如果太过单一，将会带来孤立的危机。换句话说，各科分立反而无法让学生理解如何通过实际应用、多方整合来解决问题。因此，促进学科整合、制造各科统整应用的机会，成为教育的积极目标。

二、多元背景

我们除了从发展层面和学习能力层面来了解学生之外，学生们自身的家庭层面、文化层面和心理层面也深具影响力。这些反映学生日常生活的层面，与学生的学习情绪、学习态度有极大的关联。理由很简单，多元的家庭、多元的社会环境、多元的宗教信仰、多元的生活价值观，等等，自然导致学生对知识的解析持有不同的想法。

因为这些多变的外在刺激，学生看一件事情的方式，自然会有多元的视角。各自所处的社会环境深深影响到学生各自的态度

(attitude)、行为(behavior)、情绪(emotion)及意志(commitment)。这些外在的因素，都隐隐约约地影响学生在课堂上对新的学习主题，或是对所研讨的知识议题会产生的反应。在完美的状况下，他们会积极地将新学的知识与他们的学习经验联结(connection)，活跃地与老师、同学互动(interaction)，显示出对学习主题的接受度有正面的反应(reaction)。

图2-3显示的就是学习者与学习学科(learning subjects)、学习环境(learning environment)的交集。你可以很清楚地看到，学生本身的各个方面、他（她）所处的环境与价值观，都多多少少影响他（她）的学习。

图 2-3 ◎学习者与学习学科、学习环境的交集

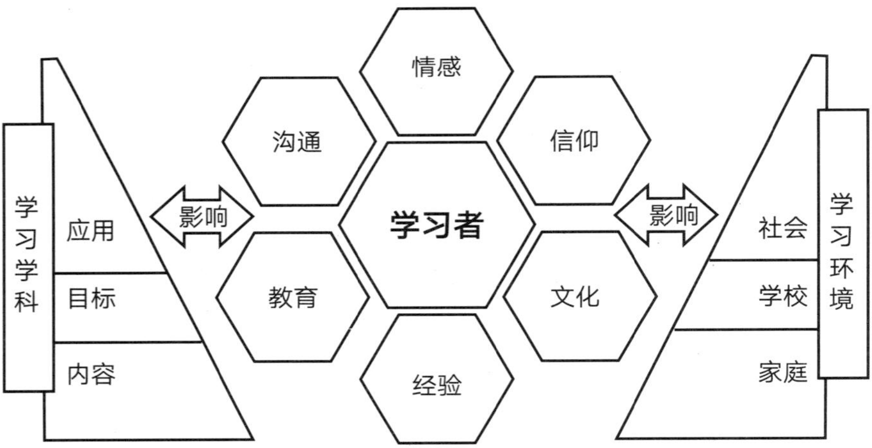

然而，我们毕竟不是处在永远完美的世界里。当我们心情不稳定，或是遇到困难时，我们的专注力和理解力自然会降低。身为大人的我们或许能用意志力有技巧地控制这些突发的压力，但学童们则会直接地反映到他们的学习上。因此，在以学习者为主的教学中，老师们的角色必须是多样的，除了专注于教学内容之外，为了确保学习成效，老师们必须有敏锐的观察力，致力于维系一个包容性强、优质的学习环境。

当老师们发现学生们无法如预期般接受学习主题时，与其强迫性地教授学习主题，倒不如主动了解学生在学习上、生活上可能

遇到的困难，想办法去关心和排解，再斟酌变动授课内容，或是调整对待学生的教学态度。这种从了解学生的角度出发的方法，会有长效的结果。

我再举个真实例子。

我到镇上某个小学观摩一位音乐老师的课，四年级的学生们正在学习吹奏竖笛。老师示范之后，要求学生们自己寻找同伴，做三人一组的小组练习。学生们听到后兴奋地四散在课室四周，一组一组地，很快，笛声此起彼伏。

这时，我发现有一个男孩总是四处碰壁。他找了好久都找不到小组伙伴，最后只好自己在角落里练习。

下课后，我和音乐老师聊起。我实在好奇，为何老师不干涉这种被孤立的现象。

我："有一个男生似乎一直找不到伙伴一起练习。"

老师："很正常啊！同学们不愿意和他同组，我也可以理解。他常常会故意做一些乖张的行为和说一些夸张的言语，大家其实都排斥他。他今天算好的，没有干扰上课。我常常被他弄得情绪大乱。光是上个月，我至少就送他去了校长室三次。"

我好奇地问："你有没有和他谈谈为何他会做这些举动？"

老师："没有。我也没有时间去处理这样的事。坦白讲，我看到他就会头痛。"

我顿了顿："乔治（指那个男孩）是我邻居的孩子。你知不知道他正在做'注意力不足过动症'（ADHD）的治疗？"

老师很惊讶地看着我，再度摇摇头。

我继续说："他妈妈三个月前刚生了一对双胞胎，可能忙得没精力顾他。十年来，他一直是家中唯一的孩子，现在一下子多了两个弟弟，心里可能会产生不安全感。加上我知道他如果没有按时服药，他的注意力会减退，也会逐渐凸显'注意力不足过动症'的焦躁行为。下次如果他再有这样的行为，你可以私下问他是否有按时服药。这样或许会改善课堂上的现象。"

老师有些不好意思地说："你说的这些事，我都是第一次听到。他今天有好的行为表现，可能是因为你在教室旁听，看到认识的人，比较收敛吧。(顿了一下)我常常以为他是故意的。（叹一口气）其实，每个人都需要受重视。我会多多关照他的。”

我：“实在太感谢了。他是一个敏感而聪明的孩子，我相信，他在感受到你的关爱之后，行为或许会有所改善。”

在这个案例中，我们很清楚地看到，孩子因为家庭的因素和健康的限制而影响到学习“态度”，造成上课不专心，“行为”乖张，想惹人注意；“情绪”易怒，又没自信。这些负面的效果已直接影响他的学习能力和专注力，而造成他在课堂上的不安，影响到其他学生的学习。可惜的是，老师在发现问题的征兆之后并没有想办法去改善，只是消极地坐视不管，还先入为主地认为孩子为了要引起注意，而不择手段地故意在课堂里捣乱。

不友善的“学习环境”，不但影响到乔治在课堂上、同学之间的接受度，也让其他同学沉浸在不稳定、互相排斥的负面情绪中。试想，在这样的环境中，我们怎么能够保证学生在学习的时候，能够有效“联结”以前的学习经验，积极地“互动”，对新知识的认知有良性的“反应”呢？

身为老师，我们必须了解，除了专注于教授学习内容之外，尽可能地维持一个安全、友善、互相尊重的学习环境，也十分重要。

三、学生先前的学习经验

家庭层面、文化层面和心理层面都会影响学生的学习。老师除了尽可能地了解之外，也需要知道学生对于一个新的知识技能，在正式教授之前，到底有没有一些先前已知的相关知识。

我们如何知道学生先前的学习经验呢？

以学习者为主的教学架构，近年来在美国教育界逐渐受到重视，也发展出许多有用的方法，其中被广泛应用的就是“KWL”表格。老师们根据学生的“KWL”来认清他们在学习过程当中的需求。

“KWL”是唐娜·奥格尔（Donna Ogle）于1986年所提出的教学法。她发现教师们经常过于专注教学进度，而逐渐和学生产生学习上的隔阂，原因在于老师和学生在课堂上的互动沟通太少。老师常常教完一个课题，却不知道学生到底吸收了多少、了解程度好不好、有哪些不足的地方。几经考虑，她决定采用最有效的方式，就是直接问学生，于是，“KWL”就诞生了。

“KWL”的“K”代表的是Know，意即“已经知道的既存知识(prior knowledge)”。“W”代表的是“想要再更进一步学习的未知知识”（want）。在这个阶段，老师们应审慎考虑针对主题可以加强学习或是增加学习的内容，并且加以整理编排整合，所要教授的内容都必须符合学生的学习能力，有次序地反映主题。最后，“L”代表的是“我们已经学到的新知识”（learn）。在这个类似教学评量的阶段，除了带领学生温习刚刚获取的新知识之外，更重要的是让学生们深思反省是否有扩大学习这个主题的可能性。

“KWL”基本上环绕着三个主要的问题：

（1）你们对这个学习主题知道的有多少？

（2）你们对这个学习主题想要再学什么？

（3）你们在这个学习单元里学到了什么？

当老师开始一个新的学习主题时，老师可以问学生：“你们对这个学习主题知道的有多少？”这样的问题可以帮助老师从对话讨论中，了解学生对于该主题的学习经验，进而可以引导学生深入学习。一旦老师了解学生先前的既有知识，老师可以进一步询问学生：“你们对这个学习主题想要再学什么？”接着，在老师针对学生所希望学习的新知识深入教授讨论之后，老师可以再征求学生的反应：“你们在这个学习单元里学到了什么？”

奥格甚至为“KWL”做了一个延伸——“KWL+”，意即“我们接下来还可以学什么”。在这个阶段中，老师可以进一步鼓励学生针对整个学习过程做笔记与心得报告。这个延伸的活动非常重要，因为学生可以借此机会做一个自我评量，抒发学习的感想和心得。这就是前面刚刚强调的“留白”。我认为，若是少了这个步骤，纵使有“KWL”表格也是徒然。因为只有单向的教学，而没有双向的沟通，学习的过程好比缺乏大提琴的弦乐团，音色绝对无法调和。

“KWL”最理想的做法是在撰写课程计划之前，针对即将授课的主题，像问卷调查一样地向学生征求意见。然后根据学生的反映，量身定做地充实教学内容。要记住的一点是，老师和学生必须按照顺序，共同讨论“已经知道的知识”（what we know）和“想要学的知识”（what we want to know）。

举例来说，一个以地球日为主题的课程(见表2-3)，它的“KWL”可以表达如下。

表 2-3 ◎ “KWL” 用法的范例——地球日

教学主题 topic	已经知道的知识 what we know	想要学的知识 what we want to know	学到的知识 what we learned
地球日	每年的 4 月 22 日	历史： 哪一年设立？ 谁是创始人？	地球日的起源
	口号 :3R（reduce, recycle, reuse），即减少资源浪费；资源再利用；资源回收	环境科学： 资源回收真的对地球有帮助吗？ 资源回收在学生所处的城市怎么落实？	资源回收的流程和实际成效
	资源回收的方法： 太阳能、风力发电	科学： 太阳能和风力发电怎么产生？ 它们的利弊是什么？风险在哪里？	深刻了解太阳能和风力发电的运作和利用

从已经知道的知识和想要学的知识两个项目，老师们可以清楚地知道学生对地球日主题的了解和疑虑，进一步加入可以讨论的空间。它是建立在先前知识（已知的）的基础上，然后向外延伸发展，加强并加深学生的学习印象和学习内容。

因为以先前知识为主，学生对想要学的新知识自然有所期许，学习动机也会提升。

传统的教学方式常常忽略应用先前知识的重要性，而以灌输新知识、演练新知识、评量新知识为主。“KWL”是鼓励学生进行“记忆搜寻”和利用“先前知识”的最佳工具。“KWL”鼓励学生进行“记忆搜寻”，找出已知的知识，顺便温习可能已经忘掉的知识。在这个基础上，新知识和旧知识可以有效地连贯起来，而不是片段式地被吸收。

“KWL”的确为老师与学生打开了沟通的渠道。许多老师以“KWL”为基础，根据自己使用的心得加以注释。譬如赫什伯格（Hershberger）等人把“KWL”改成为“KWEL”，意即“know—learning—evidence—wonder”（已知—学习—证据—猜想）。这个方法着重于观察学习，带领学生进一步找寻证据来支持观察所得到的知识或数据，然后鼓励学生做深入的探索。萨博(Szabo) 则针对阅读理解力薄弱的八年级学生创建了“KWHHL”。其中，第一个“H”代表“head words”，学生在这里列出让他（她）困惑或是难以理解的单字。在这个阶段，学生可以自我评量(即使是被迫的)，列出自己认为重要的或不明白的字，这是另一个学习动机的延伸。第二个“H”是“heart words”，意即鼓励学生写下在阅读当中的想法、心情和感想。在文本里并没有任何带有情感的语句的情形下，学生更能因为这个步骤仔细检视自己对文本的感想，在和同学的相互讨论中找到共鸣或是冲击点。

在教授统整课程时，我自己也对“KWL”的使用有所调整。我认为，在“想要学的知识”（what we want to know）和“学到的知识”（what we learned）之间，应该还有一个隐藏的步骤。我把那个步骤称为“我们要教的”（what we ought to teach）。由这个概念延伸，根据我的需求把“KWL”转变为“KWTL”。在那个“T”(teach) 的空间里，老师们必须把握、搜寻、整合可以增进学习成效的教学材料。虽然这一个步骤学生看不到，也不用填写，但是老师得要善用这个步骤，针对学生的疑虑、误解或是渴望学习的项目，在教学日志上一一列举、筛选、加注和准备，好给予学生全方位的学习感受。

举例来说，在了解学生们对太阳能和风力发电有极大的兴趣之后，老师可以多方寻求相关信息来加强“T”的部分。例如，近来报章杂志媒体等都大力报道政府对于太阳能和风力发电设置节源减税的方案，何不将这个方案向学生列举讨论，从实用的层面出发来延伸议题？老师们也可邀请当地装置太阳能面板的公司派人到教室解说、展示。如果要了解公司住宅在加装了太阳能面板之前和之后的区别，也可以邀请已经装设太阳能面板的居民来做访问，了解是否真的可以节能。

虽然“KWL”用意良善，但是，有些老师却往往将它形式化。

在学生填写学习心得之后，老师并没有妥善利用，进一步加强学生的学习；更有一些老师认为填写完成“KWL”就是所有的授课内容，而不再额外对授课主题多做其他的研究和讨论。

我在指导职前老师书写教案的时候，常常有老师将“KWL”视为万能药，甚至有人将空白的“KWL”当作一个教学的教案。他们的理由是:“反正我得先让学生填写才知道下一个步骤，才能去搜集教学资料吧！”

这种似是而非，天真地认为什么都不用准备，两手空空，用一张“KWL”表格便可以有效地完成教学的想法，实在让人匪夷所思。

其实，在与学生一起填写“KWL”表格之前，老师应有足够的基本教学内容来涵盖教学主题。毕竟，“KWL”表格是老师和学生之间的沟通方式，用以连贯学生过去所学的知识和现下学习的过程。它主要的重点在于明白“我们要教的”（what we ought to teach）是什么，可以强调的重点是什么，能够延伸的知识有哪些。做老师的千万不要把这个隐形的“我们要教的”步骤看成做老师不得不做的功课。这样想的话，老师们多少会有被动的想法。

“KWL”是一个教学上的提示。老师们大可以把它当作一个机会，借以照着学生的兴趣来增加更多研习的内容。再者，“KWL”是个辅助，主导权还是在老师身上。如果错过“我们要教的”的机会，再怎么运用巨细靡遗的“KWL”，也无法提高学生的学习效率。

问题与讨论

1. 在这章中我们讨论到教课内容精致化、深度化的问题。你会如何改善那位放映 12 部影片的老师的教学方法?
2. 请以“维护古迹”为议题，用“KWL”的方式尝试设计出一个鼓励学生思考具地方代表性的古迹统整课程，并思考古迹在现代生活中代表的意义与可能受到的冲击。在这个课程里，你可以为“KWTL”里隐形的“T”(teach)准备什么活动与教材?
3. 你认为“以学习者为中心”的教学对学生的学习有何影响?对老师而言，它的困难在哪里?
4. “多元智能”和“多元背景”与“统整学科”有何关联?

第三章

课程设计的基本要素：教学目标与内容

3

一个好的教学内容需要先有一个清楚的教学主题，
而一个好的教学主题则必须强调简洁与清晰。
教学时一旦拟定了主题和内容的方向，
便要确定教学内容是否和分段能力学习指标相吻合。

第一节 教学目标

你的教学目标是什么?

教学内容有没有一个清晰的教学主题?

你的教学主题是否适合学生的年龄成熟度?

教学内容是否和分段能力学习指标相吻合?

一个好的教学内容需要有一个清晰的教学主题。而一个好的教学主题强调简洁与清晰，不需要冗长的解释，当然，也不能够太过简略，应像是烹饪中的火候，要恰到好处，刚刚好。

举例来说，若有一个定为“颜色”的教学主题，乍看之下，教学内容的方向十分明确。然而仔细一想，关于颜色的议题非常广，到底是要讨论颜色的哪个方面呢?是美术技法颜色的练习?是颜色在日常生活中的应用?还是颜色所隐含的情感象征、社会文化的意义?

别忘了，颜色在视觉科学或应用化学上也各有不同的诠释方向。因此，只有“颜色”二字的教学主题，不仅过于简略，甚至是粗糙到毫无实用价值。因为主题过于含糊，便可能产生误导的危险。再者，正如我们在上一节讨论过的：在撰写课程设计之前，先认清教学的对象。因此，讨论主题的方向和深度，必须考虑学生的认知度而适度地调整。

如果将“以技法为核心”当作教学重点来举例，技巧的介绍必须循序渐进。如果是针对幼儿园学生的美术技法来做颜色的练习，一般以“颜色”为主题的课程，可从初级的配色原理来开始介绍，教学重点是了解色彩的基本变化。学生主要学习三原色的基本原理，其他学习的重点还可包括：从三原色可以调配出什么样的次色，例如红加黄等于橘，蓝加黄等于绿，红加蓝等于紫。小学中年级可以强调互补色的运用和色系的不同；高年级可以着重设计与色彩之间的协调性。也就是说，即使是着重技巧的教学，仍然得考虑学习的连续性。一切得从基本出发，然后找寻适当的教材、适合的艺术大师范例以及相关的活动来加强学生的艺术技法。

如果“以理解运用为核心”来教“颜色”，则必须注重根据学生的认知理解力来加强学生的学习。教材可以延伸到美术技法以外的领域。譬如，为低年级学生特别编写与颜色有关的童谣儿歌，以活泼又有意义联结的活动来加强学生对颜色原理应用的记忆；中年级可以讨论日常生活中运用到颜色的选择经验（例如衣服、配件、家具摆设等）；高年级可以开展加强颜色在节庆文化里扮演的角色的议题。

教学上除了清楚的授课方针之外，适不适合学生的年龄、认知与学习环境，都会影响学生吸收知识的深度与广度。从这些例子来看，"颜色"这个教学主题的简化，模糊性十分明显。我们也可以看到"从分科学习的教学观点"出发很容易窄化教学的思路，成为"以技法为核心"或是"以理解运用为核心"的分歧点。如果教学者从"统整教学的观点"出发，不要划分、窄化为"以技法为核心"或是"以理解运用为核心"的教学方向，在教学中能够根据学习者的经验与智能发展、教学目标来拟定讨论的方向，融合技术与理解，进一步强化主题，就会带给学习者更明确的学习方向与实用性。

表3-1清楚显示了以"颜色"为主题的两种课程设计因为教学目标的不同，教学的方向也随之改变。

表3-1 ◎ 以"颜色"为主题的两种课程设计

	分科单元教学	统整教学
年级	小学三、四年级	小学三、四年级
学科	艺术	艺术、社会、语文、传播
教学主题	颜色技法初探	颜色的情感象征与文化关系
学习目标	色彩概念的认识与应用	识别并运用颜色象征来体现文化特质
学习经验	・颜色的特性：由艺术家的范例点出对比色、互补色、色相，以及颜色带给人的感觉。 ・混色技巧与练习：色轮的功用、冷暖色。	・艺术领域：基础色彩学概念、混色技巧与练习。 ・社会学：颜色在东西文化生活、庆典、设计中的意义。 ・语文：基本论文写作练习，从生活经验举例，深入研究、阐述颜色与文化议题。

续表

	分科单元教学	统整教学
学习内容	艺术创作： 1. 色轮 色轮反映色彩学基本原理。 2. 介绍现代艺术名家（凡·高、塞尚）的静物如何运用颜色来表现。 3. 老师摆设静物，让学生尝试颜色的运用。	统整创作： 1. 老师先进行颜色的基本技法练习以及颜色配色欣赏。 2. 老师接着以“美国国庆”为例，引出“文化交流日”的议题，进而解释颜色在庆典上的运用，以及红、白、蓝在美国历史上的象征与代表意义，强调文化融合为美国创国精神。 3. 带入“文化交流日”的议题：提供并根据所处社区的人口族群调查数据来引领学生讨论并思考“文化交流日”的成立对社区族群的意义与价值。 4. 老师告诉学生一个月后班上会举办“文化交流日”，学生必须分组设计一份“文化交流日”的文案标志与说明传单，在“文化交流日”现场发送与会社区民众。标志设计必须凸显基本色彩学与文化意蕴，文案中必须介绍一个特定的文化庆典，并包括两个和“颜色与庆典”相关的范例及其意义，具体写出研究发现的论述重点资料。 5. 老师引导学生搜集优秀的标志设计范例来讨论分享，改善自己的设计，力求沟通与视觉美感的平衡。学生针对说明书的文案需要进行阅读研究、访谈，找出颜色与特定族群文化的关系。
学习评鉴	·评鉴：什么是三原色？什么是色环？可以从色环中找出对比色、基本的配色运用。 ·分享：学生从自己的作品中点出颜色的基本原理，如对比色、互补色、色彩的感觉、冷色、暖色。	·评鉴：学生设计的标志是否反映出对色彩原理的运用及理解？标志是否呈现文化交流日精神，达到沟通的目的？说明书的内容是否点出文化交流日或特定的庆典的来由与特质？对颜色与庆典文化的关系是否做了适当的讨论与介绍？ ·分享：学生分组提交文化交流日的文案，把说明书做成成品。

两者比较之后，我们可以清楚地看到分科学习的重点单一。分科学习的思维是线性的，自有它的简易性与流畅度，这个方式可以专注深入。相对的，统整学习则是系统性的思维整合，培养并挑战学生联结知识的能力。由颜色的情感象征与文化关系的主题切入设计，可以很清楚地点出整个教学的焦点。这将有效地辅助老师深入浅出地向学生阐述“颜色”和其中表达的情感的各种隐藏意义，

以及在现实社会中具体的应用。统整学习的方式注重引导学生从其他学科的角度来审视色彩的议题；统整创作的目的也是如此，强调与生活经验融合，积极鼓励学生的创作涵盖多元性的可能。

设计课程必须体认“适合学生学习”的重要性。太过于模糊、简化、窄化的主题，往往会造成学习方向偏失，甚至降低学生学习的兴趣。

以下举个真实的例子。

茉莉上完美术才艺班回来，脸色并不好，友人十分担心孩子是否在课堂上受到伤害。孩子嘴里嘟哝着，却躲进房里。友人无奈之余，打开茉莉从课堂上带回来的作品。那是一张介绍三原色，只用三原色画出的抽象作品。

在作品背后，贴着一小张课程大纲。上面写着：

班级	授课大纲
初级	本单元介绍三原色。学生应用三原色的特性来学习配色并创作以三原色为主的作品。

茉莉的作品清楚地反映了老师所拟定的课程大纲。在她的画作上还随意滴洒了一些如美国抽象画大师杰克逊·波洛克（Jackson Pollock）作品中的淡黄色点。

我想，我大概知道茉莉为什么不高兴了，但我还是要确定一下我的直觉。

我问友人：“茉莉几岁了？”

友人：“11岁。”

我沉默的表情大概吓到友人，她更忧虑了。我安抚她，并建议她要如何和茉莉沟通。

茉莉在这时候走出来。

友人：“今天上课好玩吗？”

茉莉耸耸肩，不置可否地看着妈妈。

友人：“你带回来的作品很有意思，告诉妈妈那是什么好吗？”

茉莉：“你在安慰我吧？我觉得画得一点都不好看。”

友人：“那你学到什么了吗？”

茉莉："这些原理我早就知道了。没什么了不起。"

友人："这是你不高兴的原因吗？"

茉莉(皱起眉毛)："大概吧。"

友人："不想学画画了吗？"

茉莉："这和我想要上的画画课完全不同。"

友人："那你想上的画画课是怎样的呢？"

茉莉："我也说不上来。但这不是我想要的，太简单了。我不喜欢我的作品。"

友人："那你觉得妈妈应该怎么做？"

茉莉："你可以和老师沟通看看吗？可不可以换班？"

友人："我试试看。"

茉莉脸上露出笑容，回房间去了。

我看看友人，友人却面有难色。

我："怎么了？"

友人："那个才艺班规定不论年龄经验，都得从初级班开始，不能跳级的。"

我吓了一跳："为什么？"

友人："他们坚持要一切归零，回到原点。"

我笑了一笑："换才艺班吧！这不是教学，别被这种商业手段蒙骗了。"

有经验的美术老师都知道，11岁的孩子的能力和成熟度早就可以理解三原色的原理和基础应用。即使用抽象的手法来表现，老师也可以引导孩子加入颜色和感情的关系、颜色的象征性，或是从构图结构的变化来增加一些挑战性。可是在这个例子里，因为教学主题的简化，加上老师忽视了学生的程度已超出预定的学习目标，学生学习的体验与成效并不理想。忽视了学生具备的能力(超乎课程预期的标准)和学习动机(想要挑战性高的画法)，即使学生的反应和作品达到预期的教学目标，他(她)的学习过程却是虚假的。因为这个教学目标并不适合学生的年龄成熟度，也就浪费了深度学习的机会。

一、分段能力学习指标的意义

一旦拟定了主题和内容的方向，教学时便要确定教学内容是否和分段能力学习指标相吻合。这时候，老师们应该对照教育部门颁发的教学纲领和方针，适当地运用纲领的内容做必要的提示，这样往往更能加强教学内容的正确性。

有的老师在写课程计划时，常常将这个步骤预留到最后。等到教学内容都拟定之后，才一一对照，按照分段能力指标列出各领域中适合的条例。

先列出分段能力指标，再书写教学内容，和先书写教学内容，再列出分段能力指标，将用这两种方式完成的计划相比，可能无法看出任何差异。毕竟，那多少与个人书写习惯有关。只是在排序上，若能把分段能力指标清楚地条列在整个课程计划的前半段，便能帮助读者一目了然，很快地抓住课程的要点。我常常得提醒职前老师们，不要忘记加注分段能力指标的项目，好确切“完成”课程计划的书写。其实，所谓的“完成”，或多或少有“交代”的意味。如果能够明白地列出教学内容和分段能力指标相吻合的项目，就可以清楚地向相关单位（小至家长、学校，大至教育局）证明教学内容的价值。因此，老师心理上不免把这个项目当成不得不做的功课，有附加的意味。有些老师甚至笑称这个项目和配对游戏很类似。

事实上，列出分段能力指标有很大的“目的性”。它其实是教学目标的延伸，可以更清楚地提供授课内容的脉络。预览过各级分段能力指标，再来书写课程计划，就更能确保授课方向、内容与学生的能力相对应。

我自己的经验是，决定学习对象之后，在预览相关的分段能力指标时，某一些能力指标会特别地与我的脑子对起话来，我便能不断联想到许多可能会用到的活动和教材。所以，分段能力指标不光只是提示，它们也可以是灵感的泉源。

各领域的各级分段能力指标明细非常繁复，应普遍地概括学生可以达成的目标。当然，一个教学计划往往无法涵盖多项指标，这也是许多老师视分段能力指标为压力来源的原因。

正如图3-1教学目标、教学内容、学习经验和反映分段能力的关系图所示，学习经验和分段能力之间存在着制衡的关系。

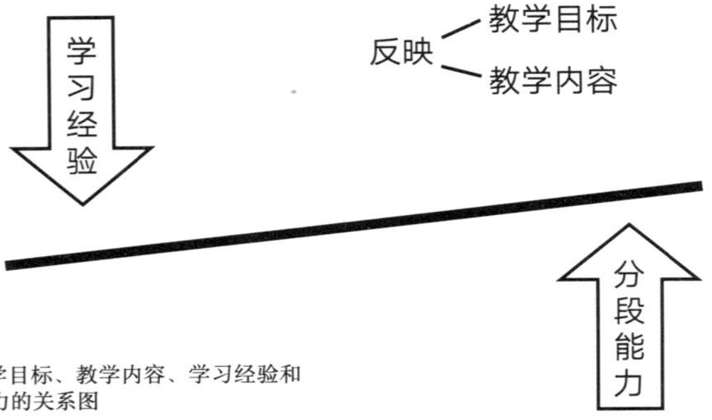

图 3-1 ◎教学目标、教学内容、学习经验和反映分段能力的关系图

分段能力指标的制定，目的在于衡量学习者的学习成效，评断的方式便是根据学习经验来预测。学习经验涵盖教学目标与教学内容，两者左右学习经验的成败；同时，教学目标很直接地影响到教学内容。可是，学习经验和分段能力之间的平衡关系，明显地左右整个教学。它们的关系是双向的，不时相互影响，致力于寻求一个均衡的状态。

这种制衡的关系也可以解释为教室现场的实际表现与教育政策机构对教育成果的期许相互之间的关系。从政策到实践，或多或少存在一些阻力、压力、偏好以及时代变迁的影响。原因在于，指标本身的制定隐含整个大环境对教育成效的期许，这个期许又夹杂了许多因素，它可能是政策性的改变，也可能代表家长、学生的立场，教师教学经验的再评估所形成的价值体系。老师们必须体悟到“价值观”的意义，才有办法突破政策与制度的压力，找寻学生真正需要学习的东西。

第二节 教学内容：教学所需的教材、资源和计算机科技

有没有包括学习单的范例？

有没有准备向学生们提问的问题清单？

若使用计算机，有没有清楚列举、介绍学生们在这个课程计划中会用到的网站？

有没有清楚列举教学中所需要的器材、教具？

若预备使用计算机简报教学，有没有附上一份教学的内容一览表？

教材是否具备安全性与适当性，符合机动性与经济性的考虑？

教一堂课，到底需要多少教材？这的确是值得深思的问题。回想自己求学的过程，记忆中的各科老师，大多数的时候都是一手拿着课本，另一只手握着水杯进教室。如果课本下还多了一叠纸，整个教室的气氛便紧张起来，因为那只意味着两种情形：考试，或是发放考卷。两种情况都只会带来压力。很少有老师会带教具进课室，顶多是用携带型的麦克风来增加音量，顺便做保护喉咙之用。印象最深刻的是初中时的一位年轻的英文代课老师，当她提着录音机进教室的时候，大家都傻了眼。我记得她教我们一首西蒙与加芬克尔（Simon and Garfunkel）的《山鹰之歌》（If I Could）来了解英文假设语气的用法。

I'd rather be a sparrow than a snail. Yes I would, if I could, I surely would.（我宁愿是一只麻雀，也不愿做一只蜗牛。没错，如果可以，我会这样选择。）

I'd rather be a hammer than a nail. Yes I would, if I only could, I surely would.（我宁愿是一把铁锤，也不愿是一根铁钉。没错，如果真的可以，我会这样选择。）

我们唱了一节课的民歌。对于天天被考试弄得身心疲惫的我们，这无疑是一个难得的轻松时刻。至今我还清楚地记得那首民歌，也因此把假设语法给牢牢记住了。

另一个特例，则是高中时代，地理老师精心策划的地理一日游。在短短的一天内，我们足踏台湾垦丁、恒春各个具有奇特地形的景点，见识到天然气、地壳出火、砖窑、珊瑚礁、落山风和风吹

沙。我现在还清楚记得自己的围巾积满沙粒的景象。

这两位老师原本可以不必如此费心安排。要赶进度、求高分，用“讲光抄”的方式简单得多。可是，也因为他们多做了这么一些，整个学习的长效性却达到不可思议的效果（瞧，三十年后的此时，我还可以深深感受到那两堂课的震撼力）。可惜的是，像这样稍微不一样的教学，在我的求学过程中，少之又少。

20世纪70、80年代的演讲式、上对下、灌输型的教学现象，现在仍然可见，而我也一直以为教学就是如此。一直到我研习美国师资训练和实际在课堂上教学，才知道教材在教学上的重要性。

教学内容是整个课程计划的重头戏。使用教材的目的，是希望学生能在多元的学习环境中对教学主题有更明确的了解。因此，学习单、绘本、网页、简报、积木、歌曲、舞蹈、玩具，甚至家长等，都可以成为教材。

但它们都需要符合一个前提：那就是必须和教学主题、教学目标息息相关。而且，一个好的课程计划，并不在它所用的教材数目，而在于教材的质量。为此，我常常告诫学生：宁可少而深，不可广而乱。

举个例子来说，在师资训练时，我就遇到学生对教学材料的误解。

职前老师杰夫在下课后拿着我刚发回的课程设计来见我。

他满脸的疑问，说：“老师，我想你给的成绩太低了。”

我：“没关系，我们一起来看看。”

我翻开杰夫所写的课程设计，那是一个针对四年级孩童设计的以风力应用为主的课程，教学对象、主题、流程都十分用心。我不免当着他的面称赞了几句。他笑了笑，可是我知道他仍然为了成绩而苦恼。

果然，当我翻至教学所需的教材、资源和计算机科技的部分时，看到先前自己勾画的问号。

杰夫在这部分写下：老师会制作一份计算机简报来解释风力应用对现代生活和农业的影响。学生会分成小组，用计算机搜寻数据，做关于风力的研究。各小组必须在课程结束时做口头以及书面的报告。

我连打了三个问号！

什么样的简报？什么样的研究？什么样的报告？

杰夫指着这三个问号：“我不懂错在哪。”

我：“不是错，而是少。少在哪里，你想一想。”

杰夫：“有计算机简报、有研究、有报告，还需要什么呢？我觉得这样的教学活动已经够多了。”

我：“可是，整个课程设计中，我没有看到你所提到的计算机简报。学生们要做研究，你有没有提供研究的方法、方针、问题？有没有学习单可以引导他们按部就班地做研究？他们可以用哪些网站？另外，他们要做的书面报告是以什么形式来呈现？”

杰夫似乎被我一连串的问题给吓到了，小声地问：“不是谷歌(Google，搜索引擎名)就够了吗？”

我笑了笑，但很严肃地说：“对成人学生或是自律的高中学生，谷歌可以是用计算机做研究最快速、最入门(但不见得最准确)的方式。但是，对于一般小学生，你给他谷歌，无疑是给他一片大洋。老师如果没有列出一些事先筛选过的网站，用学习单指引他们缩小范围、拟定研究的方向、强化研究的问题，学生们不但容易迷失在网络里，连身为老师的你也会很难掌控学生到底学到了什么。今天，你的教学对象是小学四年级的学生，他们用计算机找信息的过程的熟练度与成熟度如何？你仔细想一想，便可以明白，光给他们计算机是不够的。”

杰夫想了一想，小声地说：“我以为用小组研究来做教学活动是最容易的。没想到小组研究竟然要准备这么多相关的教材。那，老师，我真的还得做个计算机简报吗？”

我：“你说呢？”

从上面的例子可以知道，的确，在科技发达的今天，在教学上应用计算机和投影片是十分寻常的。然而，它并不是教学的万能钥匙，也不是老师偷懒的借口，老师事先得要做很多准备工作才行。若没有一个引导学生研究的方法，反而会抹杀了原本要让学生做小组研究的用意。

许多老师犯了杰夫的通病，以为在课程设计时，只要提到要做的活动、要用的教材便足够了。不过，只有书面的报告却没有提供应有的教学内容，这样的课程计划，无疑是流于形式的空壳子罢了。

也有老师以为，如果在课程里没有让学生“动手做”的项目，便没有必要列举必备的教材。这个想法乍看之下十分合理，但我认为值得商榷。怎么说呢？我们再来看看下面这个例子。

麦克设计了一个引导中学生运用时间表剖析“历史世纪大事与论文写作”的课程。在与大家分享他的课程计划时，他告诉大家他列举的教材如下：

- 课本
- 前一堂课习得的知识
- 计算机（可以上网）

他认为这些“必备”的教材十分普遍，就像是基本常识一样，每个老师都该知道，根本没有必要详述。他的“理所当然”却引起其他同学的“不以为然”，有分歧的意见立刻成为课堂讨论的重点。

坚持必须详述的职前老师们建议：

- 课本：由各校、各学区老师自己拟定，因此必须清楚列出书目，教学才有所依据，甚至应该清楚标示该堂课会涵盖的页数与章节。

- 前一堂课习得的知识：这和没说一样，太笼统了。学生到底学到哪里？之前习得的重点，最好简洁地叙述一下。毕竟“历史世纪大事”的范畴太广，老师有必要浓缩检视历史的切入点。写作技巧论点的方向以什么为主？而且，“先前知识”到底指的是什么？也就是说，如果教学内容太过笼统，反而对深度学习一点帮助也没有。

- 计算机（可以上网）：大家虽然明白可以上网的目的在于让学生自由利用计算机网页来搜集信息，但是，自由必须有所规范与限制，以免学生离题甚至进入不恰当的网页。因此老师最好有一个清单，列出可以使用的网页，确保研究效率及网络安全。

看到这些职前老师们针对教材内容而引发的舌战，我十分欣慰。这些建议代表他们注意到教材与教学内容的关系。从讨论里也可以看出，他们明白要设计出具有实质性的教学计划，必须从学生的角度出发来调整、寻找适合的教学资料，才能达到教学的功效。

一、选择材料需要注意的事项

在选择材料时，除了考虑教学内容之外，还有几个需要注意的原则。

1. 安全性与适用性

在选择材料时，最重要的是以安全性为首。以艺术教材用品来说，教师们必须考虑到是不是安全教具。譬如，许多给学童使用的颜料上都标注有一个AP（approved product）标章，它代表通过美国国家艺术工艺学会（ACMI）的安全检验。AP表示材料不含有毒的原料，学童可以安全使用。如果包装上是一个CL（cautionary labeling）标章的话，那代表着注意标示，产品所用的原料可能对人体有害。换而言之，并不适合孩童甚至怀孕的妇女使用①。

① 参见http://www.acminet.org。

这些标章多少是一个购买的依据。同时，老师们也必须明白，ACMI是由全球200多家画具颜料公司工会所成立的审核机构。在商言商，在选购时，有些时候仍需要靠经验和基本常识来判断。

举一个例子，近年来许多彩色笔公司生产的带有不同香味的产品相当受孩子们欢迎。仔细想想，那些都是添加人工香料的产品，孩子近距离使用这些文具时，也会吸入这些人工的化学香味。我看了常常担心，不知道这些香气经年累月之后会不会使孩子产生后遗症。也因为有此顾虑，在画室里，我会警告学童不要刻意一支笔一支笔地闻，并且会确保教室空气流通。

材料安不安全，除了材料的成分以外，也与适用性有极大的关联。老师们在设计统整艺术教学时，必须考虑到孩童的心智年龄发展、对媒材的接受度以及精确运动技巧（fine motor skills）的能力，以此来安排相关材料。以使用剪刀为例，一般学龄前孩童的精确运动技巧尚未成熟，故并不建议经常使用剪刀，以免伤到孩子的大拇指肌腱。因此，撕纸画的形式比较适合他们。

基本上老师以三年级作为分野。三年级以下比较适合使用安全剪刀、胶水和描图尺，所做的活动也以渐进式地训练基础精确运动技巧为主。三年级以上的孩童控制力与专注力比较集中，可以逐渐使用一般剪刀、美工刀、热熔胶、雕刻刀等比较精细的工具。在设计艺术创作时，老师也因此加入许多比较有挑战性的学习机会。学生的接受度也会左右老师对媒材的选择。有些学童因为对某种媒材过敏或清洁度而有所顾忌，譬如我有学生非常不喜欢使用粉彩和炭笔，因为使用时粉末纷飞，往往把衣服、手指弄得脏兮兮的，这对于爱干净的他是件很痛苦的事。老师在这种情形下，就必须有弹性地让学生有选择替代材料的机会。

当然，这个年龄的分野只是参考。如果老师愿意根据孩子的成熟度来选择，一些一般人视为“大孩子”才能使用的材料，只要教学得宜，并有足够的预备、事前训练，临场应变力高，还是可以尝试。以我的经验，只要孩子过了把异物往嘴巴里塞的口腔期，便可以循序渐进地引导孩子使用不同材料来创作。

此外，老师对孩子的信任程度也会左右孩子学习的动机。孩子们天生喜欢挑战，特别是如果允许他们使用难度较高的工具，往往会让他们更有自信心，感觉像是“长大了”一样。我曾经让二、三年级的小学生使用雕刻刀做塑料版画（一般美国小学课堂上限制孩子使用尖锐的文具，原因在于对安全性的考虑），有些老师也尝试让学生进行蜡染的创作，信任学生使用热熔版来熔化蜡。虽然学生也有不小心割破手、烫到手指的时候，但很少听到学生抱怨的声音，因为他们知道老师信任他们可以完成艰巨的挑战。当然，在进行这样的活动时，最好能事先与家长沟通，明白列出可能会有的突发情况与必要的防范措施。否则一旦发生意外，学校会面临许多法律诉讼的问题。

2. 机动性

对于材料的选择，老师得有机动性。老师教导的方针应该以创意与原创为主。除非是针对某种材质的探究来练习，否则没有必要过于限制材料的形式与种类。有时灵光一闪，随手取得的材料反而会造成意想不到的惊奇。譬如，把咖啡渣或是削铅笔产生的木屑与乳白胶混合，可以制造出不同的质感。

有的时候，因为教学的突发状况，材料必须有所变更。常遇到的是计算机突然无法上网，没办法找相关图片让学生参考。在那一刻有没有代替的办法？或者是当大多数学生已经完成创作，在等待的时候，老师有没有准备有意义的附加活动来增进学习？这些突发的情况，都需要老师发挥弹性思考的能力。

3. 经济性

基于教学经费拮据，老师们往往得花心思找便宜的材料来采购。如果能与商家联系，有时可以得到物美价廉甚至免费的教材。譬如，木材行常常有锯木剩下等待丢弃或回收的木块，这些木块可以变成拼贴或做实物版画的材料。如果知道大卖场进货和上架的日期，或许可以事先联络，请他们预留包装用的纸箱与泡沫塑料，可用在资源回收再运用的创作上。

总之，老师对材料的选择要有一定的弹性，以安全考虑为主，保持力求创作的精神，不需要太为形式上的要求而担心。在台湾，许多老师为求方便而选择材料包的形式，一人一包，材料、做法步骤单都一应俱全，就像锦囊一样。这种做法的确省事，但也因为太过于制式化，而完全没有弹性可言，更无法因材施教、随机变更，无形中，便减少了创造力的养成机会与解决问题的原创力。

二、回归主权的学习环境

提到美术课，我们会自然而然地想到老师事先把需要的材料准备好，每个人都分配大致类似的材料。譬如说，若是上水彩课，每人一张图画纸、几把刷子、铅笔、橡皮擦和水杯；在剪贴课里，自然会有剪刀和糨糊。也就是说，老师已经依照预设的成品结果来准备材料。这种统一性的准备效率非常高，在教学上也好控制[②]。在材料的选择上，老师全然扮演主控的角色，学生在学习的过程里明显是根据老师设定的规则完成作品。

② 在这里笔者要特别申明，现在只是针对材料形式的选择来讨论。根据教学法与学习主题的不同，使用一致性的材料，并不代表学生作品“创造力”的低落。

那么，限制学生对艺术创作材料的选择，是否会影响学生学习的动力?

我相信它们之间有必然的关联，甚至这种限制多少影响到学生的原创力与创造力的训练。

基于这个理由，我逐渐在小学高年级的艺术课程里加入“自我选择材料”的元素。根据创作主题，我会一个个询问孩子对即将着手进行的作品的“愿景”，并问他们两个问题:

（1）你想要表达的感觉（意念）是什么?

（2）你要用什么材料来凸显（帮助）这个感觉（意念）产生?

就如同艺术家一样，我相信孩子们在理解并酝酿出自己创作的方向后，自然会列出完成他们创作的“必备材料”。孩子们会自然地根据需要，自由地在画室里找寻需要的工具、材料来完成。因此，我告诉学生，画室里的工具、材料都是“开架式”（open-shelves）的，你们根据需要自由使用，就像是在便利商店一样。坦白说，一开始我很不习惯，因为整个画室常常有人走动，仿佛缺乏秩序，对于习惯于安静和井然有序的老师们的确是一大挑战。

这种方式，与乔治·史哲克里（George Szekely）提出的“自助式艺术课堂”（self-service art classroom）的意义一样，强调自助式课室成功的必要条件在于保持秩序与使用权的平衡。这凸显了学生的选择性与自主性。在合理放宽对材料的限制的情形下，学生的创造力反而源源不断。它也是“学生主导”（student-direct）的模式，鼓励学生思考学习对自己的意义。

我在高年级学生的画室中运用开放式、自助式的材料选择方法，几年下来，我发现这种回归选择主权的方式让学生更加明白自己的创意思维与材料选择、美术技法之间的关系。也因为如此，他们更加小心地选择媒材，来挑战或辅助自己的作品具有想要表达的形式。

开放式、自助式的课室的特点如下:

（1）乱中有序：学生各取所需，看似混乱，但他们的目的一致，也就是选择适当、安全的材料。

（2）惜物爱物：学生明白开架式的材料并不代表无止境的取用。画室不是“好市多”（美国连锁会员制仓储量贩店），而是应按照规划，小心取量，选择“必需品”，并且不轻易浪费可以重复使用、再利用的物品。

（3）付出分享：学生相互分享资源，遇到不会使用的工具，可在老师引导之下提供意见、互相帮忙。比如说，在使用热熔胶时，学生会主动两人一组，注意安全。我也发现学生会主动“分享”使用某种工具的心得。

（4）尊重负责：学生养成责任感，互相提醒物归原处，尊重学习空间的秩序。

在开放式、自助式的课室里要维持课室洁净并不难，其秘密在于空间规划的流畅性。基本上，课室可以分成工具区、文具区、纸类、水源区（刷子、杯子）、硬件设备区（计算机、投影、打印）及阅读区，还有很重要的“什么都有”区 (whatever section)，用来储备可回收利用的材料。如果空间允许，可以把课室划分成不同的工作区，帮助孩子有效达到他们心中希望的创作效果。

使用这个教学方式以来，我发现学生的依赖性逐渐消失。以前学生一开口就是“老师，我要…… 我要……”，老师就把学生需要的工具拿给学生，或在学生桌上事先摆好需要的工具和材料。这种方法表面上看来似乎是“节省时间”“比较安全”，实际上却是“全面服务”学生，甚至有把老师“奴化”的危险性。

说真的，在老师“安排”之下，学生长期以来没有自主性、选择性，结果只会导致学生无法自己“解决问题”，甚至于助长学生“霸性”、理所当然地“以自我为中心”的负面特质。

在开放式、自助式的教学方式下，我也发现学生们相互帮忙、聆听、讨论、提醒彼此注意安全的情形越来越多。因为资源共享，人人有责，课室里的学生俨然化身为一个大家庭。这些，我想是力求公式化、老师主导材料选择的课室无法做到的。

问题与讨论

1. 你认为确保实现教学目标的课程设计的方法是什么?
2. 使用材料包的优点与缺点是什么? 它与创造力有什么样的关系?
3. 本章列举了课程规划的方针，你认为从统整课程的角度出发的方针如何?
4. 你认为如何在开放性、自助式的学习空间里平衡自由与秩序的关系?
5. 学生使用平板电脑进行资料收集的情形频繁，我们该如何规范? 如何教导学生分辨资料来源的可信度?

第四章

课程设计的基本要素：教学方法与评鉴

4

教学难，评分更难，
特别是评鉴艺术相关学科的成绩。

本章将继续讨论课程设计的基本要素，主要介绍常见的教学方法，包括“学习的经验”“教学的策略”和“小组辅助教学”，并探讨如何运用这些方法来增进学生理解力。

课程设计的成功，除了认清教学对象、教学内容之外，还需要教学策略以及教学评鉴两个重要元素。前者是运用适当的教学策略来达到教学的目标，后者是借由教学评鉴来检视教学的品质、探究教学的延续与应用。教学策略的好与不好、正确或不正确，取决于是否关注学生与老师的学习经验。教学评鉴的重要性在于它不仅反映出学生的学习成效，也帮助老师了解所运用的教学方法是否因应学生学习的需要。

第一节
教学方法：学习的经验、教学的策略、小组辅助教学

重点整理：

有没有提供给学生整体、流畅的学习经验？

有没有清楚的教学流程，并且确切掌控教学步骤的时间？

教学策略中，有没有提供给学生自发学习、创造的机会？

有没有明确告知学生作业的内容，以及如何完成的方法和步骤？

有没有清楚列举学生们在课程计划中应该完成的作业？

有没有提供给学生分组讨论、群体学习的机会？

在小组教学中有没有提供给学生研究、讨论、搜寻资料、合作以及创作的机会？

老师有没有积极扮演协调人的角色，以确保学生们意见不合时能够理性面对？

提升教学成效一直都是教育者想努力达成的目标。然而，要取得教学成效，首先必须要有明确的教学目标和一个流畅、有意义的教学流程。唯有如此，才有机会提供给学童一个良性的学习经验。

什么是学习的经验呢？根据学习的性质与内容，我把“学习的经验”所代表的意义归纳成以下三个特质：总和性、结合性、反思性。

（1）**总和性：**学习的经验是教学的总和，它并不是单纯地反映某个学习的环节或是某个活动。举一个简单的例子：在日常生活中，孩子从学校回家之后，我们常常问孩子：“今天在学校过得好不好？”这个问题本身就包含了整体性。孩子们回答“好”或“不好”，所代表的也是对今天在学校整体经验的总结。当然，决定这个经验总结的原因并不单纯，它可以包括很多因素。“好”可能是和同学有良性的互动、上课内容有趣、受到老师赞扬、营养午餐美味，等等。“不好”可能是因为身体不适、和同学有摩擦、对学习内容没有兴趣、来不及吃完午餐，等等。正因为它本身的复杂

性，教学者与学习者必须明白，成就一个良性经验的变数也多。

（2）**结合性：**学习经验也有结合性的特质。如同刚刚所举的在学校学习的例子，这个经验包括知性的经验（比如：课程的内容、学到的新知识、可以联想的旧知识）、感性的经验（比如：由知识启发的情感联结、由互动引领的深度学习）。一个良性的学习经验最好能包括良性的知性经验和感性经验这两项。

（3）**反思性：**学习经验具有反思性。它需要学习者运用批判思维来检视、思考、反省，对老师的教学与自己的整体学习做一个评价。

老师必须意识到，一个良性的学习经验自然会造就提升教学成效的机会，而且老师在面对提升教学成效的议题时，也必须尽力妥善应用教学策略，把学习经验提升到全面性的层次。

那么，要怎么做呢？在这么多的教学策略中，哪一个才适用呢？

前面的章节已阐释“以学习者为中心”的学习内容可以强化教学的整体性。同样，授课时引导学生学习所用的技巧，也应该“以学习者为中心”来考虑。因此，相较于传统的教学法的以上对下、注重老师讲课而轻忽学生与老师之间的相互讨论，我在教学上比较倾向于“全面性的教学策略”，是以“互动启发为主导”的建构式教学法(constructivism)。

一、建构式教学法

“建构式教学法”在不同的领域中有不同的意义。从教育领域的观点来诠释，它强调知识获取的组成。而要成就知识获取，首先必须确切明白学习内容的中心意旨，进而可以随心应用我们先前已获得的知识和经验。在以“建构式教学法”为本的学习环境中，学生并不是被动的“接受者”，一直接受老师传授的知识，并不断以反复背诵和记忆来获取新的知识；而是积极地采取“行动者”的态度，主动用思考来联结旧知识并解决问题。

杜威的“从做中学”即是建构式教学法的中心思维，这种教学形式的教学内容是以“解决问题”为本。但老师们必须认清，“从做中学”并不等于放手让学生掌控一切，相反，老师必须时时注意学生的学习进度与接受度，有技巧地用案例、模拟情境、实际应用等灵活思维的方式，来引导学生用逐步推演、逻辑整合等与解决问题相关的研究能力来学习。

“建构式教学法”的特质如下：

（1）教学内容和方法以学习者为中心。

（2）强调学习者先前的学习经验和知识。

（3）知识的获取必须经过学习者主动学习的过程。

（4）老师扮演着辅助、引导的角色。

（5）多方鼓励学习者运用深层思考来解决问题。

（6）正视知识的不同层面，多方面地检视问题。

在这里要申明一点，“建构式教学法”意指老师鼓励学生自发地探索知识的本质，而不是不经思考、全盘接受教授的内容。所以，老师在设计教材、活动时，会积极考量学生的家庭文化（甚至宗教背景）、学生可能已经具备的学习经验以及先前获取的知识。建构式教学法强调知识的获取以理解为目标，所以，使用的教学策略尽可能摒弃传统的“老师讲、学生听”“老师写黑板、学生低头抄”的制式化教学，转变成多样化、设计以解决问题为本、适合学生的活动。

我常常看到有些老师因为对“建构式教学法”认识不清楚，所使用的教学方式加广而不加深，结果成效不彰的现象。这个现象经常在职前老师的实习教学里发生。

譬如，在三堂课的时间内，每个职前老师根据分派的班别、年级自行设计统整艺术课程，然后在小学的教室里进行统整艺术实际教学。对大多数的职前老师而言，这是他们首度把统整艺术课程实际带到教室里，因此他们既紧张又害怕。

我评分的标准为课程设计必须反映建构式教学法的精神，在设计的过程中，我不会干涉，也不会在他们实习之前给予任何建议。这样做的理由为：第一，测试他们对“建构式教学法”的了解度；第二，希望他们从中真切地感受、发觉到“建构式教学法”理论与实践当中可能会有的困难；第三，他们必须想办法研究、解决所遇到的难题，纸上谈兵不如上场演练。

在每个礼拜的实习里，我看到他们积极准备、自动自发、力求完美地教学。

实习结束之后，我在课堂上进行综合讨论。我发现职前老师杰西卡完成实习教学后并没有预期的兴奋。当大家七嘴八舌讨论时，杰西卡只是默默地望着大家，专心地聆听。根据我在她课堂里的观察，我对她的迟疑并不意外。但是，我心中不免希望她能鼓起勇气，谈一谈她的经验。然而，时间一分一秒地过去，她仍然沉默不语。

到了做总结时，我鼓励大家分享在实习教学当中应用建构式教学法的心得。

大家都踊跃发言，觉得建构式教学法所引导出来的教学气氛流畅、活泼，也挑战了自己在平时生活经验中学到的各种各样的知识。他们认为小学生在互动学习里的学习动机大大提高并愿意分享，也很欣慰他们深思熟虑后的活动可以引导小学生们有效联结先前学习经验，提高学习的效率。

我可以深深感受到，他们对于在小学课堂里得到的学习的成效颇为得意。

慢慢地，我看到杰西卡先是摇摇头，涨红着脸，然后像是下了决心一样，缓缓地举了手。

我点头示意她可以发言，心中十分高兴她总算愿意分享。

杰西卡："你们的经验听起来好棒。可是，我的却不是如此。一开始，学生们似乎很高兴，也很热烈地参与活动。可是他们后来似乎就对我授课的内容漠不关心，甚至意兴阑珊了。我觉得建构式教学法名过其实，我对它失望极了。它对我一点用都没有！"

大家都被她的反应吓到了，同时也被激起了好奇心。

我："我们来帮帮杰西卡好吗？首先，麻烦杰西卡简单告诉大家，你的教学对象、主旨、内容以及你们做了些什么相关活动好吗？"

杰西卡："我教的是四年级自然科学。我选的教学主题是火山活动和它的地理环境。我们居住的美国西北地区是火山活动带，亚当山、圣海伦山、雷尼尔山都是我介绍讲解的重点。课程开始之前，我邀请学生们先填写一张“KWL”来知道他们对火山了解多少。然后，根据他们的报告，我找到很多和火山有关的学习单，所以在介绍有关火山地形理论的简报之后，我便让他们填写那些学习单。第二次上课，我先念一段关于圣海伦山爆发的报道，也找到几首西雅图当地诗人为雷尼尔山所写的诗。学生们一起反复朗诵了几遍。接着，他们写诗。然后，我再发下一些学习单。第三天他们各组要写一篇报道，并附有火山活动的插画。最后，我给他们大约10分钟的时间做讨论。10分钟完成，10分钟报告，然后填写学习单。”

我：“杰西卡的教案听起来似乎有充实的内容。有简报、图片，有诵诗、写诗、讨论、写报告、写学习单。那么问题在哪？”

一个职前老师问：“你能不能展示一下学生的插画作品呢？”

杰西卡（叹了一口气）：“可惜，班上没有一个学生能完成。”

我（心里大概有答案了）：“我很高兴你用文学的角度来看火山，能不能分享一下学生的诗呢？”

杰西卡：“可以是可以，但我觉得他们写的质量不好，大多是草草了事。”

另一个职前老师问：“请问你用哪一种儿童写诗的格式来教？”

杰西卡：“建构式是让孩子自由选择，所以我让他们自由创作。”

课堂上一片沉寂。

我：“你觉得问题出在哪里？”

杰西卡：“我不知道。我以为我的教学内容很扎实，相关的活动也很有意义。我觉得没有预期的效果出在教学时间的限制。我觉得3天太少了，如果多一点时间，或许就可以达到我预期的教学目标。”

我：“多一些时间的确有帮助。那么，如果你有多一堂课的时间，你会怎么做？”

杰西卡：“我会加入其他的活动，像是做模型、放纪录片，还有学习单。我大概还有5份不同的学习单都没来得及用。”

我：“我大概已找出你的课程的症结。可是，我想先问你，你认为建构式教学法是什么？”

杰西卡：“我本来认为建构式教学法会帮助学生。我特别喜欢它所说的用多样的学习、自主的选择来包括教学主题的各个方面。”

我：“在学习的过程中，你有没有注意到学生们在做什么活动时最积极，在做什么活动时最提不起劲？”

杰西卡：“做讨论和写整合报告时最高兴，读火山爆发的简报和写诗时也很热络，倒是写学习单时有些意兴阑珊，到后来竟然还有学生嘟哝着‘又来了’的话呢。这让我有点受打击。因为，为了这堂课，我特意找了许多很有意义的学习单呢！”

我：“学生写完学习单之后，你有没有进一步与学生讨论学习单的内容？”

杰西卡：“怎么可能？时间真的不够啊！”

我：“利用学习单来做多样化的教学固然很好，但是，你有没有听过‘少而精’呢？学习单毕竟只是扮演着辅助者的角色。如果没有后续的讨论，它的功效就会减半。再者，如果学习单的存在成为一种不得不做的压力，多少会带来负面的、排斥的学习效果。”

杰西卡：“我了解了。”

我：“如果你有机会重来一次，你会如何改善呢？”

杰西卡：“我会给学生多一些时间去完成他们的作品。(苦笑着)然后，少一点学习单！”

这个例子告诉我们：给学生提供多样的学习方式与空间去发挥，并不代表学生不会弹性疲乏。杰西卡过度仰赖学习单来带动教学，反而造成教学停滞，就是一个例子。老师在运用建构式教学法的时候，要掌握以下特点：

多样化：多方向地去介绍、解说教学主题，用不同的教学活动来加强学生的理解力。教学活动的设计不是要让学生有事可忙，而是要能够引导他们深度学习，用思考来解决面临的问题，并完成预期的作业，千万不要没有完成就介绍另一个活动。

层次性：教学策略要由浅而深、适时适性。把主题清楚点明之后，再来延伸学习。

逻辑性：要确定学生能有效地学习。各个活动必须环环相扣，具有逻辑性。老师千万不要只是为了打发课堂最后的5分钟而让学生做没有必要的活动。

创造性：活动内容必须给予孩子一个脑力激荡、创作的机会。

虽然我们教学的目的是希望学生能理解我们所要传授的知识，但我们也要让学生成为一个能够整合思维意识、有自己的想法和见解的人。

如果老师在准备教学材料时，能掌握多样化、层次性、逻辑性、创造性这几个要点，并且考虑到学生各自的多元智能的发展能力与学习经验，我相信必能提升学生学习的专注力，轻松达到预期的学习目标。

二、小组辅助教学

小组辅助教学 (collaborative learning) 意指学生通过小组学习来共同完成一项作业。这个作业量通常无法由个人完成，作业的内容仰赖多人一起讨论、研究与完成。

小组学习被当作真实社会工作环境、职场文化的缩影。因此，老师们有必要，也必须在课程设计里融入小组合作的元素。在统整教学里，小组作业可以帮助学生在个人与团队之间寻找平衡，在遇到队友不合作或独断时，学习沟通合作的本质。老师必须适时给予鼓励与建议，化解学生之间的情绪与学习的冲突。

"人"的问题是最难解决的，以下是我的学生在小组活动里曾经遇到的难题：

（1）遇到队友想要"主控"整个作业的方向，其他的队友都没有办法"贡献"力量的情形，该怎么办?

（2）遇到队友"袖手旁观"、什么也不想做，我们该怎么办?

（3）遇到队友"不准时""不负责"，延迟作业的进展，该怎么办?

（4）希望老师帮忙协调但又怕引起更大的冲突，该怎么办?

（5）队友个性不合，常常激烈吵架，我们夹在中间该怎么办?

老师必须理解学生在成长过程中，对任何"建议"所可能引发的敏感反应。学生们会特别在意别人的意见。"他"与"我"之间的微妙关系，其实也是课堂上值得注意的地方。各个小组在进行作业之前，老师如果能够设计一个"破冰"的活动，就可以帮助学生形成团队意识。老师可以提醒每个人对作业的态度也会影响小组的表现。

团队的能力在经济学、商业管理、大众传播的培训课程里备受重视。譬如，俄克拉荷马大学管理学院名誉教授赖瑞·麦克森（Larry Michaelson）运用商业管理的思维鼓励基础教育、高等教育的从业人员设计“团队导向学习”（team based learning, 简称TBL）。他指出，要确保小组教学的流畅并达到预期的教学目标，老师们必须在教学内容里融入“实用”的元素，也就是提供把理论付诸实践的学习机会。其次，老师除了是知识的传授者以外，必须扮演“管理人”的角色，经营、管理学生的整体学习。他的这个论点与“建构式教学法”类似，颠覆了传统的师生关系，学生必须为自己的学习付诸行动，自发地负责找寻、研究、扩展知识进程的讯息。

赖瑞·麦克森认为“团队导向学习”必须遵照四个基本原则：

（1）团队形成的适当性：兼顾学生的学习能力、社交关系及个性。

（2）学生必须负起对个人与团队的责任：拿捏分工的公平性，学生必须明白自己在团队里的责任与扮演的角色会影响整体学习。

（3）作业的内容以促进整体学习和团队精神为目标：老师设计的作业必须兼顾个人部分与团队部分。

（4）老师必须给予学生经常性、及时的反馈与建议：确保学生与学生、学生与老师、组内与组外相互之间进行良性的沟通。

“团队导向学习”以合作、问题为本，团队精神为基础。它强调老师课程设计的内容必须以解决问题为基础，教学策略包括指导、研讨、应用及评鉴。作业内容的安排必须做到平均性，意思就是包括“部分”（规划分工，而且让学生有个人表现的机会）与“整体”（团体性的整合）。老师评鉴学生学习，要求做到具有客观性、公平性。评鉴的层面包括“个人”“团队”“同学”三部分。老师打分除了注重整体“团队”表现的结果以外，学生自己也检视“个人”参与的成绩，这个部分包括自己对整个作业所负的责任、扮演的角色、参与的过程与所做的贡献；在“同学”评价中，学生也必须客观地互相检视学习的结果。设置分工评鉴的用意主要是提醒学生自己主宰自己的学业成绩，他们必须对自己的学习负起责任。

第二节 教学评鉴：学生的声音和教学评鉴的方法

重点整理：

教学评鉴方法是否是总结性的？有没有包括正式的（计分）和非正式的（不计分）考核方式？

学生们是否清楚学习目标的内容和获取它们的知识的活动形式？学生们如果遇到学习瓶颈，他们是否能找到求助的途径？

学生们是否明白成绩考评和学习目标之间的密切关系？

有没有使用常态的发展性教学评鉴方法，来长时间关注学生的学习过程？

搜集学生学习的资料、档案和成绩单考评表的方式，是否具有公平性和适当性？

反映教学内容的成绩记录表是否清楚？

一、什么是公平的教学评量？

针对评鉴的公平与否，要掌握的重点只有一个，那就是客观性。

一般来说，学生的学习评鉴可以分成两大类：发展性评量（formative assessment）和总结性评量（summative assessment）。

1. 发展性评量

发展性评量的运用在统整教育里逐渐被接受，原因在于它突破单一性的考评方式来决定学生的学习结果。这是一个正视学习具有演化、改变、多元性质的态度。

（1）发展性评量的特性

① 重质不重量：重视学生对学习内容的接受度，而不是把教学内容量化。所谓的“质性反馈”（qualitative feedback），就是要了解学生到底对教授的内容吸收了多少、是否能应用这个新学的知识。例如“我从这三个章节里学到了摩擦力和速度的关系”和“我

学了三个章节”，这两句话所要表达的重点不同。前者凸显“摩擦力和速度”这个教学内容，后者只着重在量化的“三个章节”而已，对学生的学习成效反而可能一无所知。

② 重视学习过程而不是结果：教学评鉴并不是都要在课程的最后才执行，它可以是一种常态性的检视，用以观察学生的学习过程（learning process）。虽然学生的学习成果（learning outcome）很重要，但它无法真实记录、真切反映学生学习过程的点滴。譬如说，一位学生在小组讨论时十分积极、热心助人、很有团队精神，然而在最后的报告中却不小心漏掉了一个部分。如果老师的教学评量表上没有包括“小组讨论时的表现”这一项，只重视最后的报告，那么这位学生的成绩可想而知，会不太理想。你认为这样的评鉴公平吗?

（2）发展性评量的方法

发展性评量的方法有很多种，这些方法可以让老师和学生针对所学的内容，在学习的过程中随时且适时地不断沟通。表 4-1是发展性评量常见的方法与例子。

表 4-1 ◎发展性评量常见的方法与例子

方法	例子
图示法	1. 思维导图：挑选主题所用到的主要词语，让学生以图形来组织连贯刚学的主要内容。 2. 用插画、涂鸦来发挥，为学习进度做记录。
整合写作	1. 论述短文：让学生针对教学主题做简单的书面报告。报告不需长篇大论，老师可以让学生以简短的几句话做解释、举例说明。 2. 抒发短文：让学生以第一人称书写自己现阶段学习的感想、正面与负面的心路历程。
定期的记录	根据主题（比如科学实验）做一个常态的观察记录。通常老师会鼓励学生用周记、日记或时间表的形式来记录。

续表

方法	例子
随机型 / 自我简易评量	老师随机向学生询问，让学生根据自己学习的结果，向老师表达学习的情形，一般用三个程度的方式来表达，常见的有肢体语言（摇头、点头、举手表示）、制作表达用的教具以及口述。 1. 手势：老师自定手势的意义来理解学生要表达的意思。譬如： 大拇指向上：对刚刚所教的内容完全明白。 大拇指向下：对刚刚所教的内容完全不明白。 手左右摇摆：对刚刚所教的内容，有些明白，有些不明白。 2. 举牌：以红绿灯的意象来表达学习的进程。譬如学生制作三张卡片。 卡片贴红点（代表红灯）：不了解教学的内容。 卡片贴黄点（代表黄灯）：了解绝大部分的教学内容，但有疑问。 卡片贴绿点（代表绿灯）：完全了解教学的内容。 3. 贴纸或画图：学生在联络单上用情绪贴纸注明对当天所学内容的感触。譬如： 笑脸：完全明白。 不哭不笑的脸：不太明白。 哭脸：完全不明白，需要老师再解释。

由上表可以知道，这些评鉴方式大多是以简单的三个选项为主。老师可在学生学习的过程当中，利用这些评量方式适时与学生沟通。如果发现学生无法理解，或是对内容有所误解的话，老师就能立即从这些常态型的评量结果来评估、了解学生对上课内容的理解程度。

2. 总结性评量

“发展性评量”的方式重视学习的过程，而“总结性评量”的方式强调结果，以最终的表现来体现学生的学习结果。

（1）总结性评量的特性

① 重视学习的结果：总结性评量通常用在整个教学活动结束之后，常见的方式有期末考试。这种评量的重点在于学生成绩的等级，目的是要对学生理解教学内容的程度做个全盘的了解。它可以很清楚地告诉老师和学生，针对教学内容日后需要再加强的地方。除此之外，老师也可以根据学生的成绩，在未来教授同一议题时做一番改变。

② 综合性的评量形式：因为是对整个教学活动做评鉴，总结性评量所评量的范围相对也比较广泛。它的前提是以整个教学所依据的目标为本，从当中取材来设计试题。

③ 规格化的评鉴：总结性评量最大的好处是可以与地方性或全国性教育单位所公布的各级分段能力学习指标联系起来。

（2）总结性评量常见的方法

总结性评量常见的方法以最终表现为主，以学习的终极目标为基准来评估学生的整体学习。考试、项目、期末报告等总结学习的方式非常普遍（见表4-2），而且，它们所代表的“公平性”为大众广泛接受。

表 4-2 ◎ 总结性评量常见的方法与例子

方法	例子
书面报告	学生针对学习主题书写研究阐述论文（通常是 3 页纸以上的长度），或是在某个活动之后进行深度讨论报告。
考试	老师用考试的方法来检验学生的学习成果（小考、抽考、月考、期末考）。
分段能力测验	根据国家教育部门制定的分段能力标准而设计的国家级会考。
项目	以项目呈现教学的成果。在艺术领域里，作曲、编舞、表演、制作影片等都是以项目为考核的依据。

在上表提出的例子当中，最熟悉也最为人诟病的方法就是考试。我的父母都是老师。成长在教育世家的我们，期中和期末都有一项特殊的任务，那就是帮忙改考卷。姐妹们负责的部分是判断题和选择题，爸妈自己改填空题和问答题。于是在期中和期末的夜晚，我们一家五口像工厂里的流水线一样一字排开，各司其职，开始流水作业。这个场景，现在想来不禁莞尔。

这个改考卷“工厂”所代表的意义，一直到自己当了老师，我才逐渐明白它背后所隐藏的价值。

考卷 = 评量学生的工具

分数 = 学生学习的成果

也因为自己当了老师之后，我慢慢地对考试这个“天经地义”

的教学评量方法，有了不同的看法。

考试＝老师评鉴教学的一种工具

考试真正的目的不光是测验学生的学习程度而已，它其实也顺便为老师的教学打分。老师们应认清一个事实：分数低，并不全然表示学生不用功，它也是教学上的警钟，代表老师可能得在教学内容上做一些调整，因为学生可能对授课内容还无法全盘了解、吸收与应用。

考试并不是唯一的评量工具。考题过于容易或者过于艰深，考试本身便失去了意义。因此，“一考定终身”的评量方式，虽然看似直接、公平，却无法客观地反映学生的学习状态。

台湾艺术考试的试题趋势还是以记忆取向为主。以2015年2月在台湾举行的大学入学考试中美术科艺术鉴赏的题目为例，在50个选择题当中，有46题是以记忆取向为主的考题。结果可想而知，公布的顶标（排名前12.5%的考生的平均得分）为48、总标（全体考生的平均得分）为24。这个结果引发许多考生和老师的不满。这次题目偏向于测验学生对艺术史的精熟度，老师认为命题主观，测不出学生实际水平，毫无意义；学生答题时无从下手，深感挫折，认为根本没有读书的必要。这个考试结果除了明白地告诉老师与学生要多“背”中外艺术史以外，对于学生学习、运用其他鉴赏力的养成的策略方法，并没有太大意义。

有命题就有争议。香港中学文凭测试（即大学入学考试）的2014年度视觉艺术科目试题凸显了另一个问题。香港艺术发展局的梁崇任先生特别寄给我两份试题，一份是“艺术形式表达主题”，一份是“设计”，他想听听我对这个考试题目的意见，特别是这些题目的“深度”与“广度”是否能有效地评判学生的艺术鉴赏与技法能力。梁老师指出，考试的题风多样，但考前并没有明确地给老师与学生一个准备的内容范围，考试的结果是哀鸿遍地。

香港的命题包括两部分，一部分是艺术评赏（以论述形式让学生做深度剖析，比较两个艺术品，得分占20%）；另一个部分是艺术创作（运用艺术评赏得到的结论进行艺术创作，来诠释提到的媒介、形式、风格与技巧，得分占80%）。比如，试题之一的第一部分，学生必须比较美国当代艺术家杰夫·昆斯（Jeff Koons）在1992

年创作的复合媒材雕塑《小狗》，与中国当代艺术家张义在1984年做的青铜雕塑《横行将军》；第二部分则要以“生命树”为主题做一个平面设计。

与台湾的单一选择题型命题相比，香港的命题比较灵活。它的的确确在“聆听”学生的学习成效。题目的内容也比台湾的更有“深度”与“广度”。然而，这份考题引发了激烈反应。

如果视觉艺术评赏旨在培养学生能够透过视觉艺术去建构知识、发展技能，丰富美感和艺术经验，那么，运用艺术赏析的方法来为学生的相关创作做暖身，是一个很好的考试模式。然而这份考题遭到诟病的是，鉴赏的范围太过广泛，学生无从准备，而且平时的鉴赏练习也缺乏弹性。出考题的人多半是高等教育的专业人才，无法与基础教学的实际情况联结（梁崇任，个人访谈，2014年）。

由台湾与香港的大学入学艺术测验的例子来深思，命题的人必须考虑：

① 高中视觉艺术课程中课纲对鉴赏的要求。

② 高中视觉艺术教科书里鉴赏的方法示范。

③ 对现代、当代艺术解析的训练程度与要求。

④ 艺术史的范畴在教学里的分量。

⑤ 设计本质的训练角度。

⑥ 出考题的人是否了解高中艺术教育的教学方法与内容。

艺术类的考题一直在技术与创意之间摆荡。2016年，中央美术学院一改历年的命题作风，以“未来转基因鱼”为年度艺术系招生考题，实验艺术院的命题也以“制造十个惊喜给父母”来测试学生。这种开放思考空间形式的题目，反而让习惯于学院派考试方式的学生们招架不住。为此，中央美术学院实验艺术学院吕胜中强调，艺术测验，除了“手巧”之外，其实也必须包括测试学生是否具备创意思维的能力，毕竟，那是创作的本质。

中央美术学院破除传统“画一样的静物写生才能公平地分高下”的艺术命题的举动，让人惊喜。这个没有标准答案的考题，是以创意为优先，希望学生运用思维去联结生活经验、统整其他学科，加上绘画技巧，脱颖而出。

题目的“深度”与“广度”牵涉到许多层面，命题的趋势比重也十分重要。我建议老师要根据内容把命题分成三类：记忆取向、运用取向、发挥取向。记忆取向以涵盖基本必备的知识为主，题目是评量学生是否了解一些基础的理论；运用取向是测验学生是否能够理解所学到的知识；发挥取向倾向于测验学生是否能用创新的想法来解决问题，或能体现完整的思维架构来整合问题。各类比重也代表命题老师重视的区域。记忆取向、运用取向、发挥取向的比重可以平均，但要能测出程度。记忆取向和运用取向两类加起来的比重在70％至80％之间算是合理的，但记忆取向最好保持在30％左右。

如果说成绩代表学生的学习结果，无疑，它应该要能确切地反映教学内容。既然教学内容趋向多样化，那么评量学生学习的工具也不能太单一。考试只是评量工具的一种，课程中所做的活动也可以成为评量的依据。

3. 评量单

有些老师偏好将教学里会用到的各式评鉴方法整合成一份评量单（rubric/check list），然后逐一检视。有的老师会把这份清单在课程开始之前先发给学生，并逐一解释，好让学生有心理准备。这么做的好处是学生可以做到自我约束，并对自己的学习负责。但若老师总是给学生清单作为提示的话，学生长久下来往往也会依赖清单的存在，而无法自己对所学的知识做比重性的识别。换句话说，在教学之后点出什么是不可或缺的概念与知识，也是一项训练学生的重要技能。

一般对评量单的使用有一个错误观念，就是认为评量单是总结性的评鉴方法。其实，评量单是一种工具，它能够针对需要来关注特定的教学与学习；它可以点出学习过程里的弊病，也可以作为整体学习的结果报告。

二、叙述—诠释—评估

“叙述—诠释—评估”（description-interpretation-evaluation，简称D-I-E）是由卡普勒（Kappler）与诺肯（Nokken）所提出，针对文化学习（culture learning）的学习模式所使用的教学方法，用“叙述—诠释—评估”三个步骤深入引导学生有系统地学习文化交流的议题。其中，叙述(description)是指对于具体文化交流时发生的情况，明确地叙述相关的概念与经验；诠释(interpretation)是对于这个情况所做的解释、理解与调适；评估(evaluation)是对于这个文化交流学习经验正面与负面的评价，以及对日后相关文化交流活动的期许。D-I-E的学习评估模式在美国已经被教育界广泛利用。

用问题引导学习的方式来积极检视学生学习过程当中遇到的困难或是值得嘉许的地方，这种形式的评量单可以帮助老师及时加强或改变教学的内容，提升学习的品质。

在课堂上，我常常根据D-I-E的教学法制作评量单。表4-3是我在课堂上为职前老师提出的统整社会科学与艺术创作时学习过程的D-I-E学习评估表的范例。这个课程范例的学习对象为七年级的学生，以美国的言论自由为主题，介绍、解释与言论自由相关的法律沿革以及当今对言论自由的误解与滥用，并且以2015年《查理周刊》恐怖分子射杀事件”发生后的陆续活动作为讨论的例子，期许学生透过历史研究，了解美国开国宪法坚持言论自由的目的和意义。学生除了要做研究报告之外，还得用计算机软件设计一张诠释言论自由的海报。

从这个自由言论D-I-E学习评估表的范例可以看出，D-I-E可以适时地在学习的各个进程中帮助老师与学生明白，学生对于教学主题的内容与应用是否有疑问。

表 4-3 ◎发展性评量的评量单例子：言论自由的 D-I-E 学习评量

叙述 （具体学习概念）	诠释 （提问的重点为测试学生对学习概念的理解程度）	评估 （提问的目的在于评断学生对学习概念的运用与经验联结）
言论自由	为何我们需要言论自由？ 言论自由的重要性。	有言论自由与没有言论自由的差别是什么？
包容性 国际观	其他国家对言论自由的定义与解释为何？	你认为各国对言论自由的诠释与世界和平发展之间的关系为何？
言论自由的限度	言论自由的限度为何？ 言论自由的正面与负面的影响为何？	你认为言论自由需不需要有限制？为什么？ 如果有的话，限制为何？我们要如何制约？

这个表格是属于“发展性评量”的评量单。当然，也有针对“总结性评量”而做的评量单。以下就是延续七年级言论自由统整课程中关于艺术项目制作海报的评量单（表4-4）。

表 4-4 ◎总结性评量的评量单例子：言论自由的计算机海报学习评量

评分项目	评分标准				积分
	4 分	3 分	2 分	1 分	
艺术的整体性	整体设计反映对设计概念、字体、色彩与图案的灵活运用。	整体设计反映对设计概念、字体、色彩与图案的灵活运用达到可以接受程度。	整体设计反映对设计概念、字体、色彩与图案的整合不清楚，构图需要加强。	整体设计反映对设计概念模糊，不明白字体、色彩与图案整合的相关性。	
艺术的创造性	海报的视觉意象具有原创力，顾及观众的视觉沟通，达到宣传效果。	海报的视觉意象具有原创力，但没有顾及观众的视觉沟通，宣传效果有限。	海报的视觉意象从其他作品做延伸而改编。指出了原创的出处。	海报的视觉意象为抄袭，缺乏原创出处的资料。	

续表

评分项目	评分标准				积分
	4 分	3 分	2 分	1 分	
海报内容知识传达	海报反映出深入的研究，清楚地列举历史与当前实例，显示出言论自由的各个方面：意义、差异以及限度。内容具批判性与深度。	海报反映研究的内容。虽然清楚地列举实例，但缺少言论自由的各个方面：意义、差异以及限度。内容缺乏深度。	海报明白列举言论自由的相关资料。缺乏有意义的具体的例子以及言论自由涵盖的方面。	海报缺乏言论自由的相关资料、例子不清楚，或是涵盖的面不够。有明显的错别字。	
总分					

第三节 结论

教学难，评分更难，特别是评鉴艺术相关学科的成绩。原因是艺术创作如作曲、戏剧、舞蹈，甚至是写作，都具有主观评鉴的危险性。老师本身的喜好、品味、教育背景、经验、信仰，都会左右评分的结果。有标准答案的评量方式比较容易，然而对于开放性、发展性的作业，老师们应该要怎么评分才能做到公平、公正？这全仰赖老师如何运用教学评量表。

我建议老师们在设计教学评量表时谨记三个原则：

（1）多元化评鉴：在发展性的评鉴项目里，要包括学生的学习态度、过程以及相关的总结性考核项目。

（2）反映教学内容：评鉴的项目必须反映出教学的内容以及要求学生做的活动与作业。

（3）包括学生的声音：考量学生学习的经验以及学习能力，以提高学生的自信与动机。

我相信，如果老师能掌握这些原则，对于了解学生的评量以及自己教学是否达到预期教学目标，会有极大的帮助。

问题与讨论

1. 你认为什么是成功的教学?
2. 教学内容的多元多样性有何限制?
3. 教学内容的多元多样性与教学评鉴有何关联?
4. 根据杰西卡的“火山活动”教学经验，你会如何改善这个教学内容?
5. 以“火山活动”为主题，设计一份 D-I-E 的学习评估表。
6. 以“火山活动”为作业主题，要求学生设计一个模拟火山活动的模型。请设计一个总结性评量表来评鉴学生的作品。
7. 你认为确保教学评鉴公平的要素是什么?

第五章
常见统整艺术课程

5

如果我们一直执意把技术与运用分开，
或是把运用的意义窄化到对技术的纯熟度，
我们将无法真正做到融合统整。

统整艺术课程设计与一般学科的教案有什么基本的不同?艺术教学设计里一定包含动手创作美术作品的机会。因此，绝大部分的教学时间与事前准备，也都是以完善这个经验为考量。然而，一个成功的美术教案不光包括实际创作，更需要融合知识的深度、学习目标的一贯性、与其他学科的相关性。从知识性与深度的方向考虑，一个成功的艺术教学计划所需要的元素，和一个成功的其他学科的教案设计，有许多相同之处，比如教导学生特定的历史、艺术形式、技法及应用。然而，我知道这些对美术教育原理、美学概念、美术技法知识储备有限的教师们来说，要他们着手设计融合艺术的教案，实在是有点强人所难。更何况，不同的学科的教案设计，它们的每个环节的课程结构模式并不尽相同。

因此，在实际进行统整艺术教育课程计划之前，我觉得有必要帮助职前老师了解艺术课程计划的基本结构、目的以及意义。

第一节 常见的艺术统整课程形态

美国的美术老师最常用的教案辅助资源为《校园美术》杂志以及《美术教育》期刊里附上的教案援助。当然，在网络发达的时代，老师们常常通过其他不同的方式来寻找灵感。艺术教育博客、谷歌等网络资源早已成为寻找美术相关教学课程十分热门的及时补给站。从《校园美术》杂志以及《美术教育》期刊两个期刊的内容，运用瓦特·博格（Walter Borg）与梅雷迪思·盖尔（Meredith Gail）的“内容分析”的方式，来找寻教案间重复的特征，并整合它们的普遍性，归纳出不同的类型。我的目的是希望能帮助老师们理解：什么样的教案，就会造就出什么样的学习成效。

我特意用隐喻的方法来将这些美术教案做分类。在社会学的领域里，隐喻法不仅强化了与个案的沟通，更对个案的自觉性有极大的帮助 。隐喻是一种沟通的手段，用不寻常的方式来引导个案抒发内心复杂且难以条理陈述的问题。隐喻因此成为引导者与被沟通者的一种易于理解的有效模式，比喻和暗喻便成为彼此心有灵犀的共同语言。

从我搜集的资料（从20世纪90年代跨越到2010年左右），我把美术教学的课程计划归纳为以下四种类型：（1）时间机器型的美术教案（curricula as time machines）；（2）珍奇百宝箱型的美术教案（curricula as cabinet of curiosity）；（3）主题乐园型的美术教案（curricula as theme parks）；（4）游乐场型的美术教案（curricula as playgrounds）。在逐一解释各个类型之前，我想提出一个声明：我对每个类型的分析和检讨，目的并非刻意打压或攻击这些教案设计。诚如我先前所说，教案设计并无一定的章法，每个教案的目的和需求也不尽相同。因此，教案的各种类型自然有其盲点。我的分析与批判，完全以学生的学习成效为中心，目的在于为设计教案的教育工作者提出建设性的警示，期许进一步找出弥补之道。

第二节 时间机器型的美术教案

“时间机器型”(time machines)的艺术课程，顾名思义，就是提倡如“时光之旅”般的学习经验。此类艺术课程常常针对某位特定的画家、特定的风格，或是特定的年代，做深入的研究。教学的方法完全以老师为主导，以说明性的教学策略为中心。因此，授课的内容多以叙述事实为主，以史学的方式进行有系统的讲说，来强化艺术教师希望学生学习的某种“议题”或“主题”。从这个角度出发所形成的学习活动，经常是专一性地不断讨论这个议题或主题，就像时间机器旅行一样，主题内容偏向单一化。

时间机器型的艺术课程设计还有一个特色，那就是老师们经常在艺术制作的过程里，鼓励学生参与角色扮演。换言之，学生所创造的美术作品与风格，很直接地反映出他们正在学习的艺术家。例如，在《校园美术》杂志里经常可见的凡·高(Vincent van Gogh)教案，老师往往介绍与凡·高有关的故事，然后鼓励学生运用凡·高式的作画风格，来激发创作。

因此，在介绍莫奈(Claude Monet)的《睡莲·日本桥》(图5-1)时，对于年龄小的孩童，老师或许会以讲述莫奈故事的绘本来引发学习动机；对年龄稍大的学生，可能再增加一些莫奈与莲花池的关联，接着介绍几幅莫奈的代表作来加深学生的印象。老师们可能会接着从绘画技法逐渐讲解莫奈为何能成为影响巨大的印象派大师。在完成这一系列的讨论之后，学生的美术创作自然就是画一幅莫奈的《莲花池》。

这种类型的教案在艺术教育界十分盛行，因为它很直接地强化了授课主题。老师在准备教案、教材时，也可以很明确地找到相关数据。因此教毕加索(Pablo Picasso)的立体派画风，老师自然会教导学生创作出“类毕加索式”的立体派人像；在介绍马蒂斯(Henri Matisse)老年无法动笔，而用剪纸拼贴的手法来创作后，我们免不了也让孩子用色纸来完成作品。

在教学里，我们经常提醒学生要尊重著作权，告诉他们如何正确地引经据典，注意资料的出处与来源，不要“抄袭”。可是在

图 5-1 ◎莫奈的《睡莲·日本桥》

美术技法的学习里，我们似乎一贯仰赖着“遵循”大师的步伐来训练孩子。

这种“双重标准”是不是意味着“在美术教室里，照着画是允许的做法”，进而加强了“没有必要尊重艺术品著作权”的错误思维？

许多老师并不认为这是“抄袭”，而是“必要的模仿”。他们认为这是“确保”学生能够明白某种特定风格所必需、理所当然的学习过程。就某方面来说，这种教学方式并无不妥，它很直接地将知识主体与美术创作紧密联结。学生在一连串的相关活动中，多少也已预期参与制作时会是什么样的过程与结果。直接强化特定艺术家所用的技法，在逻辑上十分具有“心理准备”的暖身功用；而且因为教学示范与创作内容的直接性，学生的作品品质都不会太差，甚至可以说立见成效。教学评鉴的方向也十分清晰，老师们很容易知道学生是否真正习得应学的知识。

这么多的好处，有没有盲点呢？

当然有！

时间机器型的艺术课程设计的盲点在于对创造力（creativity）的限制，它的直接性增强了“模仿”的必然现象。其实，模仿名家大作，在东方甚至西方的美术教学法里一直存在。美术教育者认为模拟（模仿）可以快速提高学生的绘画和赏析能力，我们也因此常在欧美美术馆里看到在现场素描，模拟大师画作的学生画家。这种方式完全是针对绘画技巧与大师的作品做面对面的学习、研究、分析，它的目的在于“跟随前人脚步”，在模仿的过程中理解大师，了解“他是怎么画出来的”。相对的是，自发性的创作自由与个人原创性便大幅减少。

坦白说，这种“以模拟为主”的艺术学习方式和要求，完全违背艺术创作里强调自我表达的教学原则。了解凡·高，又画了一幅类似凡·高的画之后，对于学生的意义，也只是停留在：我知道凡·高是谁，我明白凡·高的重要性，我会用凡·高的风格来创作等空泛的“知识”与技能罢了。

除此之外，孩子到底学到了什么呢？

教育工作者需要思考，在这些看得到学习成效的华丽外表下，只是片断的、复制性的知识纪实。这样的知识与学生本身的成长、所处的环境以及个人的理念并无交集，也无法产生知识与经验深层结合的关系。

那么，时间机器型的课程架构有没有改善的方式呢？

以下便是我的建议：

（1）顺势联结，多元引导学习。

（2）融合生活，探讨社会议题。

（3）连贯学科，破除学科本位。

为了弥补专注于模仿而导致的艺术风格的缺失，老师们可以考虑从感官、经验、生活等多方面来引导学生学习。在主题教案结束之后，老师们可以顺势地增加一个与主题有关的单元。以先前的凡·高教案为例，学生学到有关凡·高的知识、习得凡·高的绘画技巧之后，老师可以鼓励学生从其他的感官反应出发（情绪、视觉、听觉、触觉、嗅觉）来重新检视凡·高的作品；然后以身历其境的方式，带领学生尝试感受凡·高在创作当下所面临的艰难情境（经济压力、风格不被认同、被朋友离弃），接着再联结到学生自身的生活经验。引导的问题可以是：在你的生活经验中，有没有遇到过很难解决的问题？在遇到这样的困难时，你的心情是怎样的？有什么方式可以排解这种压力，改变负面的心情呢？你可不可以创作一个空间，在这个空间里，用颜色和构图来诠释这样的心情转变？

老师们也可以从艺术史学以外的角度出发，使学生从经济、政治、心理、人文的方面来了解凡·高画里超越美感形式的另一层感受。譬如从凡·高的心理变化，来探讨并深层关怀忧郁症的族群。为了不让学生停留在凡·高割下左耳的惊悚、惊奇甚至戏谑的印象中，老师们必须有勇气与魄力来正视心理疾病这个一般大众故意忽略的禁忌话题，进而与学生讨论如何减压、寻求援助等与现实生活相连的议题。这样的顺势教学，或许是一个与学生讨论生命价值和关怀弱势群体的机会。

老师得积极运用启发性为本的教学，多方制造与学生对话交流的机会。例如，由同理心出发来重新认识凡·高之后，再跳出凡·高的故事，积极联结自身经历或生活中的经验来创作；想象并思考画家成名之前，为了追求梦想而遭受的窘境；适当地运用“角色扮演”，让学生感同身受，假想身为一个街头艺术家可能会碰到的难题（自身安全堪虑、没有经济保障、看的人多买的人少、缺乏健康保险等），也可以一同与学生讨论可能的解决办法。这些对话，能让学生在“参考”“模拟”风格技法之外，透过进一步的研究、资料搜集与讨论，在整个学习的联结意义上有极大的收获。

我相信，讨论现实议题之后的创作，提供了一个个人诠释、反思与积极创作的机会。它所引起的连带反应，将是无穷的创作潜力，可以清楚展现各个学生的观点。

第三节 珍奇百宝箱型的美术教案

“珍奇百宝箱”（cabinet of curiosity）是自然科学与人类学领域经常使用的语言。它用来描述一种来自不同文化的各样文物的集体陈列方式。这个展示方式由来已久，自文艺复兴时期以来，贵族或权贵喜欢收集少见的珍奇玩物，放在定做的玻璃橱柜或特定的房间里展示。这在上流社会中十分流行，代表着一定的社会地位与权势。也因为如此，收藏者常常把可用的空间堆满搜集的宝物。

珍奇百宝箱的存在，撩动人们对于“珍稀”所引发的惊奇感受和好奇心。它的摆设方式和物品本身的文化、社会价值并无多大关联，完全仰赖收藏者亲自陈述物品的来源，它从而成为社交活动中的话题焦点，也是上流社会权贵们相互较劲、炫耀的方式。可以想见，这些收藏品与观者间的互动十分有限。它的存在不仅象征着财富、权力，也间接地呈现出一些夹带政治性的附加价值，以及欧洲白人隐约的优越感。

在艺术教学计划里，“珍奇百宝箱型”的教学常常出现在介绍非西方文化的课程中。正如那些乱无章法的陈列方式，在“珍奇百宝箱型”的教案里，老师经常把非西方主流的文物当作展示的对象，而陈述事实的角度，经常是以西方美术设计的要素（点、线、面、构图结构）来解析文物特有的风格。主要的教学要求是以文化物品为媒介来“加强”学生对“艺术元素”的理解，并以这些元素来“模仿”。它并不是以探讨文化、凸显文物的特性与功用为主，而是针对学生动手做某种类文化、泛文化作品的需要提供例子罢了。

举例来说，“面具”是学校美术教学里很热门的题材。以非洲面具为例，老师们往往会选择性地介绍几个具代表性的非洲面具。这些面具多半来自非洲各地，但他们忘了，以非洲之大，每个区域、每个族群以及每个面具所具有的功能，在设计风格、颜色、材料、符号设计与安排方面都不一样。各种面具在不同的祭典与社会活动中也有不同的意义。近年受到族群意识崛起的影响，有些教案会约略地介绍特殊的文化背景与族群特色，再针对面具上的特殊图形与符号设计多加研究与解释。接着，老师们会根据学生的年龄层与学习能力来选择创作材料，他们有些使用纸袋，有些用纸板、纸黏土、石膏等来制作面具。但是，教案的主要目的，还是以设计中的元素来引发学生的联想与创作，并进一步要求学生，运用这些范例中的象征符号来装饰自己的面具。因此，不管是非洲面具也好，嘉年华庆典面具也好，面具的学习价值也仅停留在形式的模仿上罢了。

虽然自20世纪90年代中期起，艺术教育学者们已经针对多元文化教案的内容，呼吁美术老师们以社会文化学的角度来诠释其他文化的文物。然而在21世纪的今日，大部分教案仍普遍停留在以产品型录为主轴的阶段，无论是面具、蜡染，还是图腾等，目的都在于让学生在创作的过程中有个依据的对象。这样的学习所代表的意义是，创作产品的重要性大过于文物本身的意义。

简单地说吧，珍奇百宝箱型的美术教案，仅是一个类文化、简略文化、抄袭文化的学习过程。

改善的方式为：

（1）少而精，正视文物的价值功能。

（2）广而深，跳出创作形式的联结。

（3）变而新，体现文化更新的元素。

文物和族群的文化、习俗、礼教、价值等息息相关、无法分割。在这样的情形下，教学内容最好舍广求精。如果老师们坚信比较文物的相似性与差异性有教学上的辅助作用，那么若是能缩小范围，只针对两件文物以及它们所代表的文化意蕴来做比较也就足够了。在介绍时，可以适时增加相关的地理位置、当地的社会风俗、习惯价值等信息。

我们看这些文物时，往往会产生许多刻板印象：某某文化代表的就是这些特质。这种思维无形中告诉我们：这些文化一直这样，没有改变！

我们似乎忘记非洲、中美洲、南美洲、北美洲、亚洲等地的少数民族也有“现代”“当代”的事实。

比如说吧，一些美国朋友家里收藏着双子雕刻像（Ere Ibeji）

的木偶，或是以双子雕刻像为主的图像。我每每见到，都忍不住地思考文物意义的遗失。双子雕刻像在非洲约鲁巴（Yoruba）文化中的地位相当重要，但是收藏的人往往不知道双子雕刻像背后的意义。双子雕刻像来自非洲尼日利亚的约鲁巴民族。这个民族有个特别的现象，那就是生产双胞胎的概率非常高，而双胞胎对这个民族来说，既是荣耀也是诅咒。为什么呢？首先，双胞胎对孕妇来说，本身生产的风险就高；其次，在资源缺乏、营养、医疗不足的情形下，常有早夭的不幸[①]。

如果双胞胎中的一个孩子不幸早逝，伤心的妈妈会征求族里祭司长老的意见，而祭司长老会根据约鲁巴传统的美学形式，帮母亲列下为这个孩子祈福的"特质"来反映他的"个性"，然后请木刻师傅量身定做。比如，高额头代表智慧，可以避邪；它半蹲的样子，表示反应灵敏；遵循对称是终极之美的法则；成人的形态刻出母亲对逝去子女灵魂永生的企盼。母亲对待双子雕刻像的方式和态度，一如孩子在世一般，除了祭奉食物，也经常为雕像去尘抹油，用珠子来装饰。在庆典中，更往往可见母亲们手持双子雕刻像与之共舞的场面。双子雕刻像的存在，代表的是对早逝孩子生命的遗憾，它是一个母亲治疗重生、注入希望的媒介；它也代表着约鲁巴文化里"尊重生命、重视生命延续"的传统价值观（图5-2）。

在现今的约鲁巴社会，双子雕刻像仍然存在，却已变得多样化。娃娃的制作也有改变，不再局限于木刻雕塑。在许多博物馆中，像是大英博物馆、加州大学洛杉矶分校（UCLA）的博物馆就有用彩色塑胶做的双子雕刻娃娃，还有用芭比娃娃代替的例子。它们的材质虽然"现代化"了，但它们的意义、情感价值与传统美学仍然不变（使用塑胶娃娃或芭比娃娃，也是祭司的决定）。可惜的是，对于许多美国友人而言，他们以西方元素为切入点看到的双子雕刻像，只是对称的美感，以及"来自非洲"的"珍稀"情怀。

这也是为什么在介绍其他文化时，绝对有必要注入"现代"的元素，并对于教学主题给予及时的信息更新，来拓展教学者与学习者的视野。要积极地从功能性与象征性的角度来了解，若光是从形式主义的美感呈现方向来鉴赏，只能得到泛化的假象。文化是不断

① 1999年我在修习非洲艺术史时，特别针对Ibeji Dolls做了研究。多年后，我仍然印象深刻，为此，特别感怀已逝的佛罗里达州立大学费斯克（Fisk）教授当年的指导与启发。

图 5-2 ◎盛装打扮的双子木雕之一

更新的，破除“文化定格”“时空凝结”式的刻板意象，才是对教学负责的态度。

以制作面具为例，老师们可以更进一步找寻相关的影片，真实地呈现面具在庆典中所扮演的角色。这个面具是不是某种动物、某位神祇拟人化的产物？扮演者在庆典舞祭中，是否直接地诠释这个特定的动物、神祇在这个社会中的特殊意义？在观看庆典时，观众是否达到情绪的升华？这个面具在现代的当地社会中，有无改变原始价值和地位？学习这个面具，对于“你”这个学习者，所带来的冲击又是什么？

我相信与学生一起来探讨当地社会“现在”所面临的问题与冲击的意义，绝对大于埋首制作“类文化”产品。

至于创作的方式，可以跳出形式上的联结。如果面具是庆典的灵魂，是族人想透过庆典来表达对大地的感恩。那么从这个意义出发来思考，学生是否可以从创作中表达感恩的意念？如果一定要学生做一个面具，那么何不借用一个戏剧的形态来表达，学生们可不可以自己或者集体构思故事情境，用剧本、角色，加上面具的意象来展现原创力？

换言之，从意义与功能的的方向来讨论其他文物，如此设计出来的教案可以更有效地引导学生的学习。

片段式的教学（比如，面具的形式之美），无法全面性地增进学生的学习。即使增加相似的例子（比如，介绍很多不同的面具），也无法让学习者有更深刻的感受。教学者应该把握及时应用的精神，将各个元素整合，全面性地呈现教学主旨，用研究的态度来层层剖析，从过去到现代、从形式之美到实际意义来深层了解，进而带动创作的个人原创力。

第四节 主题乐园型的美术教案

就像一个主题乐园(theme park)一样，“主题乐园型”的艺术教案是全面地以一个主题为基础，将所有的必备元素环环连接。譬如，环球影城主题乐园在2010年夏季，以《哈利·波特》为主题设计了一系列的活动。从游乐设施、旅店休憩、交通接送，到餐厅及商品，等等，完全以《哈利·波特》为主题，让《哈利·波特》的影迷与游客充分沉浸在《哈利·波特》的情境里。

“主题乐园型”的美术教案中，教学的目标是从每个细微的环节里，让所有的组件共同反映一个总的概念或想法。“主题乐园型”的艺术课程从前言介绍、教材，到实务美术作业，都有一致性的协调和平衡。教学上，老师们希望学生能够有效运用已具备的知识或人生经验，从讨论到创作，更深层地理解。其教学策略是螺旋式的教育方式，着重顺序性与整合性，所有的艺术活动都强烈地反映所要凸显的主题。

和“时间机器型”的课程计划相比，“主题乐园型”的课程的主干更明确，但它也有隐藏的弱点和危险。

举例来说，以“母爱”为主题的教案以不同的作品讨论母爱。这些作品包括：一个非洲约鲁巴的木刻母子雕塑、一幅威廉·阿道夫·布格罗(William Adlphe Bougereau)的姐姐的画像、罗吉尔·凡·德尔·维登(Rogier van der Weyden)的《圣母与圣婴》画像(图5-3)，以及玛丽亚·马丁尼兹(Maria Matrinez)的陶瓮。在此特定情况下，教育工作者用一个多样化的艺术组合，把人的情感或经验当作一把主题伞，其所讨论、联结组合的，只是反映了一个“艺术的美与和谐的人际关系”的假象罢了。

这种形态的教案，直接假设每个人都了解母爱的意义。这个母爱还必须是正面的母爱。教学者认为每个人都经历过、感受到这样的情感。但是，真的如此吗?

如果我们仔细审视这四件作品，它们分别来自非洲、19世纪的欧洲、文艺复兴时期的欧洲以及印第安文化的美洲。这样一个跨时空、跨国界的组合，用一个母爱亲情的意象简单联系，教学者

图 5-3 ◎罗吉尔·凡·德尔·维登的《圣母与圣婴》

也只能点到为止地概括介绍各个作品，无法深刻解释各个作品在其时代与文化中代表的意义。

虽然这类教案有助于建立学生艺术鉴赏的能力，然而，美术教育工作者并没有意识到这种教案的危险性。它隐约地呈现出一个普遍性的错觉：在这个错觉中，任何美术作品所具有的独特个性和其所代表的文化特点都消失不见了。

在此提供的三点建议为：

（1）体认普遍经验的限制。

（2）多方探究主题的延伸。

（3）凸显例外教材的机会。

我常常告诫我的职前老师，在教案设计里，切忌“打了就跑”（hit and run）的情形。千万要懂得把握机会，在主题的架构下多元探讨相关的议题，乘胜追击。

当然，利用人类普遍性的错觉来做一个开头以引发学生的学习动机并无不可，但教学者可以加入现实层面，多方地考量，来激发学生的批判性思考的能力。

以“母爱”的课程为例，从社会结构来说，老师在设计这类教材时，必须考虑到多元家庭的事实。老师自己必须做到从心出发，感受“非传统”家庭的孩子在面对这样的教材时可能会产生的心灵激荡，甚至会造成“受伤”“自卑”的负面学习经验。

探讨亲情有很多种方式，可以多方探究主题来积极批判与思考。譬如，从文学的角度出发，从正反例中来突破“母爱”的框架，将其扩大为“关怀”角度，从文字与图片中探究亲情的价值及其对个人人格发展的影响，用批判性的思维来探究家庭结构与性别角色的认定，进而鼓励学生结合文字与图片来勾勒出他们对未来为人父母或是当下为人子女的深刻期许和反思。

第五节 游乐场型的美术教案

“游乐场型”（playground）的美术教案，大致来说，也是以一个明显的教学主题为基础，但是它和主题乐园型的美术教案有一些根本的不同，主要的区别在于它使用的教学策略。“游乐场型”的美术教案，很明确地用游戏来串联整合要讨论的主要议题。把“游戏”作为一种手段：先是有计划地挑选一组艺术作品，然后将预设的游戏格式套用到适合的主题上。

最流行也最常用的游乐场型的教案主题是“艺术品里的动物”。老师刻意地搜集一些含有动物元素的作品，让儿童们从不同的艺术品中找出其中的动物。不论艺术品来自何种年代，是何种风格，只要和动物相关便可以列入教案。老师企图从游戏中激发学生的兴趣，进而讨论各个艺术家在描绘动物时所采取的方式、使用的各种不同媒介和风格。这的确是一个“亲切、有趣”的让学生多方亲近现代艺术的机会。

“游乐场型”的美术教案，在许多艺术博物馆里也是一种受欢迎的导览模式。例如，我在堪萨斯尼尔森美术馆实习时，最受欢迎的就是以龙为主角的导览。根据教材，导览员鼓励观众在各个展馆里、从各种形态的美术品里找出“龙”：从中世纪的油画、盔甲，到来自日本的画轴、来自中国的陶瓷，等等。儿童们对这种形式的导览充满了兴趣，发言也非常踊跃。

“游乐场型”的美术教案是互动式的，以发现为基础，进而解决问题。但我们得思考，除了测试学生的眼力之外，我们到底有没有试图激发学生们批判性思考的潜能？

找到动物之后呢？除了观察和探究动物的形式和各个艺术家描绘动物的风格，我们是否忽略了这些动物在不同文化里的代表意义？到底“动物”是不是艺术家创作的本意和主题？

在这种片段的、局部的教学里，我们充其量只是简略地组合、图一个方便，忽视了动物在自然科学方面的教育价值和在历史文化中的意义。相对地，也就失去融合其他学科来深层讨论的机会了。

改进的方式为：

（1）明白游戏的手段只是暖身。

（2）善用“为什么”的反思机会。

（3）凸显隐含价值与意义。

除非教案的主旨在于多方提升学生关于动物（龙、鱼、走兽，等等）的艺术创作能力，否则这种概括性的图片集合并没有任何意义。老师们应积极、进阶性地加入一个“为什么”的反思活动，缩小范围，有深度地讨论动物在艺术的各个面向，以及它们的代表意义。譬如在中世纪的作品中，动物的出现往往是有宗教意味，常有宣扬教义或是申诫的隐含意义；图腾里的动物常代表着一个特定族群的精神，各个元素的组成，在图腾中缓缓成为一个诉说特殊文化的过程。因此，老师们在架构动物主题的教案时，要让学生明白在艺术里的动物，不是只有动物的呈现如此简单。

第六节 结论

到目前为止，这些统整课程设计的形式都是以艺术或是艺术体验为核心。我们可以发现，即使是在跨学科的教学内容里，艺术教育工作者也经常只是针对美术的观点来讨论特定的艺术技巧与美学概念，顶多只是稍稍加了一些生活的经验。职前教师们在课堂里学习具体的美术技能，然后就直接运用艺术的技巧，将其纳入今后的教学内容。

我想提醒教学者：用艺术融合其他学科的“迷思”，就是把艺术视为附加的价值。如果我们一直执意把技术与运用分开，或是把运用的意义窄化到对技术的纯熟度，我们将无法真正做到融合、统整。

问题与讨论

1. 作者运用比喻的方式来归类常见的统整艺术课程教学形式，你认为这些统整艺术课程的共同性在哪？它们有什么共同的盲点？
2. 你认为统整艺术的课程设计除了作者的四个分类以外，还有哪种类型？请举例说明。
3. 请根据作者对于“珍奇百宝箱”的建议，具体规划以中国古代的织布艺术为主题，适合小学三、四年级的统整艺术人文课程。
4. 什么是以同理心出发的教学？老师如何运用艺术统整课程来引导教学？
5. 在统整教案设计里，不管是以技术为上、典型的美术教学，还是统整艺术、联合其他学科的教案，你认为有没有一个能超越形式上的连接，实现真正深刻融合的方式？

第六章

桥梁型的课程设计的理论架构

6

桥梁连接授课者、知识、学习者，
在三者之间形成了一种文化。

我在第五章介绍常见的统整视觉艺术课程的多种形式时，透过隐喻来引导老师们跳出固定的思维框架，进而思考教学各个环节的必要性、相关性与相连性。而且，经由语言与生活经验的转换结合，我们可以很清楚地找出它们各自的独特性及缺失。

从这些汇集的教学范例、经验以及教学框架里，我们也可以意识到艺术教育理论随着社会改变的沿革与教学形态而有相应的变化。比如，20世纪90年代的多元文化、千禧年的跨学科和视觉文化，到近期在教育界与艺术领域里气氛十分热络的社会正义、创造力、为生活而艺术理念，等等。

“多元文化”着重于我与他的关系，打破西方美学的窠臼，从交流中来理解不同民族文化的艺术传承。“跨学科”则试图整合术科（以技术为重的学科）与其他学科领域，强调“透过”艺术的学习机会。视觉文化推翻纯艺术为大的传统思维，重视日常生活中与“视觉艺术”相关的经验，开启美感素养培训的可能性，制造批判性对话的机会。“社会正义”议题重视对大环境的省思，不再盲从或蒙蔽，鼓励教学者凸显社会公正的实质意义。“创造力”是一个企图把固化的智能为上的教育体系，导向以思维实践教育的开端。“为生活而艺术”则强调艺术与实际生活经验联结，注重艺术的功能性。近年来，教育界体认到科技不断更新(甚至泛滥)的21世纪现代社会，以创新思维的养成为首要考虑的观念逐渐受到重视，每种意识息息相关、互相影响、弥补彼此可能存在的盲点。

本章将针对这些教育思维的理论进行讨论。首先，重新拟定艺术的本质，对统整课程里运用视觉文化来诠释艺术的方式加以讨论，并探索艺术的本质；接着，介绍视觉文化、社会正义以及为生活而艺术的中心意旨；最后，延续隐喻的方式，来找寻一个适合统整课程设计的框架。

第一节 艺术教学的本值

2015年6月法国高中毕业会考，在自然组与社会经济组哲学科目三选一的申论考题中考了与美学有关的题目：

自然组：艺术一定要有意义吗？

社会经济组：艺术家必须创作可被了解的作品吗？

仔细想想，这两个问题点出一般人对艺术创作价值的争辩与分歧："艺术作品是否可以独立存在？""艺术为艺术？""艺术一定要被了解吗？"

"艺术需不需要被了解？"我觉得可以有讨论的空间。然而，艺术品本身自有它的价值、目的与功用，这是不可否认的事实。我以为，艺术最大的功用即在于"沟通"。这个"沟通"可以是艺术家自己"自省""求精"的过程，也就是艺术家透过艺术表现的形式来阐发想法和理念；也可以扩大至透过艺术品与"他人"沟通，或是让观者"透过"艺术品来"自省"，以及"沟通""启发""联结"外界。

艺术品不仅是指一个艺术家发挥创意的成品，它陈述着艺术家的生活，反映出艺术家透过艺术行动所要传达的理念和价值观。著名的画家爱德华·德加（Edgard Degas）喜欢描绘芭蕾舞者、咖啡厅、街头人物，作品带给观者偷窥的感受。他认为艺术本身的美不止于表象，画面的描绘永远比不上经过内心沉淀后的记忆影像。他认为艺术是带有恶意的，在激动、堕落、暴力中流露真理。他把"艺术"视为一桩"不合法"而且具有掠夺性的婚姻。这里的"不合法"并不是说画家如罪犯一样的无赖，而是画家在阐述他们的理念时，艺术元素与形式只是一个手段罢了。艺术家应该真实体现现实社会、抒发内心的情感，不需要中规中矩地被世俗规范所驾驭。从文化的角度来看，我们不能否认艺术是一种对人生经历的视觉化。所谓"艺术是人类行为"（art as human behavior），即艺术是一种社会行动，"照亮社会背景和社会动力的艺术创作和艺术的反应"。

因此，在探讨艺术的意义时，我们除了从艺术品自身的创作历史、材料、风格、形式来解读以外，必须以"艺术行为"的观点切入。因为艺术除了美感的愉悦外，更重要的价值是深切反映出人类生命力与人类行为。为此，从艺术的功能性来加深对艺术品的理解，是跨出艺术形式美的盲区的开端。

我们也要考虑从“个人性”(personalhood)的角度来解读某种文化现象或文化仪式，也就是从人类学和心理学的角度来诠释一个文化现象。我们必须理解:“文字是语言的一种 …… 它代表着自我反思的评论经验、抒发情感、反映自我、期盼梦想、回忆过往、关系联结、隐喻，甚至扭曲 …… 它揭示对一般大众行为标准上与概念上显著的反映、对比或是模糊不清的公共文化形式”。这是一个在现代主义中频频出现的观点，它强调用自我反省的态度来分析周遭的现象，意味着当我们看艺术时，必须认清、重视自我反思的评判经验。

我们诠释艺术的方式可以从文化更迭的因素切入，从考虑一种文化的产生、文化和文化之间的交流、文化和文化之间的疏离，而对艺术品、艺术家的创作过程有不同的体认。身为艺术的观者，我们清楚地知道每一个影响我们理解艺术的因素都有自己独特的意义。它可能以我们自身的生活经验为起源，具有特别的意义与功能。这些因素强烈地改变我们对艺术品的接受度，或是左右我们诠释作品的方向。同样，艺术家与他们的创作之间也有类似的关系。为此，教学者必须正视这些人为可能的变因(艺术家自己对所处社会、生活方式、生命文化的看法)，在引导学生诠释作品时考虑这些因素。我们看艺术的角度得超越明显的艺术形式与技法，而以互动性的文化关系为观察重点。

图像是一个组合体，包括虚拟的意象与实际的物体。图像包括千言万语，充满象征元素。要了解一个图像，正如先前所说，得从造成图像、形成图像的角度做一个全方位的了解。美国视觉文化艺术教育学者保罗 · 邓肯(Paul Duncum) 很明确地将视觉文化传播学理中常用的手法以及它们所隐含的含义归纳总结成七大原则: 权力性 (power)、意识性(ideology)、代表性(representation)、诱惑性(seduction)、凝视性(gaze)、图文互换性(intertextuality)以及影音变易性(multimodality)。这七大原则可以说是视觉文化的圭臬，在选择教材、教学上很有帮助。

权力性意味着影像制造者利用影像的力量来宣扬一个特定的政治观点或价值观。观众与影像之间不停地互动，在影像制造者或艺术家的引导之下，观者不断地考虑是否接受、拒绝，或是妥协于影像制造者或艺术家所要贩卖的观念。

意识性的影像让观者从心接近，感受希望、期望，甚至是恐惧、悲伤。我们常常在政治海报或宣传广告片中看到这类的影像。譬如，美国总统奥巴马竞选时期有一张在坊间大卖的海报，艺术家以现代的手法、大胆的色系，以希望为主题，来传达对一个新时代来临的期望。从传播媒体的领域举另一个例子，好莱坞影界存在着美国梦 (American dream) 的迷思。在这个迷思里，隐隐流露出社会阶层、种族价值以及性别角色的意识形态。然而，这些意识形态往往充斥着定型和偏见。透过传播媒体，这些定型和偏见便在无形中渗入观者心中，成为必然。

代表性意味浓厚的影像与图片，是利用取景的角度与演员的衣着、口音来助长特定的刻板印象与既成的偏见。诱惑性的图像则以人类原始的感官欲望为中心，来加强灌输某种情感的反应。比如《暮光之城》(*Twilight*) 电影相关海报阴暗不明的设计，往往勾起观者对于故事主角的认同与急欲一窥究竟的心情。

凝视性的分析常常用在女性主义里，提醒大众许多对女性角色的安排往往以男性臆想为主，因此性感当道的图像影片充斥于世。当然，也有用女性眼光来检视男体的手法，但基本上还是以讨好男性观众为多。

图文互换性与影像或图片所处的社会文化环境有强烈的关联。意义可以因为语言、文字、生活经验的不同而改变。我常常把美洲狮的图片(图6-1)与华盛顿州立大学的校徽(图6-2)并列，我的学生们完全理解它的交换意义:同样“cougar”，可以指美洲狮本身，也可以代表华盛顿州立大学(校徽就是一只美洲狮的设计，学校的昵称为美洲狮)。我接着把黛米 · 摩尔(Demi Moore)与艾斯顿 · 霍奇(Ashton Kutcher)的合照摆出来，大家沉默了一会儿，然后便会心一笑。原因在于“cougar”在英文里也有“老妻少夫”的意思。

图 6-1 ◎美洲狮子（Cougar）②

图 6-2 ◎ 华盛顿州立大学校徽。设计是由字母“WSU”形成的一个标志，本身就是一只美洲狮子。

图 6-3 ◎老妻少夫（cougar）③

② 图片来源：艾瑞克·科比（Eric Kilby）2012，授权使用。

③ 图片来源：乔希·简森 (Josh Jensen)，授权使用。https://upload.wikimedia.org/wikipedia/commons/d/de/Flickr_-_Josh_Jensen_-_Demi_Moore_and_Ashton_Kutcher.jpg.

最后，影音变易性是指运用背景音乐去引导、带动或是颠覆印象所要传达的意思。比如，一段捕捉夜市景象的短片，如果背景音乐是流畅而欢愉的，那么观众自然也会有愉悦、轻松的反应；但是，如果背景音乐忽快忽慢，便会造成紧张的情绪。

这七大原则对引导学生了解、解析图像隐藏的意义，或是在创作自己的影片、图像之前可以提供有效的热身，并理解观众如何因为细微的运镜技法、词语寓意、声光音乐而改变他们对影像的理解。

我们再重新思考法国高中会考的题目：“艺术一定要有意义吗？艺术家必须创作可被了解的作品吗？”如果，我们以“沟通”为其本质来看，那么艺术存在的意义就是扮演着联结的角色，透过艺术的手法，帮助我们“更了解彼此”。由这个方向来看，跳出艺术技法的教学，以“沟通”为主的课程是必然的趋势。打破艺术学科的传统学习框架，使之与其他学科融合的教学，也成为一个必备的手段。

以“沟通”的方向来思考，联结“我”“图像”“他”三者，就是视觉文化教育的根本。

第二节 社会正义的觉醒

相较于把孩子放在温室里保护，教学若能体现社会正义议题，则对孩子的人格关怀、同理心养成帮助更多。社会正义教育的目的在于透过统整教育的方式，试图温和地厘清、理解冲突点；期许学童懂得如何应变、改变不公正的现象，重新建立互信互助的公平和谐社会。

若要消弭偏见和不公正的现象，只能从经济结构着手，重新分配、调整、妥协和接受。认清形式上平等的假象以及揭发一言堂式的教条与规范，是追求平等社会的必要条件。正视各族群的文化差异性、让各族群都有立足的机会，才有可能建立一个良性、多元的社会结构。再分配与识别、齐同与差异、宏观与微观是社会正义的三球体，它们多方向交叉、互相重叠、不停地整合变动。

社会正义的触角期许教学能与实际生活现况联结，培养学生“我是社会的一员”的道德责任与规范，鼓励老师引导学生去“探索”“发掘”发生在周遭的事件。也就是说，除了“批判性”之外，“及时性”与“相关性”也是社会正义课程的优点。

在教授社会正义的课程时，我建议从两个方向来统整其他学科。

（1）从艺术联结：艺术不仅可以维持社会秩序与传统，也能为社会正义相关议题“发声”。以社会行动的壁画为例，艺术创作与艺术教育是一个“谈判”的工具，透过对艺术的理解与创作过程，对不公的现象或是误导的规范进行思辨。就如从“折纸救鲸”（origami whale project）的艺术活动来思考尊重生命、关怀自然的议题。

（2）从故事联结：社会正义教育专家丽·安·贝尔（Lee Anne Bell）把关于种族的“故事叙事形式”分为四个类别：①样板故事（stock story）：讲故事的代表社会的主流群体，由认可的历史和文学资料的管道来传递，透过大众庆典、法律、艺术、教育、媒体来庆祝。它们的功能在于保护并维持种族现状。②隐藏的故事（concealed story）：隐藏在主流样板故事之中的“例外”，在主流观点之外提供了一个不同的视角，运用历史和社会科学的数据来发现、分析、批判我们的社会经验如何塑造我们所认知的种族议题。③抵制的故事 (resistance story)：对抗不公、争取公平正义的故事。这些故事在历史上有记载，但学校忽略不教。④合流、转变的故事 (emerging/transforming story)：继续质疑样板故事，以批判性的角度来为现状注入充满活力多元的变因。

我常常以贝尔的故事形态来引导职前老师分析既定的样板故事，进而分享个人的经验或意见，为具有争议性的议题进行客观的讨论。

一、实践社会正义教育的限制

社会正义教育在实践上也有它的限制。其形成的原因复杂，我简单地把它们归纳为两项：(1) 内容与教育政策的角力；(2) 纸上谈兵与身体力行的界限。

1. 内容与教育政策的角力

布雷·皮考尔 (Bree Picower) 以批判询问的方式 (critical inquiry project) 来交叉审视社会正义的理论、培训和实践的效益与挑战。他发现在实践社会正义教育的过程里，老师遇到的困难不仅仅是找寻适当的课程内容，还有必须考虑所选内容是否符合学校教育体系的政策以及与家长保持互信的共识。很多人不知道，在社会正义的教学里也有“后顾之忧”的考虑，大多数的老师会选择安全、保守、大家熟知且接受度高的议题。

这的确是事实。比如，讲到“人权”，在美国教授非裔的人权运动史便是大家可以接受而且被认为是学生一定要知道的知识。所提出的重要人物总是我们熟知的那几个人物。然而，如果老师要把都市里日趋严重的“游民”问题带到课堂里来讨论，那么学校方面极可能会持反对意见。原因在于老师很有可能“利用”探讨游民福利的议题，对心智尚未成熟的学生灌输个人的“政治立场”，并对执政者做偏颇的批判。

校方的忧虑似乎合理，但是我认为大多数的老师在找寻“社会不公”的议题时，出发点是“善意”的，是对“人性”的关怀。

在讨论到这个问题的时候，我的学生表示，的确，仔细想想，为什么人权运动的代表人物就是那些？而身为老师的我们为什么这么容易就接受教学材料中的安排？他们也表示，如果有关单位过度保护与规范，将会失去社会正义教育中“及时联结”的意义。老师或许遵循规范，凸显既定的刻板例子；又或许就是与学校玩起捉迷藏的游戏，用安全的角度做掩饰，来启发孩子以批判的方式深入了解社会相关议题。那么，社会正义教育永远无法真正落实。

2. 纸上谈兵与身体力行的界限

面对艺术教育界社会正义议题的蓬勃发展，杜赫斯特（Dcwhurst）质疑：课堂上有关社会正义的行动，难道仅止于艺术创作行为吗？他认为，老师与学生可以一起透过三个观点来检视学生对社会正义的理解以及与他们自身创作的关系：（1）意图（intension）：学生创作的意图如何符合社会正义的精神？是启发、揭发，还是激起“改变”的行动意志？（2）过程 (process)：创作的形式与媒材如何体现创作者预设的社会正义“行动”的意图？（3）脉络（context）：创作者自身的社会环境、作品的影响程度与创作者的社交地域性的相关性为何？这三个重要的观点，的确可以帮助学生在思考创作的过程里厘清、重整、反映对某个与社会正义相关议题的理解。

除此之外，我认为身为一个教育者，除了让学生对社会有关怀的情怀之外，老师们在设计社会正义的课程之前最好厘清下列问题从而避免无谓的误解：（1）所谓的“行动”，代表的是思维、研究、理解的行动，还是身体力行的行动？ (2)这些行动会不会有危险性？ (3)老师自己有没有以身作则？

对于如何减少与校方政策的冲突、设计增进学生对社会正义理解的课程相关的缓和方案，我有几项建议：

（1）在不超过课纲领域的条件下逐渐介绍社会正义相关的议题：目的在增加学生运用批判性思维的机会，学会从多元角度来检视社会不公的现象。

（2）避免“灌输”，而是“开拓”学生自由评论的空间：提供正、反、中立意见并存的机会。鼓励学生多方研究、找寻相关资料来支持自己的论点。

（3）以生活的琐事为开端，用批判的角度来解析：鼓励孩童观察日常生活中遭受不公待遇的人、事，讨论并找出可能的解决方式。

第三节 为生活而艺术的目标

“为生活而艺术”（Art for Life）的艺术教育教学理念由汤姆·安德森（Tom Anderson）与美乐蒂·米兰布兰特（Melody Milbrandt）所提出。它以“人本”为核心，强调实际的生活经验。在主题伞的架构之下，以统整艺术教学的形式协助学生理解艺术创作与艺术对自己的意义。艺术的探究不再以技术形式为优先考虑。它的教学内容富有弹性，企图概括视觉文化、社会正义、艺术创造力的精神；注重与生活经验联结、自省的过程，强调对环境的联结与关怀。比如以自然灾害为主题的课程里，老师可以引导学生搜集关于当地曾经历过的自然灾害的新闻并归纳分类、分享当时人们在天灾中的心情以及重建被毁家园的故事；或是以科学的角度解释天灾产生的原因、以描写天灾的艺术作品做联结。这种以实际生活为例的教学，可以鼓励教学者与学习者共同思考艺术对自己、对所处环境以及对社会的意义为何。

正如杜威（Dewey）所说，“艺术是权力的仪式和庆典的延伸”。艺术自然而然包括社会生活的各个层面。从古到今，从现在到将来，图像的功能成为一种生活记录，用来纪念和庆祝。它也可以是一种批判人生的缩影，反映了人类经验的独特性。由图像引发的联想，与我们从生活经验里集结的视觉记忆有很大的关系。其中，解读广告的方式，多多少少和社会既有的价值观有关。个人的文化背景影响的对颜色所含的意义的敏感度，往往能左右对一个图像的诠释。图像会产生等值（equiralents）的现象。意思是说，我们常常因为图像里的某个元素而唤醒某种记忆。图像也有通感的能力，它强烈地刺激我们除了视觉之外的其他感官的活动。

教师从广泛的艺术现象与社会思维教育，来促进艺术与生活之间紧密联系的经验，除了提供学生思考的机会以外，也全面地重新界定艺术与人类生活的关系。因此，我们的教学资源不再局限于艺术文物，已全面扩展到其他和生活“共生”的视觉艺术形式与作品。它包括了文字、媒体、广告、电影、庭院艺术、建筑、设计、民间艺术、标志、漫画、电影、动画、电视教学节目、时尚、网页、社交网络、虚拟现实的空间，等等。统整教学的内容比以前更具备活力，它们充满象征性的可能，涵盖全球庞大而多样的重要议题。也因此有越来越多的艺术教育工作者认为，这些非传统、在生活里发现的素材，往往是最好的教学材料。这些教学内容就像我们日常生活中的实际经验一样，是动态、经常改变的，透过艺术的学习，我们可以将其有效且温和地与冲击性、争议性大的社会实践联结。它们也是凝结个人与社区关怀的最佳途径。通过从日常的生活经验来讨论、解释其所表现的审美意义、社会功能、文化现象的学习过程所获取的知识，比埋首在唯美唯技的创作里获得的更具有长效性和实用性。

对于统整课程的规划与安排，随着知识资源的多元化，教学者与学习者也必须体认“变动性”的元素。及时与更新同等重要，但维持开放的讨论诠释空间、培养学生自主批判思维的目的则是不变的基石。

第四节 桥梁型的课程设设及其概念

我们从刚刚的讨论中明白艺术的价值以沟通、自省、了解为主。在统整艺术教学的过程中，我们也明白解释了图像的方向是多样、复杂的。面对教育思潮一波又一波的意识运动，我们会不会只是盲目跟进，而忘记深层教学的本质？这些运动是不是俨然已成为一种风潮、一个流行语，或是高等教育工作者一头热的行话？

我们是不是应该放慢脚步、明确审视，到底这些意识与诉求对老师、对学生有怎样的影响？特别是在现实生活中，这些意识与理念诉求到底如何才能从统整课程里彻底实践、落实在日常教学里？

在自省的同时，我也不禁质疑：这些教育风潮与现象对现在的我，具有什么意义？

就是因为“现在”和“我”这两个概念，使我尝试的统整课程设计的研究方向，有了戏剧性的转变。这个转变超越时光机器冻结时间的片断经验；它跨越学科，直接联结到学习者的现在的生活。

什么样的隐喻架构，可以体现当前求新求变的教育理念，达到艺术与其他学科统整的谐和？

我以“桥梁”(bridge) 作为一个隐喻，来形容着重于视觉文化、社会正义、为生活而艺术的教学设计。

在现实社会中，桥梁最重要的功能远超过实际的连接 A 点和 B 点。除了缩短外在的实际距离之外，桥梁无形中已成为一个导游，一种催化剂。桥梁把两地的人民联系起来，它提供机会、创造对话、促进沟通，逐渐增加人与人之间的互动，最后建立关系。两种文化初次碰面，难免会有冲突发生，两者便不断地调整和妥协。明显地，文化融合的演变是一个不休止的进行式。新旧文化中所持有的可见的与不可见的教条规范，隐藏的价值和偏见、和谐和冲突、信仰和神话等，它们所代表的含义源源不绝地更新，持续转变，不会休止。一座桥梁的建立和存在，对社会、文化、经济和政治环境的影响十分深远。它开阔视野、拓宽生活经验，它也在冲突中找寻和平共存的解决方案，并积极地订立价值。

“桥梁型的课程设计”(curricula as bridges)的特点，主要是以学习者为中心，以建构主义的理论为经、生活经验为纬，具备跨学科的性质。教师和学生通过不断的学习和讨论来明白一个特定的课题以及课题本身对学生的意义。老师的作用是以辅助为主，指导但不干涉、不独霸，多方面地引导学生自发自省的能力。“桥梁型的课程设计”强调学习的课题和学习者之间的互动，重视学习的过程与启发，更重视学习的长效性。需要注意的是，它的内容虽然多样，却有一定的原则和方法。

在这样的前提下，教师努力探索人生经验，提供课本上与课本外的重要的题材。目的在于引发学生的好奇心、制造机会，让学生尝试、探索、建设，界定学习课题的意义。

卡维其(Cavicchi)等人认为，学习课题“可以诠释成是各种学习的方式和对学习课题了解的深度。其中大部分是学生不知道的东西。虽然老师知道‘它’的程度比学生所知的更多、更充分，但在它、老师、学生这个三角关系中，老师并不是传授知识给学生的主导者。相反，老师主要在帮学习者和‘它’之间建立互动的关系，这个关系不仅存在于学习者了解‘它’的过程中。一旦关系建立，学习者在学习结束后，便不需要老师的参与，因为他们有能力持续保有并更新互动的关系”。

从这个角度来看，“桥梁型的课程设计”可以从下列三个步骤来探讨：诠释、反思、创造。这些步骤是帮助授课者和学习者拟订价值观，进而一起建设新知识构架的必要途径。我们必须明白，这些步骤的主要动力完全在学习者本身。因此，每一个步骤都应该考虑到学习者自身的知识背景、人文生活、思维模式和价值信仰。

在学习的过程中，诠释、反思、创造，都必须不断地回到学习者本身做调整，再重新出发。学习的结果会因人而异，学习之后的长效性也因个人和修习课业的关系有所不同(见图6-3)。

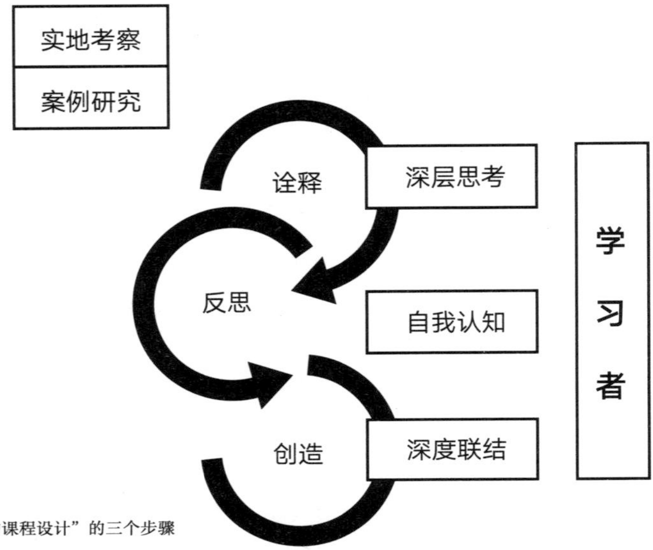

图 6-3 ◎ “桥梁型的课程设计”的三个步骤

创作项目以外的活动是“桥梁型的课程设计”中至关重要的一部分。教育工作者应提供各种活动的机会来促进学生的学习，例如文字游戏、日记、实地考察、案例研究，等等。此外，还必须不定时地进行学习成效评估，让学生明了：为什么要学习这个新的知识，这个新的知识和体认会为自己的生活带来什么样的意义和价值。在这些创作以外的活动中，以实地考察与案例研究最为重要。因为这两个活动本身要求学生积极地把现实生活和与他人的互动紧密地联系到学习的课题中。在这样的活动中，学生不仅仅是学习者，也是研究者；他们在探讨发现的过程中有主导权，依着学习纲领，启发性地学习。

第五节 “桥梁型的课程设计”应用与实例

一、学习主题：商场文化与消费主义

实地考察：百货公司的文化

1. 认识商场文化：诠释

视觉经验和生活行为息息相关，我们往往处于视觉生活里而不自知。为了使我的学生能亲身体会视觉文化的影响力，我让他们利用周末，在当地的购物中心考察对消费者的购买力有正面影响的视觉设计元素。他们针对商店的海报、展示橱窗、购物袋、卖场摆设和其他任何吸引他们驻足再三，甚而打开钱包的视觉设计做记录。

学生们在课堂里分享心得。他们分析了有独特设计的购物袋，比如，女性内衣店“维多利亚的秘密”（Victoria's secret）的购物袋设计使用粉红色和白色条纹为底，用金褐色在袋子中间印上店名。学生认为，整个袋子散发出一股神秘感，在女性化里又给人一种清新自然之感。

在探讨橱窗海报展示时，学生们一致认为埃迪·鲍尔（Eddie Bauer）眼镜店的海报展示十分讨喜。海报上，有一对完美组合的情侣或夫妇的照片。他们都穿着舒适、颜色柔和的衣服，戴着合适优雅的眼镜。情侣的愉悦表情加深了设计的整体性与和谐度。学生们认为这个海报设计的成功点，在于它展露出一种舒适愉快的生活，享受彼此的二人世界。海报的设计让可能的购买者感到舒适和轻松，它所传达的舒适感，是走过的路人都可以看到的。

学生们也发现，类风景画的橱窗设计比较讨喜，可能是它在放眼所及都是衣服、商品和人潮的环境中，有鹤立鸡群的独特性；也可能是风景画的内容提供了精神休憩的机会。许多学生认为，鉴于美国社会当时的状况：永远结束不了的战争、衰退的经济，这些都让人们对未来不安。因此，这样的店面设计成为一个舒解压力的出口，强烈地引起一般美国人民的共鸣，也直接表露出人们期望和平与安宁的生活的愿望。

2. 认识商场文化：反思

经过初步诠释与分析，我们接着从社会、经济、心理和文化的角度来探讨商场文化的价值与意义。我们列出购物商场的功能如下：

（1）大家的购物中心：购物中心跨越各个社会阶层、各个族群。从商品来说，有的十分大众化，有的具有独特性。从橱窗以及店面里的模特儿来看，商家很有技巧地陈列出包括不同的肤色、不同年龄层的模特儿。这个现象在卖儿童服饰的商店中最为明显。我们可以说，购物中心算是一个彻底展现出现实社会中少见的世界大同与族群融合的舞台。

（2）反映人类行为的购物中心：商场以贩卖欲望为主。消费者买衣服并不是因为家中没有衣服穿，而是要满足一种“我也想要”的渴望。随着季节和假日的变化，橱窗设计也不断更换。消费者从模特儿身上的穿着反思自身，模特儿让消费者有机会模拟想象自己身穿某件衣服的样子，从而刺激购买欲。

（3）社交功能性的购物中心：从早到晚，购物中心都提供着不同的社交功能。它是运动中心，是交易厅，也是免费的托儿所。在各个商店营业之前，购物中心开放走道与大厅让大众使用。一时之间，整个购物中心摇身转变成年长者健身运动的场所，也自然而然成为社交谈话的园地。等到商场正式开业，购物中心又成为很多家庭主妇和年轻的母亲的天下。到了晚上，它则变成青少年社交聚会的场所。因为购物中心是一个公共场所，所以有些家长认为这比孩子待在某人家中还要安全。

学生们总结购物中心存在的利弊和对社会整体的影响。购物中心存在的好处：它是一个不分年龄、人人共用、世界大同的地方；它使生活更便利、多元、安全；它促进商圈周边的发展，提供社交机会和就业机会。购物中心存在的坏处在于：传统家庭式的商店逐渐消失，社区的隔阂明显增加；从引人注目的海报可以看到，人性欲望已成为一种贩卖商品的手段；大多数店家将海外制作、成本低廉的产品以高价卖出，除了显露人性贪婪的一面之外，更暗示了道德和价值观的沦落。

3. 认识商场文化：创造

学生们接着以“自己的店”为主题，用写作和艺术创作来反映从实地考察中总结的心得，寻求一间他们心中理想的店。在写作里，学生陈述开店的宗旨、商品的特性和售卖的对象。接着，学生学习埃舍尔(Escher) 的“平铺镶嵌艺术”(tessellation) 的原理和技巧。他们得用平铺镶嵌艺术的方式设计一个商店的识别商标，然后着手进行一系列和商标有关的周边产品的设计，像是购物袋、包装纸、文具，等等。

在这样的艺术学习中，我们不是为了做平铺镶嵌而做平铺镶嵌；相反，我们把平铺镶嵌当作一种形式、一个媒介、一座桥梁。这样的课程设计不仅仅是连接数学和平铺镶嵌。因为实地的购物商场的考察经验，使我们有目的地赋予平铺镶嵌一个更深的意义，并以此来阐述某种现实生活中的现象。商场实地考察收集的资料、课堂的讨论，为这个创作活动提供一个良性的学习背景。学生重新思考，重新联结到他们看到的东西，对商场进行深度的批判，并总结对商场文化的意见，这些都流露出学生对社区文化的关怀和期许。这样的教案让学生的学习视野更为广大，因为是亲身所做的田野调查，所以他们的印象深刻，学习动力十足，学习成效久远。

二、学习主题：校园暴力与人文关怀

实地考察：故事性的访谈研究

1. 校园暴力与人文关怀：诠释

每年4月，美国各地校园都会呈现警戒状态。原因无他，4月是科伦拜恩高中(Columbine High School) 发生大屠杀的月份。当我告诉我的学生，我们要谈谈科伦拜恩大屠杀时，他们开始有明显的不安。我引导他们从感觉出发，谈谈整个事件对他们自身的冲击。有些学生在事件发生时正好也在高中就读。其中一个女学生清楚地记得，她因此变得比较小心，走路时常常顾看左右。有的学生说，事件发生以后，他对人产生极大的不信任感。另外有些学生记得校方变得保守、姑息，所以问题到现在还是存在。我接着告诉他们一个数据：根据一份关于美国青少年校园暴力的报告，估计“几乎30%的美国青少年”（近 570万人）都有参与霸凌 (bully) 其他学生，或是自己作为别人欺负的目标，或是两者都有。 学生们对这个数据并不惊讶，他们甚至预期在校园暴力层出不穷的现实生活里，数据可能会超过50%。

校园暴力的起源在于对他人的误解和贴标签。但大多数的时候，在遇到或意识到有校园暴力的可能性的刹那，老师们往往抱持着轻描淡写的态度，生怕小题大做。我们从小便被灌输少管闲事的观念，譬如说，“我们的父母教导我们，不要盯着一个头上缠着头巾的男人看，或看坐在轮椅的女人，因为那是不礼貌的行为”。虽然他们的出发点是正确的，但是相对地，他们也隐约传达出一条本意之处的、负面性的信息：这些与我们不同的人，一定都是“有问题的人”。这样的态度虽然是用心良苦，但也是错误的。当老师说，“我从来就没注意到我学生们的肤色，对我来说，他们每一个都是美丽的人”，这种说法是非常不负责任的。因为事实上，只要是视力没有问题的人，都可看到这明显的身体差异。托弗森与奥斯本认为，这样的声明和态度只会造成一种虚假的安全感，呈现一种好像只要避免讨论性别、种族、宗教和政治分歧的问题，就可以达到大家一起存在的和谐的假象。“没有注意到”其实就是在告诉我们的学生，他们所属的文化、背景一点都不重要。这样的信息也隐约告诉学生不需要承认自己的种族身份。

我分享我在学生时代所经历过的被贴标签的例子，这是一个语言不通的留学生一路走来的心路历程。自己初来乍到，曾经历被抢、被欺凌；我被贴的标签，有“亚洲学生”(根据我的肤色和成绩)、“亚洲女人”(在许多男性白人的眼里，是什么都不懂的人)、“不需要工作的有钱人”(根据我的穿着打扮和开的车子)、“小女孩”(根据我初入职场的年龄)、“香蕉”(许多华人眼中的我)，当然还有“美术老师”(大多数人眼中不重要的学科老师)。

学生们听得目瞪口呆。他们难以相信，站在他们面前的教授有这么多鲜为人知的故事。他们对“香蕉”最感兴趣，也为我感到抱歉。我说没关系，我嫁了一颗“蛋”，我们一同创造了可爱的“香蕉松饼”。全场先是为之一愣，明白了其中的含意之后，便哄堂大笑。

老师们要做的是传授给学生一种负责任的生活态度，让学生懂得在逆境中如何转变情绪，掌握乐观看待人生的技巧。一笑置之的修养，是解千愁的利器。老师们若要传授学生相互尊重的生活态度，进而破除误解和贴标签的行为，得从理解他人做起。而理解他人之前，得先从了解自己的定位与迷思开始。

2. 校园暴力与人文关怀：反思

我的学生有两个星期的时间进行研究，来回答：“我来自何处？”他们可以使用电话采访家人、朋友，也可以做面对面的采访，或搜集相关文件或图片。就像做家庭寻根研究一般，我要他们记录寻求家族史的历程。我希望透过这个热身活动，让他们更进一步了解自己。

对某些学生来说，他们的调查结果为他们带来了骄傲和惊喜。保罗总是梦想有一个祖先是军官，能在美国历史上的某些战役中为国效力。当他得知他的祖先曾参加美国南北战争时，保罗简直喜出望外。安琪拉则兴奋地告诉大家，当今墨西哥的新莱昂州，是以她六代以前的祖先命名的。

这样的发现，让学生更肯定自我的价值，也提高了学生的自信心。

有的学生发现，原来自己本身就是一个多元文化的缩影。譬如，凯尔说：“我发现我身上流的血液是由许多民族组成的。我原来以为我主要有德国和爱尔兰的血统，顶多掺上一点点英国血统罢了。事实证明，我身上的欧洲人的血液比我想象的多太多。我有爱尔兰、英国、法国、挪威、苏格兰、荷兰等欧洲人的血统。更让人惊讶的是，我还有美洲印第安人的血统。我如果再深入寻根的话，老师，你说不定还是我的亲戚呢！”

他的话印证了我想以这个活动投射的一个意念："百年之前是一家"的观点，这其实在教育领域上有存在的必要性。从了解自身开始，职前老师们能够意识到他们的祖先刚到美国时也是经历过一段挣扎来适应新环境，或许他们因此能对新近移民的学童比较有同理心。

我们讨论到样板故事与隐藏的故事的区别时，潘米拉特别讲述了她的人生经历：

8岁之前，我从来没有看过非裔的人。一直到全家搬到印第安纳州以后，我开始对我的肤色敏感起来。因为，全校只有我和哥哥两个白人。也是在那一年，我第一次体会到定型以及被贴标签的可怕。因为我的"不同"，我时时遭到威胁、口头或身体的攻击。因为我的肤色，我每天都担心会被欺负，而我的老师对此视而不见，只会增加我的心理负担。对当时的我来说，上学是件痛苦的事情。我相信哥哥和我有一样的遭遇。然而，一直到今天，我们从来不谈论这段历史。

难得的是，她的遭遇并没有让她痛恨其他肤色的人。因为在学习的过程中，她也遇到许多关心她、帮助她的非白种人。她渐渐明了，用肤色来评断一个人的好坏，是不公平，也是不负责任的做法。同学们从她的故事中看到另一类的种族歧视，同学们也明白了白人是种族歧视受害者的故事虽并不常见，但并不代表没有存在过。讲这样的故事并不是要强调种族间的隔阂性，而是要让我们认清"误解""偏见""定型""标签"等行为所造成的伤害是不分族群的。

另一个学生莉亚提起，她的祖父重述了曾曾祖父告诫他的话，即融入族群的秘诀在于对外说英文："孩子，我们人已在美国，德文在家说就好了。我们在公共场所中，还是说英文吧。"几年后，她的祖父上大学时想通过德文检定，没想到不及格，他才惊讶地发现，原来家里说的流利的德文，是17世纪的古德文。

我们趁机讨论语言使用的问题：到底应不应该在学校的家庭联络单上加上其他语言？一个墨西哥裔（西裔）的学生举手更正："没有其他呀，只有英文和西班牙文。"大家都有默契地笑起来（这群学生里，有近30%是墨西哥裔）。其实，这是一个非常敏感的话题，特别是在镇上，譬如有一位华裔医生因为拒绝聘用西班牙文翻译员而被控种族歧视，引起镇民哗然。学生们认为，正如莉亚曾曾祖父所言，英文应该就是在外一致使用的语言。语言不通并不是医生的责任，要求医生特别提供翻译人员是不合理的要求。病人自己应该负起聘用并付费给翻译员的责任。考虑到许多新近移民家长无法用英文沟通，因此学校发送的通知上加注有西班牙文，并无不妥，那是一种体谅的做法。不过，他们也认为：新移民也应该负起责任，不该存有拥有“被保护的特权”的态度，不去了解美国的文化和语言。

我从与学生的对话得知，故事能帮助彼此互相了解。在对话分享中，学生们相互聆听彼此的故事，对彼此都有新一层的了解。探究自己的生活历史与经验的课程，在课堂里分享彼此的故事，不仅可以缩短彼此的距离，也让自己深刻反省存在的价值。

3. 校园暴力与人文关怀：创造

我鼓励学生把寻根过程所收集的资料视觉化，并且针对中学生来设计“破除校园暴力，消弭定型、偏见和标签”统整艺术的教案。因为主题关系到学生自身的生活历史与故事，也因为学生必须从创作上延伸，具体写出统整教学的设计，我希望他们从反思当中寻求一个最适合的表现方式来传达他们的讯息。因此，他们的创作不拘形式，不限媒材。

创作的成果有家庭树、纪录片、拼贴、诗作等，每一个都具有独特的意义。保罗在高中时留长发，常常造成很多误解，因此他用拼贴来探讨“贴或被贴标签的”的议题。莉亚用苹果电脑的视频剪辑软件（iMovie）录制纪录短片，来讲述她的曾曾曾祖父在西部拓荒的经历。

学生们根据创作进一步设计统整课程教案，内容充满人文关怀。在学生进行艺术创作前，我鼓励他们精心设计、探讨有关社会正义的活动。譬如，针对“标签”议题，我鼓励学生静心思考“定型”与“被定型”的偏差对心理造成的影响。设计的活动从学习者出发，用同理心来鼓励学生，在听到或遇到“定型”与“被定型”的偏差行为，或不公正的一概而论时，可以经由理性的思考来反击与抗衡。我鼓励他们尝试以正面的态度向对话里注入正面的信息，分享正面的经验，来引导、改变、消弭关于“定型”与“被定型”的不公正的想法。有的教案鼓励学生阅读研究历史上致力于追求平等、对世界产生深远影响的重要人士的案例；然后和学生讨论平等和假平等的定义。这样的活动是必要的，它们可以帮助学习者厘清思维、建构想法。正与这些职前老师们做这个作业时所经历的一样，他们已经能感受到，经过反思后的创作是有意义、有深度的。

第六节 结论

“桥梁型的课程设计”概念和视觉文化、社会正义的观点紧紧密合，把教案当作桥梁，教学者以从诠释、反思到创造的步骤，带领学习者对知识做深层学习的探究。它可以连接日常的生活经验和美学。它提供学生从功能、语境、社会意义出发而全面地、更深入地了解图像或事件的意义。它强调一种多感官的学习模式，借用制作的图像进行解码和创造新意义。桥梁的意象的连接，超越自己和他人、时间和空间，它具有机动性、包含力。它跨越学科，能够从各个角度落实无止境的学习动机。桥梁连接起授课者、知识、学习者，在三者之间形成了一种文化。它实在地提供了与生活息息相关、永不结束的对话。

问题与讨论

1. 作者认为，进行艺术的统整学习，可以引导学生温和地探讨尖锐的、具有争议性的社会议题。你同意吗？请举个例子来支持你的论点。
2. “桥梁型”的统整课程架构主要在培养哪些必备能力？
3. 你认为当前“社会正义的教育”的瓶颈是什么？这些难题对推展统整教学有什么影响？
4. 请根据作者的“桥梁型”的统整课程架构，以诠释、反思、创造为教学主轴，设计一个以“回收环保”为主题的课程，并解释你设计课程时，对“实践行动”这个元素赋予的代表意义；你如何引导学生进行安全的实践行动？你自己如何以身作则？
5. 请根据作者的“桥梁型”的统整课程架构，以诠释、反思、创造为教学主轴，设计一个以“弱势族群”为主题的课程。请叙述你在设计的过程中如何处理与教育政策可能相冲突的情况。

第七章
学生的心灵状态

7

反转老师的角色，
层层剖析学生学习过程里可能遇到的挣扎与瓶颈，
进而预期有效地改善教学与学习的成果。

老师在撰写教学计划时，通常有两个基本的考虑：一个是适合学生学习的内容；另一个是帮助学生深度学习。身为教育者，为学生而设想的教学内容仿佛是一件理所当然的事。我们所有的努力都是以学生为中心（student-centered）来着手。

然而，我相信即使准备周全，我们还是很难避免以下的盲点：

（1）教学完全以强化教学内容为目的：身为老师的我们，常常只沉浸在教学内容是否扎实、符合课纲要求、如何提高学生的学习程度与学习目标等这一类属于老师本身对教学本体的精进。

（2）教师的主导权仍旧凌驾于学生之上："以学生为中心"虽然把学生摆在架构的中心点，但仍然有"老师权位为上"的意思。它依旧有老师与学生的上下之别。

于是，本章"以学习者为中心"（learner-centered）为出发，先探讨学习者的本质，进而思考"以学生为中心"和"以学习者为中心"的区别，然后审视如何减少上述盲点的可能。

此外，受到"全脑"教育的启发，我特别设计一个适用于统整课程规划的"意识轮盘"，希望从心理学的角度，反转老师的角色，层层剖析学生学习过程里可能遇到的挣扎与瓶颈，进而预期有效地改善教学与学习的成果。

第一节 学习者为中心的意旨

一、什么是以学习者为中心

韦默（Weimer）的“以学习者为中心的教学”主要的论述有以下五点：（1）力求一个平等的学习环境，把权力转移到学生身上；（2）教学内容不是对事实单一独断的集成，而是让学生进一步对学习内容做批判性的思考；（3）教师从单一威权的角色，转变为学生在求知路上的伙伴；（4）赋予学生求学的责任，引导他们了解自己学习的强项和弱点，并实践对知识追求的自发性；（5）打破教学评估追求名次、分数高低的刻板目的，而将其作为促进学生学习最有效的工具。

在后现代思维开启教学“多元”、打破“单一观点”的风潮影响之下，教育界逐渐倾向引领学生多方寻求多元解答的方式。这种教学思维打破了传统师生角色的刻板印象，老师不再是知识的唯一权威，而是与学生共同追求知识的伙伴，着重于引导和实践，“共同”为自己求知的过程积极反省与负责。

很多人误以为以学习者为中心的教学框架会让老师失去地位，在此特别说明一下：第一，它不是贬低老师的地位，而是对学生信任度的提高；第二，老师对教学的责任没有减少，除了传道、授业、解惑以外，还必须花更多的心思让学生在减少干涉的开放形式中多元学习；第三，知识获取的过程和结果一样重要，分数只是评鉴的一种方式而不是唯一，老师可以针对学生各种学习的能力做客观的评鉴。

在追求知识的领域里，老师和学生不是上下的分离，而是交流的汇集。“以学习者为中心”的核心是“学习者”。这个学习者并不只是学生，而是与老师教学相长的“共学”。在学习的环境里，老师和学生之间的关系是互动互存的。学生也有主导权，为所学的内容做反思、提供意见、争议与讨论；老师从学生不断改变的学习历程里调整教学内容、整合学生需要，一起为获取新知而努力。

二、“外显”和“内显”教学

在剖析“以学生为中心”和“以学习者为中心”时，必须从“投射”的角度来讨论。“以学生为中心”和“以学习者为中心”的教学，两者的共同重点仍然以学习内容为主。即使后者强调学生与老师共学、增加学习的可塑性来成就学生的潜力，但它强调的还是透过扎实的教学内容来成就学习效果。

我把这样的实践方式称为“外显”的教学。

和“外显”教学相对的“内显”教学，强调的并不是强化教学内容，而是着眼于学生在求知的过程里经历的心理变化。在老师的教学要求之下，即使授课内容是以学生为主来精进学习过程，但学生难免在学习上出现焦灼的情形。久而久之，这些负面的心理反应会影响学生的学习动机，造成师生的疏离感与对学习内容的排斥。

的确，学生在学习过程当中的心灵状态往往是课程设计里被忽略的一环。所谓的接受度指的是学生对教学内容的理解程度。基本上，老师只“设身处地”地为学生量身定做一系列强化知识的学习，而没有“同理”地考虑到学生的心理变化。

因此，要达到“平等”的教学，我们必须想办法减少“以教师为主导”以及“以教学内容为本位”的态度。在规划课程设计时，唯有把着重教学内容的“外显”教学和强调心灵层次体悟的“内显”教学融合，才能真正做到“适才”的教学。

第二节 学生的心灵状态与学习的关系

学生心灵状态的稳定度与学生的学习成效绝对有一定的关系。学习的情绪也可以左右孩子的学习态度与专注度。举例来说，身为家长，我们自然都希望孩子们在学习的道路上能够具备完善的组织能力、遇到困难时可以适宜地控制情绪、自我认知、自动自发地学习、适时地运用同理心来与同学相处、并发挥道德感对自己的行为负责等进入社会必备的特质。然而，在教养的过程中，亲子之间往往会因为彼此情绪化的反应与冲动，而引发教养上的盲点与无谓的口角，造成父母和孩子的情绪拔河：一端是心急的父母，忧心孩子孺子不可教，又多少夹带着捍卫权力欲的自尊情绪；另一端则是孩子抗拒管教、投机取巧的反应。父母担心，如果孩子无理的要求在哭闹中获得妥协，那么，父母未来将面对的是唯我独尊的小霸王。但是，若是没有以理性的方法技巧性地介入，不但问题没有解决，反而造成亲子之间的摩擦与裂痕。

这样的两难与情绪的拔河，多多少少是造成教养困难、亲子关系崩坏、停滞畏缩的原因。

我很好奇，在课堂上的老师和学生之间，有没有关于学习的情绪拔河呢？

答案是肯定的，我相信教室里的的确确存在着情绪的暗流。

虽然在规划学习内容与活动时，老师们遵循“以学习者为中心”的理念，以此来达到“因材施教”的目标，也期许可以妥善顾及学生在求知过程里可能遇到的困难或需要。但是，实践起来却不容易。原因在于，老师在设计课程的过程中早已投射自己预设的教学成果。所有的内容、步骤、评鉴，都是为了达到教学成果的预期目标而安排。这种情形在艺术统整教学上更为明显。在一个以作品为本的艺术统整教学中，因为知道学生应该做什么，教学上比较没有突发的状况，所以进度、流程都比较好控制（见图7-1）。也就是说，虽然一切似乎以学习者为中心，但基本上还是以学习成果为本位来教学；仍旧以老师为主导，学生只是服从、遵行、逐步完成老师编排的作业。在学习的安排上，学生实际上并没有太多的介入空间。

我承认我也常常以一个事先预想好的结果（作业、专案或艺术成品）为出发点来设计统整教学。虽然在设计与指导的过程中，我经常以“学生应该学什么”为出发点来加强学生的学习，关注学生在学习的过程中为了完成作业所需要的协助；可是，我却极少考虑到学生从开始介绍、告知作业的瞬间、理解并着手进行创作，到完成创作的过程里所遇到的心情转折。

图 7-1 ◎以作品为本的艺术统整教学

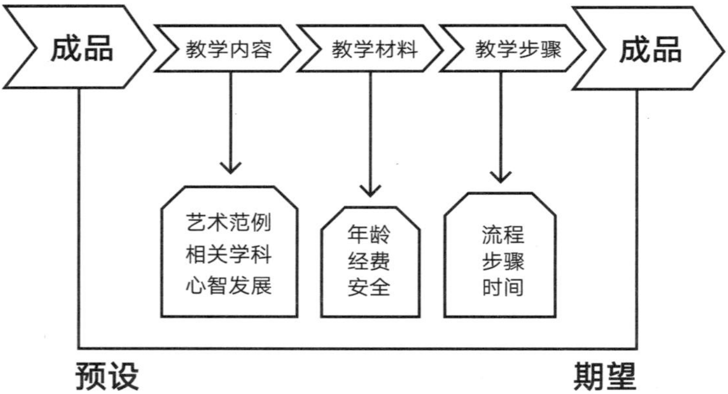

换句话说，我们往往只看到学生学习过程的外在因素（跟不跟得上、会不会应用、做得对不对或好不好），而忽略了内在的因素（心理的接受度、挫折感、抗压性、焦虑与不安）。

我开始思考以下几个问题：

（1）学生们在受教的过程中，他们心理的变化如何？他们在想什么？

（2）学生们对于日积月累的教学内容、活动、作业、成绩的接受度与感受力是负面的，还是良性的？

（3）他们如何解决心里涌现的排斥与不安？

（4）他们是否对“该不该和老师或同学倾诉”的想法有所挣扎？ 还是不置可否地认为“听话就可以有好成绩”，而成为“沉默”的学生？

对身为教师的我们来说，当我们问“有没有问题”“你们听懂了吗”的时候，所针对的都是学习的内容。我们认为学生会问的问题一定和“学习内容”相关，我们也坚信成绩高低与接受知识的程度的确有关联。所以，对于“学生对作业学习活动的接受度好不好”的考量，我们毫无疑问地认定是“从学生的成绩好坏就看得出来”来做决定的。

但是，成绩或评量结果真的能代表学生的接受度吗？

在这个过程里，学生在哪里？

学生们在学习过程中有没有“非”关教学内容的疑问？

或者，我想问的是，学生学习的心情如何？

身为老师的我，在计划教学、实际教学的时候，我真的有关注到学生的心理需要吗？还是，我只是“一厢情愿”“自以为是”地以“为了你好”为标杆，来建构学生求知的理想蓝图？

那些被忽略的正面的或负面的“情绪暗流”，又是如何影响学生的整体学习、成为教学的阻碍？

因此，我认为在追求以学习者为中心的“外显”教学的同时，我们更不能忽略“内显”的教学。毕竟在设计课程时关注于学习者本身的情绪状态与心理变化也是影响学习成效的重要环节。

第三节 意识轮盘：左脑与右脑的对话

要了解情绪的氛围，我们得先探讨大脑的思维活动。左脑与右脑对我们的认知行动与感知能力赋予了不同的功能。根据心理学家罗杰 · 史培里提出的左右脑分工理论①，左脑比较注重逻辑，使人的语言、分析、推理、数学、批判、文字、符号的能力敏锐，偏重于理性逻辑思维；右脑则是感性的联结，对灵感、想象力、无序性的直觉思维方式较为敏锐。丹尼尔 · 品客（Daniel Pink）则认为右脑主司综合能力（synthesize），左脑以细节性的思考为优。

① 教育学者大卫 · 苏萨（David Sousa）与汤姆 · 皮瑞科奇（Tom Palecki）提醒，这个被大众所接受的左右脑主宰特定的能力的分工理论并没有绝对的科学根据。然而，这个理论无疑地提醒了教育学者全脑并用的重要性。

心理教育学家丹尼尔 · 席格（Daniel Siegel）与蒂娜 · 布莱森（Tina Bryson）用心灵层面来为大脑做分析，将大脑的情绪变化分成楼上（upstairs）与楼下（downstairs）。楼上的脑主司理性化的情绪，负责裁决，具同情心、道德正义。楼下的脑则是直观情绪反应的本源，比较冲动，不合逻辑，情绪波动大（见表7-1）。

表 7-1 ◎楼上的脑与楼下的脑

脑的区块	主司的情绪	思考类型
楼上的脑	计划决定 控制情感以及身体的反应 自知自觉 富同理心、道德感	理性思考
楼下的脑	身体基本机能（呼吸、心跳、体能反射） 天生的本能反应（打架、抵抗、退缩） 强烈的情绪反应（愤怒、害怕、爱慕、仇恨）	情绪思考

资料来源：整理自席格与布莱森对楼上的脑与楼下的脑的解释。

一、席格与布莱森的意识轮盘

席格与布莱森主张，如果能把上脑和左脑主司理性逻辑的强项用来缓和下脑与右脑的直观冲动，就可以减少家长与孩子无谓的冲突。他们把这个辅导的方式称为“全脑的孩子”（whole-brain child）。他们鼓励家长在面对孩子情绪不稳、激动沮丧的时候，善用左脑与右脑的特性，提供适当的辅导，为左脑和右脑做一个联结整合。

他们从心理学的角度出发，设计了一个意识轮盘（wheel of awareness）来引导家长与孩子以同理心为出发点，有计划性地对情绪反应做整合，让家长与孩子能在训练自律与自省的能力的过程中体验情绪的波动、磨合、妥协，共同成长。当孩子遇到人际关系的难题或因为行为举止受到指责时，在事件发生的当下，往往会冲动、不受教或反抗。如果能够适时地运用意识轮盘，把楼下的脑（情绪）、楼上的脑（理性）联结起来便可以及时缓冲甚至消弭负面情绪可能带来的冲突。

意识轮盘按照轮辋、轮辐、轮毂所区隔的空间，分别代表着心灵的活动的方向。

意识轮盘把“孩子”置于中心，以顺时针方向把同心圆分割成四个部分来记录、协调、整合孩子的心情。这四个部分是：

（1）情绪（sensations）：关注身体受情绪影响而产生的变化。它是属于感官的活动。

（2）图像（images）：关注记忆里的图像。这些图像往往左右我们对事情的判断能力。

（3）感觉（feelings）：关注清楚地、贴切地表达心里的感觉。

（4）感想（thoughts）：关注自己对事件整体的诠释与看法，属于偏左脑的活动。

透过意识轮盘来引导孩子看见心灵（mindsight），孩子能清楚地知道他自己可以是情绪转换的主宰。他们必须要有所调适以维系心灵核心的和平、冷静、清晰、开放与接受。家长可以在孩子产生负面情绪的时候，从四个部分逐序抽丝剥茧，审慎地看待孩子情绪的变化与需要。此过程强调指引孩子对自己“在当下”的自觉与感知。孩子们和家长必须理解自己的情绪反应一定有它的根源。先从上脑（理性）的角度来关注闹情绪的目的性，接着从这样的经验中学习对情绪反应的包容性。也就是说，由SIFT[②]的“转换”过程，家长与孩子除了可以一起把情绪的变化用“正面”的理性方式去理解之外，在正视“负面”的心境来安抚的过程中，他们也逐渐体认他人与自我需求的界限。

② SIFT是英文的情绪（sensation），图像(image)，感觉（feeling）和感想（thought）的缩写。这个探讨心灵反应的活动过程，已经为许多心理咨询人士采用，借以引导病人或学生正视大脑与情绪反应的关系。

第四节 课堂上的意识轮盘

我认为席格与布莱森的理论可以运用在教学里，原因在于意识轮盘的重要性不仅对他人、自我的心灵活动的感知层面与沟通有所帮助，这个联结大脑与情绪的轮盘，无疑地可以成为辅助老师分析、了解学生可能产生的“情绪暗流”的侦测方式。这在规划课程设计时特别有帮助。老师可以应用这个意识轮盘来预测学生对统整课程活动可能产生的负面心灵活动。

我借用席格与布莱森的理论中意识轮盘着重的“身体与心灵合一”“善用记忆力”“对自我的深度认知”“在交流中共同找寻平衡点”“从冲突中联结”的精神来在课程设计前/后理解学生的心灵活动，力求看见学生的心灵（students’ mindsight）。然后我从学生的角度出发来检视课程设计，重新规划、协调，一起突破教学与学习的瓶颈，改善学生对学习排斥的负面思维，寻找正面思考的解决之道。

我引用席格与布莱森的四个部分的架构来重新设计针对课程规划用的意识轮盘。我把它叫作“课堂上的意识轮盘”（wheel of awareness in the classroom）。这个预测学生对课程的心灵活动的意识轮盘，目的在凸显理解学生与老师在学习过程中相互之间的情绪暗流。

正如图7-2所示，这个意识轮盘有三个同心圆。最中心的圆就是学生。我把这个中心价值定为维系有效率的、长效性的学习。最外圈的同心圆是四个部分（情绪、图像、感觉、感想）。中间的同心圆是位居中心的“学生”与位居外圈的“部分”交流之后，可能产生却不敢明说的“提问”（疑问与问题）。

我把轮盘当作一个时钟，整个轮盘的进行代表的就是这个课程的流程。由顺时针方向开始，涵盖从课堂初始的介绍解说、教学示范、活动作业、评鉴考量。如席格与布莱森的SIFT意识轮盘一样，我把最外面的第一个同心圆划分为四个部分，每一个部分又有三个空格。从顺时针方向分别列置情绪、图像、感觉、感想。虽然我引用了四个部分的名词，但它们在这个实践于课程设计与

图 7-2 ◎课堂上的意识轮盘：
预测学生对课程活动心灵活动的意识轮盘
资料来源：本图根据席格与布莱森（2012）融合上脑、下脑的理论改编为课程规划之用。

教学的意识轮盘里的代表意义并不相同（见表7-2），每个部分各自有它探究的目的。

表 7-2 ◎ 课堂上的意识轮盘：第一个同心圆

第一个同心圆		
部分	心灵活动	探究目的
情绪	学生获知艺术 / 课程活动刹那的反应	接受程度
图像	学生在心理联想的图像（新的、旧的、课堂上的、记忆里的）	经验记忆
感觉	学习过程中产生的心灵感受	抗压调适
感想	活动完成后的感想	自省评估

第一个同心圆和第二个同心圆的界线所代表的是老师指派的“艺术/课程活动”。它是学生在第一个同心圆里对每一个部分记

录的三个心灵活动的反应，与第二个同心圆“提问”的提醒与依据，以便学生进一步记下与艺术/课程活动有关的疑问。

第二个同心圆“提问”，是记述学生针对“艺术/课程活动”，在情绪、图像、感觉、感想各个部分之中在心里所衍生的疑问。随着上课的进程，老师可以透过各个部分的引导，预想学生学习时在各个流程中可能遭遇到的学习羁绊，并提前列举学生针对学习活动而涌现的问题。要注意的是，各个问题的出发点以及探究的目的会随着部分的不同以及课程的进展程度而有所不同（见表 7-3）。当然，我们也必须考虑到：有的时候，我们对心境的描述并不能用问句来表示。因此，这个对心情的描述除了可以用问句的形式具体呈现心中的疑惑之外，也可以是一种对心境的事实陈述，它甚至可以是一个感慨喟叹。

表 7-3 ◎课堂上的意识轮盘：第二个同心圆

第二个同心圆		
部分	**提出联结问题**	**探究目的**
情绪	和反应相关联的问题	排斥退缩的根源
图像	和视觉图像相关联的问题	弥补记忆的盲点
感觉	列出和这些感受相关的问题	学习阻碍的可能
感想	和这些感想相关的问题	改进成长的空间

这个意识轮盘使用的目的，就是针对学生对艺术活动或课程活动的要求可能会有的问题，老师可以有所准备，进而即时弥补或是找寻有效的解决方式来向学生说明。

我们可以说，这个轮盘代表的是一个预防性的策略。因为这些心灵活动的记录，老师们可以预先评估、改善、加强授课的内容。此外，它也是老师对一个课程设计完善度的自我审视评估的办法。

要特别注意的是，这些心灵活动是细密的、可变换的，它们就如潮水一般是流动的。因此，我们不能完全真正地限制某一个心灵活动专属于某个特定的部分。我们必须允许这些“活在当下”的心灵活动可以被转换。它们也可能在另一个部分又重新出现，甚至在定稿的最后刹那被消弭。

课堂上的意识轮盘对课程设计的挑战在于“正视心灵活动的流动性与暂时性的隐性特质”。就某种程度来说，它多少带有“强迫性”的意味。毕竟我们很少有机会来分析我们的思绪，何况是分析学生的学习反应与心灵活动呢？因此，能够在不确定的心思流动中适当、贴切地按照各个部分点出三个最能描述心境的词语，这样的翔实记录过程本身就是一个检视自己的挑战。当然，也是了解自我意识演变的重要步骤。

第五节 课堂上的意识轮盘使用方式

一、课堂上的意识轮盘使用：理解学生在学习时的心灵活动

解释了这么多，怎么用意识轮盘呢？

首先，我想分享职前老师们运用课堂上的意识轮盘的经历。

为了让职前级任老师们感受到学生们面对艺术课程活动可能产生的心情变化，我特别让他们做一个角色扮演的体验来进行统整艺术创作。在这个体验的活动中，我“扮演”指派艺术活动作业的老师。职前级任老师们各自扮演接受艺术活动作业的学生。

除此之外，他们必须扮演“记录者”的角色。我告诉他们，在体验的过程中，我会“中断”他们学习与创作的进度。在这些中断的时刻，他们必须按照课堂上的意识轮盘的各个部分，依序记录他们针对这个活动的要求所产生的心灵反应与相关的疑问。

这个体验分成四个阶段，每一个阶段都包括创意写作部分以及记录意识轮盘的步骤。

第一个阶段体验

体验正式开始之后，我首先介绍这个统整艺术的活动将结集创意写作以及绘本插画。我简单地解释在写作里常用的“设身处地”与“角色扮演”的技法，接着与他们共同讨论如何用“拟人化”的过程来增进创意写作的想象力与创造性，以及了解为何拟人化的手笔更能不着痕迹地描述人性共通点。我举了几个电影里为人熟知的例子：譬如，迪士尼动画里常见的对有生命的动物拟人化（像是《狮子王》（*The Lion King*）里的角色）、将非生物的物体拟人化（像是《美女与野兽》（*Beauty and Beast*）里的茶壶妈妈），甚至是在一般电视情景喜剧里对某个角色隐含的“物化”趋势。这些例子帮助学生了解因为立场的不同、扮演的角色的不同，我们看事情的着眼点、看法、诠释也会不同，我们对它们的观点、评价也随之改变。接着，我告诉他们，今天他们将完成两个挑战：第一是用拟人化的

方法写一个极短篇，这篇故事必须具备剧情开端、转折和结果；第二，他们必须配合故事画一幅插图来点出故事的大纲或是特写。

我事先在一个袋子里装了几个日常用品、小玩具和文具。每个人先随机从袋子里拿出一样物品，然后我告诉他们：他们手中的物品，就是故事里的主角。他们必须由这个物品来联想并创作一个故事。

当我介绍并解释完这个“作业活动”之后，第一个“中断”开始。职前级任老师们必须扮演“记录者”的角色。他们有10分钟的时间各自在他们的意识轮盘的“情绪”部分里，填入他们刚刚听到这个统整艺术的作业活动时，刹那最真实的心灵反应。这些反应可以是一种情绪冲动或反射。我提醒他们，心灵活动是流动性的。为了让他们能够感受心灵变化，我特意让他们各自在白色海报纸上用彩色的便利贴“暂时性”地写下他们对自己心灵活动的反应。他们可以在这一个“中断”体验的过程里随时检视，转换、更新便利贴上的记录，贴切地来追寻他们的心灵活动的轨迹。

接着，他们以“创意写作与绘本插图”这个活动为依据，在第一部分里根据每一个心情反应来提出相关的问题，可以是一句陈述或是感慨喟叹。透过这个把心境文字具体化的转换步骤，他们进一步分析自己为何会接受或是排斥这个作业的心灵活动的原因。

以下是我结集他们在意识轮盘里第一部分关于“情绪”的心灵活动的例子（见表7-4）：

表7-4 ◎学生针对意识轮盘情绪部分的反应

第一部分：情绪	**第一同心圆：心境**	**第二同心圆：提问**
	困惑	我不知道从哪里开始进行这个作业？
	兴奋	什么时候可以开始进行这个活动？
	踌躇	万一抽到复杂、陌生的东西怎么办？
	不安	我会不会把作业搞砸了？
	害怕	万一我画不出来怎么办？

续表

第一部分：情绪	第一同心圆：心境	第二同心圆：提问
	好奇	我可以学到什么？
	压力	时间那么短，怎么可能完成呢？
	怀疑	老师会喜欢我的作品吗？
	无奈	真的吗？不是开玩笑吧？
	决心	我准备好了，我如何把它完成？

第二个阶段体验：

职前级任老师们此时回到“学生”的角色扮演，继续他们的指定作业。

为了让这些对艺术涉猎不多的职前级任老师们减少心里的不安，这时，我举了几个学生在我的艺术教室里完成作业的例子（见图7-3、7-4）。一如这些职前级任老师们一样，这些孩子也得从袋子中拿出一个物品作为他们写作和绘图的创作源头（当然，他们的创作过程并不包括填写记录课程计划的意识轮盘）。

孩子们首先发挥创意写作。我要求他们在小小的段落把故事的纲要或精髓描绘出来，写完之后，再把故事视觉化，将故事的主要内容或精彩部分画出来。图7-3是8岁的艾玛（Emma）的作品，她从袋子里拿到的是一个粉红色的迷你阅读灯。图7-4则是10岁的艾米丽（Emilie）以蓝色的玩具小木屋为主角所做的一连串联想与创作。

图 7-3 ◎艾玛·亦可维奇（Emma Iukovici），二年级，粉红灯与机器猫的爱情故事，彩色铅笔，2014。经过允许刊登

粉红灯与机器猫的爱情故事

从前，有一盏灯。有一天，这盏灯在夜晚出发前往传说中的怪物山丘。这个山丘很远。它到了之后，很惊讶地发现竟然一个怪物都没有。它只看到一只有着钩子手的猫。猫的眼睛发出强烈的红色的光。灯看着猫，觉得那是世界上最可爱的大猫，一点都不像是怪物。灯忍不住地抚摸猫，没想到自己的手不小心碰触到一个按钮，一扇秘密的门突然打开了。在它眼前的竟然是最漂亮的一盏灯。它问猫："嫁给我，好吗？"猫说："好！"

（抽到的物品：迷你阅读灯）

图 7-4 ◎艾米丽（Emilie Cooper），四年级，梦境，水彩，2014。经过允许刊登

梦境

那只大手离我越来越近。很快地，地板崩裂，从地上被拔起来。我和我可爱的蓝色小屋被高举在空中。我从阁楼拿出梯子，急忙向地面上爬。风呼呼地吹。我一直爬，一直爬，总算到达地面。

（抽到的物品：蓝色玩具小木屋）

与职前老师们分享完学生们写的故事以及绘图之后，第二个“中断”开始。职前老师们开始记录意识轮盘里的第二部分：图像。

职前老师们在这个时候针对他们刚刚所看到的例子，重新检视对他们将要着手进行的作业的想法。这些图像是否带给他们一些方向？是否消除一些困惑？是否让他们联想起一些经历过的人或事物？是否有一些新的想法？他们描绘出新的图像，是否有助于勾勒出联想故事的架构？他们也从新旧图像经验中连接图像记忆，然后提出三个问题来弥补记忆的盲点。

同样的，我鼓励他们用便利贴暂时写下与图像所带来的心灵活动相关的想法（见图7-5）。

图 7-5 ◎职前级任老师用便利贴记录心灵活动。照片显示已经进行到第二部分

以下是学生针对意识轮盘的第二部分“图像”所写下的一些心境，以及提出的相关问题和叙述心境的例子（表7-5）：

表 7-5 ◎学生针对意识轮盘图像部分的反应

第二部分：图像	第一同心圆：心境	第二同心圆：提问
	相关	我怎么把这个物件和艺术相结合？
	熟悉	我怎么从自己的经验来联结？
	紧张	我的作品比得上这些孩子的例子吗？
	放心	我似乎有一些方向了。
	预期	我要怎么把物件拟人化？
	比较	和同学的作品相比，我的作品会如何？
	嫉妒	我怎么觉得同学的物品都比较好发挥？
	联结	我要怎么把故事和绘画合理化？
	反映	我如何把自身的经验表现在作品里？
	灵感	我怎么凸显这些印象？

第三个阶段体验：

第二次中断结束之后，职前级任老师们便各自针对他们选到的物品开始进行创意写作以及绘画插图的工作。他们完成写作与插图之后，第三次中断开始。职前级任老师们开始记录意识轮盘里的第三部分：感觉，记载在创作的过程里心中闪过的念头，以提问的方式来叙述当时的心境。学生们这时在意识轮盘的第三部分“感觉”写下他们在创作过程中闪过的心灵活动（表7-6）。

表 7-6 ◎学生针对意识轮盘感觉部分的反应

第三部分：感觉	第一同心圆：心境	第二同心圆：提问
	压力	我还可以写什么？
	紧迫	我可以如期完成这个作业吗？
	反映	我的故事有没有和这个物件有密切的关系？
	自信③	我怎么画得那么丑？
	不安	我会不会成功啊？
	害怕	我的作品可以和我同学的相比吗？
	怀疑	我做得够好吗？
	联结	我要怎么把故事和绘画合理化？
	疲累	我怎么觉得越画越累？
	疑虑	我为什么表达不出我想要的意念？

③ 学生联想的问题其实都与自信有关，它可以是正面的，也可以是负面的，在这里刚好都是负面的情绪。

第四个阶段体验：

接着，全班同学把大家的艺术与写作的创作结集讨论。大家共同分享创作意念、故事写作，为彼此做建设性的批评。以下是学生创作的两个例子（见图7-6、图7-7）。

图 7-6 ◎黛安娜·付提（Diana Fuentes），职前级任老师，彩色铅笔，2014。经过允许刊登

巴黎的市中心有一座巨大的铁塔，它的名字叫“埃菲尔”。巴黎人喜欢叫它“小埃菲尔”。许多人千里迢迢地从世界各地来巴黎欣赏它的美。在看到它的那一刻，人们觉得所有路途的劳累都值得了。但是，埃菲尔并不快乐。它也想像游客一样去瞻仰世界七大名胜，学习并感受新的事物。它渐渐地无法忍受自己待在同一个地方，夜以继日地接受人潮的赞叹。于是，它决定启程去旅行。

有一个晚上，当大家都熟睡时，它偷偷拿出打包好的行李，离家出走。它的第一个目的地是泰姬陵。它迫不及待地挤在游客中感受瞻仰名胜的兴奋与喜悦。正当埃菲尔享受它的新生活的时候，全巴黎的人和世界各地来访的游客却因为小埃菲尔的失踪而伤心不已。报纸上登着“埃菲尔失踪了”的头条新闻。人们问着：“它会在哪里啊？”

埃菲尔在印度的报摊上看到这样的消息，心里很震撼。它为自己的行为造成大家的难过感到伤心，于是它决定缩短行程回巴黎。当它抵达巴黎的那一刻，欢呼声不绝于耳。埃菲尔这时明白了一件事：我不需要环游世界来找寻快乐，看到老老少少因为自己的存在而带来的笑脸就是快乐。

（抽到的物品：巴黎铁塔钥匙圈）

图 7-7 ◎库特尼 · 帕斯特维奇（Courtney Pestovich），职前级任老师，彩色铅笔，2014。经过允许刊登

弗利沙住在机场里。每天她看着飞机一架架地起飞，从她身边呼啸而过，在天空飞翔。弗利沙多想和飞机一样在天空中飞啊！她梦想着飞到世界各地去游览，去做许多没有做过的事，看许多新的事物。她看着天空，梦想着自由与翱翔。

有一天，当弗利沙又看着起飞的飞机发呆的时候，突然刮起一阵大风，把她从地上吹起来。等到她回过神以后，她不可置信地发现自己竟然在天空中翱翔。她快乐地在天空中翻滚、加速。她飞啊飞，一路飞越了许多国度，看到许多美丽的事物。

弗利沙完成了自己的心愿，因为，她愿意追求梦想。

（抽到的物品：地铁地图指南扇子）

分享结束之后，职前级任老师们便着手进行记录身为学习者心灵活动的第四个部分：感想。这个部分的焦点在于回顾整个作业学习的心境，记录的心灵活动与相关的疑问如下表（表7-7）：

表 7-7 ◎学生针对意识轮盘感想部分的反应

第四部分：感想	第一同心圆：心境	第二同心圆：提问
	嫉妒	为什么同学们都做得比我好？
	放松	我总算完成了吗？
	后悔	可不可以重来一次，好让我改进？
	骄傲	我真的做到了！
	惊讶	我怎么做到的？
	满足	可以再做一次吗？
	担心	我会有好成绩吗？
	反省	我要怎么增进我的创造力？
	自信	我的同学觉得我的作品幽默吗？
	未完	可不可以再给我一点时间去完成？

等到他们把整个轮盘贴满便利贴之后，他们得为整个轮盘上的心灵活动的思绪做最后的调整（见图7-8）。定稿之后，他们便两人一组，为各自的轮盘进行讨论和分享，然后以签字笔把便利贴上的字抄写到每个氛围的框框里（见图7-9）。

这个关于记录作业创作过程的课程设计的意识轮盘便完成了。

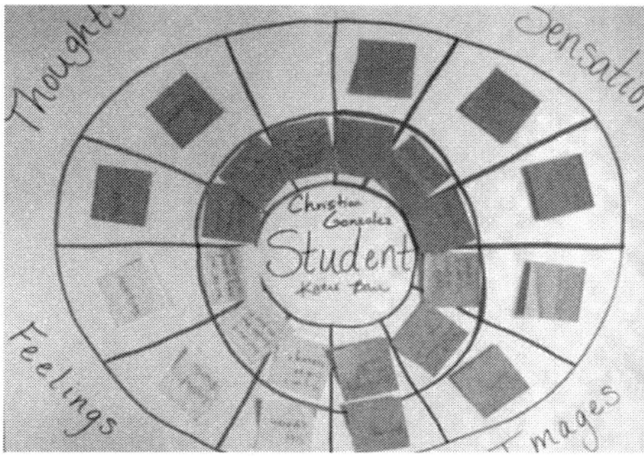

图 7-8 ◎轮盘贴满便利贴以利于更动调整。资料来源：职前级任老师克里斯丁与凯蒂（Christian G. & Katie B.），2014

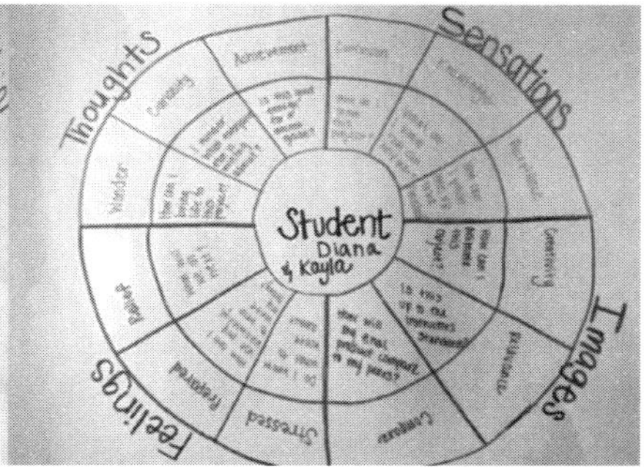

图 7-9 ◎决定便利贴的排序之后，学生用签字笔逐一写在轮盘上。资料来源：职前级任老师黛安娜与凯拉（Diana F. & Kayla），2014

通过这个活动，这些职前级任老师们理解到在实践统整艺术课程的同时，自己的心灵状态是经常改变的。他们很惊讶地表示，即使老师说明清楚，他们在听到作业要求的刹那，还是有满满的紧张与不安，更因为缺乏专业的美术训练，对自己能不能完成作业，除了烦恼以外，还担心同学和老师的批判眼光。因此，大家在第一部分的心灵反应充满疑惑、不安、害怕的情绪，这并不令人意外。在分享时，发现原来很多人也有这种焦虑的事实，则让他们放心不少。

他们也反映，在自己拿到了神秘物品、老师举例之后，本来以为心情会不紧张了，没想到更不安。看到例子的好处是可以知道老师的标准，坏处是这样一来对老师“预设”的期许有了依据，反而给自己增加更多的压力，特别是大家看起来好像都胸有成竹、都知道怎么做的样子；同时不免“嫉妒”有些人拿到“比较好”发挥的物品，整个压力变得很大。而且，总觉得自己得要把寻常的物品拟人化，编一个“有意思”的故事情节才能与同学抗衡。这就是为什么第二部分仍然充斥着不安忧虑的反应。

开始动手做了以后，压力还是存在，基本上是怕自己无法成功地把创意转换成文字与图画。有学生反映，这时候也因为有个清晰的脉络，似乎有些乐在其中的感觉。因为有挑战性，虽然还是有些疑虑、有些不自信，却也觉得如果完成了，自己会觉得很有成就感。学生们十分惊讶地发现，有许多人在第四部分里仍然有担心的反应。但仔细想想，这是可以理解的，因为即使自己辛苦完成了，还是不知道老师会如何打分。

他们也体认到，因为这个意识轮盘，他们可以记录自己的心灵活动，知道在学习的过程里常常是紧张不安、缺乏自信、嫉妒又爱竞争的。这些压力爆表的负面情绪是一直存在的。他们承认自己在遇到瓶颈时，顶多只是鼓起勇气询问和课业活动相关的问题，像是技术问题、厘清内容等；减压的方式顶多也只是向同学抱怨课业的沉重。但是，因为自尊心强、爱面子又怕人笑，通常心里的真正忧虑、无奈、害怕等负面的情绪是难以启齿，无法向老师或同学表达。

在撰写课堂上的意识轮盘的过程中，他们突然明白：孩子们或许也是如此，把不安、恐惧、嫉妒、比较、担忧深藏在心里。他们深深体会到课堂上存在着情绪暗流的事实，也知道这些藏在心里的忧虑就是造成心理压力或是感到疲累的根源。他们自己在这个统整艺术活动里，经历了像是乘坐过山车一样七上八下的心灵活动。设身处地想想，他们明白了为什么学生心理的接受度会影响学习的动力，可以想到学生们在接受、进行、完成老师所分配的作业时，也是每天经历着相同的心灵挣扎。因此，除了致力于强化教学内容以外，老师们得思考如何在课程计划的过程中预想，甚至在教学里提供“内显”情绪出口的机会。

经由这个“角色”互换的练习，职前老师们理解了正视学习情绪的重要性。从记录“艺术课程活动心灵活动的意识轮盘”当中，他们也明白“课堂上的意识轮盘”的目的与功用包括：

（1）意识轮盘反映心灵活动。

（2）意识轮盘可以作为一个学习的动机。

（3）意识轮盘可以帮助我们了解负面的情绪。

（4）意识轮盘可以提点寻找不足的资讯的方向。

（5）意识轮盘可以找到压力的根源。

课堂上的意识轮盘让我们明白，一个设计再怎么完善的课程，纵使以学习者为中心来因材施教，学生学习时的心灵活动的负面情绪往往会造成学习的负担。老师们有必要在授课前思考这些可能会有的情绪暗流，适时提供更多的心灵支持、公开分享或私下辅导，“外显”与“内显”并重的教学，或许才是“以学习者为中心”的最佳目标。

第六节 课堂上的意识轮盘的使用二：课程设计里加入心灵活动的元素

在设计课程的过程中，我们可以应用意识轮盘的概念，加入一个“内显”的元素来“预测”学生面对课程活动时可能会有的心情反应。老师们可以依据这些预测，列出学生可能会有的疑问，然后针对这些预期的反应为教学内容做进一步的调整，而达到融合“外显”教学与“内显”教学的方法。

这一节，我将和大家分享我的职前级任老师在设计完他们的统整艺术课程之后，进一步运用课堂上的意识轮盘来“审视”“预设”学生对将要学习的艺术课程所产生的心灵活动反应，进而“调整”教学内容的例子。

范例：母亲节的统整艺术课程

每年母亲节的时候，老师大多会在课堂里加入和母亲节相关的创作活动，常见的就是制作母亲节卡片。我的职前老师想要设计一个除了制作卡片以外的课程，并且用意识轮盘来检视课程里可能遇到的心灵活动的助力或阻力。

这个课程统整语文、阅读与艺术，诠释母爱，从当代儿童文学阅读中反思自己的亲身经历、访谈家人，或在文学艺术作品里提到“美好”“温暖”的回忆。在理解关于母爱的特质之后制作小卡片，学生们在小卡片上写下感想、短诗或引言。然后学生们用回收的面纸盒来制作回忆盒。

回忆盒的制作要求有三：（1）必须有象征性的设计来联系个人的情感经验；（2）设计必须反映艺术的形式；（3）必须具备收纳的功能。

表7-8是根据母亲节意识轮盘与讨论所做的一览表。它同样也包括课堂讨论之后的调整教学方法。

表 7-8 ◎母亲节意识轮盘与讨论一览表

部分	心灵活动	提问	讨论与调整
第一部分：情绪	太繁重	我到底要做什么呢？	显示学生产生的压力与困惑。
	不清楚	我没有妈妈，该怎么办？	学习主题得考虑到多元族群与学生的自尊。
	目的性	我可以从这个作业得到什么（成绩）？	一般二年级学生会在意自己的表现是否受到老师的肯定。可以告知学生，做作业的态度与完成作业的耐力也是重要的品格训练。
第二部分：图像	相连性	这个范例图像和我有什么关联？	解释图像的意义与艺术家透过艺术技法表达情感的方式，引导孩童用艺术的形式抒发内心的感情。
	关联性	这些图像和我的作业有何关系？	让学生举例，从记忆经验中找寻与亲情相关的例子。解释图像具备故事性的功能。
	应用	我怎么把这些图像用在我的作业里？	鼓励他们口语叙述的能力，用完成句子的方式练习写作能力，然后为回忆盒的装饰构思。
第三部分：感觉	不安	我怎么把它简单化？	明确引导学生实践、规划适合自己的步骤。
	耐力	我做得完吗？	这个年纪的学生很容易“半途而废”，老师要适时鼓励并耐心地激发学生“完成”的意愿。可以预备一些加油奖励品。另外，可以做一个清单，勾选做完的部分，便可以知道还剩多少。
	自信	为什么别人做得比我好？	二年级的学童渐渐会比较自己与他人的表现。对于自信心较弱的孩子，鼓励与指引非常重要，可以对他们做得好的地方加以赞许。
第四部分：感想	获得	我学到了什么知识？	在教学的过程中可以提点学生在此过程中习得的知识。
	精通	我做到应该要完成的了吗？	如果二年级的学生还不太熟悉自我评鉴的方式的话，不妨在课堂上让学生讨论并发表对所做的事、对亲情的定义与感受。可提问并了解学习的流畅度，也可以借机明白学生是否有疑问。
	制式	我学到了新的东西吗？	对于程度较好的学生，有必要鼓励他们更精进地学习，设计一个课外读物清单，给学生一个自动自发学习的机会。

在这个模拟课程计划里，首先，一连串的作业和要求，对二年级的小朋友来说似乎复杂又繁重。果然，职前老师们在设计完成之后，以意识轮盘评估学生可能有的反应时，第一个想到的就是“太繁重”。因此，整个课程必须简化内容、厘清制作的步骤。再者，顾及现代家庭的多元结构，在大家的讨论之下，这个课程也得调整教学的角度，不能全然以赞扬母爱为重点，而是凸显亲情的可贵。这个轮盘也适时点出教育差别化的重要性，对于学习程度不一的学生有适时的调整，以鼓励并刺激学生的学习。

第七节 结论

课程计划的本意在于辅助老师预先针对学习的内容来做有系统的整合与规划。老师们必须思考课程计划的目的何在，为谁而规划。如果少了学生的声音，那么，整个计划即使可以根据老师的意思来达到学习的目的，却失去和学生充分交流的机会。

使用预测学生心灵活动的意识轮盘的目的，就是希望凸显学生在学习时可能遭遇到的情绪与挫折感。这些负面情绪往往会干扰学生的学习与理解能力。如果不适时加以引导或修正，学生很容易畏惧学习，感到迷惘。最后，我想提醒：虽然本章所举例的意识轮盘的心灵活动绝大部分为负面的情绪，但实际上，这个轮盘中绝对也可以记录学生在学习里产生的正面情绪。本章末附件为空白的课堂上的意识轮盘，希望大家多多利用。

问题与讨论

1. 为什么学生的心灵活动在教学上一直被忽略?
2. 在第六章的问题与讨论中,你应用“桥梁型”的统整课程的概念设计了一个“环保回收”的课程。现在,请进一步运用课堂上的意识轮盘(见章末附件)来“预测”学生可能有的心灵活动,并且列出改善的方式。
3. 在设计课程与教学上,除了运用课堂上的意识轮盘之外,我们还可以用什么方式来纳入学生的声音?
4. 你觉得在“以学生为中心”的教学法里,老师应该扮演什么样的角色?
5. “以学生为中心”和“以学习者为中心”的教学方式的不同点是什么?
6. 我们如何促进一个“共同”的学习环境,并且在这个环境里达到教、学平衡?

课堂上的意识轮盘

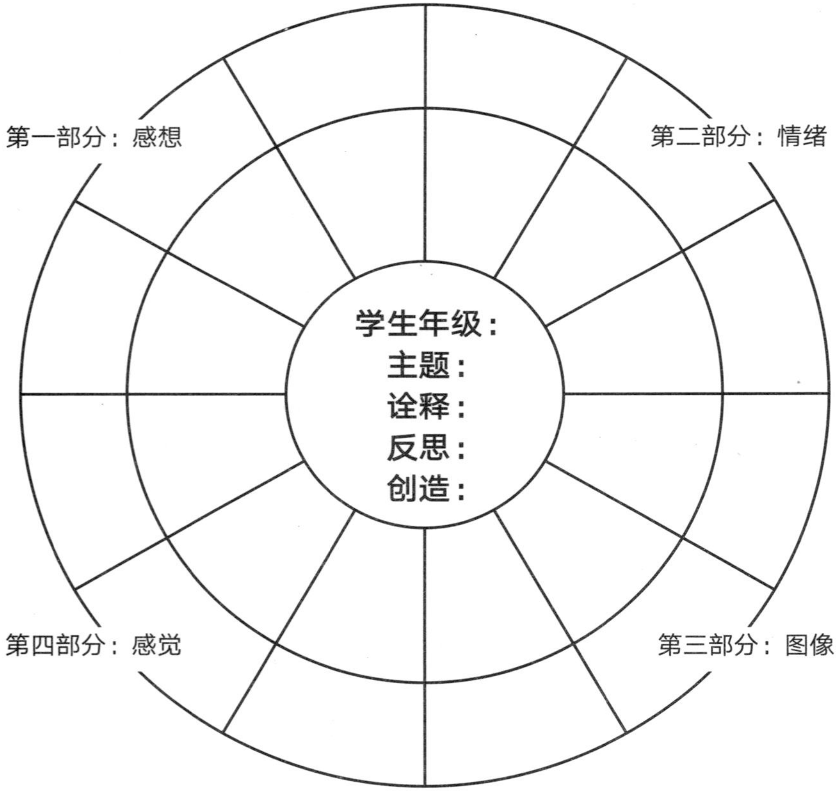

资料来源：课堂上的意识轮盘。根据席格与布莱森“全脑的孩子”（whole brain child）的融合上脑、下脑的理论改编为课程规划之用。

第八章
价值观与课程设计

8

教育本身就是一个“偏好”的集成。
它代表的是一个多数人所认同的“偏好”、对社会价值的投射，
这个“偏好”深深地影响教育课纲与教学核心内容的拟定。

教育本身就是一个“偏好”的集成。它代表的是一个多数人所认同的“偏好”、对社会价值的投射，这个“偏好”深深地影响教育课纲与教学核心内容的拟定。当老师们从广阔的知识领域之中挑选、整合、编列出“什么是重要的”“什么是一般国民基础必备知识”到“我们一定要教的内容”，等等，这一连串的决定都可以说是“价值”的投射。身为教师的我们不能忽视隐藏在教育架构里的价值观，以及它对教学设计的内容、方向与实际执行所产生的影响。

本章要探讨的就是与课程规划、教学有关的价值体系。我把价值观分成两大部分来讨论：第一，“价值观”的定义，即从社会、经济、心理学、教育等方面为价值下定义，解构并建构出课程纲要的价值；第二，个人价值观的架构，讨论教师个人的价值观如何引导、影响课程的方向。

第一节 价值观的定义

一、交换价值与功用价值的区分

价值是群体的体现，即使是个人的好恶，也绝对脱离不了社会环境的影响。对于“价值”的定义和讨论，各个学科领域有不同的论述。以经济学的方式来说，早在18世纪，苏格兰经济学家亚当·斯密(Adam Smith)在《国民财富的性质和原因的研究》(*An Inquiry into the Nature and Causes of the Wealth of Nations*)一书中提到：“价值有两个含义，…… 代表着特定事物的效用；…… 是运用物件所转换的购买力。前者是‘使用价值’，后者是‘交换价值’。”

亚当·斯密接着警告：“许多非常有用的东西，往往一文不值；而许多价值不菲的东西，本身却常常没有多少用途。”他把水和钻石对人类的价值做一个比较：水是延续生命不可或缺的东西，它的功用价值不容置疑；然而，和钻石相比，钻石的交换价值却远远凌驾于水之上。

接着他提出了几个问题：

(1)我们如何衡量交换价值？这个价值的存在是否要考虑物品实际的价值？

(2)物品真正价值形成的各个成分是什么？

(3)在什么情况下可以提升或降低物品的部分价值？什么原因会影响它的市场价值？这和物品本身的价值有何关联？

你或许会问：亚当·斯密的价值经济论和教育有什么关联？

我们先套用亚当·斯密的比喻来重新定义教育的价值。教育的价值在某些程度就和水一样，我们知道它的重要，然而它的“功用价值”和它的“交换价值”并没有一定的规则。基本上，我们相信教育的功用价值，比如造就人才、增加知识、对社会有贡献等。我们也明白教育可以或可能带来的交换价值，例如稳定的工作收入、高品质的物质与精神生活、崇高的社会地位等。

这些交换价值就是建立在“知识即是财富”“知识就是力量”的信念上。而且，不可否认的是，这些交换价值是一个被“大众”或“社会”所认同的价值之缩影。

既然教育的价值观包括交换价值，我进一步把教育的价值套用在亚当·斯密所提出的问题中来思考：

1. 我们如何衡量教育的价值？
这个价值的存在是否要考虑实际授课的内容？

教育的价值往往是正面的、被认可的价值。然而，这个价值的成立必须仰赖实际授课的内容。毕竟，实际授课的内容深刻影响着我们如何评估教育赋予的交换价值。譬如说，“语言能力”与“工作机会”这两者的关系维系于大众对教育可能带来的预设价值。讲白了，就是大众认为“提高语言能力=增加工作机会”。类似这样的想法，就是对教育的投资与报酬的观点。

我们衡量教育价值其实是以个人、家庭、社会、国家整体对教育本身所隐含的交换价值，或是它所带来的附加价值为衡量基准。

举例来说，现在的英语学习自小学开始，老师从启蒙的听、说、读、写，到口语沟通会话，来达到英语教学大纲中的目标。教学目标所预设的交换价值就是从小学习英语凸显了英语能力为“21 世纪世界公民的必要素质”来“提高国际的竞争力”，也就是“英语能力=竞争力”。

2. 教育的价值形成的各个成分是什么？

影响教育价值形成的原因有很多，它包括学生、家长、教师在社会环境、世界风潮下对教育本身的意义与内容的界定。考虑到个人对价值的体认以及不同的观点，课纲会进一步列出“核心素养”，以彰显课纲将会带来的附加价值与交换价值的期许。这些核心素养左右了教学的内容和授课方向。

比如中国台湾地区的十二年教育草纲以“1-3-9”的架构组织来规划教育的蓝图。这个蓝图以培养“终身学习者”为教育最高目标，把“自主行动”“沟通互动”“社会参与”三个方面视为主要的核心素养。之后，每个方面再细分架构成为九大学习项目：

“自主行动”：（1）身心素质与自我精进；（2）系统思考与解决

问题；（3）规划执行与创新应变。

“沟通互动”：（1）符号运用与沟通表达；（2）科技信息与媒体素养；（3）艺术涵养与美感素养。

“社会参与”：（1）道德实践与公民意识；（2）人际关系与团队合作；（3）多元文化与国际理解（见图8-1）。

其中，艺术涵养与美感素养被视为达到“沟通互动”的项目之一。为了推广新的艺术教育纲领，台湾教育单位自2013年9月1日开始进行一系列的“整合型视觉形式美感教育实验计划”，教学的对象涵盖小学、中学、高中，强调“美感素养是文明国家国民的基本素养之一；美感素养是国家的竞争力，是创造力的泉源；美感素养是精神生活的指标，是艺术与品味生活的基础”。这些理念所代表的正是教育界以及艺术专业领域的专家学者所认为的艺术应该具备的“交换价值”。要达到这个交换价值，“成为美的鉴赏家”便是“核心素养”的焦点，而追求“专业水平的培育”“艺术以美的呈现”等，这些教学目标的成立就是对这个交换价值的直接反映。

图 8-1 ◎中国台湾地区的十二年教育草纲预设的核心素养

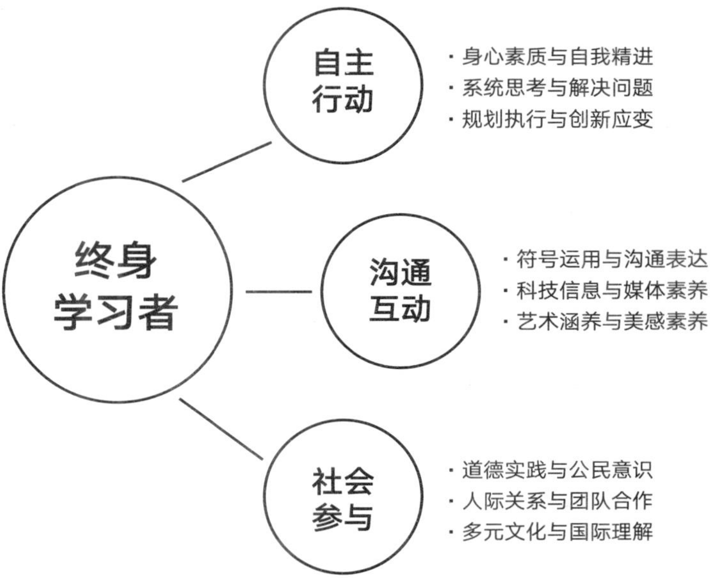

3. 在什么情况下可以提升或降低实际授课的内容的部分价值？什么原因会影响它的整体价值？这和授课内容本身的价值有何关联？

提升授课的内容，一直以来就是教育单位所致力之处。一旦明白指出学习领域的“核心素养”，便可以进一步规划培养这些“核心素养”的阶段性目标。

拟定阶段性目标可以厘清并产生分段能力指标，分段能力指标的产生具有制衡并引导授课内容的目的。因此，授课内容本身的价值是由反映社会既定的价值（或预期期许的价值）而订立的学习指标来决定。

分段能力可以是社会大众对教育价值的具体实践的投射。由此可知，从经济学的角度来看教育的价值，我们可以发现授课的内容代表价值的投射，它的效应超出表象的实质意义。教育的目的、教育指标的产生、教学的执行、学习评鉴的设置等，就代表了一个社会的价值。

二、价值具备开放性的潜力

价值的形成与满足我们的需求息息相关。我们所熟知的马斯洛（Abraham Maslow）需求层次理论 (hierarchy of needs)，清楚点出了我们的需求有精益求精的趋势。他的需求层次从满足生理的匮乏、自我期许的成长，到超越物质的渴求，进阶性地涵盖身体与心理的需求层面：生理（physiological）、安全（safety）、社交（接受、爱与被爱）（belongingness & love）、自信与自尊（esteem）、自我实践（self-actualization）以及自我超越（self-transcendence）。其中，价值观不断地检视与改进成为推动与维系自我实践与自我超越需求的动机。

我们接着从行为发展的角度来诠释“价值”。心理学家克莱尔·格瑞福（Clare Graves）从马斯洛的需求层次理论进一步解析，当人类遇到困难时，我们所做的决定往往是外在环境与个人大脑内部运作交流之后的结果。他认为人类的认知行为是“心理-生理-社会”合一的综合体。比如，我们可以把“做决定”当作一个简单的个人行为。然而，这个行为的自由度取决并受控于机构管理者的理念、态度和期许。格瑞福接着发展螺旋动力学（spiral dynamic）的理论，希望以系统性、次序性的方式来探讨我们对生活的需求以及价值体系的形成。格瑞福把人类价值需求归类为八个阶段：生存（survival sense）、精神 (kin spirits)、权势 (power gods)、真理 (truth force)、求精(strive drive)、人本(human bond)、社群(flex flow)、全人(global view)。每一个需求具有它隐含的价值。这些价值建立在对心理和生理需求的满足程度上。因为对生活力求完美，我们的价值要求也相对提高。毋庸置疑的是，我们对生活价值的要求与对生活舒适度的要求是成正比的关系。

根据格瑞福的螺旋动力价值论点，丹 · 贝克（Den Beck）又把格瑞福的理论进一步用颜色标示每一个价值阶段，从下到上，从最基本的需求到高等的需求做个区分（见表8-1）。

表 8-1 ◎克莱尔·格瑞福的螺旋动力八大阶段价值一览表

螺旋阶段	颜色	价值	特质
第一阶	米色	生存	满足基本生理需求
第二阶	紫色	精神	亲属关系、寻求安全保障
第三阶	红色	权势	权力控制欲、支配指使他人
第四阶	蓝色	真理	自我、讲求秩序、是非分明
第五阶	橘色	求精	竞争评比、追求物质成功
第六阶	绿色	人本	多元、和谐平等、互助合作
第七阶	黄色	社群	生态系统、互动融合
第八阶	蓝绿色	全人	全球宏观、生命共同体

从丹 · 贝克的生活价值图（图8-2）来看这八个阶段性需求，从基本的生存到心灵提升的价值观所显示的生活价值为：这是一

个从对基本生存的简单需求（衣、食、住、行）到精神的渴望（感情）、权力欲（控制）、成功（精益求精）等全然以自我需求为出发点的价值体系。然后，从个人（我）延伸到群体（他），渐渐强调社群和谐、整体利益以及全人化、全球化的宏观视野。

图 8.2 ◎生活价值。根据克莱尔·格瑞福的动力螺旋价值与丹·贝克的价值颜色标识法制图而成

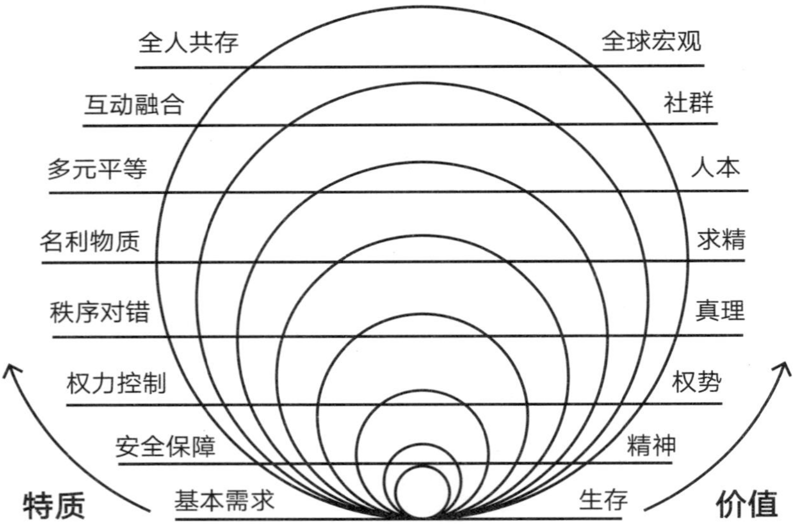

事实上，我们做的任何“决定”都被我们所处的社会、文化、政策环境所左右，而所谓的“价值”便是与这些社会、文化、政策环境交流、妥协之后的产物。再者，因为环境不断改变，我们的需求也不断改变。为了满足我们的需求，我们寻求新的价值建构系统。然而在价值系统更新的过程中，我们并不会全然摒弃旧的系统，而是在旧的系统中注入新的架构，期许新旧系统整合归结出对当下最有帮助的价值体系。

重点是，每一个阶段所形成的价值系统都是“暂时的”，是对“当下”需求所投射的整合。每一个晋升的阶段如螺旋一样进阶发展，代表着人类对所处的环境所体认出的反思、觉醒与期许。由这个观点来诠释，对于所有为适应生存而建构的价值体系（无论是针对个人、组织，还是整体社会），而满足我们生活需求而订立的规则、教育制度、法规或伦理道德规范，等等，价值体系除了具

有阶段性、暂时性之外，它们也具备因应时代的包容性与复杂性。

价值观也具备普遍性的特质。在研究价值的普遍性时，谢洛姆·施瓦茨（Shalom H. Schwartz）指出，我们常常把价值解释为对我们重要的东西。他举出十种基本人生价值：（1）自主(self-direction)；（2）刺激(stimulation)；（3）享乐(hedonism)；（4）成就(achievement)；（5）权力(power)；（6）安全(security)；（7）规范(conformity)；（8）传统(tradition)；（9）仁义(benevolence)；（10）大爱(universalism)。每种人生价值有它各自独特的意义。

十种基本人生价值与它们各自的代表意义如（表8-2）所示：

表 8-2 ◎谢洛姆·施瓦茨的十种人生基本价值

基本价值	基本内容
自主	独立的思想、行动；可以有选择性、创造、探索
刺激	兴奋、新奇、具有挑战性的生活
享乐	快乐和满足感
成就	个人能力达到社会标准中所认定的成功
权力	具有社会声望和地位；控制或支配人与资源的权力
安全	追求个人与他人、社会的和谐稳定关系
规范	克制任何可能扰乱或损害他人、社会期望的行为
传统	尊重、承认、接受传统文化或宗教习俗的思想
仁义	维护和加强与个人频繁接触的人的福利
大爱	理解、欣赏、宽容、保护人类与自然的福利

这十种基本的人生价值观彼此影响、抗衡，甚至有时会互相冲突、妥协。此外，这个一体化的结构里具有两组正面交锋的维度：

（1）自我提升（self-enhancement）与自我超越(self-transcendence)相抗衡；

（2）变革(openness to change)与保守(conservation)相抵触（见表8-3）。

表 8-3 ◎谢洛姆·施瓦茨的人生价值里相交锋的两个维度

维度	人生价值（一）	人生价值（二）
维度一	自我提升	自我超越
特性	追求自我利益的权力、强调个人成就的价值观	关心他人福祉的大爱大我的仁义价值观
维度二	变革	保守
特性	个人主义的价值观、追求自我和刺激的享乐主义	自我约束的价值观维系整体安全和传统

谢洛姆 · 施瓦茨与他的研究团队在67个国家做了调查，针对这些价值做进一步解析。他们特别提醒，一种特定的价值对某个人来说可能是非常重要的，但对其他人却没那么重要。加上个人动机、喜好、背景、文化的不同，个人价值观的变动性也相对提高。因此，价值体系内的两组维度抗衡的情形也会更加明显。

他的团队接着综合对全球问卷调查的结果，把价值观用全球文化图表（inglehart–welzel cultural map）来表示世界上的跨文化差异。图中显示文化差异的价值可以分成两组相互对峙的价值体系：（1）传统世俗价值观（traditional values）与理性价值观(secular-rational values)；（2）生存价值观（survival values）与自我表达价值观（self-expression values）[①]。

根据研究的世界价值问卷（world value survey，简称WVS）数据来分析，他们发现目前世界跨文化的价值差异有了明显的改变：从传统的价值观念（重视家庭、宗教、亲子关系、尊重权威、排他性）逐渐偏向理性的价值观念（包容性、平等、对争议性大的社会议题的接受度）；从生存价值（重视经济、人身安全、中心主义）转为以自我表达为主的价值观 (世界大同观、族群和谐、信任宽容)。

由这些不同领域的学者针对价值体系的研究来看，我们可以明确知道价值体系本身并不固定，它具有开放性、变革性的潜力。因此，我们绝对无法完全预知、寻求符合人类需求的终极理想的生活模式。

① 世界价值研究组织协会以研究世界价值体系为主。请参见http://www.worldvaluessurvey.org/wvs.jsp.

第二节 教育的价值观

教育课纲直接落实在课程的安排与各个学科的课时分配上。事实上，课程节数的安排也隐约表示着一个国家或地区所追求的教育价值。举例来说，中国台湾地区十二年课纲草案当中英语课程的安排，从小学三、四年级为一周一节，五、六年级改为一周两节，到初中（七、八、九年级）时又加了一节，成为一周三节。从节数的分配比重来说，这个随着年龄增加的学习节数，或许代表着一个国家或地区的教育重视英文教育的决心。它包含的意义可能有：（1）英文的重要性凌驾于其他的外国语之上；（2）英语为沟通与增进国际观的渠道；（3）提升英语能力有助于提升个人水准与经贸的竞争力。

值得一提的是，在这个课纲节数的规划里，艺术课程的安排包括视觉艺术、表演艺术以及音乐课程，是从小学三年级到高中三年级每周安排3个小时的艺术课程。虽然它不一定表示三个艺术领域平均分配节数(一个艺术领域有一节课的授课时间)，然而，它明白地表示教育单位“坚持”公立学校学生一律有接受“艺术教育”的权利。这在智能教育挂帅的现实教育现场中，强调艺术熏陶仍维持一定的节数，是难能可贵的现象。它肯定了“艺术教育”带来的价值包括：（1）艺术素养是必备的能力；（2）艺术健全心智均衡发展；（3）尊重艺术专业。

而美国对艺术教育的投资非常有限，并没有明白制定各科应有的节数，由各个学区根据需要自由安排。因此，当学校经费缺乏时，艺术领域的课程往往面临被删减的命运。我住在华盛顿州，临近的学区早已删除小学的艺术课程。部分幸运的学区，从小学一到五年级有艺术课程，但在初中与高中，艺术课程一律是选修课程。也就是说，大多数的美国学生接触艺术的机会在完全空白到五年之间摆荡。很明显的是，美国教育并不重视艺术的教育价值。

因此，老师们在设计统整艺术课程之前必须先弄清自己对统整艺术的核心价值的立场为何，才能有效帮助学生全面均衡地综合学习。

价值观的概念也可以说明培训课程的结构。美国佛罗里达州

立大学杰夫 · 布伦姆斯（Jeff Broome）博士针对混龄教学[②]的科任老师（艺术、音乐、体育、戏剧、舞蹈、乐团教练）在职进修的需要进行研究。根据布伦姆斯博士的问卷调查，至少有来自42个州、共1021位科任老师教授混龄课程（也就是说，至少有1021个学校进行混龄教学）。虽然老师们呼吁教育单位提供“混龄教学”的进修课程来改变他们非教育主流的边缘地位，然而因为混龄、混科，在职进修的课程事实上无法讨好所有学员，所以出席率每况愈下。他在研究中发现，即使这些老师面对类似的阻碍，他们各自对在职课程应该具备的项目抱持不同的看法与价值观。譬如，艺术、戏剧、舞蹈的科任老师偏好主题教学的议题，体育老师以及乐团教练则注重与课堂管理以及整合团队的议题。厘清类似这样的价值，可以协助相关单位规划完善教师学程。

② 混龄课室的教学对象不以传统的年龄来分学习的年级，有时是因空间与资源不足的考量而设立，但大部分是以相当的心智发展为依据。

第三节 老师的价值观

课纲里所投射的社会价值代表一个国家对公民教育的期许。老师们如果能明白课纲里所隐含的议题与价值体系，以及它可能带来的盲点，才能保障学习内容符合课纲的要求。授课老师们的角色在整个价值体系里十分重要，主要是因为老师必须在众多纲领之间挑选、设计、教学、评鉴他们所相信并愿意推广的“价值”。他们是主观的决定者，把课纲里所要表达的抽象意念转换成实质的教学。

然而，教师个人的价值观如何引导并影响课程的方向？他们的价值观如何影响学生找寻个人价值观的架构？

老师对教育的价值观的确会影响他教学的动机，而且，这个价值观会直接反映在授课内容上，并成为学习评量成效的标准，被用来审视并确保符合这个价值观的教学。举例来说，如果一个老师重视以记忆力为主的学习，那么，他自然而然地会以学生运用记忆力为依据来教学、出考题、评估学生的学习。如果老师相信建构、启发的教学，那么，老师也会提供含有自主学习的元素，像是观察、收集、整合资源，来作为打分的标准。

老师的喜好确实影响着教学的走向与品质。

法国巴黎索邦大学伯纳德·达雷斯（Bernard Darras）教授以世界价值问卷 (WVS) 和谢洛姆·施瓦茨的人生追求的十大价值两套理论来探讨他自己对美术作品选择、评断之价值观的定位。他认为虽然价值体系是与他人共享的，但艺术教学者必须正视自己的价值观、明白自己的好恶，以更客观的角度来教学。他也发现个人对艺术的价值观受到迈向全球化为趋势的现代社会的影响而改变，诚如谢洛姆·施瓦茨的世界价值问卷一样，是从传统保守的自我本位主义渐渐趋向于变革的理性思维。我们所关心的议题，像是艺术在文化里的地位、传统和创新之间的关系、美术技法和创造力的角色、理论和实践、科技媒体技术，等等，都随着时代改变而影响着我们对价值的定位与想法。

这个多变性的价值观在统整艺术教育上更是明显，主要是老师们对统整教育之中艺术的定位、各个学科自己的定位、艺术与其他学科之间的关系、学科与学科之间的融合度，还有老师自己对统整教育存在价值的观点不一。这个价值的差异性都会影响他们日后运用艺术统整教学的方向、教学内容和态度。

第四节 价值观的统整课程

厘清价值体系可以辅助课程计划的方向与执行，而价值本身就是一个值得引导学生理解的议题。教师在美国低年级的生活教育中就以基本需求为主题，带领孩子分辨需要与欲望的差别，其中通常以统整社会、经济及数学为主，引导学生思考物质需求与生活价值观建立的关系。虽然相关的书籍很少，还好有许多教育网站的内容相当发人深省，值得老师在设计课程时运用。譬如，美国公共电视儿童网站有个宣导游戏网站叫作“我为钱狂”（Mad Money[③]），引导孩子在追求物质欲望之前先养成储蓄的习惯。在游戏中，每七天有15美元的零用钱。孩子先选择想要购买的“终极购买”目标（比如高级运动鞋、游戏机、电影、音乐会入场券），他也会面对一些生活必要的花费，甚至是必要的社交性花费（譬如购买表弟的生日礼物）。游戏挑战孩子可不可以在30天内存够钱达到愿望。

③ 参见http://pbskids.org/itsmy life/games/mad_money_flash.html

对中学学生介绍职业规划与金钱运用的价值观的建立更是重要。大部分的美国中学生会找兼职打工，这是传统美国家庭教育孩子独立的方式。然而，在同学与媒体的影响之下，他们往往在追求物质中而迷失，对金钱概念不清。教授“需要”与“欲望”“生活基本花费”“预算”“收支平衡”等概念，都是在中学教育里训练孩子树立正确的价值观，为步入社会做准备。

针对这个议题，在统整数学、经济与社会学的教学课程规划培训时，我和我的学生们体验了“438美元过一周的线上游戏挑战”[④]。从这个游戏里，我们讨论到基本工资、生活条件、生活品质、人生价值等议题，我们也讨论美国畸形发展的房市以及对社会阶级的冲击。我们一致认为，无条件地发放零用钱给孩子反而会助长不劳而获的迷思。除此之外，职业规划与选择、善用金钱的议题应该提早让孩子体验，助他们养成对人生负责的积极态度。

④ 参见http://www.marketplace.org/topics/wealth-poverty/could-you-live-438-week。

以下是以桥梁型统整课程架构规划来教授金钱观念价值的课程的例子（表8-4）：

表 8-4 ◎我为钱狂（Mad Money）

课程元素	主要内容
桥梁型统整三步骤	诠释：什么是生存的基本需求？从衣、食、住、行四大项目列举需求项目。什么是欲望？从衣、食、住、行四大项目列举欲望项目。 反思：基本需求以及欲望两者之间的差异。金钱运用的选择。平衡追求物质享受的欲望。 创造：（1）作文：体验“我为钱狂”的游戏感想；（2）欲望图腾。
先前知识	钱币换算、加法、减法。
新的知识	数学：预算、预估、百分比、长条图、圆饼图。 社会： 交换价值、欲望、基本需求、生活品质。 写作：记录、叙述、举例说明的文体。 美术：拼贴（整合与构图）、图腾（历史源流与意义）、立体造型。
活动与作业	1. 社会：按照衣、食、住、行分类，利用过期杂志里找出呼应生存的基本需求、欲望。 2. 数学：预算的概念。百分比的算法：10%、20%、30%、50%、80%。用信封规划理财的方式。运用 1000 元玩具钞票，把预算的各个类型按照百分比视觉化。 3. 介绍并解释“我为钱狂”线上游戏。 4. 写作：学生记录“我为钱狂”游戏过程，详述金钱运用的选择。 5. 制作“欲望图腾”来反省并批判人类过于追求物质生活以及丧失生活价值的畸形现象。
材料	社会：运用图案丰富的生活杂志制作基本需求的简报。介绍“我为钱狂”的游戏并解释追求物质生活的现实面。 数学：准备与衣、食、住、行相关的图片并且标明价钱做预算练习。每人有 1000 元玩具钞票、一组信封；以常用百分比做零用钱预算安排，并以常用数据图表制作简报介绍；使用尺、圆规、量角器。 写作：写作本、字典、重要名词。 美术：图腾意象的范例。厚纸板，基本立体造型（椎体、圆柱体、立方体）、剪刀、美工刀、胶带、白胶、画笔、颜料。
自我学习评量	是否理解基本需求与欲望之间的差别？ 是否明白预算的概念？是否明白百分比的算法？ 是否突出了记录文体的重点？是否运用了技法？ 图腾是否凸显批判欲望的意象？

第五节 结论

在面对跨科统整教育时，老师对艺术教学的价值与定义也会影响融合的密合度与相关性。价值体系其实左右教育的脉搏。可惜，身为教师的我们常常执着于“教学进度”与“学习成效”而不去细想课纲、教科书、教学理论代表的“价值”。能够洞悉价值体系的意义的话，不仅能够帮助教学者深刻理解“为何而教”，更能够明确地引领未来。

问题与讨论

1. 请提出你对“价值体系”的看法。你觉得它对教育有何意义?
2. 请针对“艺术教学的价值”来回答以下问题:
   (1) 艺术和其他学科一样重要(是 / 否)。
   (2)各个学科可以通过艺术做整合(是 / 否)。
   (3)统整学科需要以艺术为中心(是 / 否)。
   (4) 艺术的知识需要经过指导而获得(是 / 否)。
   (5) 艺术对学生的学习与能力养成很重要(是 / 否)。
   (6) 艺术是必备的知识(是 / 否)。
   请说明你选择的原因。
3. 根据你对艺术教学价值的理解，你会用什么方式来统整艺术教学?
4. 请应用“桥梁型”的统整课程的概念设计一个适合八年级学生的“金钱价值”课程。
5. 教育的预设价值以及交换价值是什么? 我们如何从课程中凸显并落实这些价值?

第九章

课纲与价值体系

9

在选择学习指标和分段能力纲领的时候，
教师必须体认出学习指标所代表的意义和投射的
社会价值和期许，才能真正落实纲领的用意。

国家储备未来人才的方向与教育政策，可以从教育课纲的架构与内容中一窥端倪。教育课纲不断地更新，以配合时代的需求。本章延续第八章对价值体系的讨论，首先以美国新的艺术课纲与中国台湾即将上路的十二年艺术课纲为例，从价值观的角度切入探讨课纲的意义。课纲是架构教育体系的主要支柱，课纲的拟定除了反映教育的方向之外，也隐含社会默认的价值。然而，课纲建立之后，老师们如何理解并且有效应用？因此，本章第二部分，我将分享我在2012—2014年间进行的一项观察研究，探讨美国华盛顿州富城市①（City of Richland）的一群艺术教师如何突破课纲实践的缺失，从国家拟定的课纲中分析、整合，运用活力指标的理念来找出最适合当地学生深入学习的方法。我将以富城市艺术老师落实经验当中遇到的瓶颈为鉴，为中国台湾以及大陆目前进行的课改提供建议。

① 美国华盛顿州富城市（City of Richland），中文也翻译成里奇兰市。

第一节 教育指标里的价值体系

在第三章里，我提到教学目标、教学内容、学习经验和分段能力纲领的关系为制衡的关系（见图3-1）。教学目标、教学内容、学习经验三者形成一个整体，它们是审核学习纲领的准则，两相制衡的目的在于达到教学指标与学习成效的平衡。教学纲领与分段能力指标本身就是一种检查的工具。它们把各学科按照各年级应该具备的知识与技巧公开列出来，让授课老师心里有一把尺，可以根据纲领的提点来准备授课内容。反之，教学目标、教学内容、学习经验代表教育现场的实际情况，从第一手的经验与学习成效反映教育学习过程的现况，老师将其频繁地和学习纲领相互对照，能在对照的过程中明白纲领的实用性和适用性。如果对纲领的期望值过高，那么整体的分段能力表现自然低落。但这个制衡关系并不是谁赢谁输的比赛，它主要在凸显教学目标、教学内容、学习经验、分段能力纲领，自成一个体系中不断相互影响的特质。纲领与评量学习的指针就是社会价值的缩影，也是我们对整体公民智能技艺培训的期望值。我们对教育的期许，也同样带有进阶性演化、变异更迭、暂时性的色彩。

那么，什么是公民必备的知识？怎么样才能达到个人的极限？如何打造德智兼备、世界宏观的全人教育，提升整个国家社会的品质，进而引领世界？

这些问题都是每个国家领导人以及教育界专家所企望达到的目标。毕竟，谁不希望国家未来的主人翁具备竞争性与国际观呢？

因此我们不能忽略，每一个指标的拟定，背后都以一个期望为目标。教育以追求个人的知识获取为基本点，慢慢地扩张到对生命共同体的体认。这个价值体系会随着社会步伐的变迁和生活诉求而有所改变。价值观一改，教育指标也会受到影响。个人、社会、世界价值体系和教育指针就像螺旋一样不停旋转、互动、不断地建立一个最能够代表当下的体系。

一、教育指标是整体的期望值

教育指标的拟定无疑是大众的期望值，但是这个期望值的诞生，仅依赖于社会大众信任的少数专家学者。这些被赋予重责大任的专家学者，把认为对公民最重要的能力养成转化为学习指标的过程，本来就是一种主观性的筛选。它是结集这些专家的价值观，以“为学习者的未来着想”为核心勾勒出对未来社会的蓝图。但我们更必须提醒自己，这种“少数代表多数”“为了你好”的思维，往往因为主观环境、政治立场、意识形态、人为因素而左右教育纲领的方向，它的内容多少也会有些偏颇。因此，这个规划未来世界的蓝图、社会价值体系的过程不见得客观，专家们之间的共识也因为彼此学历背景不同而争议不断。

二、课程架构与价值的形成

每一个课纲的形成都代表着一个被承认的价值体系。莫里兹·强森二世（Mauritz Johnson Jr.）明确地列出教育的三大目标，分别为知识、技术（过程、技巧、能力）和价值（影响）（见图9-1）。其中，价值又分成为两部分，一者是规范，代表社会上和喜好有关的信念与操守；一者为偏好，代表着个性上的倾向（包括态度、兴趣、赞赏、厌恶）。

图 9-1 ◎莫里兹·强森二世（Mauritz Johnson Jr.）教育的三大目标，根据莫里兹·强森二世教育理论制作

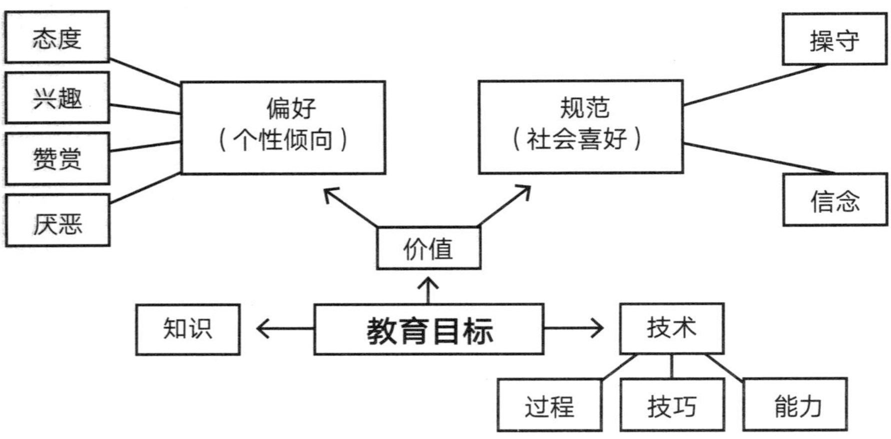

他提出的课程架构与价值的形成如下：

（1）课程计划具备结构性：它代表预期的学习成果。除了知识、技术、价值以外，智能的发展、心理层面、身体层面也必须达到均衡。

（2）选择性是制定课程内容的一个重要方面：制定课程内容是取材于既有的、已经存在的学科文化和非学科文化。“可以教的知识”代表“这些知识可以通过学习来获取”；然而，这两者的关系并非绝对。

（3）训练和教育有所区别：训练时会针对一个预期的情况来决定并选择授课的内容，它有清楚的目的性与特定的内容。教育则是广泛地引领学习者为预知和不可知的情况做准备，其内容不局限于要掌握某一种技术或某一门学科知识。

（4）结构是课程计划的重要特征：课程计划有分级、分层、分类的次序性。在一个单元里，老师自然而然会有先教什么、再教什么的考虑。教学的顺序经常会跨越年龄、年级的限制。

（5）课程评估本身隐含验证教学内容的选择和课程结构的效果：我们可以根据教学经验来评估我们在教学过程中的选择是否正确，检讨、协商、判断教学是不是有疏失。

（6）课程标准是对教学做评价，是对教学的有效审核：课程标准是评断“实际学习结果”和“预期教学结果”对比之后是否相符的方针。当两者无法达到平衡时，老师们必须从实证的经验中取长补短来改进。

由此可知，课程计划是否成功的要素，取决于是否达到“平衡”的状态。我认为这个平衡状态有两个方面。首先，是知识和技术的平衡，它必须兼顾理论与实用。光是传授而没有提供应用的学习机会，长久下来，孩子们的学习自然产生盲点。其次，是偏好和规范的平衡，也就是在教师设计课程内容的自由度（偏好）与教育纲领的契合度（规范）之间找出对学生学习有益的平衡点。教学者若不能认清教育纲领所投射的价值，或是课程设计架构里的价值失之偏颇或不及，都无法有效地引导学生学习、传达知识。

第二节 教育指标实践的盲点与困境

面对多元变化的学习环境，老师们每天都面临着许多挑战，尤其是如何提供高质量的教学内容来储备21世纪的人才。为了确保教学的内容，教育相关单位积极希望老师们的教学最好能符合课纲的要求。当然，我们相信老师们都能在教学设计里反映出学生的学习能力、潜力，并且紧密地与地方政府教育单位拟定的教学指标吻合。但同时我们也不禁担心，这样的预设可能不切实际、天真而有风险。关于老师对指标与实践的密合程度有下列的怀疑：

（1）如果教学须吻合所有课纲的设定，那么老师如何确保维持深度教学的品质？

（2）在老师主导决定课程内容的前提之下，教学者如何保证所教授的内容是必需的，也被其他教授同一个课程的老师们所认可？

（3）就算真的在教学内容里涵盖所有的既定课纲，老师们又如何做到以学习者为中心、以因材施教的原则来减少教学成效的差异？

（4）如何缩短并且控制“班级与班级之间”“学校与学校之间”“学区与学区之间”的学习落差的情形？

这些疑惑其实凸显了在教育现场普遍存在的情形。的确，课纲是一个认可的规范，但是要达到课纲里所有的要求，实际上是有点强人所难，甚至是痴人说梦。

以美国为例，在开放教学、因材施教的前提下，现行美国老师根据教育局所拟定的各级分段能力指标自行设计教学方案。虽然老师们可以主导教学，但教学内容若要涵盖所有学习领域与基本能力，便只能蜻蜓点水，无法做到深度学习。原因在于时间限制，加上每个老师对教学重点、课纲、能力指标的诠释与定义有所不同。因此，即使有课纲的存在，教育界仍然明显存在教学内容不一致的情形，导致各级衔接能力的差异性，学生学习成效参差不齐。随着学生学习兴趣减低、表现不佳，种种负面的情况接踵而至，老师们逐渐降低对学生的学习期望（见图 9-2）。因为课纲的实践无法落实，反而成为教学的负担与压力。

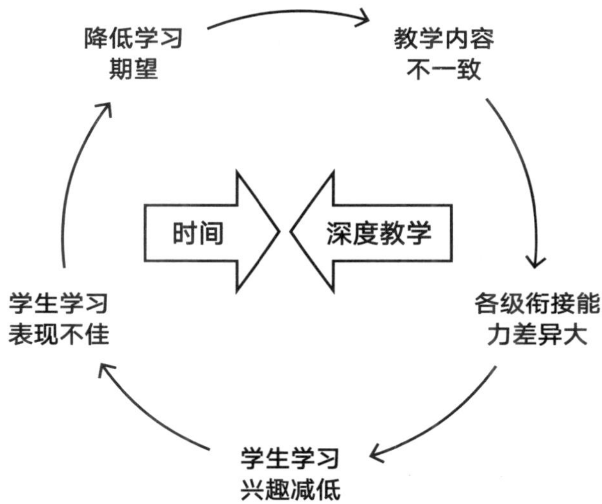

图 9-2 ◎恶性循环的学习

当然，课纲的重要性无可取代，但我想课纲若要成功，必须仰赖老师对课纲的诠释与应用的方法。课纲的价值体系是隐形的，如果不去探究，老师们只是盲目地在课程设计与课纲之间做联结，这样的做法只是敷衍应付，并无法真正做到落实课纲的本意和精神，往往也会造成误解，甚至造成扭曲课纲的遗憾。

第三节 美国新旧艺术教育课纲隐含的价值

大家都知道，学习指标就是以艺术的原理原则为核心，分段性的能力指标也以学生是否能理解、应用这些美术技能基础为主。仔细阅读1994年全美艺术教育的纲领，它着重于美术基本技能的养成。因此，老师在写课程计划时自然以精进学生美术基本技法为重点。比如，学习色彩时按照年龄，幼儿园以认识三原色为主；一年级注重对间色与冷暖色的认识；二年级用颜色表现明亮度和光影；四、五年级强调对互补色、对比色、混色的应用。随着学生年龄的增长，老师渐渐地指导学生明白色轮的架构、调色与配色的技巧。坚信艺术的原理原则是学习艺术必备的语汇。老师带领学生从艺术的原理原则来欣赏艺术家的作品，并鼓励学生学习艺术家特有的艺术形式：莫奈的光影、凡·高的笔触、马蒂斯的用色。

这种学习指标明确地显示出教学的单一性、衔接性和力求深度。然而，细细品味之下，我们不难发现：这个教育纲领所代表的价值，就是以西方艺术技法为本，艺术为艺术的缩影（art for art's sake）。这当然也反映出当时（20世纪80年代、20世纪90年代）美国艺术教育领域致力推广“以学科为本位的艺术教育”（discipline-based art education）的政策，强调必备的基本美术技能；认为学生唯有精熟这些基本语言以及运用方式，才可以体验艺术之美。因此，对于艺术内涵、创作意念、文化意义的元素着墨不多，甚至对孩子即兴、非指导性的创作刻意忽略或打压。

这个课纲所依据的教育理念是杰罗·布鲁纳（Jerome Bruner）提出的螺旋教学法(spiral curriculum)。它强调先前知识，认为要达到长效知识，就必须温习已学得的知识。所谓温故而知新，老师不能一味地介绍新的知识，学生有必要回顾已获得的知识来与新知识做连接。于是艺术教育在“以学科本位为主”的概念为核心、螺旋教学法的架构为轴的模式里，造就了循序渐进地介绍特定的艺术本质（艺术原理原则）、由简而繁地使用艺术原理原则的语汇来指导孩子学习美术的创作、美术鉴赏和美术史。

我认为美国1994年的课纲存在几个盲点：

（1）本质(essentialist) 与 内涵 (contextualist)的不均。

（2）老师主导（teacher lead) 与学习者为中心(leaner centered)的偏颇。

1994的课纲的确无法迎合现代的美术教育思潮，这在统整教育的领域里特别明显。艺术的养成必须仰赖深度的用心的学习，需要思考本质（设计和艺术元素的原则）与内涵（内容、创意及连接）之间的平衡。唯有通过学生亲身体验、批判思考、深思过后的知识，才能有效做到深层思考、自我认知和深度联结的学习。也就是说，表象的艺术基本技法往往只是教给孩子形式，而不是思维。这样的教育是暂时性的。

相较之下，2014年的新艺术课纲有着明显的改变②。原本的六大纲领转化为十五个主课纲。

根据美国艺术教育核心指标委员会的说明 ，新课纲设立的哲学基础和终身学习的目标是以奠定艺术素养为总体的共同价值观③。这种艺术素养以艺术的功用为轴，延伸至五大区域：艺术为沟通、艺术为实现个人创作、艺术为历史文化做连接、艺术为身心健康、艺术为社区参与。

2014年新颁发的艺术指标并没有刻意用对艺术原理原则的纯熟度作为学习的标杆。它以四、八、十二年级的能力养成为标杆，整个课纲强调艺术创造的过程：从创作（creating）、呈现 (performing)、反应（responding）、联结(connecting)四个方面来指导、启发学生（图9-3）。它首先以长效理解为起点，从艺术家的角色、艺术的功能、艺术的价值的角度来做学习的引言；然后提出艺术的本质问题，从审美批判、艺术欣赏、艺术技巧的角度切入，列出许多与艺术学习进程相关的问题来引发学生的学习动机与好奇心；接着明确指出各级学习标杆，其中幼儿园、小学、初中明列各级指标，高中则自为一组。这些指标是针对学生艺术养成循序渐进的评鉴依据。

② http://www.nationalartss-tandards.org/sites/defau-lt/files/NCCAS% 20 % 20 Con-ceptual% 20 Framework_0.pdf

③ 详情请参阅National Core Coalition Arts Standards (2013). Arts Standards National Core Arts Stand-ards: A Conceptual Framework for Arts Learning. http://www.nationalartsstandards.org/sites/default/files/NCCAS% 20 % 20 Conceptual% 20 Framework_0.pdf

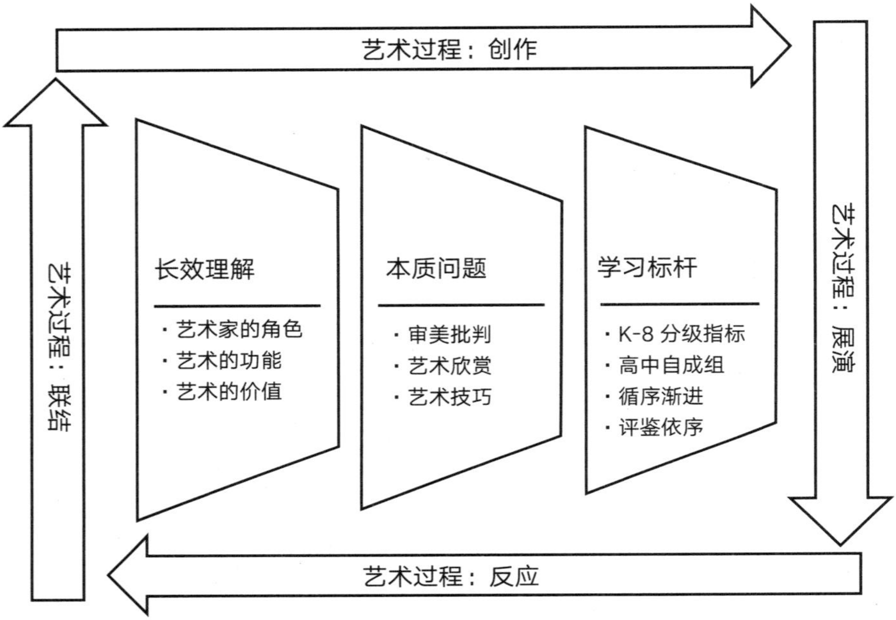

图 9-3 ◎美国新艺术教育指标的进程架构

从指标里的词语中，我们可以发现这个新艺术教育指标强调艺术内涵、创作意念、文化意义的形成；主张艺术知识的养成源于创作的过程与整体的思维，而不是片段性的艺术能力；它并没有忽略艺术技能，但强调的是艺术原理原则的融合性，而不是单一性；鼓励创造力、原创性、联结性，而不是沿袭式的学习。它的终极目的是对艺术知识体认的长效性：培养学生主动学习、解决问题、深度批判、整合思考的技能，来面对全球化瞬息万变的社会脉动。

这个课纲原则上并没有摒弃布鲁纳的螺旋教学法，但它进一步以诺曼 · 韦伯（Norman Webb）的"知识的深度"（depth of knowledge，简称DOK）为教育理念的蓝本，来重新思考课纲的中心意旨。韦伯认为课纲的设计是根据智能发展而有加深加广的趋势，不同的教学活动可以激发不同程度的知识养成。他以深度来作为推展长效知识的进程并把知识养成的深度分成四个阶段：

（1）第一阶级的知识：复述与复制 (recall reproduction)，强调知识的获取需通过记忆力的养成，教学重点在于基本常识与既成事实的讲述，着重人、事、物、时、地的记述。课程活动包括时间表的制作、解释名词、依次排列、画重点、记公式。

（2）第二阶级的知识：短程的技术与概念 (short-term skills concept)，着重各类基本技术的养成与熟练程度。

（3）第三阶级的知识：策略性思维 (strategic thinking)，强调获取知识的过程，以批判性的观点融入自己的观感。

（4）第四阶级的知识：也是最深层的知识，是加深加广的延伸思维（extended thinking）。

表9-1是我对韦伯的四个不同学习阶段的解释所做的整理，并进一步将这个理论运用在一般学科以及艺术教学的例子。

表 9-1 ◎韦伯的“知识的深度”的解释与应用

项目	第一阶段	第二阶段	第三阶段	第四阶段
着重的技巧	重述与复制	技巧与概念	策略性思维	延伸思维
技能焦点	记忆、序列、辨识、人、事、物	简述、推测、重组、观察、解释、比较	假设、举例、整合、调查、合作解决问题、评论	分析、应用、评估、综合、联结、创造
教学重点	・重述内容、大纲 ・学习文法结构 ・基本数学公式演算 ・懂得单位测量、排列组合 ・识别历史人物、事迹	・利用上下文找出相关线索、推测文意 ・依据步骤来完成实验 ・辨明历史事件发生的因果关系	・从复杂的故事架构判断作者的目的和影射的意义 ・以辩证法写批判论点；提出想法、细节、实例举证并产生结论 ・了解研究问题的脉络，设计调查、解决科学的问题	・从不同的文化的角度来诠释文本主题 ・把理论适用于其他领域中 ・从问题中建立、设计、进行实验、收集数据、分析数据、并综合结果
教学活动的例子	・制作特定地区历史大事表 ・画特定地图并标记位置 ・历史人物传记简述 ・代入公式演算 ・背课文、单字、背诵诗词	・制作对照东西方历史大事时间表 ・观察并记录植物的生长 ・遵循步骤、执行并完成青蛙解剖 ・文章大意、诗词解释翻译	・对历史大事的研究和评论 ・实验、观察、记录影响植物的生长的原因 ・对时事、文章的辩论 ・读后心得与感想	・从东西文化的观点来评论、批判 ・就生活中的问题来设计解决方案（譬如，校园节约能源的具体办法与实施） ・联结各学科来解决问题

续表

项目	第一阶段	第二阶段	第三阶段	第四阶段
艺术教学重点	·艺术史 ·艺术家风格流派 ·艺术基本技法	·比较艺术各家风格流派 ·从艺术史、各家风格流派中找寻创作的灵感 ·基本技法混合运用	·强调个人风格 ·与生活经验结合 ·美感培训 ·强调创作过程	·凸显创造力与想象力 ·拓宽各类艺术领域 ·视觉素养 ·艺术与生活实践
艺术活动	·艺术史时间表 ·揣摩名家各派 ·基本技法演练	·综合名家技法 ·创作类似名家的画作 ·进阶应用基本技法	·从生活经验发挥创作主题 ·视觉文化、普罗文化的批判与熏陶 ·从创作过程中找寻解决问题的方法	·用研究的精神来诠释创作主题 ·可视化系统联结 ·统整性的创作 ·了解艺术的功用与价值，把艺术元素融入日常生活里创新设计

这个表格也针对艺术领域举例说明各个阶段的学习活动对学生知识的获取的确有明显的影响。传统学徒制里模拟各派名家的手法，仅仅是记忆与技术的养成，却限制了个人思维与情感的表达。强调单一性的学习成效，远远比不上在创作过程中所养成的批判性、策略性的思维。唯有通过系统性、整合性的多元走向，才有机会引导学生学习的自主性与创新性。

我想进一步以韦伯的理论来解析1994年美国拟定的艺术教育领域课纲、2014年定稿的美国新一代艺术教育核心指标以及中国台湾2014年草拟的艺术教育纲领。我从纲领里使用的词语以及学习标杆所投射的教育理念，用韦伯的DOK为审核标准来解释纲领预设的知识学习目标。

如图9-4所示，由内向外，第一圈为DOK的四阶段。第二圈为各个阶段养成的知识特质。第三圈为根据养成特质影射的教育价值。箭头代表的是教育的目标。

以美国艺术教育纲领为例，将1994年和2014年的政策及方针相比之后，我们可以看出价值观明显地从个人技艺的精进、演练，转变为以启发创作内涵为主。换句话说，它强调的艺术教育是透过思维整合跨学科的原创力。这个改变正好呼应了当今社会积极提倡原创力带动竞争力的现象。以此可以明白为何我在上一章强调，教育思维代表着当今社会所要追求的价值。

④
我发现韦伯的“知识的深度”四阶段可以有效地找出具体的教学核心。我经常使用他的理论来审核既定的纲领和设计的教学内容，甚至包括学生的学习评量，以此来找出“想要教的”与“实际教的”差异。我也鼓励老师在设计考卷与学习单的活动时，用这个理论去思考设计的问题以及想要学生运用哪一个阶段的知识。

图 9-4 ◎ 韦伯的“知识的深度”④与美国新的艺术教育课纲。根据韦伯的“知识的深度”的理论来检视美国 1994 艺术教育国家课纲、美国 2014 新一代艺术教育课纲所隐含的价值与加强的教学目的

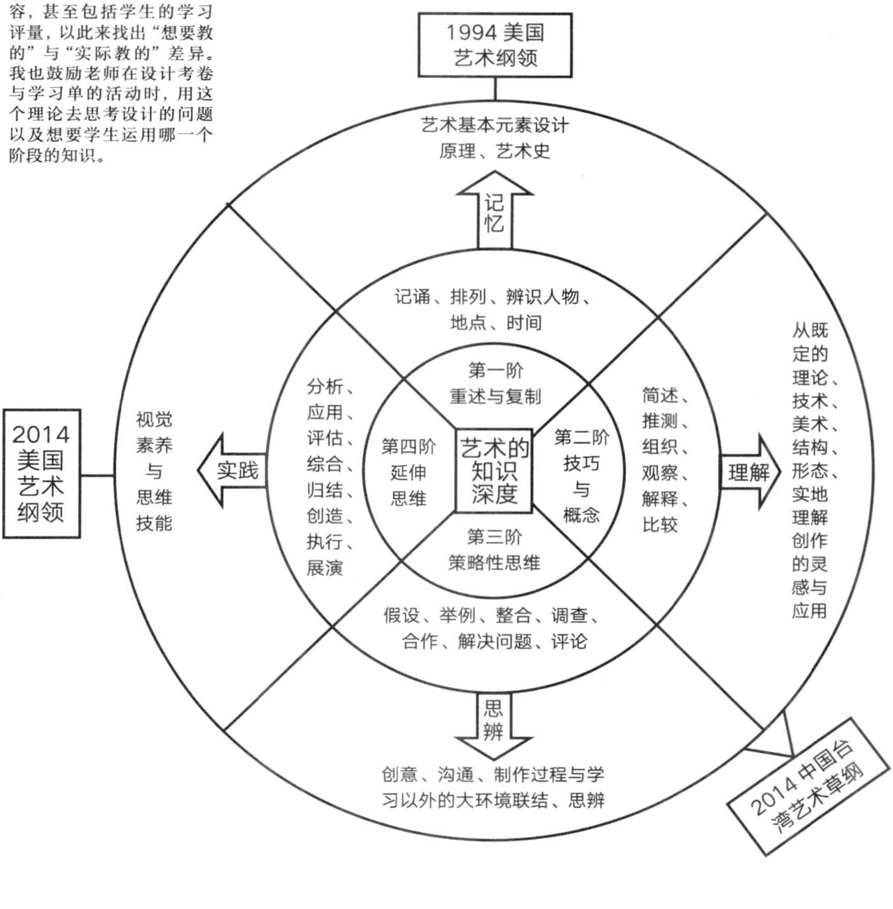

第四节 中国台湾艺术教育课纲隐含的价值

中国台湾九年一贯课程纲要"艺术与人文学习领域"自2011年实施以来，针对三至九年级的艺术学习课程做"广泛而全面的艺术教育"⑤。它把视觉艺术、音乐、表演艺术列为艺术学习的三大内容，以启发艺术潜能、人格健全发展、联结与整合其他学习领域、探索生活环境、建立学生基本艺文素养为重点。它的目标主轴有三：探索与表现、审美与理解、实践与应用。它以具备连续性与程序性的组织结构，从各式媒材探索出发来引导学生的想象力，透过对美术的认知，引导学生做具有美育意义的艺术行为。

⑤ 九年一贯艺术与人文课纲各阶段演变相关资料，可以参阅"国民教育社群网"网址为http://teach.eje.edu.tw/9CC2/9cc_97.php。

从艺术教育课纲符合38条能力指标来看，它鼓励学生从基本的认识了解、察觉探索、选择运用到实践组织能力、批判思考来欣赏与创作；加强个人与群体的互动，由有意义的艺术实践行为来激发积极的自我期许与社会责任。

这个指标可能隐含的价值有：

（1）艺术陶冶是奠定全民教育的基础，是非本质（extrinsic rationale）的艺术教育，强调艺术潜能与创意思考。

（2）强调统整艺术，落实艺术陶冶与人文素养的养成。

（3）是具备艺术生活审美实践能力的艺术教育。

（4）是多元化、自发性、群体性的艺术省思与宏观。

由此，我们明确地知道艺术教育已经不再只着眼于技艺类的训练，而是迈向艺术美感培训、用艺术熏陶人文素养、加强审美批判实践的生活与美的密切结合与应用。

我们接着检视中国台湾地区自2013年进行的新规划的十二年艺术教育课纲。它以比例、色彩、质感、构成、结构、构造为核心，针对艺术的生活化与实用性来强化全民美感培训，从基层教育到师资培训的高等教育，美感培训以"观察描述""美感试验""案例欣赏"与"分析应用"为教学策略，已经进行一连串的种子培训。2014年，我参与了中国台湾教育研究院课纲研讨会，学者们针对艺术教育的本质与落实性的核心进行讨论，强调课纲的架构必须与现实接轨，凸显培育必备能力的目的。

虽然新的课纲仍然在试验阶段，但根据它的草纲与中心意旨，透过图9-3的“艺术的知识深度”（DOK in arts）的审视，可以明显看出它强烈地具备第二至第三阶的特质，注重于理解艺术家如何运用原理原则落实在实际生活、建筑设计上。我想，这是期许学生从“乱象丛生”的生活环境里找出美感的踪迹，安定浮乱的心境，强化对艺术与生活结合的赏析能力。因此，这个草纲所隐含的价值可能具备：（1）艺术与生活的结合；（2）形式与实用的结合；（3）感知与思辨能力。

虽然现阶段的培训内容，大部分集中在辨识与理解的知识（比如从生活环境、建筑设计中找到比例、色彩、质感、构成、结构、构造的例子）上，但我想，解释并介绍学生联结思辨生活上的艺术运用，这是推广的必要阶段。诚如陈琼花老师指出，新的艺术教育应以引导与启发为本，加强“学生的视知觉，美感思辨、想象与实践的能力”。因此，如果从美感培训出发，我相信积极加强学生独立的思辨能力，可以跳出形式的联结，真正做到综合实践。

2016年9月17日，我与国际美感教育专家洪詠善针对美感教育进行访谈，提到美感素养的推广以及培训从幼儿园开始，在幼儿园教保大纲就有美感领域的学习。这是很难得的，也凸显了相关教育单位的决心。以下是我们的对话：

问：美感培训分成几个主要的区块呢？

答：“美感培训”这个计划主要分成三大部分：

（1）强化学习者的美感课程及体验。通过课程发展及教学设计，丰富学习者对生活中人、事、物的多元感官体验，从而对其觉察、诠释、赏析、表达与分享产生影响，具体有：①建构适龄适性且连贯衔接的美感教育课程体系；②促成美感教育融入相关领域的课程及教学中，落实各级学校的美感教育；③鼓励艺文馆、所开放亲子共学，馆、院、校共同合作，发展教学资源与活动方案；④鼓励举办多元艺术与美感教育活动体验或竞赛。

（2）营造具有美感的校园环境。校园环境是师生最常接触的场所，兼顾并融合校园及周遭社区的自然生态、风土景观、地域文化等条件，整体营造具有美感的校园环境，不仅可培养学生性情，提高学习兴趣，增强学习效果，更可培养美感，能收到潜移默化的效果，并彰显学校特色。具体包括：①研发美感融入于生活的食、衣、住、行、育、乐等层面之案例，并提供学校运用；②引导学校以美感思维规划各项设施与校园景观，并强化其导览与鉴赏；③奖励民间与企业推动艺文巡演或参与校园改造，促成美感均富；④引进民间、产业及学术研发的动能，建立伙伴关系，与学校携手推动美感教育。

（3）提升教育工作者美感知能。教育工作者是美感教育实施的关键，通过实地体验、案例研讨、共备互学、行动实作等方式，结合外界资源引入与分级分类课程，以开拓教育工作者美感视野及实作能力，使之持续专业精进。具体包括：①艺术领域教师美感增能课程与专业成长；②一般教师美感增能课程与各式研习；③教育行政人员美感体验课程与各式研习；④奖励美感教育实务方案的研发，并结合工作坊或研习，传播美感知能；⑤开门办教育，强化艺术家或文化工作者协同育人的机制。

问：推广至今，您遇到的瓶颈是什么？

答：遇到的瓶颈是从政策单位到民间都要看到具体成效数据，以证明经费投入效益，然而因为还在推广阶段，这方面还有待我们收集资料来印证。此外，各界对于美感教育的意义与实践途径比较多元，但是也渐趋共识中。高等教育中开课的落差也是一个挑战。

问：您提到开课的落差，可以具体解释一下吗？

答：师范院校课程架构属各个学校单位自主，“美感教育”则归属于议题，因此在课程规划上属于选修课程。除非是艺术系所的师范专业院校，我们无法强迫其他大学开设与“美感教育”相关的课程，只能鼓励。所以开课上仍有待突破，实际开课数量资料还在整理中，预计年底初步评估出来。

问：推广至今，让您感动的是什么？

答：我可以感受到认同与重视校园美感环境、学生美感素养培养的课程与教学的教师越来越多，此外许多艺术青年及工作者投入活化学生学习，即使非艺术领域的教师也能够有机会学习体验与融入美感教学。但这些都是我主观上的反馈，仍待问卷证实。

问： 老师们的接受度如何？为什么您会有这样的感觉？

答： 艺术领域接受度高，但实践度仍受学科专业限制。这样的感觉，主要来自新课纲在纳入以美感素养为核心素养的过程，各领域老师的讨论过程，以及实际接触学校教师的感受。

问： 美感素养与课纲之间有没有联结性？它们的关系在哪里？

答： 新课纲以自主行动、沟通互动与社会参与三大方面的核心素养为主轴，来连贯各教育阶段与统整各领域学习。而艺术涵养与美感素养为沟通互动中的一项，具体展现在各领域各教育阶段的课程与教学中。

问： 您之前与我提到美感素养是缓慢的培养过程，无法马上看到具体的成效，那么，您对它"未来的愿景"是什么呢？

答： 未来愿景是让美感成为自然而然的生活习惯（思维与行为），以及爱美的处世态度。

问： 最后，您会如何评价政府投资美感素养培训的行动？它是"改革""沿革"还是"运动"？

答： 美感素养我认为不是培训，而是"陶养"；它是回应台湾追求更好生活品质的运动，我赞成是"运动"，因为需要实践于生活并身体力行；也是"沿革"，美感素养让当前学校教育与学生学习有了得以培养觉察省思、同理关怀与创意实践的可能。

从对话得知，美感教育不是一蹴而就的，除了上下各级的配合外，还必须从不同的大专院校来推广，才能取得全面性、跨科性的成效。把艺术与美感教育提出来作为沟通能力的一个主要的方面，值得期待与支持。

第五节 老师对课纲的取舍与应用实例：探讨美国富城市的经验

近年来，美国许多学区开始思考课纲与实践之间的落差，并希望打破教学、学习上的恶性循环。我在2012年到2014年间追踪观察一群华盛顿州富城市的艺术老师，从他们的经验来讨论艺术老师如何把剖析课纲的核心、把课纲转换成教学的利器，有效提升学生学习成效，并分析、理解、找出1994年美国艺术教育课程纲要的核心，探讨它隐含的价值，进一步介绍并比较2014年艺术课纲的理念、架构、价值体系。

我们刚刚提到，学科老师往往对教学的衔接与成效感到无奈。和其他学科老师相比，艺术老师所面对的难题不太相同，原因在于艺术老师通常面对全校所有的学生，比较没有各级分段能力衔接不上的困扰。然而就内容而言，仍然有不一致、是否合乎课纲的疑虑。当时教学指导主任萝伊·麦克罗（Lori McCord）女士指出，2011 年华盛顿州富城市的美术教育正面临许多危机：（1）美术师资的更替呈现青黄不接；（2）艺术经费大幅缩减；（3）小学美术课程面临删除命运；（4）美术老师的专业背景不一。

其实，临近的城市已经取消小学美术课程，鼓励级任导师策划以主科为本来进行统整艺术教学。艺术的授课时数因此锐减，往往被级任老师牺牲，不受重视。也因此，艺术培训与美感素养在临近城市的成效不尽理想。富城市虽然也考虑删除一周一次的艺术课程，但一直无法舍弃全体人均能受教育的宗旨，仍然决意把艺术当作是教育的一环。这个决定多少带给富城市教育局一些压力。富城市必须在艺术教育上交出漂亮的成绩单，来向州政府证明艺术课程的存在对孩子的身心发展是利多于弊。

这个政策上的不确定性，无形中造成老师教学时心理上的阻碍，使得学生学习的成效减半。尤其是有大半的美术老师并非科班出身，每个人的美术专长和对艺术的了解也都不同。有的以美劳为主，着重剪贴、劳作等机械式、次序性的作品；有的讲求创作，强调原创力和想象力；有的以美术史为主轴，模仿名家风格。九个学校的艺术教学方向与内容都不同，一盘散沙的现象十分明显。

当时的教育部主任萝伊·麦克罗针对教育成效的差异现象，在许多教育年会上特别征询全美各地成功改善学习成效的例子。她告诉我："久而久之，在这些成功的例子中，我发现一个共同点。那就是活力指标（Power Standards）！ 活力指标似乎已成为教育界的救星。"

从2008年起，她所带领的教育团队实施活力指标来凝聚教学力、突破歧异点，陆续改善科学、阅读、数学等主科。完成这些基础领域的教改之后，她深深觉得艺术、音乐、体育领域也有必要找到适合本地学习特质的活力指标。她想通过活力指标的执行，达到三个目标：

（1）教学一致性，力求卓越表现。

（2）降低学习成效的差异性。

（3）推展知识的长效性。

什么是活力指标呢？活力指标由美国道格拉斯·瑞福（Douglas Reeves）提倡，而后由莱瑞·安斯沃斯（Larry Ainsworth）具体应用在教育领域中。简单来说，活力指标是从既有的教学指标（通常由各学区或教育局所拟定），把学生应该学习的内容做选择。活力指标强调优先排序并不等于简化删除，而是引导老师在有限的学期中积极规划、确保学生深度学习必备的重点知识。

一、活力指标的特质

活力指标具有以下的特质：

（1）教学内容具有一致性：活力指标设立的首要目的便是达到教学内容的一致性，它攸关学生学习能力持久度。老师在教学指标中，根据学生的学习能力做优先排序、由浅入深、具有一贯性、联结性的内容。要达到一致性，需要老师们以集体的力量来重新检视学习指标、学习内容、学习能力和学习成效的环节，审慎地拟定活力指标。

（2）学习能力具备持久性、应用性以及衔接性：活力指标的挑战在于重质不重量地将各级分段能力指标从“非学不可”“有时间就学”到“带过就好”做一个排序。安提沃斯（Ainsworth）建议，一个分段能力指标必须具有持久性、应用性以及衔接性才能成为活力指标。持久性的技能是终身受惠的；应用性的技能可以实践在其他的领域；衔接性能为更复杂的知识奠定基础。

（3）教学评量的简易性：活力指标的建立，不仅让教学内容有更清晰的脉络，它也能明确地辅助老师评估学生的学习成效。因为针对某几个活力指标而量身定做的课程和相关活动，可以很清楚地评鉴学生是否达到预期的学习指标。更重要的是，以活力指标为评量能力的依据具有极大的弹性，而不是僵化且制式的评量测验。

活力指标是学习的快速标靶，以它为中心的教学可以积极反应学区/市镇（区域性）的学习标杆。这个区域性的学习标杆又源自于全国分段艺术能力指标的期望。如“活力指标概念图”（图9-5）所示，活力指标是一个浓缩的精细过程。它考虑学生的程度与素质、教学环境和教学经验，以找出适才适性的重点教学，强调知识和知识之间的衔接应用。比起以国家认定升级为重的学习标杆的各科独立、分科分散教学模式，活力指针的目标比较明确，也比较容易达到教学目标。

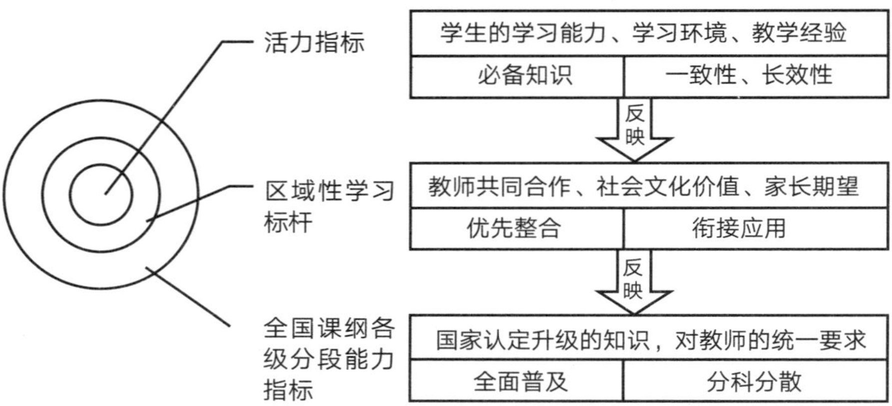

图 9-5 ◎活力指标概念图

二、富城市美术老师寻找活力指标的经验

在麦克罗主任的号召下，富城市的美术老师们从2011年9月份第一次聚会起，积极找出活力指标。由在白岭小学 (White Bluff Elementary) 任教的海蒂 · 克丝特蓝加 (Heidi Castilleja)老师为首，根据1994年颁布的《国家教育纲领》(*Goals 2000: Educate America Act*)当中的艺术分段能力指标教学纲领，集体讨论各级分段能力的重要性，并解决大家对某一个分段能力的疑问。这些面对面的讨论，甚至是偶发的争执，对新上任的美术老师与非美术科科班的老师们来说十分重要。

小组讨论出来的预期目标为:(1)理解艺术课纲、学习指标的概论;(2)以各级学习标杆为主，便于学习评鉴;(3)提供课程设计与课纲相对应。小组成员丹 · 拜尔(Dan Bell) 老师解释，寻找活力指标的步骤是:先将全国艺术分段能力指标上所建议的课案提示和例子删除，然后把艺术分段能力指标重新安排以表格来呈现，从中比较重要性和彼此之间的差异性；此外，用色笔加注为各级学习能力做对照(贝尔，私人访谈，2012 年5月29日)。

接着，他们根据实际的授课经验、教学条件、学习能力为这些艺术分段能力指标排序，找出“非学不可”的艺术分段能力指标。丹 · 拜尔承认无法涵盖所有指标的难处:“毕竟，我们这些专科老师，学生一星期只上一堂，一次也只有50分钟。少而精的重点教学的确比较实际些。”(贝尔，私人访谈，2012年5月29日)

“富城市艺术教育活力指标”于2012年8月正式完稿，原本90页的全国艺术指标已浓缩成为2页的精华版[⑥]。这个针对艺术基础教学而订立的指标，明确地把从幼儿园到五年级应该涉猎的艺术纲领一一条例化(见图9-6、图9-7)。

⑥ 参见http://www.rsd.edu/media/ElemArtStandards.pdf。

图 9-6 ◎富城市 K-5 艺术教育活力指标
资料来源：经富城市教育局同意为公共资源，可以刊登

我们的宗旨

我们的宗旨是奠定富城市小学学童在艺术的元素与设计的原则的基础。在他们探索各式艺术媒材和了解不同艺术风格的同时引导他们发展艺术技能、提升创造力以及加强解决问题的能力。

幼儿园

* 用不同形式的线条来表现方向性。
* 画作呈现用几何和非几何二维空间和三维空间立体形态。
* 识别并运用三原色（红、黄、蓝）。
* 运用重复的线条、形状、和颜色探索并创作图案。
* 运用不同的艺术材料一步一步地创造作品。
* 从个人经验出发来创作。
* 讨论艺术风格。
* 透过探索和解决问题来创作。
* 和他人分享艺术创作的心得。
* 了解艺术以不同方式和其他领域连结。

一年级

* 用不同形式的线条来呈现形状、质感，并表达情感。
* 识别并运用几何和非几何二维空间和三维空间立体图形来创作。
* 识别并运用三原色和调合色(绿、紫、橙)。
* 认识暖色系(黄、红、橙)和冷色系(蓝、绿、紫)。
* 探索不同的质感。
* 运用重复的线条、形状、和颜色探索并创作图案。
* 运用不同的艺术材料一步一步地创造作品。
* 从个人经验出发来创作艺术品。
* 讨论艺术风格。
* 透过创造力来创作。
* 运用视觉艺术来表达情感、理念、沟通。创造出特定目的性作品（比如绘本插画）。
* 了解艺术以不同方式和其他领域连结。

富城市K-5艺术教育活力指标中文版已经过富城市教育局同意发表。陈怡倩Yichien Cooper译。

二年级

* 用不同形式的线条来表现形状、质感，在想象和观察实物的作品中表达情感。
* 识别并运用几何、非几何二维空间、三维空间立体形态、自由形态来创作。
* 识别并运用颜色表达明亮度和光影。
* 运用重复的线条、形状和颜色探索并创作图案，表现律动、节奏。
* 运用不同的艺术材料一步一步地创造作品。
* 透过创造力和解决问题的方式来创作。
* 运用视觉艺术来表达情感、理念、沟通。创造出特定目的性作品(比如绘本插画)。
* 了解艺术以不同方式和其他领域连结。

三年级

* 用不同形式的线条表现细节、轮廓、设计。
* 识别并运用几何、非几何二维空间、三维空间立体形态、自由形态来创作。
* 识别并运用三原色、调合次色(绿、紫、橙)以及中间色（第三色）（两种次色的混调：比如，黄+绿=黄绿色）。
* 探索并运用暖色系和冷色系来创作。
* 探索并运用不同媒材来表现对比和对称的概念。
* 用质感和图案来装饰制作三维空间立体形态。
* 从不同的艺术品中了解人们创作艺术有很多的原因。
* 创作并展示表达个人经验和自我评估的过程。
* 用艺术知识和技能来加强他(她)在其他领域学到的知识。
* 通过创造力的过程和解决问题的方式来创作。
* 运用视觉艺术来表达情感、理念、沟通。创造出特定目的性作品。

艺术的元素：线条，形状，形态，颜色，明暗，质感，空间。
设计的原则：重复、图案、对比、平衡、变化、强调/主角，运动/节奏，比例，和谐/整体。

富城市教育局艺术教育网 http://www.rsd.edu/teach-learn/fine-arts.html

图 9-7 ◎富城市 K-5 艺术教育活力指标
资料来源：经富城市教育局同意为公共资源，可以刊登

四年级

* 用不同形式的线条来表现光影和空间。
* 用二维空间的形状来表现出三维空间的立体感。
* 识别并创作出渐层的光影(阴暗、中黑、明亮)。
* 用互补色创作，以对比和混色技法凸显颜色的明暗度。
* 探索比例的概念。
* 在素描和绘画中运用递减法的细节来表达空间感。
* 探索、反思、解决问题的方法来创作、修正、评估艺术品，透过自我评估来力求进步。
* 与艺术相关的职业做联结。

五年级

* 用不同形式的线条来表现光影、质感和空间。
* 用光影在二维空间的平面表现出三维空间的立体感。
* 力求素描的写实性。
* 用互补色创作，以对比和混色技法凸显颜色的明暗度。
* 应用对比和平衡来创作。
* 识别并创作出五种层次的光影(在黑白之间包括三个不同的灰色调)。
* 引用特定艺术家、风格、文化的艺术品来做出出原创作品。
* 探索、反思、解决问题的方法来创作、修正、评估艺术品，透过自我评估来力求进步。
* 继续与艺术相关的职业做联结。

RICHLAND School District

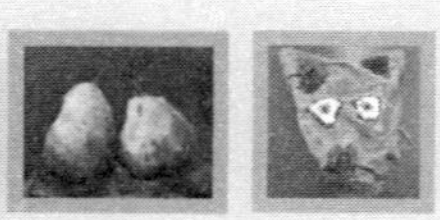

富城市教育局
K-5 艺术教育活力指标

活力指标是学生应该知道和能够做到的基本知识内容和技能

2012年 [illegible]

富城市K-5艺术教育活力指标中文版已经过富城市教育局同意发表。陈怡倩Yichien Cooper译。

这个活力指标力求提升儿童对艺术元素和设计的原则的理解和应用，从幼儿园开始，螺旋性、循序渐进地介绍西方绘画的基本概念。譬如，我们可以清楚看到针对“艺术元素与设计原则”(elements of art & principles of design) 中的“线”，活力指标循序渐进地、阶段式地列出学生对“线”应有的认知和学习目标（见表9-2）。

表 9-2 ◎富城市 K-5 艺术教育活力指标中“线”的学习进程

时期	线
幼儿园	用不同形式的线条来表现方向性
一年级	用不同形式的线条来呈现形状、质感并表达情感
二年级	用不同形式的线条来呈现形状、质感，在想象和观察实物的作品中表达情感
三年级	用不同形式的线条来表现细节、轮廓、设计
四年级	用不同形式的线条来表现光影和空间
五年级	用不同形式的线条来表现光影、质感和空间

资料来源：富城市 K-5 艺术教育活力指标。

2012年9月“富城市艺术教育活力指标”正式实施，并于2013年4月举办“富城市艺术教育活力指标”落实后第一届学区艺术教学成果展。和往年杂乱无章、以手工艺为主的作品相较，2014年小学部分的作品在活力指标的带领之下，的确可以看出学生对基础艺术的领会有所精进。但同样的，它也呈现许多机械式、模仿、饼干模子式教学的成果。比如，一年级的版画作品里，鱼儿们所朝的方向和版画技法具有强烈的相似性。水彩风景画也是如此，强调的是前景、中景、背景的错落配置与构图、水彩上色的饱和度，而不是个人对树、景的观察与体悟。在剪贴画里，观者很难分出小朋友作品之间的不同点。

照理，以根据学习能力量身定做的活力指标作为教学纲领，应该可以有效地引导学生适性学习。那么，问题出在哪里？

这可能和学生仿效老师示范教学的范例脱不了干系。因为学生认为只要和老师的一样，便是“做对了”，认为老师的范本就是画好、做好的“标准答案”。然而，我觉得会造成这样的原因，最根本的就是老师“尽其所能”地来达到艺术指标上的诉求。

仔细阅读“富城市艺术教育活力指标”，我们不难发现纲领的偏差。从幼儿园到五年级的“非学不可”的艺术分段能力指标完全强调“艺术元素与设计原则”的学习，着重于点、线、面、设计要素的运用，是以西方美术技法为主干的教学。我虽然可以理解奠定基本艺术技法的美意，但这个纯西方基础艺术原理为本的教学法，会容易落入强调步骤的迷思里。即使老师引介多元文化、鼓励运用艺术元素来表达情感，或是引用艺术家的作品，也变得只有要求形的雷同，并没有个人省思后的声音。

我想说的是，这个结果并不代表富城市的艺术老师对艺术教育只重视艺术元素、设计原则的培训而忽略创造力的养成。会有这样的结果，是因为艺术老师所遵循的活力指标是以1994年美国国家颁布的艺术指标为本；而1994年版本的学习核心，诚如我们在上面章节所讨论的，就是以精进艺术基本的原理原则为首要教学目标。

尽管在这么短的时间成功地奠定了学生的艺术基础，富城市一些艺术教师逐渐体认到过于强调艺术原理原则，反而局限了创造性启发的事实。譬如，克丝特蓝加老师发现，虽然她跟从活力指标的指示来计划课纲、执行教学，她却有明显的空虚感。她一再向我强调她十分肯定线条、颜色、空间配置构图等艺术基本常识的重要性，可是在课纲制式化的反复演练的模式下，反而让学生和老师在自发性、创意养成上没有伸展的空间。也因为这个空虚感，她慢慢重新思考活力指标和课纲的使用价值，并把授课的方向、内容有所更正。她在技法之外，预留学生创作的空间；鼓励学生讨论、阅读、搜集资料；理解并激发想象力与解决问题的思维养成。虽然这些作品多多少少带有1994年强调原理原则的色彩，但观者很明显地可以看到个人诠释与创作的潜力已经渐渐萌芽。

“富城市艺术教育活力指标”立意良善，任课老师共同拟定活力指标的实施效率高，在短时间之内的确达到提高艺术基础教育水平的目标。但老师们对艺术教育的“单一”思维，加上国家纲领以“艺术元素与设计原则”为圭臬的结果，反而造成教学的盲点，把基本技法视为艺术创作的最高表现，而局限了原创力和想象力的发展。

富城市的经验结果并不代表可以贬低使用活力指标的价值。反之，它告诉我们活力指标可以明确地把国家教育课纲的核心点找出来，有效推动课纲核心的宗旨。并且，它可以精确地指出国家教育课纲里隐藏的价值体系、教育理论甚至盲点。对于实际使用的教学者而言，它是一个实用的利器。

我认为这个地方性的活力指标，若能在“艺术元素与设计原则”之外引入“社会议题”“美感培育”“文化美学”等以思维导向、解决问题为授课的基准，循序渐进地在各年级中引入艺术教学，并强调艺术多元诠释的学习，提供学生思考机会，对拓展学生的美术素养会有所帮助。所幸，在活力指标的带领下，富城市小学学生基本艺术技法水平已提高，日后若再拟定新的活力指标，或是为中学美术找出衔接的进阶活力指标，便可以无虞地发展“创造力”和“原创力”的元素。因此，整体而言，我觉得活力指标在艺术教育上有存在的价值，值得从事美育人士参考。

三、富城市对 2014 年新美术教育课纲的应用

对于国家拟定的课纲，即使颁布实施，各州仍然可以根据各州的需要决定是否跟进。这并不是政府与地方在实践上的分歧与落差导致的“上行下不效”的结果，而是美国积极提倡地方性的教学，深信唯有教师针对所处地区的情形、配合当地学生的学习需要自行进行设计课案，才能实际地落实课纲。顾及新旧课纲的语汇以及教学的宗旨改变的幅度很大，老师会产生排斥与困惑，因此，当2014年美国国家艺术教育协会颁布并推广2014新一代艺术核心课纲的时候，华盛顿州决定在全面采用新课纲之前，用循序渐进的方式来带动。华盛顿州政府公立教育督察厅（Office of Superintendent of Public Instruction，简称OSPI），在同年秋天颁布

华盛顿州艺术课纲，并且设计配套的学习评鉴，于2015年开始执行小学、初中与高中的艺术教育评鉴机制。

华盛顿州政府公立教育督察厅把艺术教育的宗旨定为："艺术提供所有的学习者沟通、融合生活、提高素养的学习经验。"在这个"衔接阶段"，华盛顿州的艺术课纲强调三个学习环节：创作（creating）、呈现（performing）、反应（responding）。然后细分为四大学习指标：

（1）学生理解并应用艺术类别科目（舞蹈、音乐、戏剧、视觉艺术）的必备知识与技巧。包括艺术理论的理解、基本元素的技法、从观众的角度来加强展演的专业度。

（2）学生在艺术创作、展演、反应的过程中凸显他们对舞蹈、音乐、戏剧以及视觉艺术的思维。包括多方探索、诠释、分析艺术表达的风格，应用先前知识与经验来精进艺术的技巧以及表达方式，设定个人的学习目标并不断地自我评估学习成效。

（3）学生透过艺术的各种形式来沟通。艺术创作达到抒发情感的目的，可以针对特定的感情与对象进行创作，把个人特殊的美感理念融入于艺术创作之中。

（4）学生通过艺术与其他学科联结，进行跨科、生活、文化的互动，理解艺术在日常生活扮演的角色以及艺术对于历史社会文化的影响。

OSPI 取创作（creating）、展演(performing)以及反应(responding)的第一个字母，把它们叫作华盛顿州"艺术的急救法"（Art CPR），强调艺术创作的沟通与表达必须要有坚实的艺术基本知识。与2014年美国国家艺术核心课标相比，它并没有凸显艺术的联结性。然而从内容上得知，联结也是它的教学目标，只不过，OSPI 的联结强调创作者本身联结跨科的能力，以及艺术对社会文化的影响；而国家新一代艺术核心课标的联结，则强调艺术的社会目的性。

2016年秋天开学之前，由教育督察厅的艺术教育部门公告提醒国家艺术纲领衔接的意向。华盛顿州法令明定每一个孩子有接受艺术教育的权利，为了推广艺术类的课目，艺术教育部门特别把艺术指标与其他科目指标之间的吻合度、配合度做成表格，以便艺术老师们进行课程设计，为跨科教学做准备。

总之，华盛顿州的艺术教育，除了稳定学生的艺术基础教育之外，还凸显艺术的联结沟通的特色，与其他课目进行合作交流，期许打破各科的藩篱。

第六节 结论

诚如我之前所说的，政策与实践，多少存在一些阻力、权力的拔河；它们多少也带有喜恶偏好、社会时代变迁以及国际趋势的影响。因为指标本身的制定具有复杂性。它代表着当前政策环境、教育相关人员（包括家长、教师、学生、政策制定者、执行者）的立场与教师教学经验、学生学习成效的品评。

中国考虑到基础教育的健全发展，也全面推动核心素养。核心素养是指学生应该具备的、适应终身发展以及社会发展的品格与关键能力，借此提高国际的竞争力。根据2015年9月13日，北京师范大学举办的“中国学生发展核心素养研究成果发布会”，核心素养以文化基础、自主发展、社会参与为三个面，以“全面发展的人”为核心。综合表现为六大素养：人文底蕴、科学精神、学会学习、健康生活、责任担当、实践创新，然后具体细化为国家认同的十八个基本要点。根据这一总体框架，可针对学生年龄特点进一步提出各学段学生的具体表现要求。未来，配合各个领域的教学课程也呼之欲出。因此，在选择学习指标和分段能力纲领的时候，教师更须体认出学习指标所代表的意义和投射的社会价值和期许，才能真正落实纲领的用意。

问题与讨论

1. 莫里兹·强森二世认为“可以教的知识代表这些知识可以透过学习来获取；然而，这两者的关系并非绝对”。你认为这句话的意义为何?
2. 请以“核心素养”为例，讨论课纲代表的价值与时代意义。
3. 请试着用韦伯“知识的深度”四个阶段来检视你已经设计好的作业，并试着从中找到教学的盲点与改进的方式。
4. 富城市的艺术老师们集体分析检视既定的纲领，找出适合当地学习环境需求的活力指标。你认为若要在中国推广实践这个概念，用集体、区域性的力量找出活力指标的可能性大吗？它所遇到的困难会是什么?
5. 你认为老师在设计课程时如何做到教学与课纲相符合？它的困难度与可能的解决方案为何?

第十章
课程规划与思维导图

10

系统性的思维加上概念视觉化的过程，
能在短时间内帮助老师筛检杂乱的思维、
凝聚教学重心。

电影《打击犯罪》（*Priority Report*）里有一个情节让我印象十分深刻。剧中，队长约翰 · 安德森用图形界面（graphical user interface）来搜索、查探、预知打击犯罪的相关资料。这些档案资料和传统的书面档案不同，它们是电子资料夹。他的手指在空中一拨，空中便投射出他想涉猎的档案资料；随着手指的拨动，他轻松得像个指挥家，在飞舞的档案里做排列整合。更奇妙的是，这些档案会随着他的思绪，根据档案与档案彼此之间的相关性与关系的强弱度来重新整合。安德森可以从这些不断的整合中厘清疑点，找出重要的线索。

这一幕，正是思维可视化的绝佳例子。在可视化的过程中，我们的思绪以系统化的状态来呈现、理解，进一步有效地解决问题。

在计划统整教学的准备过程中，老师面对着复杂庞大的资讯。要确保课程的质量，就得有清晰的主题和脉络。然而，一个教学主题可以强调的面十分多样，老师要怎么做才能有效地确保教学言之有物、不会离题？在设计统整课程的时候，老师们要怎么做，才可以统整出清晰的主题与脉络，而且确保课程的质量？

我认为，在训练职前老师模拟教学的过程中，系统性的思维加上概念可视化的过程，能在短时间内帮助老师筛检杂乱的思维、凝聚教学重心。特别是把在科学研究计划上常用的网图(webbing) 和思维导图[①] (concept map)运用在教育领域里。因此，本章探索可视化的思维在教学计划上的应用，讨论网图与思维导图的意义与功能，并进一步剖析老师们如何在教学与学习上应用思维导图的特性来规划统整艺术课程。我将会以我绘制思维导图的经历为例，讨论思维导图对课程规划的影响与优缺点。

① 思维导图（Concept Map）也译作概念图，是把想法通过绘图具体呈现的一种方式。

第一节 网图、心智图和概念网

20世纪70年代，诺瓦克(Novak)和他带领的研究组在美国康奈尔大学提出思维导图(concept map)的想法。诺瓦克认为我们的大脑对各个讯息的传递并不只是单纯的一个口令、一个动作。一条讯息和另一条讯息间的连接，完全靠相互之间的关系来建构联结，它们之间有个线性的连接，而我们的大脑会自然而然地赋予这条连接线某种意义和解释。这些在线上形容概念和概念之间的关系所用的意义和解释，即是凸显概念网（concept web）和其他整合思维图形的不同的地方。

诺瓦克认为，唯有赋予意义，我们的大脑才能进行有意义的学习。这种情形在学生学习新知时更是明显。他们为了要明白一个概念，往往会从发问中或是在经验记忆中搜寻这个新概念可能会有的关系与意义。举一个实际的例子，我的儿子在六七个月大的时候，他经由观察便可以明白手指和钢琴之间的关系，手指做出按下键盘的动作，便会制造出声音。"琴键"和"按下的动作"便成就了手指和钢琴互相存在的意义：制造声音或是音乐（图10-1）。

图 10-1 ◎手指和琴键的例子

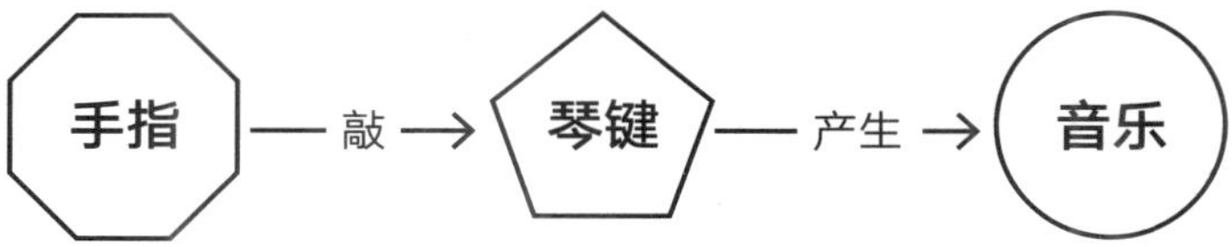

的确，知识的获取和大脑的活动有绝对的关系。科学界一直存在左脑与右脑的分野，我们的右脑和左脑吸收、储存的信息不同，右脑偏向于节奏、颜色、图像、白日梦、空间感等具有整体性的信息，左脑则是偏好于文字、数理、逻辑等具有次序性的东西。

原则上，概念网企图把左脑和右脑结合，将我们的思维做视觉上的整合。当我们产生一个意念或想法时，大脑会自然而然地跳跃至另一个相关的意象或议题。就像是因特网一样，一次点击可以引领我们到另一个相关网页。

概念网的目的在于记录并凝聚我们的思维。换句话说，在一个主要的概念和衍生的第二概念之间，必定会有一些互动的关系。它们可能是对等、对立、互惠的，也或许有等级尊优之分。这些关系的变动性完全要视情况而定。

英国学习大师东尼·博赞(Tony Buzan) 设计出和概念网有异曲同工之妙的“博赞有机学习技法”(Buzan organic study technique，简称BOST)。“BOST”心智图学习法也是根据这个“创造有意义的字符串”的理念来刺激大脑记忆力。他说：“当我们。用合宜的方式。将信息安排成。有意义的字符串。人们的大脑。在眼睛的帮助下。就可以。非常容易地接受讯息。”上面这些被刻意肢解、断断续续的字符串虽然减缓我们阅读的速度，却成功地帮助大脑有效地陆续接收、储存、分析、控制以及输出信息。

的确，记忆力的养成和学习成效有极大的关联。举例来说，小时候背诵唐诗时，语文老师吴允成告诉我们，最有效的做法就是从诗句里产生图像的联想。我记得他教的第一首诗是宋代诗人邵雍的《一去二三里》：

一去二三里，烟村四五家。亭台六七座，八九十枝花。

吴老师要我们想象一个人徒步在乡间散步时所见的景致。随着诗句的进展，我脑海里便如雾中风景般逐渐显示出下一个句子的影像。这种以诗对应画面，亦即“诗中有画、画中有诗”的引导方式，对于日后我善用记忆力来获取知识有很大的影响。二十多年之后，在一个冬日的夜晚，我在美国堪萨斯大学的艺术图书馆里无意间发现一本利用半透明纸质来呈现雾中行车的儿童绘本。当时我一边翻阅，邵雍的诗句也逐一在脑海里流淌出来。这个经验对于一个冬夜身在异乡的留学生来说，有莫大的安慰。

一旦有了影像，记诗（或记事）便不难。图像可以有效地帮助并延长记忆。对于唐诗、小说、散文和历史，还可以用逻辑、情节、时间在脑海里形成相关影像来辅助记忆。但是，有些抽象的知识却很难一下子就上心，这时，为人师的就必须想想其他的教学办法了。

我相信在我们学习的过程中，多多少少仰赖老师所提供的“秘诀”或“口诀”来快速记忆难懂的艰深理论。博赞举了一个在美国教孩童熟记高音乐谱的音符名称的例子。基本的音乐视谱课程要求学生必须记住CDEFGABC这些音名，以及它们各自在乐谱上的位置。除此之外，还要知道每个音符所代表的唱名。要学

图 10-2 ◎音阶口诀图

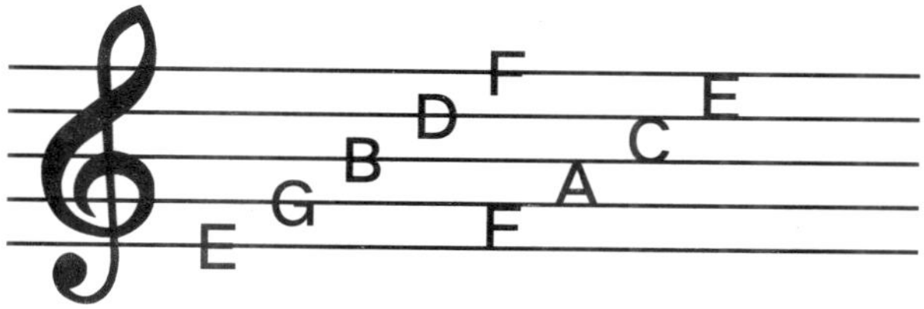

生一下子就记清楚音名、谱位、唱名的确有些难度，因此许多音乐老师都使用一个流传下来的捷径，那就是把识读音谱的音阶变成一个字符串，Every Good Boy Does Fine；以及一个单字，FACE。FACE显示的正是位于线与线中间的音。如果取Every Good Boy Does Fine中每个字的第一个字母的缩写，便成为EGBDF，把EGBDF和FACE组合起来，则变成音阶上从Mi 到高音Fa的音名排序。学习者可以根据字母的顺序，往下或往上陆续找出其他的音写出CDEFGABCDEFGAB的音阶(见图10-2)，这些就是位于五线谱上的音符。我自己在美国求学的过程中，因为在台湾学音乐时用的是唱名来学音符，要一下子把自己用习惯的Do Re Mi Fa So La Si Do 唱名辨识法，或是从乐队沿袭的1234567数字记忆法转换成使用正规的音名，真的感到十分错乱与沮丧。我后来也使用了这个口诀，马上就牢记在心，受益良多。

这个例子凸显出字符串引发我们思维联想的特性。如果加以善用，便可以有效“简化”繁复难记的公式或必备知识。透过联想的诀窍，虽然Every Good Boy Does Fine的字符串本身和音乐并无关联，但是因为好记、加上有乐谱的视觉图像来帮忙，这个学习识谱的特定议题的记忆力养成便能成功与持久。

这个学习上的例子也让我意识到，老师们经常以学生能否流畅记诵教学内容来作为他们“用心”学习的结果。但我觉得更重要的是，老师们本身也必须做到“用心”提供多元的教学辅助工具，才能帮助学生达到事半功倍的效果。

心智图（mind map）最大的优点，就在于促进记忆力的养成。博赞认为心智图可以全面地运用增进记忆力，它的“十大核心记忆原则”包括：感官、夸大性、节奏与动作、颜色、数字、符号、次序与样式、吸引力、幽默、正向思考。博赞进而精准地指出，“想象”与“联想”是造就记忆力的两个主要的元素，而这些记忆原则就是有技巧地特意激发大脑“想象”与“联想”的能力，来凸显某个资料来让我们印象深刻，进而达到记忆的效果。

我认为这十大原则其实也是设计心智图时要考虑的设计元素。设计者必须有效运用这些激发我们“想象”与“联想”的能力的元素，来与心智图的读者做有效沟通。

运用心智图的特性来推动有效记忆力的养成，的确是一个教学的利器。仔细想想，这些原则何尝不是在提点我们教学上应该运用的方法?

第二节 概念网在教学上的运用

概念网的重点在于找出这些字符串，来促进大脑对信息的联想和整合。特别是在语文教学上，它可以引导学生重整研究或写作的思维，用视觉的形式来增加学生的专注力。教育专家帕蒂·达培如（Patti Drapeau）相信，我们如果训练学生充分利用图表思考技巧，绝对可以达到班杰明·布拉姆（Benjamin Bloom）所列出的智能的六个层次：知识 (knowledge)、理解 (comprehension)、运用 (applying)、分析 (analysis)、综合 (synthesis)、评估 (evaluation)。她进一步提出21世纪的教学法必须有所改变[②]。这个改变并不是一般老师所理解的强调电脑科技在课堂上的运用（当然它们也很重要），而是寻求一个有利的教学工具来刺激和训练学生的批判分析、解决问题的能力。这个教学工具不是具象的计算机技术，而是理解力的多方运用。她致力于推动图表整合型教学的用意，就是希望通过概念图表的引导，学生可以多方剖析理解吸取的知识。

② 帕蒂·达培如(Patti Drapeau)(2012). Differentiating with Graphic Organizers. Youtube影片可以从以下网页联结。https://www.youtube.com/watch？ v=PXSq_eO2ruk.

近年来，概念网不但用在语文教学中，也逐渐在数学与科学教育中帮助学生了解理论或方程式的运作。在教育界，老师们普遍相信概念网可以：

（1）帮助学生明白特殊的词语、概念、理论。

（2）强化学生的逻辑思考。

（3）引导学生对资料有效地重整和融合。

（4）训练学生对讨论的议题有深入浅出、多元化、全面性的见解。

（5）增加学生的观察洞悉力，来深刻了解各个层面、细节与细节之间的关系。

（6）加强学生批判思考的能力。

（7）激发学生对一个主题的创造力和想象力。

（8）改善学生的专注力、记忆力。

（9）鼓励学生充分利用已知的知识和经验。

（10）增加学生对新知识的好奇与渴望。

我们的知识来源绝大部分以语言文字为主，在教授新知识时，我们往往也借由听、说、读、写来加强对新知识的印象。然而，不可否认的是，如果在学习的过程中加入了图片、图表或是其他和视觉有关的影像，它们更能刺激大脑对新知识的理解力。基于这样的理由，许多老师除了将教材多样化之外，更相信学生如果能动手将自己对知识的认知力图像化，不但能加强学习效果，更能帮助老师了解学生的吸收成效。

第三节 网图和思维导图的区别

网图是记录大脑对于某一讯息所产生的概念的方法，一个概念可能又衍生许多概念。网图可以强化某个主要概念，并对于它所衍生的其他概念做归类和整理。它强调的是概念的存在，其内容是随性的、没有先后顺序，也不强调概念和概念之间既定的关系。这有点像是博赞的心智图，体现思维流畅里的随机而随机中却也隐约有秩序可循的特性。

和网图不同的是，思维导图除了列出各个概念之外可能的流程，还必须具体简约地陈述从一个概念延伸到另一个概念的关系，以及概念与概念相互之间产生的关系所造成的影响。它的形成有时间性和顺序性。而且，概念与概念之间的清晰度也有区分，层次分明地从整体的概念涵括性到各个延伸概念的具体化与明确性做一个有效的推演。值得注意的是，在推演当中，每一个联结都经过审慎思考，删除、筛选或延伸，都不是随性的决定。

我认为这对于一般教学设计，特别是计划统整课程当中，对厘清思维非常有帮助。

怎么说呢？在设计课程时，我们首先会拟定一个授课的主要议题 (topic idea) 或是主题（theme）。老师在确认主要议题之后，便可以思考讨论主题的焦点和方向，然后决定在主要议题之下可能衍生、会在课程中讨论的小议题 (key ideas)。

假设我们以第二次世界大战为主题来制作教学思维导图。因为每个老师对于第二次世界大战这个主题都有不同的见解，所以虽然主题相同，但所形成的小议题并非绝对，而是看各个任课老师的需求、学生的学习接受程度以及各个学区规定内容而定。比如说，有的老师可能完全会着重于大战对世界所造成的影响，有的则重视时间的进程，有的以军事武力的发展为轴心。因此，每个老师的思维导图也不会相同。只要是与主题有关的概念，依据课程需要，都可以融入课程中。

举例而言，我们如果从历史的角度来讨论第二次世界大战，可以概括地分成：时序 (when：强调发生的时间点)、参战国 (who：强调国与国之间的合作、对峙关系)、战地 (where：强调战争地的重要性)、影响 (what：强调战争之于社会经济、人性、人道、和谐的议题)。这些小议题产生之后，老师便可以进一步拟定出他要引导学生学习所需要的授课教材与资料。老师甚至还可以在每个小议题之后再分类成更细的枝节。

当我们把概念可视化，让思绪顺着小议题继续衍生，产生的图形便逐渐变成一个网状，甚至扩大成为一个联系网络。用思维导图来呈现教学第二次世界大战流程的例子如下（图10-3）：

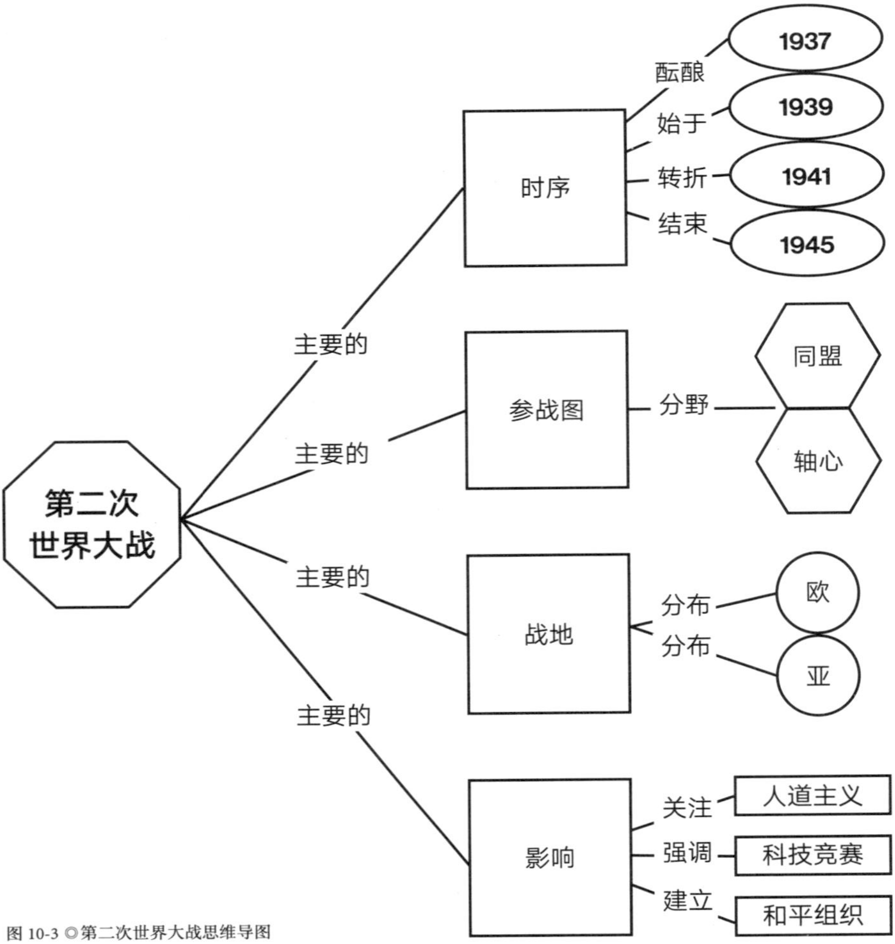

图 10-3 ◎第二次世界大战思维导图

和网图相比较，思维导图中一个概念和另一个概念之间的连线是有方向性的，而且这些线条不是随性地记录概念的存在，譬如：我想到甲，然后又想到乙，但甲乙之间可能完全不相干。换句话说，思维导图有逻辑性、次序性、因果性的关系。虽然思维导图和网图一样可以延伸，不过同一个阶段所用的连线必须有相同的意义。我再举一个例子：两个似乎不相关的概念，在关系线的连接下，可以产生新的意义。譬如，“种子”和“阳光”，因为有关系线的连接，便可以清楚阐述它们之间存在的关系。我们延续这个关系而产生的概念，来探究它们更进一步的关系与延伸的学习元素：种子不光只需要“阳光”才能生存，还得要有另外两个重要元素，即“空气”和“水”。很明显，“阳光”“空气”“水”，三者的地位同等重要，都排在同一阶级。因为这个基本整合概念，我们可以进一步地延伸出“光合作用”的概念（图10-4）。

图 10-4 ◎光合作用思维导图

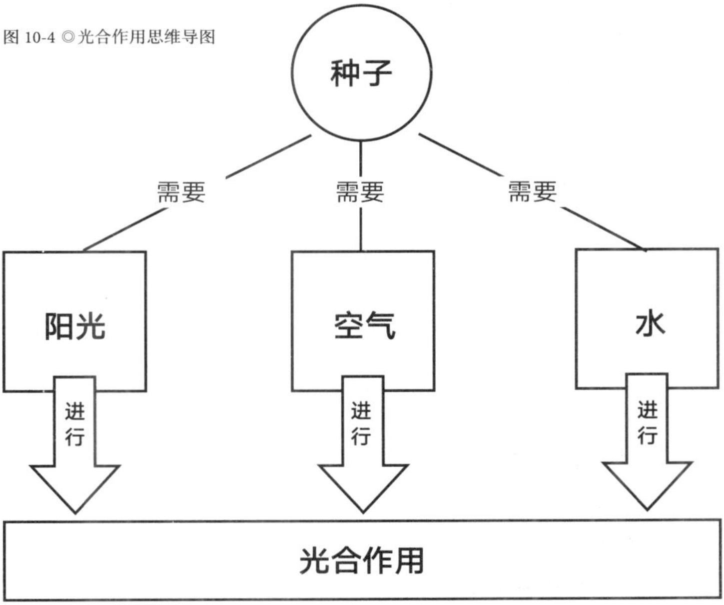

这种阶级性的产生，也正是思维导图的另一个特质。它反映着诺瓦克所强调的“思维导图的空间性”。这个特性有助于在我们的思维在进行统整时，以图形的方式在二度空间呈现。既然如此，在遇到复杂且多样的概念时，将概念做一个阶级性的排列十分重要。我们可以先把一个比较有包容性、一般性及普遍性的概念把握住，然后渐渐延伸至更细节、比较有独特性的概念。

第四节 思维导图为教学工具

思维导图好比语言学里的比喻法，用一个意象简洁地表达出复杂的概念。而且，每个概念和概念之间的联结，让思维者可以不断地反映、分析、重整、组织、架构。经过沉淀省思之后所获取的知识，对学习者来说，不仅加深了学习者的认知能力，也可以提高学习的长效性。思维导图可以促进学生的统整能力。可视化的转变与应用可以帮学生更清楚地描绘出思绪的脉络。可视化的图形十分多样，有允许自由发挥的空间。正因为这个独特性，有些老师认为思维导图可以在学生写作时帮助他们厘清思路。在学生动笔写作之前，有必要带领他们制作思维导图来规划写作的程序、大纲与例子。可视化的步骤也能够强化他们想要诉说的主题，可以用图形的方式规划蓝图。在制作的过程中，学生随着思维导图的延伸来推演、整理创意写作里错综复杂的故事情节，讨论因果、预测、布局，进一步加强写作的逻辑性思考，并适时地描述细节来让读者有深切的感受。

思维导图也可以是学生自我评鉴的途径。举例来说，在读完一本书之后，学生可以用思维导图的形式为书中的人物、情节做报告。在阅读报章时事之后，鼓励孩子利用思维导图延伸概念的特性来为文章做论证、分析，进行批判性的论述。老师可以根据学生思维导图的创作进一步评估学生学习的结果。

根据我的教学经验，制作思维导图的基本步骤有两种。我把第一种类型称为“卫星型”，第二种类型则是“板块型”的思维导图。以下是我教授学生制作两种思维导图的提示。

卫星型的思维导图制作步骤：

（1）把主要概念的名词列出。通常用5到10个可涵盖主要学习的名词，写在纸的边上。

（2）将这些名词分散列在纸上，各个名词之间留出一些足够的空间，待会要画连接线。

（3）这些名词可以一律单纯地用圈圈（框）起来，也可以趁机用形状做进一步的分类，例如用圆形、菱形、正方形把每个名词框起来，代表不同类别、分野、方向的概念。

（4）用线将概念两两连接。连接时想想两个概念可能有的关系，在线上加注箭头，表示概念的方向性、层次性；并用句子或词语来阐明这个关系。等到确认关系之后，便可以用比较精简的词语（常以动词）来解释。

（5）逐步完成所有概念的连接。如果有需要，可以按照这个概念草图来另外构图，重新做个整合，把有相同关系的概念结集排列。

板块型的思维导图制作的步骤：

（1）从一个主题概念开始分野、归类出几个重要的方面（例如教学内容、教材、教学活动、教学评估）。把这些和主题配合的相关方面一一用线连接。线上简述主题与各个方面之间的关系。

（2）每个方面可以用形状或颜色来注别。

（3）每个方面根据相关性的思考来进行另一个层面的延伸。用线连接，并在线上简述此方面与下一个层次的关系。

（4）每个方面平行进行。相互之间或有交集，可以用线连接；或为独立个体，但与主题有一定的相关性。

简单来说，卫星型的步骤是由一组概念产生之后，再进行思考各自连接的关系；而板块型的步骤则是允许概念随着思绪的发展来逐步进行深层的探索。两种方式虽有不同，但通过系统性的整理，都可以达到整合强化主题概念、厘清思绪的目的。

第五节 以思维导图作为课程计划的运用

设计课程本身就有复杂性。首先，老师得要确定所订立的教学目标、设计的内容与学生的分段能力相吻合。其次，学生所学习的新知识最好可以有长效性，并与其他课程融会贯通。最后，整个课程计划必须和其他的课程有相关性，以确保学生学习的连贯性。仔细想想，课程设计的过程和一个思维导图的产生本身就有异曲同工之妙。一个教学议题可以激发更多的子议题，延伸不同的角度视野。因为思维导图可以帮助老师有效统整、规划整个课程的流程，并且能帮助老师们更清楚地明确学生应该学习的概念。

思维导图可以帮助老师把教学计划可视化。因为思维导图强调关系性，老师们在写课程计划时更能思考活动和活动之间的环节是否和教学主题相关。此外，在教案整合的过程里，它也可以帮助身为老师的我们组织、统合、列出该做的事项。思维导图就像筛子一般，一层一层地提供或激发学生探索更多相关的知识。它所追求的是知识的广而深，而不是虚泛易忘的知识。而统整教学正好可以落实系统性思维的目标。

既然思维导图可以厘清思维、进行系统性的整合，那么，它如何实际应用于统整艺术教学设计里呢？如果老师面临更复杂的教学环境与要求，思维导图是否能迎刃而解呢？

为了要解答这些疑问，我特别规划了一个“与博物馆结合的思维导图课程设计”训练[③]。

③ 本节部分内容节录于我在美国国家艺术教育学会举办的“数据可视化”研究小组网络研讨论坛，所发表的思维导图是在课程设计中的实际应用。

一、“与博物馆结合的思维导图课程设计”训练

2014年秋天，我带领职前老师们参观一间刚落成启用的地方性综合博物馆瑞奇中心（Reach Center）。这个博物馆以重述第二次世界大战期间“曼哈顿计划”（Manhattan Project）的事迹为重

点，将制造核元素的原因、寻求制造元素的基地、制造过程、战后清除核元素、当前环境保护议题等做一个精简性的展览；也针对所处的哥伦比亚河（Columbia River）、蛇河(Snake River)与亚吉玛河(Yakima River)，三河汇流的特殊地形做简介。除此之外，馆内也对刘易斯（Lewis）和克拉克（Clark)的拓荒探勘之旅与当时原住民的相关历史有些简单介绍。馆藏本身结集历史、科学、地质、环境科学与自然科学，十分适合作为统整课程设计的资源。

在出发之前，我针对这个教学课程制作了一个思维导图，来“确保”学生在这次参访中达到我预期的教学目标。如图10-5所示，这个教学设计的主轴以第六章所讨论的“桥梁型”教学框架来进行，共分为诠释、反思、创作三大流程。

图 10-5 ◎ 与博物馆结合的思维导图课程设计

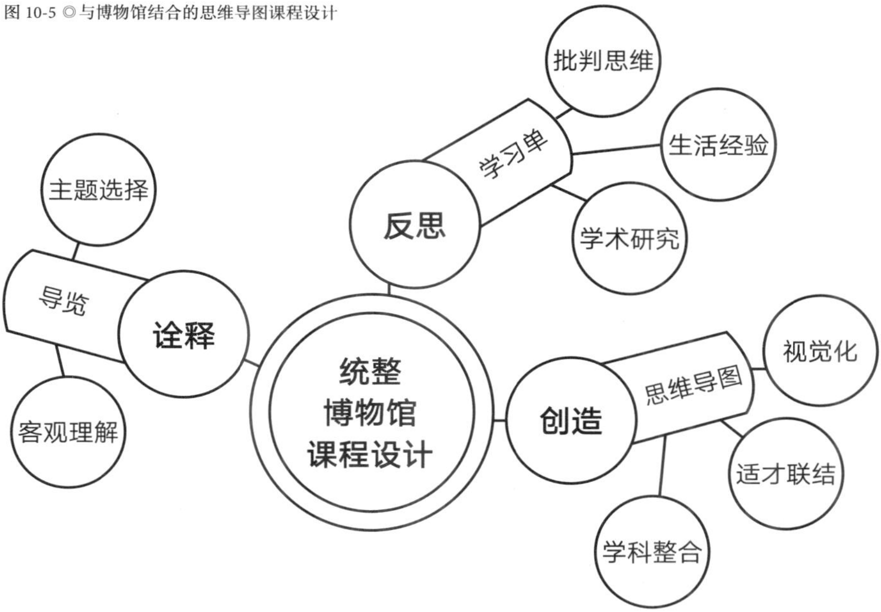

在这个教学计划里，根据三个流程的进展，我安排职前老师们面临以下不同的挑战：

1. 诠释

馆内活动：职前老师由专业导览员带领分组参观三个展览厅。

导览过后，职前老师两人一组，根据我预先设计的学习活动单来完成以下步骤：

（1）主题选择：各组从博物馆展览当中挑选馆藏作为统整课程设计的主题，选择的标准以“适龄实用、长效学习”为主。

（2）客观理解：组员在评估教学联结时，从博物馆展览品本身呈现的意义、隐射的社会价值以及批判性社会议题、社会势力的角度来客观讨论、重温、检视历史事件的意义以及影响教学计划的广度、深度和限制。

2. 反思

馆内活动与回家作业：职前老师们在精选出作为教学用的馆藏品之后，我向他们教授并解释制作学习单的重要方针，例如如何有技巧地运用提问题的方式，从who, where, what, how出发，把展览品和学习者做积极地有效联结[④]来训练学生的学习能力；并以韦伯的“知识的深度”作为自我评鉴的准则，组员共同思考各个问题本身激发的知识获取阶段。他们所设计的学习单中的问题与活动，必须反映、鼓励学生运用以下能力：

（1）批判性思维：设计的问题里必须做到强化学生的思考能力、解决问题、分析与统整思维，而不是偏重于记忆取向的提问方式。

（2）生活经验：在学习单中联结学生的生活经验或是当前社会动向，来强化个人评估与思考能力。

（3）学术研究：学习单里的问题体现职前老师根据馆藏进一步从事的相关研究，从而强化并丰富学习单的内容。

④ 帕特·维纳夫（Pat Villeneuve）与安妮·洛夫（Ann Love）制作的一套以学习者为中心的导览提问方法。学习者在导览当中不停地反问自己与艺术展览品之间的关系：我看到什么？我还可以学到什么？这个艺术品的意义是什么？我可以拿它来和其他类似的艺术品做比较吗？这个艺术品与其他的学科之间关联性为何？它对我有何意义？这些问题可以深入地引导学生发现展览品可能具备的意义，也可以探究艺术家创作的过程，同时启发学生自己对艺术品的评价，更进一步与已经所学的相关知识做联结。

3. 创造

职前老师以自己制作的学习单作为脉络，进一步规划并设计相关的统整课程计划。

（1）可视化：他们的课程计划必须以思维导图来呈现。这个思维导图可以是手绘的，也可以是用我之前介绍的相关电脑软件来绘图。

（2）适才联结：课程设计内容与活动规划必须适合所预想的年龄层，针对学生的学习能力来介绍、加强馆藏的主题。

（3）学科整合：他们的课程计划必须至少统整三个学科。针对当时师培训练统整艺术课程的需要，其中一个艺术类的学科必须与戏剧类相关。除此之外，他们也可以根据教学需要加入其他统整艺术类的学科来强化学生的学习。

二、职前老师们的教学思维导图实例

第一组　教学主题：原子弹的时代

教学对象：4～5 年级

统整学科：历史、语文、科学、艺术、戏剧

设计者：戴安娜·福恩特（Diana Fuentes）与麦克·贝尔（Michael Bell）

指导老师：陈怡倩

制图工具：借由网上思维导图制图网站www.gliffy.com所提供的软件制成。

图 10-6 ◎教学思维导图范例一（教学主题：原子弹的时代）

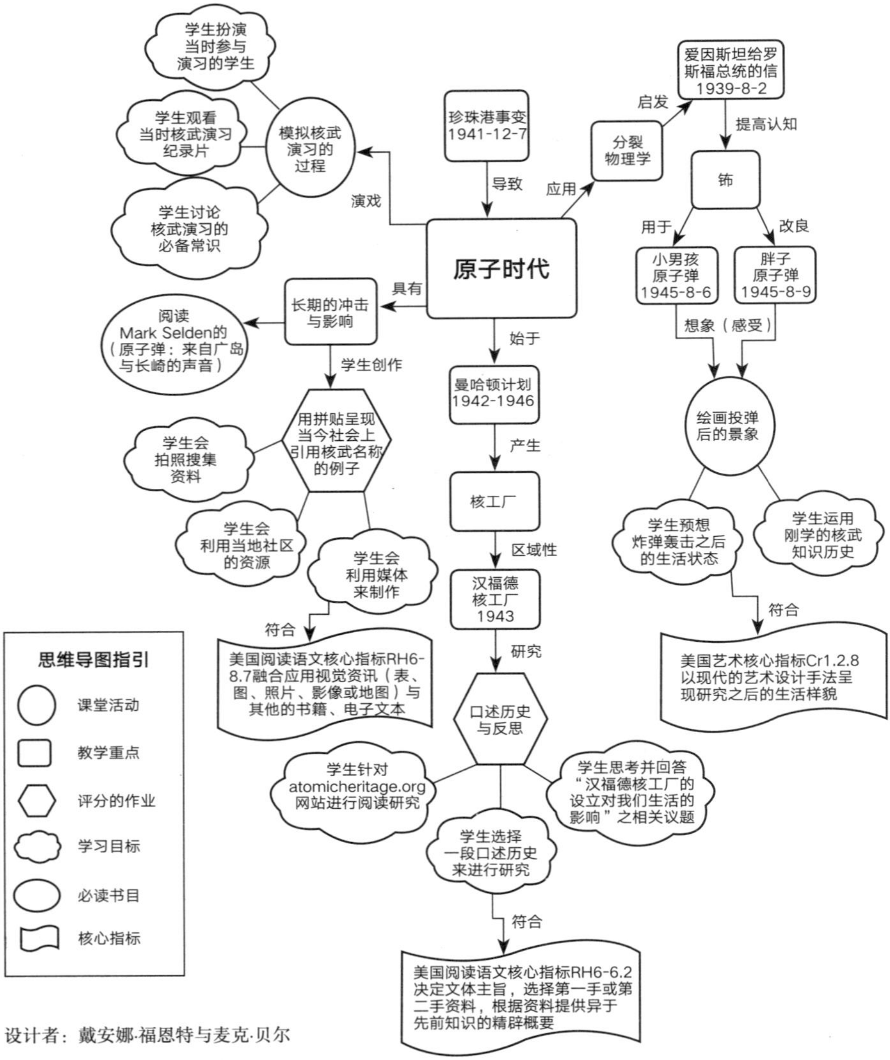

设计者：戴安娜·福恩特与麦克·贝尔

从戴安娜（Diana）和麦克（Michael）的思维导图（图10-6）得知，他们以原子弹的历史事件发生先后为教学计划的中心主轴。1941年珍珠港事件为导火线，激发美国的武器制造，造就原子弹时代的诞生。我所处的城市，在当年是荒无人烟的地方，虽然有哥伦比亚河经过，却是风滚草丛生的沙漠地带。也因为这条河的存在，当时美国国防科学研发单位认为它可以成为帮助原子弹原料快速冷却的天然利器。于是，几乎在一夜之间，一个城镇在荒烟蔓草中诞生，成为战争时期制造核原料的工厂、汉福德（Hanford）研发中心的所在地。当时的居民以工人、科学家、国防单位人员以及他们的家属为主。

戴安娜和麦克认为这些和本地文化息息相关而且深具历史意义的方面，值得和学生深入介绍与讨论。戴安娜说他们以卫星型的思维导图制作方式来制图。在设计之初，他们先列举十几个从展览内容得到的灵感作为教学主要议题。接着他们把这些议题根据内容分类，发现可以归类成三大部分：首先是随着主题走的原子弹的历史，以汉福德中心成立的缘由为焦点；其次是以科学为本的物理与核子物理知识，介绍两颗原子弹制造的过程；最后是原子时代对地方性长久的影响，鼓励学生注意镇上有没有以原子弹命名的店家、街道名称，并由当地中学校徽出发，讨论现代居民在战后的怀旧心情、在人道主义与国家使命感之间的挣扎与批判。每一个方面都包含相关的学习内容、活动、作业、教学评估等设计课程的基本内容，并根据主旨内容与国家教育学习纲领配合。

在把概念做可视化设计的时候，他们考虑到如何让观者在短时间内理解整个课纲的精髓，便以形状与颜色来代表不同的方面与资讯，尽可能地保持逻辑与清晰度。譬如：蓝灰色的方形代表主题，咖啡色的圆形是相关的教学活动，白色的云朵是期待学生应该学到、做到的事（他们坦言，选择云朵的形状多少也是因为对核子云的联想而产生的影射），赭红色的六角形则是针对学生的学习活动所拟定的教学评估，紫色的椭圆形明确列出学生必读的首要书单，最后在浅绿色浪形的区块里点出与国家教育学习纲领[5]相吻合的学习目标。

⑤ 本书以单色印刷为主，原图是彩色的，这里特别解释设计者原稿里的用心设计。

他们透过这个统整课程，期待学生能从历史的角度了解地方历史以及小镇在第二次世界大战所扮演的角色。他们从人道的立场，引领学生研究并画出与原子弹战后相关的图像，体现战争的无情与生命的可贵；运用角色扮演的戏剧手法，让学生理解当时原子原料工人的立场；并鼓励学生阅读相关历史书籍。

第二组 教学主题：曼哈顿计划的社会议题

教学对象：6年级

统整学科：历史、语文、戏剧

设计者：爱瑞丽·罗拉（Areli Lora）与凯拉·范曲（Kayla French）

指导老师：陈怡倩

制图工具：借由网上思维导图制图网站www.gliffy.com所提供的软件制成。

同样以“曼哈顿计划”为教学主题，爱瑞丽（Areli）与凯拉（Kayla）则从社会议题的角度出发探讨当时环境下的生活。这个板块型的思维导图设计（图10-7）以学习单为中心，作为引导教学的起始点，分成上下两个板块。上面的板块详述教学内容，再针对隔离、就业、社交三大方向来检视性别、阶级、年龄，甚至种族之间的关系；从当时的工作营区的生活步调与休闲活动来重构、理解小镇当时的风貌，也进一步讨论设厂所造成的经济影响，比如创造就业机会、关厂之后的裁员风暴带来的居民流失，以及留下来的居民如何创新延续“后曼哈顿计划”的生活。

这个思维导图下半部的板块则以作业活动为主，再分成三部分：（1）指定阅读的书目。（2）与语言学科相关的活动：指导学生在阅读研究之后，用俳句的方法写下描述当时在汉福德中心从事原子弹铈元素制作工人的生活。（3）与戏剧结合的统整活动：角色扮演。学生根据研究写出独白剧本，从不同的角色（孩童、管理人、工厂人员）出发来感受当时夹杂克难、艰辛、爱国却又不知自己从事制造活动的真相的复杂情绪⑥。

她们的设计的原稿也以颜色划分：蓝色是主旨，绿色是教学内容，紫色是作业，橘色是活动，黄色是课纲，粉红色是评估。她们很清楚地把教学的内容与重点明快地规划出来。

⑥ 根据瑞奇（Reach）博物馆的说明，当时许多被聘用的工人并不知道自己做的是核元素降温、废料处理的工作。营区里常有“多做事、少开口”的标语。一直到日本投降之后，报纸头条提到提供原子弹原料的所在地，镇民才惊讶地明白自己参与了改写大战的大事件。

图 10-7 ◎教学思维导图范例二（教学主题：曼哈顿计划的社会议题）
设计者：爱瑞丽·罗拉与凯拉·范曲

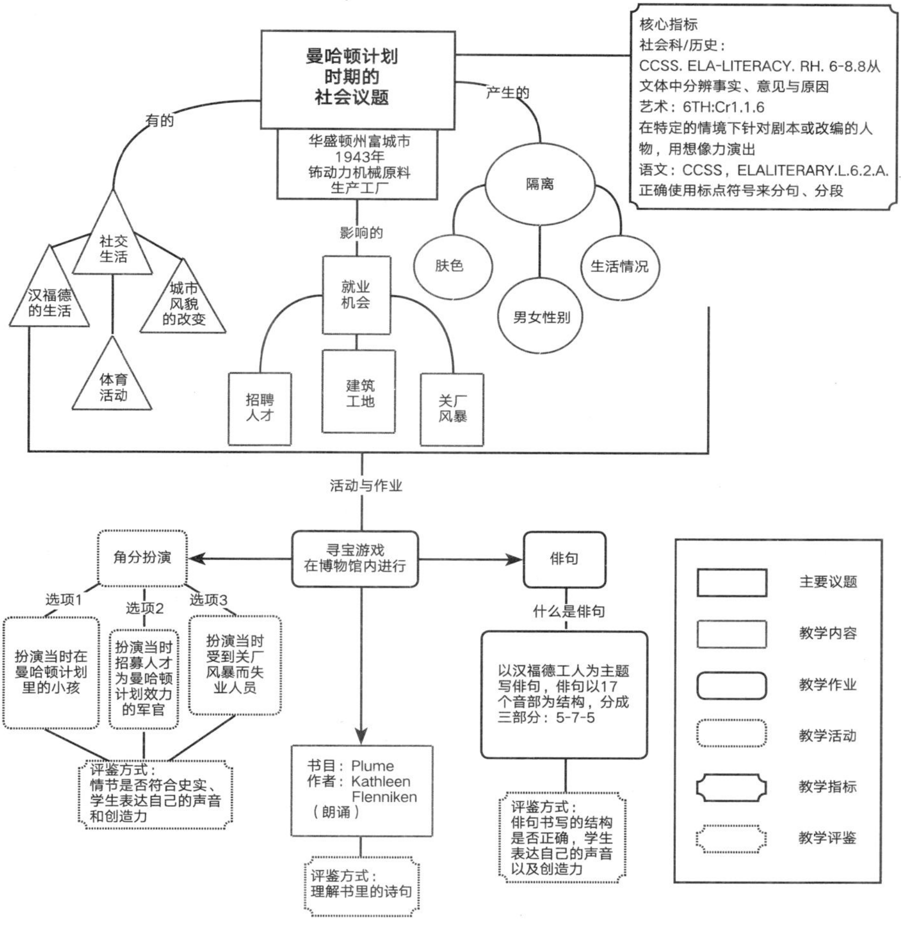

第三组 教学主题：春根节

教学对象：5年级

统整学科：语文、社会、戏剧、美术

设计者：克里斯刚·杜拉斯（Christian Gonzalez）与克尔妮·派斯文奇（Courtney Pestovich）

指导老师：陈怡倩

制图工具：手绘

图 10-8 ◎教学思维导图范例三（教学主题：春根节）
设计者：克里斯刚·杜拉斯与克尔妮·派斯文奇

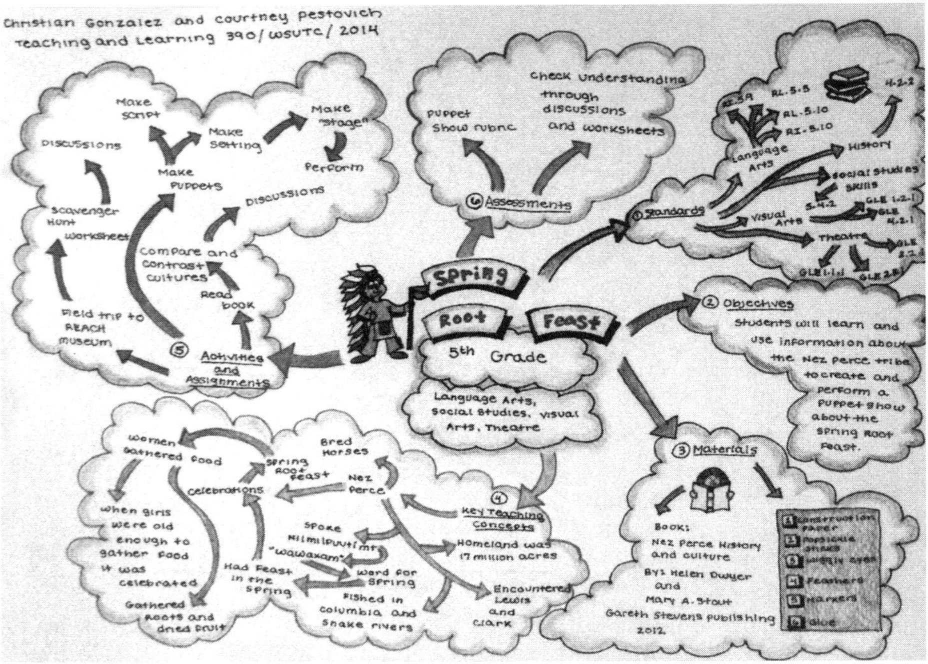

同一个展览以不同的角度来探讨，自然会衍生不同的课程设计。克里斯刚·杜拉斯（Christian Gonzalez）与克尔妮·派斯文奇（Courtney Pestovich）针对在汉福德核子制造厂尚未诞生、在美国尚未建国之前，针对居住在哥伦比亚河流域印第安原住民的“春根

节”为教学主题，设计出语文学科、社会、美术、戏剧的跨科课程。他们在手绘的思维导图（图10-8）中分成六大板块:（1）课纲：具体点出符合课纲的课程内容。（2）学习目标：学生通过偶戏的手法展现所学到的知识。（3）教学材料：包含学生必读的书目以及创作偶戏的材料。（4）主要的教学内容：印第安人传统春根节的历史源流，传统习俗与庆典，沿河流域的农作物、食物、生活习惯、女性扮演的角色。（5）活动与作业：读书报告、文化习俗比较研究、偶戏制作、舞台设计与制作。（6）教学评鉴：偶戏制作与表演的评量表、从课后讨论中评量学生对于学习主题的理解能力。

三、学生对于用思维导图来做课程规划的感想

经过一个月的研究讨论，这个用思维导图把教学计划可视化的练习的结果相当令人惊喜。虽然各个小组都是以同一个博物馆的馆藏作为教学创作的灵感来源，各组的统整课程设计的内容与强调的重点却十分多样，充分体现出激发职前老师原创教学的意念。借由博物馆的展览品，他们进一步研究，然后从容地把繁复的统整课程的脉络依序分解、分析、整理、归纳；按照教学需要编配，以视觉化的方式来呈现，凸显对系统化思维灵活运用的重要性。

这样的教学设计过程和传统以文字表达的撰写课程计划的方法很不一样。常见的传统课程设计仰赖书写过程，可能以浓缩的表格方式，用一两页来架构书写或是采用页数繁多的详尽记述。因此，对这些职前老师们来说，这种把教学设计浓缩成一张图的挑战，无疑是一个考验。他们必须静心思考，如何让第三者清楚地知道教学的宗旨与步骤，因此在构图规划时，需要清晰的思维脉络。有些学生认为在规划设计的过程里，由“观众”的角度出发来检视、自我评估思维导图是否达到传达讯息的必要方法。的确，视觉化的做法是一个浓缩的过程。它要求设计者运用系统性思维的技巧，把资讯、意念与图像结集于一身，有效地传递。利用图形与方向、以精简的文字提示来传达讯息的有效程度，并不亚于一字一句写出来的教学方案。

许多学生从“代课老师”的角色扮演出发，设身处地的想象如何在最短时间内理解授课内容。在现实世界里，代课老师并没有充裕的时间来预习备课。如果能有一张清晰的思维导图来提示，点出教学重点，会有很大的帮助。他们喜欢思维导图的原因在于它的简洁性，以及提供如流程表一般的明确性。然而也有学生表示，他们对图像的运用缺乏训练，也不敏感。对他们来说，视觉化的过程不仅是挑战，更是一种折磨，往往不知从何开始着手设计。除此之外，一些学生认为思维导图的浓缩性质会造成“简略”内容的危险。因为要把复杂的意念在有限的空间来表示，文字的叙述往往不足。简略的结果，反而会有“虚有其表、空洞无实”的反效果。这些负面的意见，值得有志于运用思维导图设计的老师们参考。

第六节 结论

在师资训练的过程中，“视觉转化”的训练十分重要。我相信一个老师如果具备“视觉转化”能力的话，他在设计教学计划时绝对可以做到事半功倍的成果。因此，教师在筹划、整合教学计划时，具备讯息可视化的能力是必要的。即使是简单的手绘思维导图，也可以有效地帮助教学者循序渐进地厘清整合教学内容。对学生而言，这样的转化过程的训练也是获取知识、应用知识的必要能力。

思维导图的确是一个有效展现课程计划的工具。它扮演着蓝图的角色，引领设计者厘清思维，凸显中心意旨，并强化各个步骤环节的关联性，对于统整课程规划有绝对的帮助。然而，因为对文字的依赖性，对于思维导图的接受度因人而异。正因如此，凸显了当代教育里对可视化、系统化思维训练的不足。不论是在教师培训或是在基础教育课堂上，我们应该积极思考利用制作思维导图这样的活动来增进学生运用归纳、分析的学习技能。

问题与讨论

1. 请上网搜集三个不同形式的思维导图，根据图的示意，你可以解读出这些思维导图所要传达的意义吗？它们设计的形式、使用的视觉元素会不会影响你的理解？
2. 请以“光合作用”为题，按照本章建议的步骤，用思维导图来设计一个统整科学、语文、艺术的课程。
3. 在制作这个思维导图的过程中，你遇到什么瓶颈？你用什么方法去厘清整合教学所需的庞杂资料？
4. 我们如何运用思维导图来增进学生学习的深度与广度？

第十一章

STEAM 艺术科技统整课程的本质与方向

STEAM 与艺术结合的视野，
可以把艰深的科技理论大众化。

面对经济衰退，美国不断地检讨教育体系的本质与内涵。教学者逐渐醒悟，过度重视智能发展而忽视实际操作的训练，反而会造成学科分数与培训必备能力之间的落差（会考试、分数高不见得代表知识与技术的获取）。这个畸形的现象，也造成经济发展的瓶颈。为了寻求解决之道，STEM、STEAM、设计为本等思潮近来一波波冲击教育界。本章将探讨这些教育思潮对统整艺术教育的发展有何意义，我们如何应变并落实统整艺术教育的本质。

第一节
从 STEM 到 STEAM

2009年，美国政府开始提出教育改革方案，针对国家科技发展的目标致力为各级学生规划出高效能的就业蓝图。奥巴马政府认为，科学(science)、技术(technology)、工程(engineer)、数学(mathematics)这四个领域是高薪、高回报的学科领域，因此美国教育应以提供科学、技术、工程、数学（STEM）融合的教育来训练相关的技能。目的在于优先储备这些高薪领域、出类拔萃的人才，使之成为未来国家进步的动力。

STEM的教育模式因此应运而生！

同年11月，政府进一步提出“教育为创新”（education to innovate）的教育计划，结集联邦政府、民间营利与非营利基金会的资金、咨询工业组织、科技类、产业界的管理精英与CEO（首席执行官），许下在未来十年针对STEM储备10万个STEM专业教师，来训练学生成为国家未来高科技工业的技术人才的宏愿。这一个划时代的教育契机至今已投资超过7亿美元，在全美各地大专院校、社区、各级教育推广并设立STEM中心。自2010年起，更以储备多样、多元人才为优先考虑，结集教育界与商业界的精英来改善美国基础教育的品质。2013年4月，奥巴马总统在白宫年度科学游园会上，再次强调，美国教育体系应该致力于建立一个实际操作的学习方式来教导科学、技术、工程和数学。他认为这是用教育来创新的一个划时代的契机。①

① 奥巴马白宫致辞，2013年4月，Educate to Innovate·Retrieved from http://www.whitehouse.gov/issues/education/k-12/educate-innovate

推广STEM除了对教育实用论的重视，以及强化国家经济竞争力之外，也企图缩短高科技工业界中性别比例的不均的距离。学者专家信心满满地认为，借由STEM在基础教育扎根可以激发女学生学习科学、数学、工程、技术领域的兴趣，进而打破“理工科学以男性为主”的刻板印象，鼓励更多的女性在科技领域就业。

然而，这个以科技工业为重的STEM教育风潮，在艺术文教界却激发反弹。原因在于，STEM的理念似乎忽略了一个事实：工商业的成功，除了仰赖精湛的科学技术之外，创造力与原创力才是成功的契机。从消费者的角度来看，的确，一个产品的成功，除了产品本身的实用性、质量、销售价格以外，也得考虑到设计的美感能否“引发”消费者的购买欲。而这个美感训练离不开艺术欣赏、创作能力以及批判力。这些与美息息相关的议题，必须从基础教育扎根，也就是说，只有STEM，并无法完全达到通过科学技术引领经济大国的目标。

罗德岛设计学院校长约翰 · 前田（John Maeda）[②]语重心长地指出，“批判性思维成就批判性的创作……我每天在罗德岛设计学院目睹学生运用批判性思维与创作技术解决问题的能力。这些才是可以确保国家具备创新的能力。而且，培训这些能力必须从K-12国民基础教育开始。毋庸置疑的是，创新设计的产品与解决问题的方法可以有效地推进经济；但不要忘记，唯有艺术家才能透过他们的作品，深刻地回答我们对人性的质疑，引领我们勇往直前”。他的意思就是，如果失去了艺术的成分，一个产品就没有保存的价值与意义，只会沦为属于功能性的物品。它虽然很实用，却是一个随潮流而逝的物质。它带来的成功只是短暂的销售力，而不是稳定的经济的长红。

② 约翰·前田对 STEAM 统整教育的重视全文，可以参阅 http://www.edutopia.org/blog/stem-to-steam-strengthens-economy-john-maeda

其实，工业与美结合的历史是有迹可循的。比如，希腊时代庙宇柱子与柱子之间的比例、柱子的装饰、雕像的动态平衡美，罗马时代的拱门、水道，甚至是圆顶建筑，这些例子在凸显人类追求实用、力学、形式的完美和谐。又譬如，在文艺复兴时期，达 · 芬奇的黄金比例构图、人体解剖图与透视法；19世纪工业革命带动光谱与色彩学的研究，激发艺术家们对观察实物与感官认知的改变；印象派的修拉的点画、塞尚的光影、马蒂斯的野兽派等，这些艺术史上划时代的改变，其实都是科学影响艺术，艺术反映时代的例子。

前田校长的一席话，不禁让人想起以艺术为本质而带动艺术教育改革的例子。18世纪欧洲在经历工业革命之后，受到机械取代人力的冲击，非但没有因为机械的存在而带动经济，反而遭遇到艺术设计人才流失凋零的危机。这个危机，使得法国、德国与英国重新重视艺术培训课程（虽然各国训练重点不一。法国以人体素描为本，从传统学院派出发，逐渐导向装饰艺术的应用；英国则以装饰设计应用为主要教学，很少开展对人体素描的基础训练）。

美国在19世纪末期，瓦特·史密斯（Walter Smith）把绘画技巧视为理解其他学科的重要工具，强调好的工业艺术必须把科学的“真与实际”和艺术的“美与品位”合一。从1919年到1933年发生的包豪斯运动也是工业与美术结合的例子之一。包豪斯创始人瓦特·格罗毕斯（Walter Gropius）受到1907年在慕尼黑成立的“德国工艺联盟”的启发，结合艺术与工艺，产品符合潮流与市场需求，集科学、科技、美学来满足精神与物质环境。这个因应工业化、现代化、都市化科技与艺术结合的建筑和设计的风潮，带动了20世纪30至50年代蓬勃发展的“世纪中期的现代主义”（Mid-Century Modern）。“生活与美”结合“实用化”“量产化”的概念，不但使各式家具设计蔚为流行，更影响建筑设计的发展。

环顾历史，艺术与工业息息相关，有相辅相成的作用。也难怪艺术家、艺术教育者、艺术爱好者极力批评“没有艺术的STEM教育，无法长久”。奥巴马政府以STEM为主的教育，基本上并没有意识到经济成功的本质得从培养创造力为主，而创造力思维种子必须从基础教育开始。STEM塑造的经济成功，充其量也只是暂时的假象罢了。

第二节 STEAM 的意义

那么，什么是STEAM呢？从字义解释，STEAM 是科学(science)、技术(technology)、工程(engineering)、艺术(arts)、数学(mathematics) 的缩写。简单来说就是运用科学、技术、工程、艺术、数学的技能作为切入点，来引导学生探究、批判、创作的学习方式。

这个切入点是什么呢？在STEM转化为STEAM的过程中，艺术扮演的角色又是什么？

有些人认为艺术在STEAM中的最大作用是“美化”与“视觉化”的过程，可以有效传达并沟通“以STEM为本质”的重点与结果。比如说，把收集的资料整合并且视觉化，或是把研究结果以艺术形式来呈现。资讯图表、信息视觉化、思维导图、音乐，甚至是电脑简报，都可以是“美化”的沟通。

我认为，这个“美化”或是“视觉化”的结果，不是窄化地“用艺术来包装”或是“为科学技术做嫁衣”。这些并不是STEAM学习架构的本意。其本意是通过对创造力思维进程的发想与推演来进行知识的联结与统整。

STEAM的学习架构无法把各个相关的学科单一化。它必须是运用各学科所必备的学习技能，综合性地深度探究整个教学的意义与价值。因此，在设计课程的过程中把学科区隔开来，并不是STEAM学习的宗旨。

在介绍STEAM的课程计划之前，我想先介绍ARTS的教学形式，并探讨STEM与STEAM在学习上的共通之处，以及各自代表的隐含意义，从中思考STEM的教学目的是什么，ARTS教学的目的是什么，它们的共通性与不同点，又是如何左右我们的思维。我想从“学习技能”“影响面”“评鉴目标”三个方向来省思，具体了解STEAM的目的以及它在教育上的价值，进而从中找寻可能的教学趋势。

一、ARTS、STEM 与 STEAM 的不同

1. ARTS 的教学形式

我们在第五章讨论了统整艺术的教学与老师“预设”的教育目标息息相关。艺术类的教学，比如视觉艺术、戏剧、舞蹈、音乐等科目，绝大部分着重于专精技术：视觉艺术以精进艺术技法、描绘能力为主；音乐教育强调教学着重于基本的视唱听写、音高、音准、乐器弹奏的技巧和节奏的训练；表演艺术则加强演练如何善用声音、表情、肢体语言来传达、诠释剧情的转折与张力；舞蹈艺术以律动、身体的伸展、舞步与节奏的吻合流畅度为基础。为了确保学生快速地掌握基本技巧，教学采取以模仿、复制技巧、老师为主导的学习模式。然而，即使加入了艺术欣赏、艺术史、音乐史、戏剧赏析等拓展学生学习艺术的知识，教学的重点仍停留在强调记忆力以及基本艺术知识的复诵与理解上，也就是韦伯的“知识的深度”（DOK）的第一阶段。

到了 20 世纪末期，教育界对艺术的定义不再狭义地以追求纯艺术为主。因此，艺术的教学方法也随着艺术普及化的意识兴起，渐渐往第二阶段（运用观察力来诠释并实践看、听、演的方法）与第三阶段（强调评估问题、整合与精致化的过程）迈进。这个改变对艺术推广有很大的助力。当今，新一代的美国艺术教育课纲与中国台湾地区十二年艺术教育课程草纲（见第九章）均从视觉文化的理解出发，以美感培训为目标，期许学生的创作展演可以连接经验、加强系统性思维的联结与执行，达到“知识的深度”第四阶段的获取。

艺术教育的视野必须脱离技术层面的框架，延展到联结其他学科的教学，并且让孩子从学习艺术的过程里经历愉悦的享受感、挑战自我、自主学习、参与互动、自然流畅、厘清目的、平衡发展、发挥潜能、实现想法。通过这些期许，我不禁联想到丹尼尔·品客（Daniel Pink）对教育者的提醒：“控制导致顺从，自主导致参与”。教学的过与不及，拿捏要得当，否则，教出来的只是一群不会思考创造的跟随者。教学应引导学生主动学习，把学习

的主导权还给学生；在自动自发的学习环境里，学生的参与程度提高了，学习的成果自然长久。对我来说，要体现艺术本质里的创意发想，教学的策略必须从建立学生的自主力开始。

我把 21 世纪 ARTS 的教学目标分成推广（advocate）、研究（research）、科技（technology）、系统（system），将其作为教学理念的四大方向（见表11-1）。在碎片化资讯膨胀的现代社会中，教育强调的是思维连接、自主学习以及科技创新的融合运用。相较之下，传统的教育方式偏向于分科的学习，容易造成学习者的局限并限制学习模式，使其无法突破并创新。

表 11-1 ◎ 21 世纪统整艺术教育的目标

教育目标		内容
A	dvocate	力求艺术反映出生活、生活连接艺术的多元教学，找出“艺术为闲学”的根本原因，建议以“艺术为显学”的发展为志，让艺术教育升级。
R	esearch	打破艺术只是精进艺术层面的刻板印象，引导学生从研究中获取经验，不断地优化创新。强调“动”的美术教育，“跨越”并“融合”造就智能、技能、职能合一的长远功效。
T	echnology	体现科技与现代社会的脉络，有效运用科学技术呈现创意。积极运用科技，并认识源源不断的创意活力才能造就稳定的产业经济。
S	ystem	系统化的思维强调灵敏力、连接力、整合力的培养，在必备的基本知识和内涵中找到平衡。

2. STEM 与 ARTS 在“学习技能”层面上的不同

要如何理解STEM与ARTS学习过程里想要培训的学习技能的类似性呢？在第九章讨论价值体系时，我介绍过韦伯的“知识的深度”认知阶级。它是一个审视教学目的价值的量尺。我们现在再度运用韦伯的“知识的深度”来审视STEM投射的学习技能与ARTS想要培训的学习技能的类似性（见表11-2）：

表 11-2 ◎ STEM 与 ARTS 必备技能一览表

知识的深度 认知阶级	STEM 科学、技术、工程、数学	ARTS 视觉艺术、新媒体艺术、音乐、戏剧、舞蹈
第一阶段	识别、安排	材料、安排、人、事、物（艺术史）、记忆力
第二阶段	观察、诠释、整理 比较、分类	观察、诠释、整理
第三阶段	假设、评估、解决问题 架构、精致化、合作	解决问题、评估、架构（构思）、精致化
第四阶段	分析、综合、应用、审视、连接、创造、执行（实用）	综合、审视、连接、创造、执行（展现）

由表11-2来看，科学学科和艺术类的学科在技能培训上似乎有许多共通之处。然而，真的是如此吗?

我认为，即使针对同一个技能，它的层次、目的并不尽相同。譬如以“精致化”来说，艺术类学科强调的是创作理念与技术细节，是媒材运用在概念中的展现。对科学类学科而言，“精致化”则是对研究实验进程的精密度与清晰度的体现。因此，我们在实践STEAM之前，除了明白STEM与ARTS培训必备技能的共通之处外，也必须考虑到它们本质的不同。

3. STEM 与 ARTS 在“影响面”层面上的不同

从社会影响层面上来看，STEM与ARTS也有不同。虽然STEM与ARTS课程设计的主体都是引导学生执行“解决问题”的能力。然而，这两个“解决问题”的目的以及影响面并不一样。在STEM的背后，是与社会经济联结的广大群众。“解决问题”，对STEM来说，每一个发明、每一个科学发现都负有提升人类价值、改善生活的重大责任（如图11-1）。

图 11-1 ◎ STEAM 的教学趋势为何

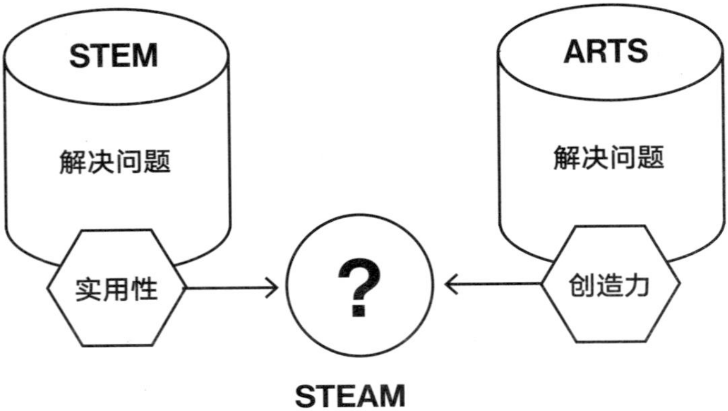

相形之下，ARTS所体现的社会责任感就不是那么绝对。虽然，某些艺术内容与形式可以撼动人心、具有社会意识、功用与价值，但这个层次与STEM的影响层面并不一样。比如大战时期的爱国海报设计往往具有激励人心、激发爱国热情，甚至于加深某种政治意识形态的作用。但是坦白说，这个层次的功用是比较“隐性”的、“小众”的，甚至是“主观”的：

（1）隐性：内容偏向心灵情感的抒发、意识形态的提醒和体现；

（2）小众：通常只限于观者或是与作品直接相关的人，像是创作者、委托人、经纪人。

（3）主观 ：仰赖主观感受与个人评价。因为每个人对美感的定义评价不同，品位也不同。它的效用与评鉴本身就有正面与负面的可能。

这个情形在当代艺术里更是明显！

因此，我大胆地认为，在ARTS领域里的“解决问题”是比较偏向艺术家对自己如何把创作构思真正实践出来的挑战。这些挑战包括对媒材的熟悉度、精湛度，对艺术表现手法的选择，对艺术环境的认知等。即使面对委托艺术家们创作的资助人或客户，艺术家也希望透过他们的作品来传达创作的信息。作品的目的不见得一定要带给观者、用者提升心灵、净化人心、美的感受。

4. STEM 与 ARTS 在“评鉴目标”层面上的不同

我们再从课程结果的评鉴目标来看STEM与ARTS的不同：

STEM以计划结果的实用性来考虑，也就是“我如何将这个发现具体应用、生产、量化来改善人类生活”。

ARTS则以创造力为准则，思考“我如何将创意具体以艺术的形态呈现”。

因为评鉴目标的不同，它所运用的教育方针也会有所差异。

二、STEAM=Design + Art

在明白STEM与ARTS两者可能的不同点之后，我认为，把STEM与ARTS结合之后的STEAM，必须是结合“实用性”与“创造力”，通过“解决问题”的技能来赋予某种社会价值与改变生活的意义。从这个角度来思考，我们可以很自然地理解许多教育学者（特别是艺术领域以及传播媒体领域的人）为何认为最有效的方法，便是从设计的角度来结合科技、科学与艺术。STEAM=Design + Art 的意念应运而生[3]（见图11-2）。

③ 2015年，美国艺术教育学会年会主题就以“设计”（Design）为主，鼓励艺术老师以及学者们从设计出发带入/融入其他的科学领域。

④ 我特别在STEAM= Design + Art 之后加了一个问号，变成“STEAM= Design +Art？”目的在于让大家有一个思考的空间。STEAM=Design +Art并不是绝对的，它只是可行的方案之一。老师们必须思考其他的可能性与方法，来统整结合STEAM的课程教学。

图11-2 ◎ STEAM = Design + Art ？[4]

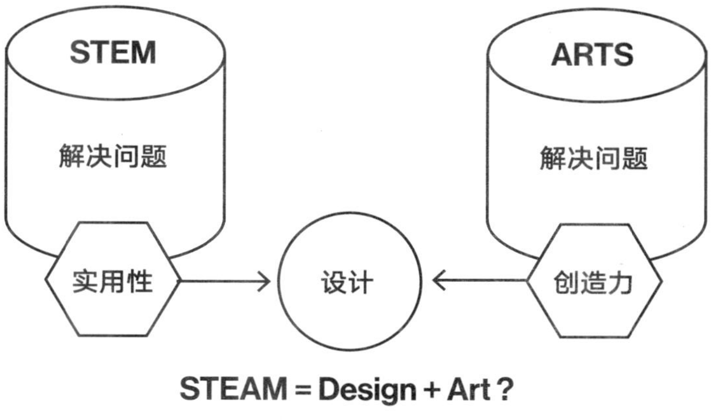

“实用性”是STEAM 课程凸显的地方。比如，美国加利福尼亚州课程纲要明确指出，既然STEM的目标在于加强学生日后成功的必备技能，因此教学内容必须注入实际生活的应用元素，鼓励老师把真实世界的经验（real world experience）带到课堂里。而STEAM因为加了艺术之美的元素，可以有效地对实用化赋予一个广为大众接受的经济效益产品化的意义。于是，好比“科学与科技改造了上一个世纪的世界”的想法一般，“艺术与设计可以改变21世纪的经济”马上成为一个广为接受的信念！

21世纪的经济，由设计与艺术引领风骚。科技因为设计与艺术而大众化；而设计与艺术因为科技的实用化，让科技界广泛接受并重视艺术人才的培训。在双赢的融合中，STEAM的概念的确可以综合这两大领域的优点，带动学习的动机与经济的长久效益。

3. STEAM 代表的理念

根据以上的探讨，我认为STEAM代表的理念有：（1）知识获取的共同性；（2）创造力、实用性与自觉性；（3）跨学科领域的实践；（4）艺术实用化。

1.知识获取过程的共同性：艺术的创作过程在许多方面和基础科学学科的性质类似。基础科学强调的是从理性思维与在实际操作的流程中获取新知，从观察中发现问题、找资料、研究，然后假设、验证进而解决问题。学习者在这个强调结集理论与实践、以解决问题为本、动手操作的过程里，一直是手、耳、眼、脑并用，激发触觉、视觉（有时甚至包括嗅觉与味觉）来学习特定的概念与知识。这些感官感知有效地促进学习的动力与思考力来解决问题、分析整合、批判验证。同样的，艺术创作的过程也是一种“做中学”的实践，从构思的那一刹那开始，便具备有效地运用在其他领域里的潜能。创作是运用批判性思维、不断地解决问题来达到预想的结果。

2.创造力、实用性与自觉性：STEAM 的学习以生活中实际的问题为引导，鼓励学生结合创造力与实用性来解决问题，即从动手实际操作的过程来寻找答案，经由不断整合、调整、审视来了解自己在学习过程里的角色与学习的成效。

3.跨学科领域的实践：STEAM的学习是融合科学、技术、工程、艺术、数学的整体实践，积极运用这些学科需要的学习技能来深度学习。

4.艺术实用化：STEAM 促进艺术的实用性。凸显Design+Art的经济效益，把设计的原理融入实用科学领域是极具效率的方法，进而达到“真实世界”（real world）的学习。

第三节 STEAM 在基础教育（K-12）中的意义

如果只是把STEM与艺术的联结用功利实用论的框架来检视，那么很容易流于追求表象形式，对于长远的教育没有多大的帮助。教育者必须理解艺术的价值是创造力思维与解决问题的能力碰撞的过程。STEAM是“桥梁型”统整思维的实践，经由诠释问题、反思问题、积极地把“解决问题”赋予一个实用的意义来创作。这种结合设计、实用、美的过程，有效地激发学生学习的动机与乐趣。然而，在设计STEAM课程时，老师们必须注意什么呢？STEAM课程必备的条件为何？在这一节里，我将针对创造力的思维模式、STEAM基础教育教学内容以及STEAM基础教育教学形式三方面来讨论。

一、创造力的思维模式

对于创造力带动经济的重要性，早在2000年时，教育界制定政策与课程方针的学者便积极思考千禧年之后的教育应该随着时代变迁而有所更改。英国国家教育研究基金会（National Foundation for Educational Research in England and Wales）针对全球191个国家的教育系统加以比较分析，并在同年7月举办国际研讨会进行对话。与会学者来自以下国家和地区：澳洲、加拿大、英国、法国、德国、中国香港、匈牙利、意大利、北爱尔兰、爱尔兰、日本、韩国、荷兰、新西兰、新加坡、西班牙、瑞典、瑞士、美国。同年12月，出版《艺术、创造力与文化教育》一书，列举当前教育应该关注的议题为：（1）目标：教育目的的明确性；（2）政策：课程模式多样性；（3）实践：艺术与创造力的联系。

在论坛会结束后，欧洲各国逐渐摒弃传统的艺术教育，减少把艺术与各个学科切割的本位教学，强调实用艺术教学设计、符号与美感培训、艺术与文化结合的统整。中国台湾地区也由美术改为艺术与人文、艺术与生活。它本身是跨艺术领域的架构，结集视觉艺术、音乐和表演艺术，强调艺文涵养的培养与建构广泛的艺能知识必须从小开始，明确地将联结艺术相关领域落实在基础教育上。不过，教育界基本上仍把艺术领域归类成一个区域，并没有与其他学科积极整合。相较之下，过去二十几年来美国始终停留在1994年以艺术为本的教学，虽然许多学者积极宣传、强调内容的多元化以及多样性，但还是没有真正地正视或实践统整课程的培训。这种情形近一两年来，在STEM与STEAM思潮的冲击下总算渐渐有了改变。

我认为创造力与学习成效有绝对的关系。然而，要凸显创造力的议题，我们得先理解创造力产生的过程。到底，它和一般的学习进程的共通处为何？它们又有何不同点呢？

1. 创造力是潜意识与显意识的心理过程

提起“创造力思维过程”(creative thinking progress)，最熟悉的阶段性过程理论源自法国数学家雅克·阿达玛(Jacques Hadamard)针对数学家发明与创新想法的思考进程所做的分析探讨。1945年，他在《数学领域中的发明心理学》(*The Mathematician's Mind: The Psychology of Invention in the Mathematical Field*)一书中糅合沃拉斯(Graham Wallas)在1926年出版的《思考的艺术》(*The Art of Thought*)中提前的创造性活动，提出以“无意识思维”为核心的创作思维进程。阿达玛认为创造性的思维活动涉及显意识与潜意识思维的整合，分成四个阶段：

(1)准备期(preparation)：强调的重点在于“广泛地”搜集相关的资料，有意识地对所面对的问题需要用到的先前经验、知识、材料、资料做初步分析。

(2)酝酿期(incubation)：关注与解决问题的过程的酝酿阶段。刻意或无意识地“暂停”不见得是“负面”的进程。在遇到瓶颈时，我们免不了把当前想要处理的事暂时搁下，而先处理其他琐碎的事。这并不意味我们已经放弃或是对问题置之不理，相反，我们在无意识、不知不觉中，仍然思索着对问题可能的解决方式。我们可以抽丝剥茧、简化甚至以游戏、玩耍的心态来酝酿解决的方案。

（3）启迪期（illumination）：进过酝酿期的沉淀，突然“灵光一闪”，一下子对处理的问题有所顿悟，进而明确地、顺利地找出可行办法。这个“突破性”的“灵感”无法强迫得来，它的背后是无数次的失败，甚至是长久的准备与酝酿。

（4）验证期（verification）：将领悟出的办法用逻辑思维分析评估是否真正可行，这个阶段仰赖细心的考量、安排，追求精确性。

在这个过程里可以明显地看到，我们的创意活动是从显意识思维做初步评估到无意识活动的酝酿；从潜意识中出发，顿悟后以显意识的逻辑分析做行动方案的实践。这四个阶段中，最重要的是第二阶段——酝酿期。创意的根源不见得完全存在于我们直观的思维行动中。那些看似放弃、无行动力的无意识的潜伏期，其实正好是灵感的启迪之处。在无意识里，我们将平时收集的想法、图案、符号、对话、资料、心灵图像，听到、看到的意象做筛检、统整与归纳。这一连串潜意识心理过程的存在的活动就是突破限制、突破现况的创造力之契机。我认为这个阶段也是教育现场里始终缺乏的环节。我们把孩子的学习不断细分，不断地分秒必争，把孩子的时间利用到极致。而且，我们一直让孩子在“预设结果”的状况下来被“指导”或被“灌输”解决问题的能力，却忘记“解决问题的能力”的真义其实需要孩子自己去酝酿和体悟。

2. 设计开启创造力思维模式

在设计领域里，左右设计成功与否的因素取决于对象（主观条件）的接受度。这个对象，简单地说，就是承托设计的客户、雇主或是一般消费大众。因此，在创作的过程里的自由度不似纯艺术的表现那般有主控力。法德 · 赞德（Vande Zande）、沃纳（Warnock）、尼古曼彻（Nikoomanesh）与泛 · 狄特德（Van Dexter）(2014)这四位分别在艺术教育师培训练、建筑与室内设计领域的学者，把专业设计领域的设计过程简化为六个步骤(见图11 - 3)。

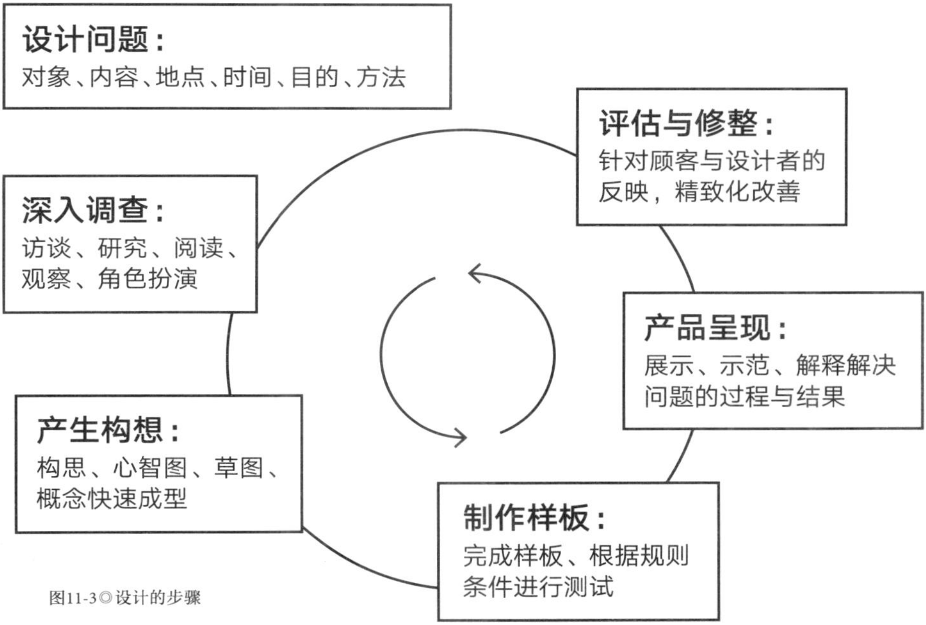

图11-3◎设计的步骤

设计的六个步骤简述如下：

（1）设计问题。对象（who）：我们针对“谁”来设计，为谁设计。内容（what）：要设计什么。地点（where）：这个设计有没有受到特定的地域性的、环境的限制。时间（when）：设计所需的时间，何时开始，何时结束。目的（why）：设计的目的是什么。方法（how）：设计要解决什么样的问题，解决问题的方式为何。

（2）深入调查：通过访谈、资料搜集、阅读、观察、报告、实地探勘等方式来进行研究，对想用设计来解决的问题加以了解。

（3）产生构想：进行构思、绘制草图以及设计概念快速成型（rapid-prototype）的步骤。

（4）制作样板：完成样板，针对必须解决的相关条件进行测试。

（5）产品呈现：对客户示范、呈现、解释创作、制作过程以及解决问题的结果。

（6）评估与修整：针对客户、顾客、设计者本身的体认与建议，改善设计作品或产品的整体架构与品质。

他们认为，接受基础教育的学生在进行与设计有关的创作时，其实也经历着类似的步骤，只是略有不同。我根据他们的分析，针对基础教育的设计课与专业设计的不同点进行了比较（表 11-3）。

表 11-3 ◎基础教育的设计课与专业设计的比较表

设计步骤	基础教育的设计课	专业设计
步骤 1：设计问题	老师规划设计问题	客户提问设计问题
步骤 2：深入调查	通过小组讨论、研究、角色扮演引导学生的学习动机	针对与设计相关的地区性、历史性、地质性、限制度、材料原料的获取容易度以及经费做了解与评估
步骤 3：产生构想	鼓励学生用心智图、草图来强化设计的初始构想	构思以功能性为主，但往往受雇主、区域、时间、经费的限制
步骤 4：制作样板	根据构想进行雏模 / 样板制作。这个雏模 / 样板可以是 3D(用黏土、纸板)或是 2D(手绘)来呈现	草图规划反映作品功能性以及雇主品位
步骤 5：产品呈现	模拟“焦点团体”。学生以展示板方式呈现产品设计的流程、草图、研究与样板，从同学中结集意见与建议	解释并修改设计草图细节，对开工生产前的实际 / 实地探勘做最后整合
步骤 6：评估与修整	根据同学给予的建议评估审视自己的创作，提供改进的方法	在完成之间尽力与客户沟通，解决突发的问题，提供改进的方法，尽力达到客户的要求

从表格中，我们不难发现，结合工程设计的概念并实践于现实生活，可以说是统整教育的积极呈现。透彻设计思维的模式来加强实践的可能，可以引导学生感受现实社会中设计师所面对的问题。与“现实经验”结合的过程，能激发学生解决问题的动机并发挥潜能。这比起纸上谈兵、照着老师的意思做，更实际也有趣。思考过后的创作除了彰显学生应用所学的成熟度之外，也能加强学生的沟通能力，对创作的功能性赋予意义。

二、STEAM 基础教育教学内容

1. 统整、理论、实践的平衡

读者在此可能会有些疑惑：在基础教育的课堂里，老师应用设计的理念让学生做练习的课程很多啊。而且，大部分的项目都和日常生活相关，譬如设计卡片、制作风筝等。这些难道不是STEAM吗？

通过设计卡片、制作风筝的学习的确可以引领学生接触到设计的理念步骤。但，我想，教学的重心，除了动手制作的部分之外，有绝大部分的内容必须介绍、解释、启发学生与这些项目有关的科学、技术、工程与数学的基础理论。

只有做作品而没有实际的跨科学习的内涵，并不是STEAM的学习宗旨。

同样，如果只是讲述科学、技术、工程、数学的理论而没有实际的动手创作经验，这样的学习也是有局限的。长期仰赖记忆式的灌输学习，学生缺乏临场解决问题的应变能力和结合理论与实践融合的机会。这让我回想起自己在基础教育的求学时代，我对数理化反感甚至惧怕的原因就在于学习的过程偏重理论的记诵及解题的技巧，而亲身做实验、实践在日常生活的学习机会却是少之又少。

STEAM教学计划必须平衡理论与实践，在此，举两个“制作风筝”的统整课程来做讨论。第一个是中国台湾地区南部某一个幼儿园的小朋友制作简易的纸风筝。老师首先在课堂上介绍风筝的基本形状，并且事先已准备好风筝的裁剪图。小朋友各自剪下菱形之后，用色笔加以装饰。他们动手制作之后进行试飞，此时每个小朋友都跃跃欲试，十分兴奋。不可否认，孩子们在追逐、跑步等肢体活动中，充分感受到“做中学”的成就感。

另一个例子，是美国小学进行的也是“风筝”的课程。其主要目的是突破学生对于风筝形状的刻板印象。老师先以幻灯片放映几个“传统”的菱形风筝，接着介绍风筝的各种形式，甚至包括《海底总动员》的主角尼莫（Nemo）的3D鱼形风筝，又介绍了一个用纸与吸管制作成的3D风筝。在接下来的时间里，学生们按照老师的步骤，各自动手制作3D风筝，现场有两个家长在帮忙。隔天，学生们继续进行近两节课的制作，完成之后，老师鼓励大家观摩彼此的成果。因为是按照老师指定的3D风筝模型来制作，除了各自的图案不同之外，我们仿佛置身于一个3D风筝工厂。也因为时间有限，学生们并没有试飞的机会。

这两个风筝的课程，是不是STEAM呢？

光是看成品（风筝），你可能会同意它们是STEAM的教学。但是，如果以教学内容来看，它们基本上只是凸显风筝的"形式""形状"，并没有统整与风筝相关的学科学习。他们的风筝是"复制"既定形式的风筝，学习时缺少让学生思考发挥、更新创造的过程。

那么，该如何充实风筝教学的内容，来符合STEAM的精神呢？

以下是我的建议：

（1）在制作风筝之前，根据年龄的不同，老师深入浅出地借由教导风筝为何会飞的原理，来介绍基本力学、空气的相对作用。

（2）介绍并鼓励学生研究风筝的历史文化意义(譬如，在战时赋予的间谍侦察任务、对科学发现的贡献)与娱乐价值（譬如风筝节、风筝大赛等老少咸宜的活动）。

（3）在动手设计时，与学生讨论风筝的结构对排风面的考虑以及预测飞行时线的拉力与风筝本身的重量对风的有效分力有何关系。

（4）加入美观性的元素，展示关于风筝设计的例子。

（5）学生进行风筝设计与创作，以凸显个人风格、实用为主。

（6）在飞行时，检讨风筝的动态、美观以及成功性。

（7）最后，综合讨论整个学习过程里的感想、反思、改进的方式。

像这样的课程，才能真正提供学生脑力激荡的机会，从生活经验里联结新知、研究讨论、动手创作、规划实作、验证、改良再研究测试等，这些在考试为重、速成教育的体系里被忽视的元素，其实都是引导学生建立深度永续学习的基础，也是踏入社会后常用的必备能力。

2. 探讨时代需求的议题

以STEAM为基础的教育，除了平衡理论与实践的教学内容来提升解决问题的能力、沟通能力之外，最好包含符合时代需求的议题。毕竟，推广STEAM教育其中一个重要的目标，就在于改善人类生活品质。

加拿大艺术教育学者欧·唐纳胡（O' Donoghue）与拜纳（Berard）提出统整设计与艺术的课程必须有所依据并反映当前社会的需求。他们列举六个与社会趋势紧密结合的特质：

（1）关于环境与社会议题：设计反映社会，进而改造社会模式、城市架构、人群关系。

（2）追求内容的实质性：不以市场销售率为导向，设计出来的产品企图对社会大众挑战、重新定位并赋予新的意义。

（3）持续性的参与形式：设计具有行动性，在合作中维持建设性、良性的积极互动。

（4）模糊传统的界限：颠覆对设计的传统定义，设计不必是实体的产品，它也可以用虚拟的概念、会话等非典型的设计形式来引起大众共鸣。

（5）创造生活认知能力：透过设计凝聚社区，引导大众感知、重新领悟生活的意义。

（6）阐述教学的可能性：与社会趋势紧密结合的设计，鼓励老师们确切观察所处社区发生的、需要的、即时的议题，以统整方式带入课堂里讨论，并鼓励学生积极参与与社区发展相关的设计活动。

2017年3月初，我很荣幸地参加了在广州佛山举办的Idea on Design（以下简称IOD）国际设计大会。演讲者李蝶(Lidi Brouwer)分享了由设计师丹·罗斯加德（Daan Roosegaarde）领军的罗斯加德设计工坊（Studio Roosegaarde）“改善雾霾”系列作品。他们眼见世界各大城市在快速发展、经济突飞的同时却为雾霾所苦，对人人口罩不离身的生活形态，感触特别深刻。身为“世界公民”的一部分，他们积极思索“改变”的可能：如果有一个巨大的空气洁净器，把污尘、脏空气都吸进来，那该多好？设计团队把室内空气洁净器放大，搬到户外的臆想转化为头脑风暴、解决雾霾问题的起点，进而实际展开实践“社会责任设计”（socially responsible design）的可能。他们着手设计室外无雾霾空气洁净塔（Smog-Free Tower），希望架设在污染严重的城市，但在实验的过程中发现洁净器内从空气中搜集的污染残渣颗粒也成为一个“新兴”污染物。与其将这些残渣倾倒，不如利用它们，设计团队们思考二度运用的方向。设计的结果为一系列的无雾霾方块戒指、环扣、领带夹等与人们贴身接触的饰品。透过戒指，以美、实用与设计的手段，在“亲密”的接触下，人们能实际体会人类对保护生存环境所做的实际行动。他们借此宣导“社会意识”以及“世界公民的社会责任”的重要性。在众筹的宣言中，丹·罗斯加德明白指出“在这个计划中，我们结合了高科技科学、设计和想象力”。而每个无雾霾方块都含有1000立方米空气雾霾残渣的颗粒！的确，无雾霾空气洁净塔与无雾霾方块戒指（见图11-4），正是以艺术实践社会责任出发的STEAM。

图 11-4◎无雾霾方块戒指

大会之后，我手戴着无雾霾方块戒指与李蝶访谈，感受特别深刻，以下是节录：

陈：整个无雾霾计划让我非常震撼。你可以谈谈设计师与社会永续发展的关系吗?

李：身为设计师，我一直在思考什么是“对”的设计、什么是对未来“负责”的设计。坚持“绿能源”设计，尽力做到无污染、尊重资源，其实不难，但的确得花很多心思来思考“废弃物”的再利用。这对任何公司来说都是昂贵的金钱代价，但，什么是重要的?设计的目的其实是要体现生命永续的责任。

陈：我们如何将这个理念带到课堂里呢?

李：从小开始，养成习惯。老师本身也必须以身作则，改变对资源浪费视而不见的习惯。我记得小时候，好像是三年级吧，每周有一天下午是社区体验课，老师带我们到附近的商家、农场、市集去体会。不是参观，而是实际动手操作的机会。我记得我们做过乳酪、喂过动物，印象深刻。我们从这些活动中明白资源获取的不易，然后学会珍惜资源。因此，在课程里加上走入社区的课程设计，实际感受生活周遭的事物，比如，食物从哪里来?电从那里来?怎么保护、珍惜我们的资源?我们怎么用我们的力量来改变?换句话说，注重参与性、体验性的课程将会让孩子关注周遭环境的变化，也会拓展孩子的视野。

陈：罗斯加德工作坊的作品坚持“绿能源”的理念，将自然资源与美感经验融合，你们每一个项目都让我想到STEAM。STEAM 教育正在全球教育界刮起旋风，然而，身为艺术教育者，我们当然不是各个领域的专家，那么在跨科教学中我们如何正确地引导孩子运用 STEAM 的学习呢?

李：个人无法脱离团队而存在。勇于并主动联系专家，询问或是寻找合作伙伴，这在解决问题的过程中无比重要。因为协同合作，找到对的人来问，可以免去无谓的错误。即使在研发中遇到瓶颈，甚至犯错时，我们并不会放弃，因为有“合作”的精神，我们可以寻求并尊重其他领域专家的建议来充实自己。（李蝶，个人访谈，2017 年 3 月 6 日）

从与李蝶的访谈中思索，STEAM 教育落实在课堂的方向为：统整知识与经验的联结、参与并体现社会责任、发挥团队协同精神。教室是让孩子明白团队的意义、相互学习的最佳环境。设计师体悟到生活中的不便，进而透过设计统整思维，运用批判思考检视社会人生的现象，将知识与经验的结合应用在解决问题上，进而产品化，重新融入生活。李蝶透露英国查尔斯王子也是众筹的捐赠者，拥有一组无雾霾方块衬衫扣环。我手里捧着那一只包含1000立方米空气雾霾颗粒残渣的戒指，心里感受到设计的力量，已经超越“实用”与“美观”，它代表的价值，是一个始于关怀、改造的永续生态链的概念。

的确，关怀社会的变迁以及人类对环境的责任，是STEAM课程的潜力。光是环保概念的议题就可以涵括许多值得学习的议题，从室内设计的空间考虑、回收资源的流程到对绿色建筑的期许，这些都是引领学生明白自己对社会的责任与期许。相关的艺术统整课程，比如，在一个七年级用资源回收做衣服[④]的课程里(见图11-5)，老师首先提到日常生活中的过度包装所造成的资源浪费。课堂中所牵涉的除了设计之外，还有对于材料的使用与熟悉度。在技术方面，学生则学习了手工基本缝纫和基础车缝。此外，在制作当中也融进了数学中的丈量、经济学当中的客户市场需求等概念。学生最后在社区活动中心走秀表演，从艺术行动中宣导环保意识，使其成为自身的社会责任。又比如，同样以回收资源为创作材料，三年级的学生以“梦想绿色都市”为主题，讨论都市生活环保的意义，以及如何在生活中做到环保（见图11-6）。这个课程牵涉都市规划、建筑材料、房屋设计、环保意识、社会责任等议题。环保议题被老师与学生广泛接受，也是可以运用STEAM的统整课程来学习的好机会。

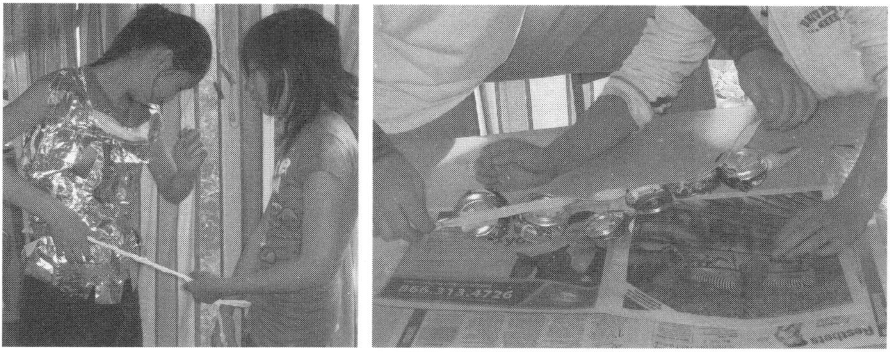

图 11-5 ◎ 七年级学生苏菲 (Sophie Lin) 与蒂芬妮（Tiffany Liu）规划制作回收衣服设计的过程。草图与材料的拣选，牵涉到数学、材料的运用。她们还考虑到舒适度、美观的整体呈现。设计中一环一环地凸显学生发现问题、解决问题的应用。指导老师：陈怡倩

图 11-6 ◎ 三年级学生陈品瑜（Katherine Cooper）与艾玛·易科维奇（Emma Iukovici）规划制作绿色都市设计。在制作的过程中，学生讨论“绿色都市”的定义。学生在顾及“喜欢”与“必备”的商店之余，也想到生活习惯与环保概念的关系。譬如，利用太阳晒衣，回归自然。指导老师：陈怡倩

三、STEAM 基础教育教学形式

启发性的教学是STEAM的教学核心。开放思考、在“玩/游戏”（play）[⑤]中学习是设计STEAM不可或缺的元素。思考带动创作，创作整合思考。老师并不是一个掌控者，而是在旁观中引导并提供学生积极思考解决问题的机会的人。

⑤ Play，一般翻译为游戏。我特意保留“玩”的意思，想凸显在STEAM的学习与思考的过程里带有的随意与随机性的领悟与灵感。因此，本文play译为“玩/游戏”。

1.“玩 / 游戏”是酝酿思维的过程

我们往往对“玩”的概念有所误解，认为孩子在“浪费时间”。事实上，“玩”是一个“酝酿期”。在玩的过程里，孩子脑力激荡的活动是无止境的。举个例子，孩子玩办家家酒时，他们是在模拟一个现实或是超现实的臆想世界。从自己、玩伴与玩偶、玩具之间联结成的角色扮演与对话，可以对孩子的社交性、感知、对周遭事物的观察理解有正面的帮助。在冥想的过程里，他们自己拟定游戏规则，在开放思维里判断、推演“故事情节”的推展。孩子在模拟情境与现实世界之间的转换与互动，也就是苏珊娜·米勒（Susana Millar）所说的“游戏特定时空”(play-specific-space-time)。

“玩/游戏”，也有Tinkering的意味。

Tinkering 这个字的本意是“敲敲打打、修修补补”，在学习领域里，代表着让学生有动手做的机会。这个动手做的过程不是按照老师一个口令、一个动作地去完成，而是让学生在“敲敲打打、修修补补”的实际动手的过程里，能够“思考”并且想出解决问题的方法。简单来说，孩子们玩乐高积木时，同样是盖一栋建筑，按照说明书盖出来的房子，与孩子天马行空、拆解组合出来的成品相比，前者就像盒子上的展示相片一样非常专业、漂亮。但是，如果我们仔细观察他们在制作过程中的不同，就会发现按照说明书做的孩子很“听话”地按部就班、找寻需要的零件来组合，他的挫折感往往来自于突然找不到需要的零件，或者突然无法理解说明书上的某个步骤。相对而言，不用说明书的孩子是在盖的过程里不断更改、修正，甚至随性地为作品添加个性化的元素。这个一边做一边想的过程就是Tinkering。它是以开放思考为主，玩中学为辅的学习机会，也是STEAM教学的重要元素。

2.“玩/游戏”为良性的学习

“玩/游戏”的元素，一直在幼教中被重视。“玩/游戏”的学习形式，有以下的优点：获得满足感、注重过程而不是结果、拥有自信心、能自我控制、EQ的成熟度高、多元化解决问题、互动、理性与知性的融合，提升学习的动机。“玩/游戏”的概念在教育上的应用并不局限于幼教。它已渐渐地被小学，甚至是中学、大学广泛接受。我想，主要的原因在于大众对传统的以分数阶段能力测验为首的教育反感。面对学生学习兴趣低落、缺乏学习动机，求知欲不高的情形，老师们积极想办法寻求不同的途径。“玩/游戏”的自主性与弹性有别于传统思维，的确为刻板的教学注入一线生机。

STEAM课程里的“玩/游戏”还带有“玩”道有方的色彩。除了明显地反映着莎拉·斯米兰斯基[6]（Sara Smilansky）的游戏认知四阶段里的功用性的游戏（在游戏的反复动作中训练小肌肉）以及建构性游戏（运用材料来建造，增加对材料的熟悉度）之外，STEAM以“课程产生的游戏”为重，以“玩/游戏”为中心的课程设计，让学生有机会在不断“做决定”的过程里有机会认识“我”与“自己”的意义与价值。

⑥ 莎拉·斯米兰斯基在20世纪60年代提出游戏的认知性发展分成四阶段：a.功用性。b.建构性。c.戏剧性。d.规则性。

第四节：STEAM与K-12师资培训

一、STEAM基础教育师资培训的重要性

STEAM是统整教育的一个方面。然而在传统的师培训练里，学科的分野太过制式化，数学老师与自然科学老师的本科教育专业甚少有交集，更何况是与艺术专业教学领域之间的对话？1998年冬天，我有幸出访巴黎，旁观巴黎索邦大学的艺术符号学教授伯纳德·达雷斯（Bernard Darras）与数学系教授们面对面地针对三角函数的学习方法，讨论视觉化的可能。这个经验让我印象深刻。原因在于，教授们之间运用各自的专长，提出不同的“由繁入简”的形式来理解符号、图形，为师资训练进行筹划与整合。更让我敬佩的是，这种跨学科的对谈在巴黎索邦大学是经常性的“活动”。

仔细想想，在面对日常生活的问题时，我们的确很难划分我们运用的先前知识是“属于”或“仅仅用到”某一个特定学科。我们所获取的知识在潜意识与无意识中已经成为一个“各科融入合流”的储藏机制。那么，我们为什么还在教育的板块里一直“强化”各科的疆界呢？

因此，我认为若要落实STEAM的执行，光是要求在职老师做课程规划的改变并不是完整的做法。STEAM的理念必须从基础教育的师资培训开始，而且必须是以统整学科、跨学科方式进行。

但是，这往往不是一件容易的事，其中一个原因就是很难改变大家长期以来分科、分领域的学习与思维的习惯。举例来说，在STEAM的训练的学程里，我为了减少职前老师们对STEAM的惧怕感而设计了一个暖身活动。每个一组有一个小马达与电线接头。我在桌上放置了平日在家里收集的已经清洗干净的废弃回收物、小物品、基本文具（胶带、尺、剪刀、美工刀、万能胶）、热熔胶、水彩笔和彩色铅笔。每一组有50分钟的时间来制作“会画画的机器人”，他们创造出来的机器人必须符合三个条件：（1）个体不需辅助就可以直立。（2）会动。（3）会画画。

学生们一窝蜂地涌向材料桌。很明显，他们马上面对第一个难题：怎么让马达运转？

这个暖身练习挑战学生的临场应变能力。学生们有的积极解决，把玩电池、连接电线与小马达，想办法“发现”让马达运行的必要条件。有的学生逐渐显示挫折感，因为他们“忘记”学过的负极与正极的基础电子学，开始向我抱怨材料“坏掉了”。此外，在制作的过程里，有些学生急于让马达运转，却忘记考虑马达的重量与水彩笔的重量必须达到一定的平衡，才能确保水彩笔能在震动或移动中稳定地画出线条或圆圈。

你们可能会想，怎么这些职前老师把学过的基础电流学都忘光了？

其实，他们最大的阻碍是用分科的思考方式来解决问题的习惯，例如在数学课解决数学问题、在自然科学课解决自然科学相关的问题、在基础电流学课解决基础电流学的问题，等等。他们在训练过程里（甚至是在成长过程、学校的学习环境里）很少有需要同时应用多门学科以及先前知识来解决问题的机会。

我只能说，他们在“制式”的思维里思考，面对整合型的训练，一下子“卡”住了，无法脑筋急转弯。然而，一旦“体会”到这个作业具有结合“身体力行”“手脑并用”的本质，他们马上改变思维方式，充分运用“观察”“分析”“整合”来思考、有效地应用先前的知识来解决问题。

譬如说，我“提醒”学生水彩笔是“水性”的。有些学生立即明白这个讯息“隐藏”的意义。有些学生虽然不明白，但在制作的过程里，水彩笔在马达的辅助下快速旋转，使得颜料喷射四溢，弄得自己一身。他们在“惨痛经验”里，体会到“加速”与“水”当中的连带关系；在惊吓与笑闹中，他们也立刻想出运用盒子来预防被“水彩四射”突袭的方案。

整个过程中，我（老师）提供了一个“不干涉”（hands-off）的学习环境。“Hands-off”不是袖手旁观，而是保持一个适当距离，不需抓着学生的手、一步一步照着自己的想法来进行。老师是“监护者”（monitor），辅助、提示、保护、引导、不控制学生试图做的各种尝试。在STEAM的课程里，唯有凸显学习实验可能性、失败中求精的学习经验，学生的学习才有深刻的思考与长效性（图11-7）。

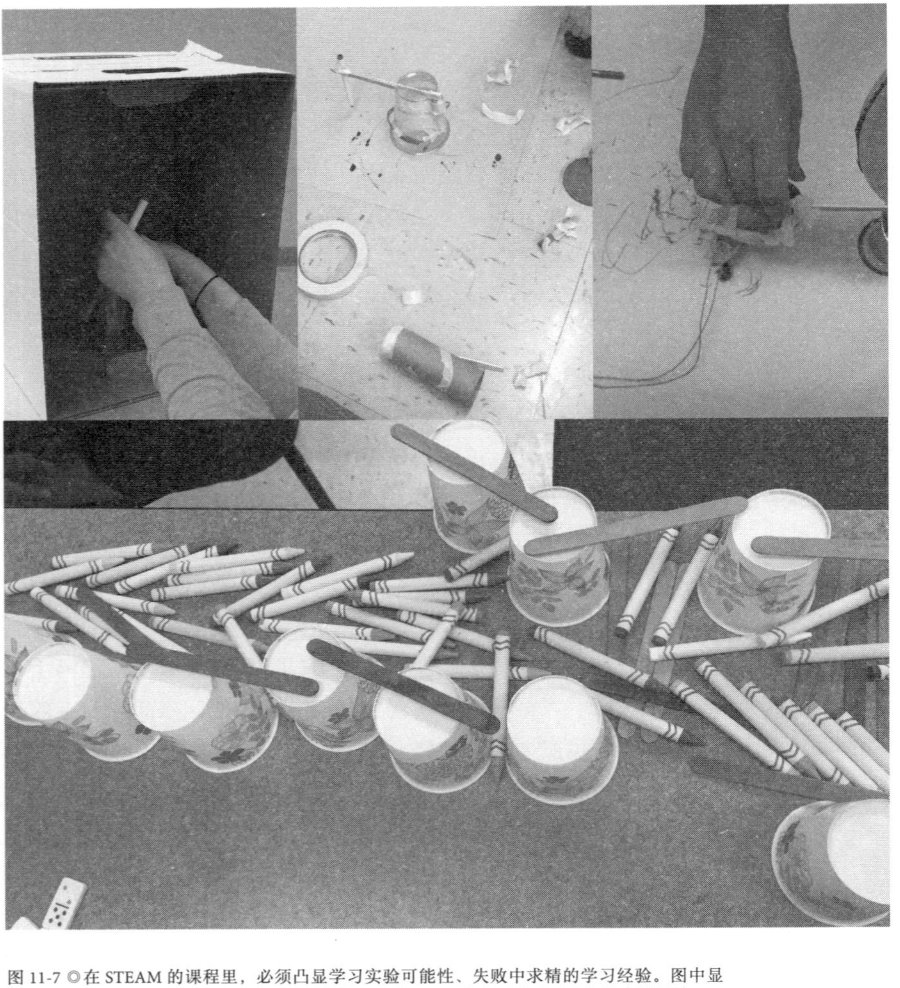

图 11-7 ◎在 STEAM 的课程里，必须凸显学习实验可能性、失败中求精的学习经验。图中显示学生学到教训，用纸箱来防止水彩笔喷射的可能性，以及如何寻求“平衡”让自体运转

引导学生“拥抱失败”，从失败中再思考、再出发；训练学生的“抗压性”与“耐力”，这些与未来在工作、职场上息息相关的责任感之美德，其实也是STEAM课程的一个重心。

无独有偶的是，镇上三年级的学生也做过一样的暖身活动：制作“会画画的机器人”。加拿大的创客专家布莱德·范森（Brandyn Van Sant）也让他的四年级的学生做过同样的课程。与成人学生相较，小学生们的机器人比大人的更有创意和想象力。

我问我的职前老师为什么会有这样的落差，他们认为有以下原因：

（1）制式的学习，扼杀想象力与创造力。

（2）孩子勇于尝试，他们以“玩/游戏”的心态来探索。

（3）失败对孩子而言，只是一个过程；年龄越长，则越在乎他人的看法，失败与错误让人畏缩。

（4）成人在“漫长”的基础教育里，动手做的机会越来越少，因此失去了灵感与应对能力。

这些领悟，让我的学生们明白积极制造STEAM学习机会的重要性。老师设计的STEAM课程以“发现”为主，老师给予暗示、提示，让学生明白“发现”问题、解决问题是一个学习的过程。他们也明白这种“自发”“自觉”的学习方式，虽然不似传统的“教导”方式那么直接，然而在不停地脑力激荡里，他们真实感受到运用、整合知识的重要性。这个经验也让职前老师们明白该如何有效地设计一个STEAM课程，即在课程活动里注入打破分科思维的元素，让日后的学生有做中学、统整先前知识、团队合作的学习机会（见图11-8）。

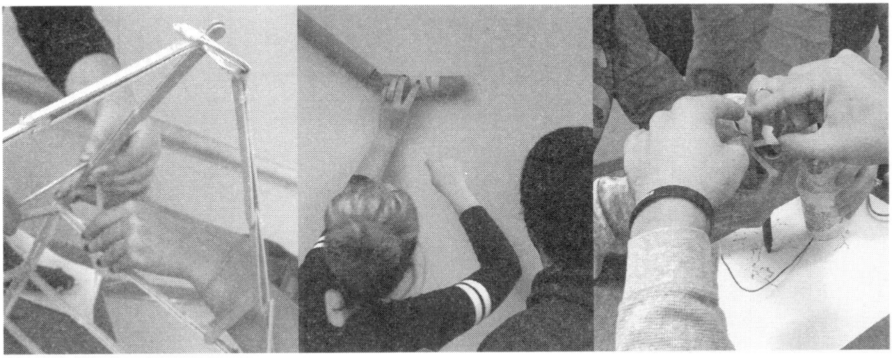

图 11-8 ◎ 在 STEAM 的课程里，团队合作是个重要元素。学生在互动中一起分享挫折与发现的喜悦

第五节 结论

STEM的教育思维以推广科学教育为主。STEAM用意其实不是与STEM较劲，而是希望在教育领域里，大家可以进一步突破并讨论何为“重要”或是“不重要”的盲点。STEAM 与艺术结合的视野，可以把艰深的科技理论大众化。然而，知道技术而缺乏沟通的技巧、开创科学的契机却忽略市场的包装、过度强调科技而少了人文，这些方法虽然短期内可以达到提升国民教育的素质、增加国家竞争力的目的；但是，长期下来，这种缺少美感训练的教育会碰到持续力不足的问题，无法真正达到全民教育、包容宽广的目的。

最后，综合本章上述的论述，我针对如何有效的实践STEAM课程，我重申以下几点建议：

（1）拥抱创造力的思维模式：允许有酝酿期的沉淀机会。

（2）教学内容理论与实践并重：符合时代需求。

（3）思考带动创作，创作整合思考。

（4）玩/游戏中学。

（5）Tinkering: 实验可能性，失败中求精。

问题与讨论

1. 你对 STEAM 的定义是什么？
2. 在这个定义下，你如何安排设计 STEAM 的学程？
3. 甲老师设计的 STEAM 课程如下：“学生用圆规或是在课堂上找可以画圆的东西，在八开纸上用不同的彩色笔画 10 个圆圈。画完之后，老师指导学生用尺学习量直径和圆周。这是结合数学与艺术的 STEAM 课程。”请你判断甲老师的课程是 STEAM 吗？你的理由是什么？
4. 作者认为真正的统整教学是 STEAM 教学成功的条件。你赞同吗？你认为这个理念对于老师教学的方式、教材有何影响？
5. 作者认为从设计的角度出发，可以加强学生的创造力和学习动机。请以 2015 年 12 月 21 日，由伊隆·马斯克（Elon Musk）主持的太空 X 计划（SpaceX）成功发射火箭至太空，并安全返抵佛罗里达的发射台，突破人类探索太空的瓶颈的事件为引导，以 STEAM 为框架，设计一个移民火星的课程。课程内容必须包括设计理念。

灯！

教学对象：八年级

原创者：琼斯（Jones）与瑞瓦（Rehwalt）

指导老师、改编：陈怡倩

桥梁型统整三步骤 ○诠释：灯的功能性，灯在生活里的重要性。

○ 反思：灯在文学上与宗教上的含义。

○ 创作：利用回收资源制作简易灯具，要兼具美观与实用。

先前知识：光的传递

新的知识：

○科学：基础电流学，透光性、散热性。灯泡（白炽、荧光；碳丝、钨丝）。

○英文：关于灯 / 光的议题，论述的写作形式。

○历史：爱迪生。

○艺术：对称 与不对称、放射、透明。

作业 ○写作：记述灯具历史研究进程。

○科学周记：详述基础电流学练习。

○设计本：记述规划设计灯具的草图。

○完成灯具制作与展示。

材料 ○历史：灯具发明简史计算机简报。

○英文：写作本、字典。

○科学：基础电路板、电池、电线、灯泡。

○艺术：设计制图纸、尺、热熔胶、胶枪、冰棒棍、竹藤。

自我学习评量 ○是否理解基础电流学？（灯亮了吗？）

○是否明白灯的发明对人类生活的改变？（灯的沿革？）

○设计的灯具是否具有美观性、安全性与实用性？

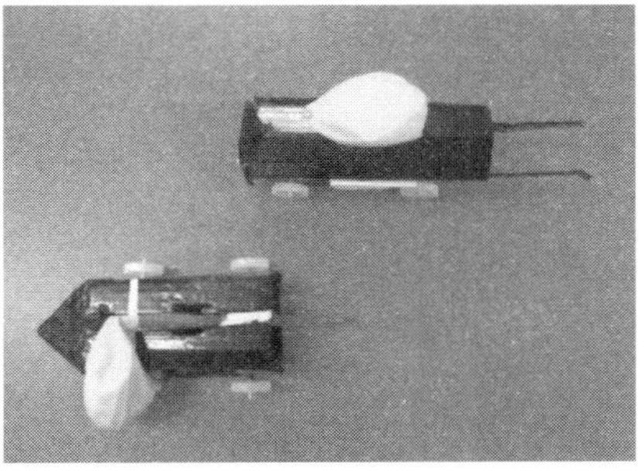

赛车！

教学对象：六年级

原创者：卡玛格（Camargo）与

刚赞拉斯（Gonzalez）

指导老师、改编：陈怡倩

桥梁型统整三步骤 ○诠释：速度（我们对速度的定义）。

○反思：车的结构特性、特殊零件、设计与行车速度的关系。

○创作：利用回收资源制作以空气为动力的车。

先前知识：基础电流学、电池正负极。

新的知识：

○数学：速度 = 距离 / 时间。

○科学：速度、速率、摩擦力。

○艺术：平衡、外观设计、色彩。

作业 ○阅读：《美国飞速的时代里的罕见车种》（*Top Muscle: The Rarest Cars from America's Fastest Decade*）。

○科学周记：详述基础电流学练习。

○设计本：记述规划设计气球车的草图。

○车子完成、展示与竞赛。

材料 ○历史：福斯汽车、汽车设计。

○地理：密歇根州（底特律）；佛罗里达州（Daytona 500 赛车）。

○英文：写作本、字典。

○科学：基础电路板、电池、电线。

○艺术：卡纸、剪刀、颜料、吸管、竹筷、塑胶瓶盖、未吹的气球、尺、胶带、热熔胶、胶枪、冰棒棍、线。

自我学习评量 ○是否理解牛顿第三原理？

○作用力之间的关系是什么？

○车子设计材料与速度之间的关系？

○汽车工业与美国经济的关系？赛车的娱乐价值与经济效应？

第十二章
迈向系统化思维的统整教学

12

统整教育的成功，
仰赖“视觉化”的“系统性思维”。

STEAM的兴起引发教育界对传统教学方式、课程内容的反思，进一步寻求应变之道。本章将继续讨论STEAM概念兴起之后对教育实践带来的冲击。特别针对创客空间（makerspace，也称为自造空间）、视觉化思维、大数据（big data）时代[①]等相关的教育运动来思考这些运动对教育的意义何在，身为教育者，我们又该如何顺应潮流，它们追求的目标对于21世纪人才培训必备的能力的意义何在。

① 本章部分内容为作者在2015年11月于上海华东师范大学举行的第五届世界华人美术教育大会的讲稿《统整与实作：综合技术变革下的艺术教育》。

第一节 从STEAM到创客空间

"STEAM=设计(design)+艺术(art)"让我联想到创客空间(makerspace)的风潮。创客空间在2006年成立于美国加利福尼亚州旧金山湾区，它的宗旨为：制造、分享、奉献、学习、工具、游戏、参与、支持与改变，以"自造本为人的天性"为起点，强调"创意"与"实际动手制作"的精神。这个多少带有"休闲活动"意味的运动，俨然成为小本创业者酝酿、实践创意的摇篮，带动了经济发展。

创客空间与STEAM之间的理念相通，不同的地方在于"STEAM"着重于打散学科、力求统整，以知识的融通与运用为核心；创客空间则以"创新"的元素为首，强调在发散思维中精细化改造的过程，它的特点有：

(1)强调运用科技、善用工具和技术来创新、发明。

(2)思考的过程为解决问题的核心。

(3)创作实体产品来改变现状(包括个人、社区、社会、世界)。

(4)分享智慧、凝聚力量来精化创意与创作。

这些要如何在统整课堂里实践呢?

方法一：融合创客空间与创造的推敲哲学

我的学生布莱顿·泛森(Brandyn Van Sant)是加拿大温哥华萨里区(Surrey)的资优教师，也是加拿大特约少年监狱教师。在接触不同背景的学生之后，他深深觉得传统的分科领域只会抹杀学生融会贯通的学习机会。为了培养学生深度解决问题的学习态度，他积极设计注入统整学科的理念又不落窠臼的课程。

他自己本身是创客迷，也好奇如何把创客的理念融入自己的教学中。他决定刻意打破传统科学展览的模式。在这个模式里，学生往往按照老师建议的题目或是前人已经做过的题目来重复"科学发明"流程，譬如，光源与植物光合作用的关系、水质不同与植物成长的关系，等等。他希望用不同的方式来探讨“发明”的意义，鼓励每一个孩子针对自己的兴趣，从日常生活中发现问题、进行研究，接着找出可行的解决办法，然后进行创造、验证与发明。他十分明白学生对材料的熟悉度有限，课堂的材料也缺乏，但他坚信这种以创造和发明精神为主、注重思考的学习，比在课堂上反复演练解题公式要有效得多。

什么是发明呢？这个“发明”的元素在课堂上的意义如何？

在消费当道、便捷的现代社会里，大多数的人早已惯于享受“要什么有什么”的生活形态，我们自己又如何引领学生摒弃“消费者”“接受者”的习惯，转换角色，来“开发”“创造”呢？而且，在现代便捷社会的架构下，“发明”的意义又是什么？我们到底还有什么可以发明的？

◎什么是发明

什么是发明？

• 发明通常被定义为制作出新的设备或是解决问题的新过程。然而，有些发明是改善现有的设备、过程和想法。

• 发明需要洞察力。它可能始于一个问题、疑问、预感，也可能因为在思考的过程中体认到不寻常的解决方式，或者因为意外的发现而开创探索的新途径。

• 在探索的过程里，几乎没有第一次就成功的。每个发明都经历过大量的试验与失败。所以，学生要勇于尝试自己的想法，耐心地思考有什么成功的解决办法。最重要的是在发明的过程里找到乐趣。

资料来源：根据布莱顿·泛森上课时为学生介绍解释的对话记录。

◎发明的规划与创作

发明的规划与创作

• 构想：你发现生活中可能遇到什么样的难题呢？有什么方法可以让生活更简单、快乐、健康？我的构想可以回馈于社会吗？

• 脑力激荡：我的发明可以用在学校、公司、家庭吗？想一想，你的构想可以应用在哪些地方？

• 研究：这个构想已经有人创造过了吗？我可以进一步改善这个已经

存在的发明来建构自己的发明吗？

- 计划：列出需要的材料，确认使发明成功需要做的事情。
- 制作发明的说明图或模型：说明图是把发明的产品画出来，并且把所需零件细节整齐地标示，用清晰的图画，以视觉化的手法来呈现、解释、吸引观众。
- 模型：把构想用实物呈现。模型不必具备实际操作的功能或成为产品原型，它们只代表发明者的想法。学生应该使用学校和家庭日常生活里可以取得的材料来制作模型。
- 评估：试着写下发展你的发明和创新时可能面临的挑战。

资料来源：根据布莱顿·泛森上课时为学生介绍解释的对话记录。

泛森老师在课程开始之前，向学生介绍“发明”的概念的精华。学生体认到，发明与创建并不局限于前所未有的创举，发明的意义是通过改良、更新，甚至再定义的过程来具体优化已经存在的发明。

学生在思考、研究、创作的过程里，主动去探访、观察、找寻相关资料来加强说服力。他们也从不断的脑力激荡与同学互动（甚至是相互较劲）当中明白“人”的元素往往左右发明的方向，这个元素有时候是对“刻板印象”“习惯”“理所当然”的觉醒。比如五年级的凯特玲娜（Katarina）写下她对经济体系下人们用发明改善生活的优先顺序的领悟。她说：“先进世界的发明家创作的动力是偏好优先于需要；第三世界的发明家创作的动力则是需要优先于偏好。”她小小年纪却已洞悉，当人们生活富裕，不再为衣食住行而奔波时，我们发明的动机不见得以改善生活为主。于是，“改善”，这一个词有了新的定义，它指的是娱乐性高、让人心情舒坦的发明，像是手机系统更新、新的应用程序（app）等吸引人的电子发明，就不是以生存为考虑的发明。

以科技为导向的发明课程，可以打破性别的制式框架而受到女生的欢迎。她们从生活中深思平时遇到的不便，以此当成议题而进一步研究。譬如，凯特玲娜看到猫儿进出小门时用头顶开门的不便，感同身受地觉得猫的头一定很痛，所以设身处地为小门设置感应器，当收到感应时，门便会自动开启，减少猫儿的不变。

这个人性化的设计，真的是“喵喵（妙妙）”门（图12-1）。

图 12-1 ◎凯特玲娜（Katarina）的喵喵门。摄影 / 老师：布莱顿·泛森（Brandyn Van Sant）。经过同意使用

教育的本质如果是要培育孩子步入社会的必备能力，那么，我们到底要让孩子们学习什么样的思维模式呢？在训练寻找解决问题的方法之前，除了灌输、介绍、演练必备的知识、法则、公式之外，孩子们如何找到学习动机，然后从学习动机进一步摸索出自己探究知识的过程？

泛森老师发明课堂的例子，清楚地显示：追求长效性的教育才是教育的目的。要达到这个目标，教学者与学习者（甚至家长）必须理解：

（1）启发是以发明创建为核心的教学策略。

（2）跨科统整是脱离传统的分科独立的思维模式。

（3）学习体现生活、从生活反映学习。

（4）养成系统性思维作为创意的基石。

（5）把科技当作完善创意的媒介。

（6）珍视想法的产生与精进，成品的价值仅止于对想法的呈现。

以人性为本、从生活出发、以发明为核心的教育理念背离传统的灌输式教学法，它意味着对“教育实用论”的觉醒。我想，如果在统整教学里多方提供这一类型的课程，可以提早培养学生运

用观察来发现问题、主动研究学习来创造发明、积极解决问题来证明方案等能力，真正落实改变、挑战以及自学等追求知识与运用的精神。

方法二：加入创客空间分享与合作的社区精神

“分享”是创客空间的重要元素。这与传统对发明与创意“留一手”的秘籍式保留态度非常不一样。创客空间基本上把参与者当作“共同推进”的团队。它引用现代社会的“集资”“众筹”的概念。这里的“集资、众筹”不光只是金钱上的资源，而是在开放的空间里，大家共同分享想要发明的创意，然后共同结集智慧与经验提供建设性的方案、教导必要的技术，帮助创意人达到预期的目标。

创客空间也是反转教育的社区版。无论是实践的还是虚拟的，它在开放的学习空间里提供必要的工具、科技、机器与指导。这个学习的环境是互动的、目标明确的，同时也带有自我发现、自我挑战的意味。

2013年冬天，中国台湾大学应用力学研究所江宏仁教授创立了“科学影像/科学”社团。江教授研发创作了方便使用的手机显微镜，并以登记集资的方式让社团里的成员（不分年龄）可以收到不断推新的机种。从创社之初至2015年8月，他已研发出十代的手机显微镜，提供约6700台手机显微镜，使大约400个资源有限、偏远学校科学社团受惠[②]。2015年9月，该社团已经有超过20000名会员。每天都有成员使用显微镜拍摄的精彩画面在网络平台上分享，举凡壁虱、浓缩洗衣精、冬瓜茶结晶、摇蚊、翅膀鳞片、头发，等等，显微镜下的世界缤纷多样。社团基于分享的精神，进一步建立台湾科学影像与研究中心。作为台湾最大的显微影像与实验影像资料库，至今已经收录超过17000张由手机显微镜拍摄的照片。这些完全是社员自发性的分享，为台湾的科学教育注入视觉化的元素。

② 特别感谢江宏仁教授的无私分享。“科学影像/科学”的博客网址为：http://scimage-tw.blogspot.com/2013/12/blog-post.html.

我自己与家人也受此影响，而对周遭细微的事物充满好奇心。

运用手机显微镜可以强化学生的观察能力，并整合观察得知的资讯，进一步阅读研究来满足好奇心。它可以与视觉艺术、摄影结合；可以与社会人文结合（比如从不同饮料中糖的结晶来理解饮食喜好）；甚至可能受影像启发而诉诸文字的学习。江教授与他的团队带领大家领悟、实践求知的乐趣，并且秉持“求新”“至善”的理念，不断在科学领域里研究观察。

从这个例子来看，我们绝对也可以把课堂当作创客空间的摇篮，来鼓励“优化创意”“引导发明”“统整学习”的求知环境。把学习的主权还给参与的学生，强调结集众人智慧、互助合作的精神。

事实上，这个强调理论实践并重、实作创业的训练的学习模式已经渐渐进入校园、社区图书馆以及博物馆，也影响到大学的品牌识别（branding）。传统的高等教育以智能为重，强调学术专业研究。然而，精深钻研并不代表就业保障，反而容易沦为不切实际的情形。综合技术（polytechnic）大学应声而起，这类大学成立的目的在于均衡理论与实践，打破象牙塔的迷思，为毕业生就业负起责任。

第二节 从创客空间到媒体艺术

如果说创客空间（makerspace）是“做中学”的生活实践，那么媒体艺术（media arts）则是在大数据时代的冲击下，结合科技、媒体与艺术，是视觉与知性合一的条件。

当前社会在科技发达、媒体更新的影响之下，我们的思维习惯与学习方式也随之改变。现在的孩子无疑是科技时代的产物，我3岁的儿子可以在不同的手机程序中转换、理解指令的运作。

的确，谁能抵挡“一指滑出一世界”的魅力？

在教学评鉴应用方法学上极负盛名的加拿大教师迈伦·杜克（Myron Dueck）举了一个例子。他的高一班上有一位学生在视频网站里设置了心得评论频道，一年下来，拥有了广大的收视群。这位学生每天都在上面花了很多时间，所以他积极劝告学生学业也必须兼顾，正色地问学生：“拥有这么多的点击数与订阅者有什么意义？你学到什么了吗？”他的学生冷静地说：“点击数越多，代表我的责任越重。我必须顾虑到观众的需要。我最大的收获是我允许商家在我的频道上打广告。我现在一年至少有5万加拿大币的收入。所以，这也是我的职业。”

杜克老师本来还想劝告学生，学历是在社会谋得好职业的必备条件，但听到这个回答，他哑口无言，话到嘴边不得不咽下去。这个学生果然对于“观众反应”颇有心得，他意识到杜克老师的沉默，坚定地回应：“但是老师，你放心，我会申请大学的，因为我想继续在网络里找寻更完善又符合我的兴趣的商机。”

杜克老师坦白地表示，这个对话经验出乎他的意料。他告诉我们，他当天晚上一直思考教育的价值与意义。如果用薪水高低来衡量一个人的成就与价值，他的学生肯定凌驾于许多人之上。然而，教育的目的不应该只有这个浮泛的价值。他体认到面对新一代的学生，老师与家长不能画地自限，一味地实行灌输教育。我们也不能一再用“有色”的负面眼光来看待科技产品与电子游戏。面对老师与学生之间科技代沟的严重性，他语重心长地表示，科技媒体的运用是当前教育体系、师资培训里必须加速追赶的一环。

科技化的教学往往让老师打退堂鼓，这个项目的确是师资培训领域里的盲点，因为师资培训中的授课教授本身大都缺乏对科技的技能与理解。要积极推广科技统整，必须从高等教育的课程规划里关注培训科技应用的基本技法与联结。

一、“视觉化”训练的重要性

我认为提倡科技统整教育必须先训练学生对长效知识的获取。它可以从两方面着手：（1）加强学生对科技视觉化的诠释与理解；（2）运用科技软件来表达沟通。这听起来似乎不难，然而老师必须思考，学生如何在庞大的数据里截取所需的资料、有效地联结经验来达到学习的深度与广度？我们如何引导学生找出资讯里隐藏的共通性、共同性与惯性？学生又如何评断审视、给予价值？如何以视觉化的组合来述说、整合？

在庞大的数据资料的冲击下，“数据就是知识”。麦克杜里斯（McCandless）注意到他自己在回答特定的问题时所制作的图表，往往不是一图定江山的局面，而是由一张图延伸到另一张图，或者是用不同的角度来分析问题，整合出不同的图。他认为这对于知识追求而言是必须的历程。

我认为“把思维视觉化”（make thinking visible）的理念可以成为引导媒体艺术（media arts）学习的开端。信息图表（infographics）或是数据视觉化（data visualization）的方式为在科学和商业界频繁使用的可视化工具，近年来也受到教育界的关注。它是知识与视觉化的合体，也是美感的展现。

讲到数据视觉化，我们的脑子里很自然地会联想到统计图表，像是坐标图、矩阵图等由数据转化而成的图像。每一个图都可以说是一个概念的缩影，它们代表的可能是庞大的研究数据和漫长的分析过程，观者却可以很快地从图示中理解图像要表达的意义。

把信息视觉化的好处有：

（1）在转化的过程中强化并肯定原始概念的雏形。

（2）信息视觉化以多元学习为本质。

（3）训练学生逻辑分析的思维能力。

（4）可以和其他学科做有效联结。

（5）视觉化的效果让知识具有独特的吸引力。

（6）可以激发学生的视觉创造力。

（7）激发学生对知识的“怎样”（how）与“为什么”（why）的好奇心。

视觉化，是引领综合思维的要素。懂得运用视觉化的人，可以有效地联结沟通的能力。举例来说，2016年2月，天文科学界有个重量级的发现：位于距离我住的城市不远的激光干涉引力波天文台（LIGO）华盛顿州团队，他们侦测并证实了爱因斯坦引力波的存在。消息一传出，大家都与有荣焉。团队成员之一的杰夫·基赛尔（Jeff Kissel）博士与我同为富城市艺术委员，因此我鼓起勇气，在一次市政讨论后问他可不可以用最浅白的方式，解释引力波与发现引力波的意义。他顿了一下，环顾四周，便用双手各自拿起我们刚喝完的咖啡杯，摇晃起来。他告诉我，这两个杯子就是两个黑洞，然后开始讲解黑洞以及黑洞各自存在的引力波。他要我想象我们正坐在船上看着水波；随着晃动的频率，我仿佛可以“看”见两个杯子（黑洞）形成的波，泛起层层涟漪。然后他把杯子放下，要我们继续想象那些波动。接着，他把餐巾纸揉皱成一团，告诉我那是地球。从双黑洞系统产生的引力波，透过干涉臂，从地球上侦测到的时候，所发出的声音与其他的频率不同（声音高而短）；它的存在代表时间空间大规模的扭曲。他解释，由于引力波的穿透力比电磁波强，不会衰弱或发散，因此，引力波的证实可以进一步协助宇宙天文探测。

杰夫·基赛尔博士的随机取材，正是利用“视觉化”的方式来表达。在短短几分钟内，就让对天文科学不甚了解的我，对引力波有了初步的理解，并感受到这个发现的意义。由两个杯子象征的双黑洞，在咖啡店里激发出扭曲时空想象的引力波，至今仍在我的脑海回荡。

在统整教学里，懂得在教学上应用视觉化的老师可以在很短的时间内达到教学的目标。透过视觉联结，学生们就会更容易理解老师的教学目标，否则往往会不知所云，无所适从。

比如，我的一位实习教师，在教幼儿园基本减法数学课时想要融入肢体游戏的元素。她一直重复说："找你的小组伙伴""大家围成两个圈""一个伙伴在内圈""一个伙伴在外圈"，学生却无法理解。她只好一个一个带领学生找到她想要学生站的位置，总共花了7分钟的时间，才完成两个圈圈的队形安排。

课后我与她讨论，她无法理解为何这么简单的要求，学生们都无法了解。

我告诉她，孩子无法法理解的原因在于他们"看"不到你要他们"看"的"两个圈"。如果你的目的是形成两个圈的队形，你如何在最短的时间之内表达呢?

她看着我，摇摇头。

我提醒她，"视觉化"的成功也取决于是否可以联结学生先前的知识与经验。比如，可以很简单地在黑板上"画"出你要他们做的队形；你甚至可以用日常生活的东西来做"视觉化"的联结，比如：甜甜圈！

听到甜甜圈，她一下子顿悟，懊恼自己执意于单一的方式，过于固执而忘记"可视化"联结的功效。

二、"视觉化"的意义在于运用"综合思维"的过程

大众误以为视觉化的过程只有接受过电脑绘图设计或是美术训练的专业人士才能做到。为了让职前老师改变对视觉化的恐惧，并且理解视觉化过程需要运用到的思维能力，我特别在概念图的课程之后紧接着介绍文字云（word clouds）、信息图表（infographics）、数据视觉化（data visualization）三合一的课程。设计这个课程的主要目的在于：第一，测试、探索职前老师进行"视觉化"的过程；第二，理解学习者透过何种思维步骤来达到视觉化的目的；第三，密集训练职前老师运用简易制图软件的能力。

我特意找了三组学生：第一组学生是正在上我的统整艺术教

育学课的学生，他们虽然不是主修艺术，但也已具备简单的美术技法基础；第二组学生来自针对一般大学生开设的通识艺术史欣赏课程，他们大多数主修理工科；第三组是我初中课后美术班的学生。因为学习经验、年龄不同的考量，三组学生阅读研究的主题并不相同，然而进行挑战的模式一样：学生们必须各自从阅读的作业里找到进一步研究的主题，接着搜集更多的阅读资料，以信息图表的方式来展现他们的报告。他们学习相同的电脑软件来“视觉化”：（1）文字云：www.tagxedo.com；（2）信息图表：www.easel.ly。这个视觉化的结果必须包括视觉与字体合一的文字云设计，以及加强信息图表意念的资料和图像。

结集学生的经验后，我发现制作信息图表的过程可以说明学生积极运用综合思维（synthesize）来整合信息。我也发现，他们达到综合思维的三步骤为：简化与撷取（reduce and thin-slice）、反映与联结（reflect and connect）、重建与呈现（recreate and emerge）。

1. 简化与撷取

这个步骤目的在于删减手边的信息，只保留“最为重要”的资料。格雷威尔（Galdwell）对于“撷取”（thin-slice）的解释如下：“‘撷取’指的是我们在无意识中可以从狭隘的经验里，根据不同情况与行为找出模式的能力。”这个能力在于凸显大脑的无意识的活动、做决定并且直觉地找出结论。

在创作信息图表的“撷取”阶段，学生必须平衡两种“删除”方式：从文体阅读中产生的直觉判断来删除觉得不重要、不必要的信息；通过思考、经验而刻意删除。学生一般将阅读的文本分段，然后列出与问题核心或中心主旨有关的关键字。一旦拟定了关键字，学生便可以进行图像联想，具体找到视觉化的提示，为下一个阶段做准备。

2. 反映与联结

这个阶段强调的是联结的能力。联结指的是视觉化使用的图像与文本、图像与观众的联结。一个好的视觉化信息图表会是一个综合联结。它的设计必须考量大众接受的经验、先前知识的整合。这也是为什么让人易于接受、一目了然的设计，往往是取材自生活经验里既定的视觉元素、隐喻、暗示。

3. 重建与呈现

信息的视觉化得从已经减少的信息里重新创建。运用的思维策略反映了秩序、顺序、逻辑的能力。创造信息图表的过程需要不断地修订和评估，以确定信息图表本身可以传达预想的概念。为了达到这个目的，有时候它就变成了一个提高自我要求、不断地追求创新、精致化图像与文本结合的过程。

在学生们进行的过程里，我突然领悟到，其实数字时代的来临并没有真正颠覆我们运用图像与文本的方式。即使大家熟悉网络、社交网站，甚至自己设计网站、博客，但是图像与文本，即便有关联，它们的呈现方式还是分开的。也因此，类似“文字云”或是“信息图表”设计的方案，无形中“迫使”学生强化图文并重的联结能力。课程之后，学生也反映：这种打散分类、重组建构的系统化思维，促使他们在创作过程里对自己想要表达的意见不断斟酌与调整，也让他们明白人类的思维唯有透过统整才能深化与精纯。

他们也没料到自己对于文字云的视觉化呈现会如此挑剔，往往在字体方向、字体排列等细节上调整再调整，力求做到最好。从这个过程里，他们明白，原来自己并非对视觉呈现一点感觉也没有，原来运用电脑软件设计并不难。

对于视觉学习者而言，运用信息图表可以有效地找到论述的切入点。对于语文表达能力强的学生而言，他们可以从找寻适当的图表来缩短与观众的距离。在进行信息分析、撷取、综合、视觉化的过程里，学生的思维不断地受到冲击，而积极地运用到以下能力：理解应用、批判分析、沟通表达、整合创造、综合知识、视觉认知。这样的学习就是系统思维的学习。

同一种表达形式的艺术统整课程可以应用到不同主题的教学中。以下两个范例就是运用同一个媒介以及制作流程，但针对不同的议题而产生的统整课程。

统整信息图表课程计划范例一（见图12-2）：

•主题：对美国生物环境科学有贡献的历史人物

•教学对象：6～8年级

•教学内容与目标：

（1）引导学生独立研究：学生针对研究的对象阅读相关文章，找出重点。

（2）教导并熟悉特定电脑软件技能：学习基本的文字云的制作软件；学习基本的信息图表的制作软件。

•教学所需时间：5—6小时，其中3小时为电脑软件练习。

•统整的学科：历史、阅读、写作、生物、环境、媒体艺术。

•运用的电脑软件为：a.文字云：http://www.tagxedo.com；b.信息图表：http://www.easel.ly。

图12-2 ◎信息图表课程计划范例一

制作：周美璇（Michelle. Chou），八年级。指导老师：陈怡倩

统整信息图表课程计划范例二（见图12-3）：

•主题：社会议题——“瘾”

•教学对象：6～8年级

•教学内容与目标：

（1）引导学生独立研究：思考“瘾”的意义，探索“瘾”的类别以及对生活的影响，阅读相关文章，找出重点。

（2）教导并熟悉特定电脑软件技能：学习基本的文字云的制作软件；学习基本的信息图表的制作软件。

•教学所需时间：5—6小时，其中3小时为电脑软件练习。

•统整的学科：社会、阅读、写作、媒体艺术。

•运用的电脑软件为：a. 文字云：http://www.tagxedo.com；b. 信息图表：http://www.easel.ly。

图 12-3 ◎信息图表课程计划范例二
制作：约翰保罗·卡斯托狄（Johnpaul Custodio），七年级。指导老师：陈怡倩

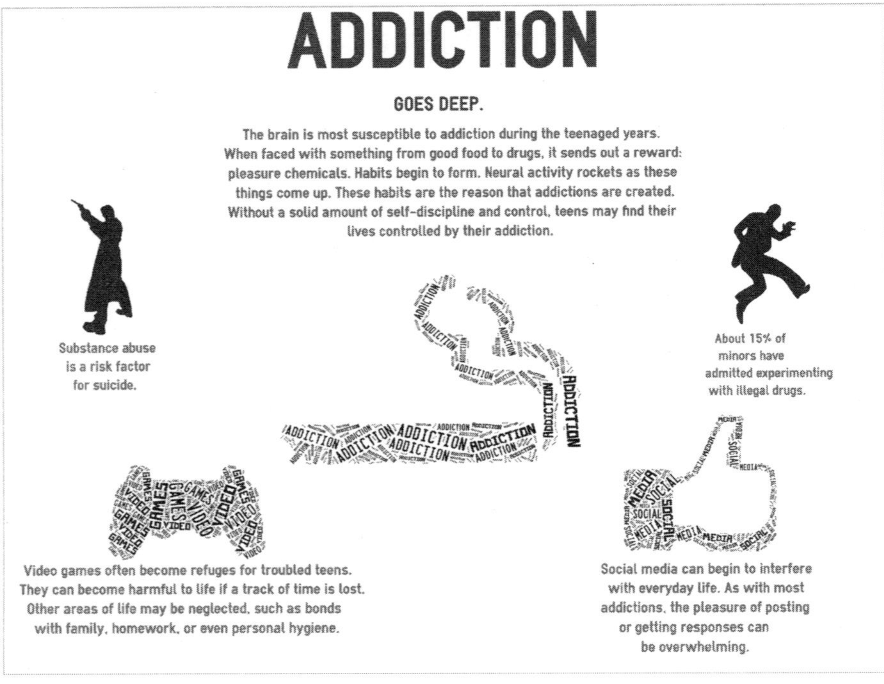

我想利用这两个学习经验提醒教学者：在课堂里介绍的基本信息图表制作软件，只是用来说明学生表达思维运用的技术，重要的是老师如何弹性地用这个技术有效进行统整课程（见图12-2、图12-3），协助促进学生的创造力与沟通能力。这个观念也是我在书里一直想要表达的：任何的技术、媒介都只是一种工具或语言，它并不是教学的结果。

我建议在进行统整教学设计之前，教学者必须认识：

学生“熟练”这个技术，不等于“根据某种范例来模拟，按照某种流程来表达”。

框架下的盲从教育已经过去了，我们面临的是一个“发挥创造、系统思维体系”的时代。

第三节 从媒体艺术到大数据的体认

了解大数据的意义也是21世纪的必备技能之一，它考验着研究、分析、综合、批判思考与反转思维的能力。如果我们只是依赖学生课后自学，那么，来自经济弱势家庭的孩子将面临永远无法跟上脚步的窘境。换句话说，我相信拥抱大数据的知识与操作是缩短贫富差距的利器。

大数据也具有资源共享的特质。老师与学生可以轻易地利用网络平台进行交流与统整，举凡博客、社群网站等，都是教学灵感的来源。同时，老师也不断地从网络中开启自学的风潮，吸取新知，真正做到学海无涯。

社交网站的盛行引发了“自拍”“秀”的风潮。在教育领域里，其实可以通过这个“时尚”来注入学生运用科技媒体进行沟通的视觉能力。学生的期末报告一定要是传统的书面报告吗？如果报告的目的在于对学生学习的评鉴，那么身为教育者，我们是不是该考虑允许学生用不同的方式来交作业、展现他们学习成果的可能性？借由制作停格动画、微电影、每日一秒影像日记等方式，除了可以加强学生的科技能力以外，还可以鼓励学生思考剧情的撰写、影像沟通的含义，也可以让学生从影像中抒发情感。

对于科技时代下的统整教学法，我有以下的建议：

（1）主题与当前社会议题相关，学生容易找到切入点。

（2）预先熟悉适合学生程度的视觉化的电脑软件、制图工具。

（3）给予足够的课堂时间在电脑上进行视觉化的转换过程。

（4）引领学生进行角色扮演，从观众的角度出发审视评估视觉化的效果。

（5）提供学生思考科技影像的直接意义与隐含意义的讨论空间。

跨越学科的鸿沟，说来容易，但一不小心，我们很容易又跳入分科的窠臼里而不自知。以统整艺术的课程为例，艺术的本质为创造与表达沟通的能力，但如果一直执着于技术形式的展现，只会沦为形式的美，有形而无感、有技术而无意义、有作品呈现却无永续知识的价值。如果能善用推广（advocate）、研究（research）、科技（technology）、系统（system）的“ARTS”教学理念，积极落实以“思维为本、技术为辅、统整为优”的教育方向，除了可以改变大众对于艺术无用的负面印象以外，也可以达到永续教育的目标。

第四节 系统思维训练是未来成功的契机

科技精进的变革无疑改变了教育的环境与方法。举一个简单的例子，仿佛在不久之前，我们搜集文献资料的方式还仰赖图书馆里的图书卡。今天，我们随时随地可以利用网络的平台，快速地找到相关的信息。

信息的便捷影响了“21世纪的必备能力”的定义与方向。

哈佛大学教授东尼·维格（Tony Wagner）从经济管理的角度出发，列出“21世纪七个人生必备的生存能力”：批判性思考与解决问题的能力；网络之间合作、具有影响力的能力；敏捷性与适应性；倡议与创业；有效的口语表达与书写沟通能力；获取与分析信息的能力；好奇心与想象力[③]。

美国国家教育协会（NEA）在2012年的《21世纪教育白皮书》里明确指出，21世纪的教育必须从3R（阅读、写作、数字能力）的学习指标迈入以思考实用为主的4C：批判性思维与解决问题的能力（critical thinking and problem solving）、凝聚社区（community）、合作能力（collaboration）、创造与创新能力（creativity and innovation）。其中，批判性思维指的是根据情况运用合理的思维模式（推演或删减），以系统性的思考来灵活分析部分或整体的复杂体系，明确地判断、验证、综合资料，多面向地诠释、反映经验来解决问题。

③ 东尼·维格的七大能力资料，请参阅他的网页：http://www.tonywagner.com/7-survival-skills。

华梵大学哲学系冀剑制教授在《是思考，还是想太多》一书里把思考能力分成两种类型：

（1）科学性思考：寻找正确答案的思考。以怀疑为出发点，然后进行反思。

（2）哲学性思考：寻找最合理的答案的思考。分析从不同方向来探索可能，没有固定的脉络。

他认为学校教育一直以来积极培养的思考能力偏向于科学性的思考模式。它“从确定的基础与定义出发，透过不变的定理与思考法则，得出具有正确性的结论”。然而，我们缺乏的思考能力，其实是哲学性思考，“从不太确定的基础出发，并且到达一个也不太确定的临时终点”，培养“评估每一个不确定思考的合理程度，就是我们真正要学的思考能力”。

哲学性思维与系统性思维的理念不谋而合。我认为，21世纪是一个思考的世纪。这种在复杂多变的情形下，找出最合理的思维就是统整教育的思维核心。目的在于如何引导学生在不受预设结果影响的学习环境里，运用已学与新知、跨领域、技术融合来拟定解决问题的方向。当信息随手可得时，能够脱颖而出的，将是懂得思考、运用思辨、综合能力进行系统性、哲学性思维的人。

当一个人具备加德纳所言的“综合的头脑”时，他可以在很短的时间之内有效地调查广泛的信息来源，找出重要的因素。最重要的是，他可以把繁琐的信息，用简单明了的方式来解释、传递。综合能力可以提高创造力的养成，激发人们运用不同的方法解决问题。格弗指出综合能力是管理信息和制定相关的技术来评估、鉴别信息的钥匙。他强调获得综合能力可以帮助学生理解、反映、应用、判断等等，并达到对语文、算术、认知学习的标准。此外，综合技能除了可以提高学生处理信息的能力之外，更可以说明学生理解信息中所要传达的基本信息与可能隐含的意义。

第五节 结论

统整教育的成功，仰赖“视觉化”的“系统性思维”。21世纪是视觉化的时代。具备视觉化能力的人，可以在视觉化的过程中整合与联结，在最短的时间内达到沟通的效果。因此，懂得在教学上应用视觉化能力的老师可以在很短的时间内达到教学的目标。透过视觉联结，学生们就会更容易理解老师的教学目标，否则往往会不知所云，无所适从。

老师教学的模式也必须突破演说式的窠臼，积极参与学生的学习，引导学生运用思维的能力，主导互动学习，这样对于学生的专注力及知识获取力绝对是利大于弊。科技、大数据的发展引领我们珍惜“实作”的可贵，也开启打破分科思维的模式、破除传统的“老师主导”教学、建立以“自发”“自觉”为主的教学方向，从不停地脑力激荡里真实感受运用整合知识的重要性。

“统整”不仅是一个口号，更是一种思维的模式。

问题与讨论

1. 你认为系统思维训练的养成与统整教育之间的关联是什么?
2. 你认为在中小学教学中落实电脑科技的瓶颈是什么? 改善的方式有哪些?
3. 请用桥梁型课程的理念来设计一个运用信息图表的统整课程。
4. "创客精神"追求一个开放学习的空间,这对于课堂管理有何影响? 我们如何因应并改变教学的模式?
5. 针对凡森老师的课程范例,请另外设计一个以发明为学习元素的统整课程,带领学生在生活中取材,进行研究、创造发明。
6. 你认为 21 世纪统整教育应该培养什么样的能力? 为什么?

感谢的话

这本书出版前后受到很多人的关爱。首先要感谢的是郭祯祥老师对我一直以来的鼓励。2010年夏天我返乡探亲，老师特地到高雄来看我，希望我多写。她怕我偷懒，一个星期后约我上台北101喝下午茶，茶香里促成了统整课程这本书的写作。写写停停，当中人事变化，老三诞生、老师生病；孩子牙牙学语，伴着老师时不时在电话里的督促："怡倩，写了没？"我渐渐明白，写作这座山，考验的是自己的毅力，靠的是心灵的支持。非常感谢老师的坚持，与先生、孩子、父母的体谅。

2015年秋天，我与导师汤姆·安德森（Tom Anderson）、视觉艺术大师保罗·邓肯（Paul Duncum）受北京启想国际艺术机构罗珍女士的邀约，与来自各地的老师探讨为生活而艺术、视觉艺术、可视化思维的议题。会后我与李斌先生交流，肯定彼此对于跨科统整思维的重要性的看法，进而提起这本正准备在台北洪叶出版的关于统整教育的书。激动中，我们达成了中文简体版由湖南美术出版社出版的共识。谢谢编辑李斌先生的耐心，他在不同的时空中来回，不倦地与我沟通、交流、讨论。没有他的坚持，这本书恐怕只是个梦想。也谢谢设计师邵年的巧思，让这本书真实地呈现。

这几年教育领域变革不断，惊喜的是，自己一直坚持的"思维训练"已然成为教育领域的人士积极努力的目标。我也特别感谢华盛顿州立大学三镇分校历届教育系的学生以及画室里的家长、小朋友们，容许我不断创新与实验统整思维训练的可能方式。他们的包容与所提的建议让我对于统整教育的研究更为精致与富有弹性。也谢谢我的同事萧韵洳教授、加拿大的泛森老师、美国富城市的美术老师们、教育局工作者给我的支持，谢谢不吝分享他们对统整艺术教学的看法。

陈怡倩
于华盛顿州富城市
2017年端午

参考文献

[1] NISSANI M. Fruits, salads, and smoothies: A working definition of interdisciplinarity[J]. Journal of Educational Thought, 1995, 29(2):121-128.

[2] GADNER H, MANSILLA U B. Teaching for Understanding-Within and across Disciplines[J]. Educational Leadership, 1994, Vol.51(5):14-18.

[3] DRAKE S M, BURNS R C. Meeting standards through integrated curriculum[M]. VA: Association for Supervision and Curriculum Development, 2004.

[4] ANDERSON T, MIBRANDT M K. Art for Life: Authentic instruction in art[M].McGraw-Hill, 2004.

[5] MANSILLA VB, GARDNER H. Disciplining the mind to prepare the young for tomorrow's world[R/OL]. Project Zero Education, 2007.http://www. interdisciplinarystudiespz.org/pdf/VBM-Gardner_Disciplining-the-mind_2008.pdf.

[6] PROJECT ZERO. Teaching for interdisciplinary understanding: A framework for design[R/OL]. Harvard University, 2006.http://wacenter.evergreen.edu/docs/teachinginterdisciplinary.pdf.

[7] RITCHHART R. Creating cultures of thinking: The 8 forces we must master to truly transform our schools[M]. San Francisco, CA: Jossey-Boss, 2015.

[8] 黄淑芬. "生命教育"融入低年级视觉艺术课程设计之探究[J/OL]. 2009. http:// art.nhcue.edu.tw/seminar/2009/1/2009_08.pdf.

[9] 黄壬来. 生命教育融入艺术课程研究生命教育课程统整艺术教育[J/OL]. 2010. http://ir.lib.wzu.edu.tw:8080/dspace/bitstream/987654321/404/1/99006-%E9%BB%83%E5%A3%AC%E4%BE%86. pdf.

[10] RENIULLI J. The Three Ring Conception of Giftedness: A Developmental Model for Creative Productivity[R]. New Orleans, LA:the Annual Meeting of the American Educational Research Association (68th,), 1984.

[11] COYLE D. The talent code: Greatness isn't born. It's grown. Here's how[M]. New York: Bantum Book, 2009.

[12] WIGGINS G, MCTIGHE J. Understanding by design: 2nd ed.[M]. Upper Saddle River, NJ/Alexandria, VA: Pearson Education/Association for Supervision & Curriculum Development, 2005.

[13] JACOBS HH.(Ed.). Curriculum 21: Essential education for a changing world[M]. Alexandria, VA: ASCD Memberbooks, 2010.

[14] JACOBS HH. Curriculum 21: Mapping the global classroom for the future[R/OL]. 2015[2017-6-19].http://www.curriculum21.com/.

[15] BRUNER J S, GOODNOW J, AUSTIN A G. A Study of Thinking[M]. New York: John Wiley & Sons, INC, 1967.

[16] DE BONO E. Serious creativity: Using the power of lateral thinking to create new ideas[M]. The University of Michigan, Ann Arbor, MI: Harper Business, 1992.

[17] ARNDT H. Enhancing System Thinking in Education Using System Dynamics[J]. Simulation, 2006, 82(11):795-806.

[18] MEADOWS D H, WRIGHT D. Thinking in systems: A primer[M]. London; Sterling, VA: Earthscan, 2009.

[19] GARDNER H. Multiple Intelligences: New horizons[M]. New York: Basic Books, 2006.

[20] OLGA D. K-W-L: A teaching model that develops active reading of expository text[J]. The Reading Teacher, 1986, 39(6):564-570.

[21] OGLE D, HOFFMAN J, BECK I. Creating contexts for inquiry: From KWL to PRC2[J]. Knowledge Quest, 2009, 38(1): 57-61.

[22] FONTICHIARO K. Finding time for inquiry learning[J]. School Library Monthly, 2014, 31 (1): 50.

[23] HERSHBERGER K, ZEMBAL-SAUL C, STARR M. Evidence helps the KWL get a KLEW[J]. Science and Children, 2006, 43 (5), 50 - 53.

[24] SAZBO S. KWHHL: A student driven evolution of KWL[J]. American Secondary Education, 2006, 34(3). 57 - 67.

[25] SZEKELY G. Play and creativity in art teaching[M]. New York: Routledge, 2015.

[26] JAQUITH D B, HATHAWAY N E(ed.) The learner-directed classroom: Developing creative thinking skills through art[M]. New York: Teachers College Press, 2012.

[27] TABER K S. Beyond constructivism: The progressive research programme into learning science[J]. Studies in Science Education, 2006, 42, 125 - 184.

[28] TABER K S. Exploring student learning from a constructivist perspective in diverse educational contexts[J]. Journal of Turkish Science Education, 2008, 5 (1), 2 - 21.

[29] TABER K S. Constructivism as educational theory: Contingency in learning, and optimally guided instruction[M]// HASSASKHAH J. Educational theory. New York: Nova. 2011 : 39 - 61.

[30] MICHAELSON L. Getting started with team-based learning[M]// MICHAELSON L, KNIGHT A, FLINK D. Team-based learning: A transformative use of small groups. Stylus Publishing, 2011 : 27 - 52.

[31] MCINERNEY M J, FINK L D. Team-based learning enhances long-term retention and critical thinking in an undergraduate microbial physiology course[J/OL]. Microbiology Education, 2003, 4(1): 3 - 12. http://www.teambasedlearning.org/resources/ documents/mcinerney.pdf.

[32] 陈涛. 中央美院高考题吓蒙考生：画出未来转基因鱼[N/OL]. 凤凰新闻, 2016 - 03 - 08 [2017 - 06 - 19]. http://culture.ifeng.com/a/ 20160308 / 47738441 _ 0.shtml.

[33] KAPPLER B, NOKKEN K. Making the most of your time abroad[M]. Minneapolis, MN: University of Minnesota, International Student and Scholar Services, 1999.

[34] 陈怡倩. "桥梁型的课程设计"：统整艺术教学的理论[R].南京：第二届世界华人美术教育大会, 2010.

[35] 陈怡倩. "桥梁型的课程设计"：以学习者为中心的整合艺术教学设计的架构[J].国际艺术教育学刊, 2013, 11 (1): 184 - 199.

[36] GREENBLATT S. Resonance and wonder[M]// I KARP S LAVINE. Exhibiting cultures: The poetics and politics of museum display. Washington: Smithsonian Institution Press, 1991 : 42 - 56.

[37] SCHNEIDER B. Family[J]. School Arts, 1995, 94 (6): 37 - 38.

[38] PRICE S.Primitive art in civilized places[M]. Chicago: The University of Chicago Press, 1989.

[39] LYDDON W J, CLAY A L, SPARKS C L. Metaphor and change in counseling[J]. Journal of Counseling and Development, 2001, 79 (3): 269 - 274.

[40] DISSANAYAKE E. What is art for[M]. Seattle: University of Washington Press, 1998.

[41] ANDERSON R L. Calliope's sisters: A comparative study of philosophies of art[M]. Englewood Cliffs, NJ: Prentice Hall, 1990.

[42] DISSANAYAKE E. Aesthetic experience and human evolution [J]. Journal of Aesthetics and Art Criticism, 1982, 41 (2): 145 - 155.

[43] GEORGE E M, FISHER M M. Anthropology as cultural critique: An experimental moment in the human science[J].University of Chicago Press, 1999.

[44] MITCHELL WJT. What do pictures want? The Lives and Loves of Images[M]. Chicago: University of Chicago Press, 2005.

[45] DUNCUM P. Seven principles for visual culture education[J]. Art Education, 2010, 63 (1): 6 - 10.

[46] QUINN T, PLOOF, JOHN, HOCHTRITT, LISA. Art and social justice education : Culture as commons[M]. New York: Routledge, 2012.

[47] FRASER N. Justice interruptus: Critical reflections on the "postsocialist" condition[M]. New York: Routledge, 1997.

[48] YOUNG I M. Justice and the politics of difference[M]. Princeton, NJ: Princeton University Press, 1990.

[49] NORTH C E. More than words? Delving into the substantive meaning(s) of "social justice" in education[J]. Review of Educational Research, 2006, 76 (4): 507 - 29.

[50] MILBRANDT M K. Understanding the role of art in social movements and transformation[J]. Journal of Art for Life, 2010, 1(1):7-18.

[51] ANDERSON T, CONLON B. In the shadow of the peace walls: Art, education, and social reconstruction in Northern Ireland[J].Art Education, 2013,66(4):36-42.

[52] BAE J. An intercultural peace mural project: Let's make a peaceful world hand in hand[J].Art Education, 2012, 65(1): 47-54.

[53] BAE J. Saving whales and dolphins through petroglyphs and activist artworks[J]. Art Education, 2013, 66(4): 28-35.

[54] BELL L.Storytelling for social justice: Connecting narrative and the arts in antiracist teaching (Teaching/learning social justice)[M]. New York: Routledge, 2010.

[55] PICOWER B.Practice What You Teach : Social Justice Education in the Classroom and the Streets[M]. Hoboken : Francis: Taylor & amp , 2012.

[56] DEWHURST M. Where is the action? Three lenses to analyze social justice art education[M]. New York: City College of New York, 2011.

[57] BROOME J L, BROOME M. An integrated and collaborative approach to art for life: The inpact of environmental forces on our lives[J].Journal of Art for Life, 2010, 1(1):19-33.

[58] DEWEY J. Art as experience[M]. New York: Perigee Book, 1980.

[59] ZAKIA R D. Perception and imaging: 4 th ed.[M].New York, NY: Focal Press, 2013.

[60] CAVICCHI E, et.al. Introductory paper on critical explorations in teaching art, science, and teacher education[J]. The New Educator, 2009, 5(3):189-204.

[61] NANSEL T, OVERPECK M, PILLA R, RUAN W, SIMONS-MORTON B, SCHEIDT P. Bullying Behaviors Among US Youth: Prevalence and Association With Psychosocial Adjustm ent[J]. JAMA, 2001, 285(16): 2094-2100.

[62] TOLLEFSON K, OSBORN M K.Cultivating the learner-centered classroom: From theory to practice[M]. Corwin Press: Thousand Oaks, 2008.

[63] PERALTA A. The art of storytelling: the co-construction of cultural knowledge[J]. Art Education, 2010, 63(2): 25-30.

[64] COOPER Y C. Curriculum connections: Mapping integrating arts framework for diverse learnings[J].International Journal of Arts Education (IJAE), 2013, 11(1):184-199.

[65] SIEGEL D J, BRYSON T P. The whole brain child: 12 revolutionary strategies to nature your child's developing mind[M]. Bantam Books Trade Paperback Edition, 2012.

[66] COOPER Y. Toward a research-based, choice-centered art education[C]. 1 st International Arts in Education Symposium, Kuala Lumpur, Malaysia, 2013.

[67] COOPER Y. Wheel of awareness: Students-centered curriculum and assessment[R]. Richland, WA.: Richland School District and WSASCD 5th Annual RTI-PLC Institute, Richland High School, 2014.

[68] WEIMER M. Learner-centered teaching: Five key changes to practice[M]. San Francisco , CA: Jossey-Bass, 2002/2013.

[69] CULLEN R, HARRIS, MICHAEL, HILL, REINHOLD R, WEIMER, MARYELLEN. The Learner-Centered Curriculum : Design and Implementation[M]. Hoboken: John Wiley & Sons, 2012.

[70] SPERRY R. Hemisphere deconnection and unity in conscious awareness[J]. American Psychology, 1968, 23:723-733.

[71] SOUSA D, PILECKI T. From STEM to STEAM: Using brain compatible strategies to integrate the arts[M]. Thousand Oak, CA: Corwin, 2013.

[72] PINK D H, A whole new mind: Why right-brainers will rule the future[M]. New York: Penguin Group, 2006.

[73] 席格,布莱森.教孩子跟情绪做朋友:不是孩子不乖,而是他的左右脑处于分裂状态!0~12岁的全脑情绪教养法[M].周玥,李硕,译.中国台北:地平线出版社,2016.

[74] SIEGEL D J. The mindful brain: Reflections and attunement in the cultivation of well-being[M]. New York: Mind Your Brain. Inc, 2007.

[75] SMITH A. An inquiry into the nature and causes wealth of nations[EB/OL]. 2014[2017-06-

19]. https://ebooks.adelaide.edu.au/s/smith/adam/s64w/ index.html.

[76] MASLOW A. A theory of human motivation[J].Psychological Review, 1943, 50:370-396.

[77] MASLOW A. Motivation and personality[M]. New York: Harper, 1954.

[78] MASLOW A. The farther reaches of human nature[M]. New York: The Viking Press, 1971.

[79] MASLOW A, LOWERY R.(ed.).Toward a psychology of being: 3rd ed.[M].New York: Wiley & Sons, 1998.

[80] SHALOM H. Schwartz, Basic Human Values: An Overview[D/OL].[2017-6-19] http://segr-did2.fmag.unict.it/Allegati/convegno%207-8-10-05/Schwartzpaper.pdf.

[81] SCHWARTZ S H. Universals in the content and structure of values: Theory and empirical tests in 20 countries[M]// ZANNA M. Advances in experimental social psychology. New York: Academic Press, 1992: Vol.25, 1-65.

[82] SCHWARTZ S H. Robustness and fruitfulness of a theory of universals in individual human values[M]// TAMAYD A, PORTO J B. Valorese trabalho [Values and work]. Brasilia: Universidad de Brasilia, 2005:56-95.

[83] SCHWARTZ S H. Basic human values: An overview, theory, methods, and applications[J/OL]. 2005. http: //segr-did2.fmag.unict.it/Allegati/convegno%207-810-05/Schwartzpaper.pdf.

[84] BROOME J. Assessing the professional development needs of arts instructors working in multi-age classrooms[J]. Arts Education Policy Review. 2016, 117(1):65-72.

[85] 达雷斯.你教学的价值体系是什么[M]//黎明,龙虎.融合 · 互动 · 创新：中外美术教育研究.第四届世界华人美术教育大会,2013:3-11.

[86] COOPER Y. The role of visual arts power standards: Richland school district experience[R]. Melbourne, Australia : 34th World Congress of the International Society for Education through Art (In SEA), 2014.

[87] COOPER Y. Moving ahead: Common core and national coalition for core arts standards[R]. Richland, WA.: Richland School District and WSASCD 5th Annual RTI-PLC Institute, Richland High School, 2014.

[88] JOHNSON JR M. Definitions and models in curriculum theory[J]. Education Theory, 1967, 17(2):127-40.

[89] DOBBS S. Learning in and through art : A guide to discipline-based art education[M]. Los Angeles, Calif.: Getty Education Institute for the Arts, 1998.

[90] BRUNER J. The process of education[M]. Cambridge: Harvard University Press, 1961.

[91] ANDERSON T. Why and how we make art, with implications for art education[J].Arts Education Policy Review, 2004, 105(5):31-38.

[92] WEBB N L. Web alignment tool: Training manual[M]. Wisconsin Center of Educational Research. University of Wisconsin-Madison, 2005.

[93] 吕燕卿.艺术与人文学习领域97课程纲要之新理念及其特色[J].教育研究月刊,2008,175:35-44.

[94] 陈琼花. 从“视觉形式”开启“美感之门”[J/OL]. 教育动脉电子期刊,2015,2.http://pulse.naer.edu.tw/content.aspx? type=A&sid=123.

[95] 陈怡倩.美国新旧艺术教育课纲的比较研究[R].中国台北:十二年国民基本教育艺术领域课程纲要研修工作资询会议,2014.

[96] 陈怡倩.活力指标在艺术教育上的运用[J].画刊,2013,11:25-27.

[97] REEVES D B. The leaders' guide to standards: A blueprint for educational equity and excellence[M]. San Francisco: Jossey-Bass, 2002.

[98] REEVES D B. Making standards work[M]. Englewood, CO: Lead + Learn Press, 2004.

[99] REEVES D B.Leading change in your school: How to conquer myths, build commitment, and get results[M]. Alexandria, VA : Association for Supervision and Curriculum Development (ASCD), 2009.

[100] AINSWORTH L.Power standards: Identifying the standards that matter the most[M]. Englewood, CO: Lead Learn Press, 2003.

[101] COOPER Y. Zimmerman, E. Using visual concept mapping for research and curriculum development[R]. National Art Education Association Research Commission 2014-2015 Interactive Chats, 2014.

[102] COOPER Y. The Creation of data visualization and synthesizing process[J/OL].Wikicreation [English and French], 2014. http://www.wikicreation.fr/readArticle.php? articleId= 35.

[103] COOPER Y, ZIMMERMAN E. Concept mapping in art education[R]. Guangzhou: The 4th World Chinese Art Education Symposium, 2013.

[104] NOVAK J D. Learning, creating, and using knowledge: Concept maps as facilitative tools in schools and corporations[M]. Mahwah, NJ: Erlbaum, 1998.

[105] NOVAK J D, GOWIN D B. Learning How to learn[M]. New York and Cambridge, UK: Cambridge University Press, 1984.

[106] NOVAK J D, GANAS A J. The theory underlying concept maps and how to construct them[EB/OL] . 2006-01 [2017-06-19]. http://cmap.ihmc.us/Publications/ResearchPapers/TheoryUnderlyingConceptMaps.pdf.

[107] BIRBILI M. Mapping knowledge: Concept maps in early childhood education[J/OL].Early Childhood Research and Practice, 2016, 8 (2). http://ecrp.uiuc.edu/v8n2/birbili. html.

[108] 东尼·博赞. 超高效心智图学习法[M].蔡乘志,译.中国台北:商周出版社,2012.

[109] 帕蒂·达培如. 用图把作文课变创意了:趣味图表增进六大创作思考技巧[M].方淑真,译.中国台北:格林文化出版社,2009.

[110] ERICKSON H L. Concept-based curriculum and instruction: Teaching beyond the facts[M]. Thousand Oaks, CA: Corwin Press, 2002.

[111] VILLENEUVE P, LOVE A R. Rethinking the gallery learning experience through inquiry[M]// VILLENEUVE P. From periphery to center: Art museum education in the 21st century. Reston, VA: National Art Education Association, 2007: 194-204.

[112] EFLAND A. A history of art education: Intellectual and social currents in teaching the visual arts[M]. New York:Teachers College Press, 1990.

[113] SOUSA D A, PILECKI T J. From STEM to STEAM: Using brain-compatible strategies to integrate the arts[M]. CA: Corwin, 2013.

[114] SHARP C, METAIS J L. The arts, creativity and cultural education: An international perspective[EB/OL]. 2000 [2017-06-19]. http://steam-notstem.com/wp-content/uploads/2010/11/finalreport.pdf.

[115] HADAMARD J.The mathematician's mind: The psychology of invention in the mathematical field[M]. NJ: Princeton University Press, 1945/1996.

[116] WALLAS G. The art of thought[M]. Kent, England: Solis Press, 1926/2014.

[117] VANDE ZANDE R, WARNOCK L, NIKOOMANESH B, VAN DEXTER K. The design process in the art classroom: Building problem-solving skills for life and careers[J]. Art Education, 2014, 67 (6): 20-27.

[118] O'DONDGHUE D, BERARD M. Six qualities of socially engaged design emerging possibilities for K-12 art education program[J]. Art Education, 2014, 67 (6): 6-10.

[119] MILLAR S. The psychology of play[M]. Oxford: Penguin, 1968.

[120] SMILANSKY S.The effects of socio-dramatic play on disadvantaged preschool children[M]. New York: Wiley, 1968.

[121] SZEKELY G. How children make art : Lessons in creativity from home to school[M]. New York, NY : Reston, VA: Teachers College Press ,National Art Education Association, 2006.

[122] HATCH M. The maker movement manifesto : Rules for innovation in the new world of crafters, hackers, and tinkerers[M]. New York: McGraw-Hill Education, 2014.

[123] LANG D. Zero to maker: Learn (just enough)to make (just about)anything[M]. Make Media, Inc. 2013.

[124] KURTI R S, KURTI B, FLEMING L. Practical implementation of an educational Makerspace: Part 3 of making an educational Makerspace[J]. Teacher Librarian, 2014, 42 (2): 20-24.

[125] MCCANDLESS D. Knowledge is beautiful[M]. New York : Harper Design, an imprint of Harper Collins, 2014.

[126] GLADWELL M. Blink:The power of thinking without thinking[M]. New York:Black Bay Book, 2007.

[127] STOKROCKI M. Art treasure quest in Second Life: A multi-literacy adventure[J]. Art Education, 2014,67(2):37-42.

[128] BLAIR J M. Animated autoethnographies:Stop motion animation as a tool for self-inquiry and personal evolution[J]. Art Education,2014,67(2):6-13.

[129] GARDNER H. Five minds for the future[M]// BELLANCE J, BRANDT R.21st century skills:rethinking how students learn. Bloomington, IN: Sloution Tree Press,2010:9-31.

[130] GERVER R. Creating tomorrow's school today: Education - our children -their futures[M]. New York: Continuum International Publishing Group, 2012.

[131] 冀剑制.是思考，还是想太多[M].中国台北：商周出版社，2015.

图书在版编目（CIP）数据

统整的力量：直击 STEAM 核心的课程设计 / 陈怡倩著．—长沙：湖南美术出版社，2017.8
（永续艺术教育丛书）
ISBN 978-7-5356-8164-5

Ⅰ．①统… Ⅱ．①陈… Ⅲ．①课程设计 - 教学研究 - 小学 Ⅳ．① G622.3

中国版本图书馆 CIP 数据核字 (2017) 第 228899 号

YONGXU YISHU JIAOYU CONGSHU
TONGZHENG DE LILIANG: ZHIJI STEAM HEXIN DE KECHENG SHEJI

永续艺术教育丛书
统整的力量：直击 STEAM 核心的课程设计

出版人
李小山
著者
陈怡倩
责任编辑
李斌
整体设计
邵年
责任校对
王玉蓉
侯婧
李芳
营销支持
李晓峰
姜羽
排版制作
周果元

出版发行
湖南美术出版社
社址
长沙市东二环一段 622 号
经销
湖南省新华书店
印刷
长沙超峰印刷有限公司
厂址
宁乡县金洲新区
泉洲北路 100 号
版次
2017 年 8 月第 1 版
印次
2017 年 10 月第 1 次印刷
开本
880mm × 1230mm　1/32
印张
10.25

书号
ISBN 978-7-5356-8164-5
定价
68.00 元
邮购联系
0731-84787105
邮编
410016
网址
www.arts-press.com
电子邮箱
market@arts-press.com

如有倒装、破损、少页等印装质量问题，请与印刷厂联系调换。
联系电话 :0731-87878875

家居装修百科

装修前的99个避坑准备

上海齐家网信息科技股份有限公司 组织编写
孙琪　邱振毅　黄肖◎主编

化学工业出版社
·北京·

内容简介

本书一共四章，内容包含了装修需求的规划与确认、家居户型改造与空间设计、装修施工方的选择与沟通，以及装修报价单的核对与合同的签订。所有内容都围绕着装修前的准备展开，详细介绍了在装修前业主应该做好哪些准备才能保证装修的顺利进行，并在每章最后，专门针对每个环节中可能出现的问题进行了解析。

本书不仅可以作为业主的装修参考书，也可以供室内设计师使用。

图书在版编目（CIP）数据

家居装修百科：装修前的99个避坑准备 / 孙琪，邱振毅，黄肖主编；上海齐家网信息科技股份有限公司组织编写．— 北京：化学工业出版社，2022.4

ISBN 978-7-122-40825-9

Ⅰ．①家…　Ⅱ．①孙…　②邱…　③黄…　④上…　Ⅲ．①住宅－室内装修－基本知识　Ⅳ．①TU767

中国版本图书馆CIP数据核字（2022）第027325号

责任编辑：毕小山　　责任校对：杜杏然

装帧设计：王晓宇

出版发行：化学工业出版社（北京市东城区青年湖南街13号　邮政编码100011）

印　　装：中煤（北京）印务有限公司

710mm×1000mm　1/16　印张12¾　字数200千字　2022年5月北京第1版第1次印刷

购书咨询：010-64518888　　售后服务：010-64518899

网　　址：http://www.cip.com.cn

凡购买本书，如有缺损质量问题，本社销售中心负责调换。

定　　价：79.80元

京化广临字 2022—05

前言

很多装修过的业主或者接触过装修的人都知道，装修是一件劳神费力的事情，就算投入再多的时间与精力，到最后总会有各式各样的问题出现，从而导致装修缺憾。更多时候，明明投入了几倍的花费，得到的效果却不令人满意。对于毫无装修经验的业主来说，解决装修难的问题，除了我们经常提到的选材料、做预算外，还要能确定好自己的需求、把握好装修进度。另外，也要有在与不良装修团队打交道时不被欺骗的能力。

装修是一项大工程，没有装修经验的业主只能被装修公司或装修工人牵着鼻子走，不仅达不到理想的装修目标，还要额外花费更多的钱。为了帮助更多人能提前避开装修中的坑，我们编写了这本《家居装修百科：装修前的 99 个避坑准备》。这本书主要分为装修需求的规划与确认、家居户型改造与空间设计、装修施工方的选择与沟通和装修报价单的核对与合同的签订四个部分。除了讲解最基本的装修准备以外，还加入了 99 个装修中可能会遇到的问题，旨在提醒业主提前规避问题，帮助业主找到真正的装修需求，利用合理的预算打造出理想、舒适的家园。

本书将晦涩无趣的装修内容，通过流程图、表格等方式展现，在简化阅读的同时，也扼住重点，主次分明，使阅读更加轻松易懂。贴心的实景图片展示，不仅能缓解阅读枯燥感，而且使内容要点更容易被理解。

本书由上海齐家网信息科技股份有限公司组织编写，主编为孙琪、邱振毅、黄肖，副主编为赵恒芳、刘雅琪、杨柳，其他参编人员有张延玲、熊怡静、李幽、王广洋、郑丽秀、任雪东。

目 录

CONTENTS

001

第一章 装修需求的规划与确认

一、根据家庭成员确定装修需求 002

（一）确定家庭成员数量及生活习惯 002

（二）根据性别、年龄确定不同空间装修需求 006

二、装修风格的确定及选择 011

（一）选择装修风格的方式 011

（二）结合成员喜好确定装修风格 011

三、装修资金分配和承包方式选择 018

（一）装修资金的分配比例 018

（二）装修承包方式的对比与选择 020

四、装修需求规划常见问题避坑 025

问题 1：预算有限就不能装修吗? 025

问题 2：装修易犯的错误有哪些? 026

问题 3：是不是无论怎么准备，装修资金都会超支? 027

问题 4：装修的项目是不是越多越好? 028

问题 5：装修中是不是容易出现“亏空”? 029

问题 6：包工包料的装修方式是不是不容易出现问题? 030

问题 7：装修前是否需要调查市场? 030

问题 8：装修的时间账不算也可以吗? 030

问题 9：新房装修可以不做规划预算吗? 030

问题 10：二手房装修预算是不是要多很多? 032

问题 11：装修预算吃紧是不是很难平衡? 033

问题 12：预算规划总是不满意怎么办? 034

问题 13：装修时间与工期是不是需要自己规划? 034

问题 14：装修档次是不是越高越好? 037

问题 15：装修资金的分配只分硬装和软装就行吗? 038

问题 16：不同季节装修是不是没有区别? 039

问题 17：家装设计由谁做主最省钱呢? 042

问题 18：现在还会发生卷款事件吗? 042

问题 19：装修纠纷隐患可以避免吗? 043

问题 20：需不需要给自己规划最低预算呢? 043

问题 21：控制预算的方法都有哪些呢？ 044
问题 22：自己是不是做不了装修规划？ 044
问题 23：装修前需不需要了解材料价格呢？ 044
问题 24：装修资金需要平均分配吗？ 045
问题 25：只装修不装饰就可以省钱吗？ 046
问题 26：装修是不是哪个环节都不容易省钱？ 046
问题 27：装修前为什么要自己去测量房子？ 047
问题 28：装修产品是不是最好不要团购？ 048

049 ／

第二章

家居户型改造与空间设计

一、户型改造工程具体要求 **050**
（一）室内不能拆除的结构及能拆除的结构 050
（二）拆除工程的合理顺序 051
（三）根据合理动线确定拆除部位 052

二、不同家居户型装修要点 **054**
（一）小户型的装修要点 054
（二）一居室的装修要点 057
（三）两居室的装修要点 059
（四）三居室的装修要点 063
（五）跃层户型的装修要点 066
（六）复式户型的装修要点 068

三、不同家居空间设计要点 **071**
（一）客厅装修设计要点 071
（二）餐厅装修设计要点 077
（三）卧室装修设计要点 080
（四）书房装修设计要点 086
（五）厨房装修设计要点 090
（六）卫浴装修设计要点 096
（七）玄关装修设计要点 102

四、不同空间照明设计要点 **105**
（一）客厅 105
（二）餐厅 108
（三）卧室 110
（四）书房 112
（五）厨房 113
（六）卫生间 115

（七）玄关 116

五、户型改造和空间设计常见问题避坑 117
问题 29：小户型装修的误区有哪些？ 117
问题 30：户型小就不可以做吊顶吗？ 118
问题 31：挑高过高的户型不可以动吗？ 119
问题 32：层高太低怎么办？ 119
问题 33：不规则的户型就不好改吗？ 120
问题 34：户型中房间很小是不是就没办法了？ 121
问题 35：户型带着一个很长的走廊不能改吗？ 122
问题 36：不砌墙就不能分区吗？ 123
问题 37：家里不做吊顶要注意哪些方面？ 125
问题 38：采光不好就只能忍着吗？ 129
问题 39：一体式空间就无法设计了吗？ 130
问题 40：小卧室就无法装饰设计了吗？ 131
问题 41：小户型是不是不能有衣帽间？ 132
问题 42：是不是不改开窗位置就不能增强光线？ 132
问题 43：想让空间变大就只能砸墙吗？ 133
问题 44：吊顶的样子是不是只能是一样的？ 135
问题 45：家里装修选择的色彩越多越好吗？ 136
问题 46：房顶太高或太低，是不是色彩选择都一样？ 136
问题 47：户型大小会不会影响风格选择？ 137
问题 48：背景墙是不是都要着重设计？ 137
问题 49：户型小没有玄关怎么改？ 138
问题 50：客厅阳台可以改造成卧室吗？ 138

139 ／ 第三章 装修施工方的选择与沟通

一、不同装修施工方的特点 140
（一）装修施工方的种类 140
（二）不同施工方的特点 140

二、装修公司的选择与确定 142
（一）寻找装修公司的主要渠道 142
（二）装修公司的主要经营模式 142
（三）考察装修公司的方法 143

三、装修设计师的辨别与挑选 144
（一）设计师的工作流程及内容 144
（二）设计师的挑选方法 144

（三）与设计师沟通的技巧 146

四、装修施工队伍的选择 147

（一）施工队包含的工种及负责项目 147

（二）考察施工队的要点 148

五、装修成员选择常见问题避坑 149

问题 51：装修找熟人更保险吗？ 149

问题 52：装修公司资质不查也没事吗？ 149

问题 53：设计费是不是可以不用付？ 150

问题 54：与装修公司打交道怎么才能变得简单？ 150

问题 55：装修公司都很靠谱吗？ 151

问题 56：网上找装修公司一定便宜安全吗？ 151

问题 57：与装修公司沟通是不是什么都不需要准备？ 152

问题 58：选择设计师有哪些诀窍？ 153

问题 59：设计师收费是不是都一样？ 153

问题 60：装修公司的监理和外面的监理一样吗？ 154

问题 61：是不是请监理之后就可以完全不用管了？ 155

问题 62：是不是请装修监理就是多花钱？ 155

问题 63：是不是不能和装修公司砍价？ 156

问题 64：设计工作室和装修公司是不是没区别？ 156

问题 65：选择装修公司可以不去看工地吗？ 156

157 ／

第四章

装修报价单的核对与合同的签订

一、装修报价单的核对 158

（一）报价单所包含的费用种类 158

（二）装修报价单详细解析 159

（三）常见装修报价方法 161

（四）阅读报价单的重点 164

二、装修合同的签订 165

（一）签订装修合同前的准备 165

（二）装修合同的内容 165

（三）合同内容中需要注意的部分 167

（四）签订装修合同的要点 168

三、装修报价和合同签订常见问题避坑 170

问题 66：装修公司的“优惠套餐”是不是不靠谱？ 170

问题 67：“最低价”中标很幸运吗？ 170

问题 68：装修预算费用不能告诉装修公司吗？ 170
问题 69：报价太低的预算可信吗？ 171
问题 70：报价单是不是可以不用核对？ 171
问题 71：什么是“免费设计”？ 172
问题 72：有没有降低报价的方法？ 172
问题 73：预算报价有哪些黑幕？ 174
问题 74：预算陷阱有哪些？ 177
问题 75：避免产生装修增项的方法有哪些？ 178
问题 76：付款方式是不是可以随便选？ 179
问题 77：装修公司会不会克扣各项费用获得利润？ 180
问题 78：装修公司的“先施工，后付款”可信吗？ 180
问题 79：装修公司承诺的短期完工可以相信吗？ 180
问题 80：装修公司的促销真的能省钱吗？ 181
问题 81：装修公司在预算时会做手脚吗？ 181
问题 82：怎么知道报价单里有没有“水分”？ 182
问题 83：预算书中哪些项目属于不合理收费？ 184
问题 84：装修合同上会出现哪些文字游戏？ 184
问题 85：合同砍价策略都不靠谱吗？ 184
问题 86：合同中不写明装修日期要紧吗？ 184
问题 87：装修合同出现纠纷如何解决？ 186
问题 88：装修公司会不会在预算单里故意漏掉项目？ 186
问题 89：装修公司会不会虚增费用？ 186
问题 90：报价单里单位写错了没关系吗？ 187
问题 91：装修公司故意延误工期怎么办？ 187
问题 92：报价单中“分项计算”代表很正规吗？ 187
问题 93：不会看设计图纸会不会影响预算报价？ 188
问题 94：选报价低的公司是不是就能省钱？ 190
问题 95：同一个空间设计报价是不是会相差很多？ 190
问题 96：装修公司可以不对报价单做详细解释吗？ 191
问题 97：报价单上的材料可以只写名称吗？ 191
问题 98：报价单上的施工工艺会不会出问题？ 192
问题 99：装修完的工程款会不会多于合同款？ 192

家装验收项目参考清单 / 193

第一章

装修需求的规划与确认

在拿到新房进行装修之前，首先要明确每个居住人员对生活的需求，具体讨论出对新居室的理想取向，逐步了解喜好和习惯，找到喜欢的风格。同时也要提前规划好资金的分配。将这些需求确认清楚，才能为今后的顺利装修打好坚实的基础。

扫 / 码 / 观 / 看
装修流程快速入门

一 根据家庭成员确定装修需求

（一）确定家庭成员数量及生活习惯

不同的居住者对于家居环境的需求各有不同，尤其是家中有老人和儿童的家庭，要根据其年龄特征对家居环境区别对待。因此，在开始设计装修方案前，建议对家庭成员的生活习惯予以了解，以便于更好地进行功能区的规划以及风格、色彩和材质等方面的选择。调查内容可分成单个家庭成员和全部家庭成员两部分，建议以表格的形式来呈现，更为简洁明了。

1 单个家庭成员的“简历”

对于家庭中的每个成员，建议主要了解他们对居住环境的喜好、生活习惯以及对风格及色彩的偏好等，而后综合起来选择大家都满意的设计方案。具体内容和填写方式可参考下方表格示例。

成员 / 年龄	环境要求	生活习惯	风格、色彩喜好	其他要求
奶奶 / 65 岁	◎喜欢安静的环境 ◎喜欢充足的阳光，希望卧室可以安排在阳面	◎入睡：21 点 30 分 ◎起床：5 点 30 分	◎中式风格或朴素一些的其他风格 ◎色彩不要过于鲜艳，可以有一些红色或绿色	◎喜欢喝茶、看书，希望卧室里能有摆放书籍和茶桌的空间 ◎希望卧室里可以有卫生间 ◎喜欢视野比较开阔的空间

续表

成员/年龄	环境要求	生活习惯	风格、色彩喜好	其他要求
爷爷/66岁	◎喜欢安静的环境 ◎喜欢充足的阳光，希望卧室可以安排在阳面	◎入睡：22点左右 ◎起床：5点30分	◎中式风格 ◎不喜欢太鲜艳的色彩，最喜欢棕色和蓝色	◎喜欢看电视，希望房间里能有独立电视 ◎希望卧室里可以有卫生间 ◎早上起来喜欢打太极，呼吸新鲜空气，希望可以有适合的空间
爸爸/36岁	◎对环境没有太高要求	◎入睡：22点左右 ◎起床：6点30分	◎现代风格或简约风格 ◎以柔和的色彩为主，可以有少量鲜艳的色彩，喜欢蓝色和绿色	◎经常需要在家里工作，希望卧室和书房连通或卧室临近书房 ◎喜欢品酒，希望有个吧台
妈妈/33岁	◎希望住在阳光充足的一面，但如果安排不下，也可以接受阴面	◎入睡：22点30分 ◎起床：6点30分	◎简约风格或北欧风格 ◎喜欢比较柔和的紫色、绿色和比较鲜艳一点的黄色和蓝色	◎希望卧室内有摆放衣柜的位置或步入式更衣间 ◎希望卧室里可以有卫生间
女儿/10岁	◎希望环境可以安静些	◎入睡：21点30分 ◎起床：7点	◎北欧风格或现代风格 ◎喜欢充满童话感的配色，粉嫩的绿色、粉色、黄色等	◎卧室要有书桌，便于写作业 ◎喜欢小的卡通摆件，希望有单独摆放位置
儿子/3岁	◎希望房间可以靠近爸爸妈妈	◎入睡：21点左右 ◎起床：6~7点	◎不知道喜欢什么风格 ◎喜欢鲜艳、活泼的色彩	◎要有足够摆放玩具的地方 ◎能在墙上写写画画

2 全体家庭成员的“简历”

除了对单个家庭成员的习惯、喜好等进行了解外，还建议对整个家庭的聚集活动做到心里有数，例如集体用餐的时间、周末的安排、待客的次数、周末的集体娱乐等，可以根据这些活动更好地规划客厅和餐厅等公共区。

用餐		
名称	时间	参与人数
早餐	周一～周五	5 人
	周六、周日	6 人
午餐	周一～周五	3 人
	周六、周日	6 人
晚餐	周一～周五	4~5 人
	周六、周日	6 人

聚会			
时间	参与人数	活动内容	时长
周一～周五	5~6 人	聊天、看电视、亲子时间	晚饭后 1 小时左右
周六、周日	5~6 人	◎外出用餐、游玩 ◎聊天、娱乐活动（打麻将、玩纸牌等）	时间不固定，但周末必有一次全体参与的聚会

招待客人			
时间	频率	活动内容	时长
周末或节假日	每月 1~2 次	聚餐或餐后娱乐活动	半天或一天

3 “简历”作用的具体分析

装修前的策划不仅关系着装修效果是否能够尽如人意，也与装修预算的控制息息相关，因此，装修前进行家庭装修需求的确认是非常必要的，这也是建议填写家庭“简历”的原因。那么，在填写“简历”后，如何与装修方案的设计联系起来呢？这里以上面两份“简历”以及下方的户型平面图为例，进行比较详细的家居功能区划分的分析。

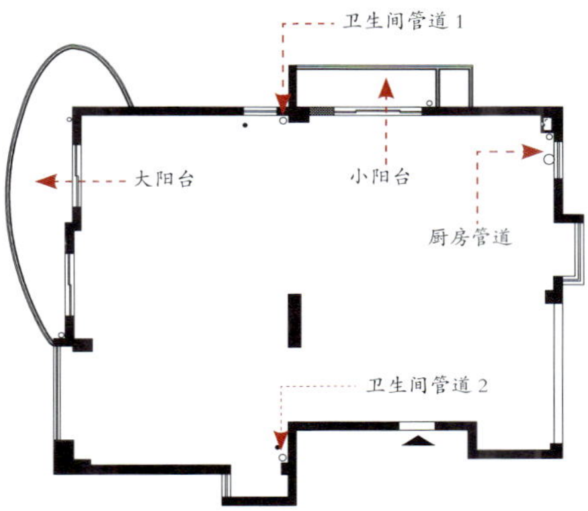

原始平面图

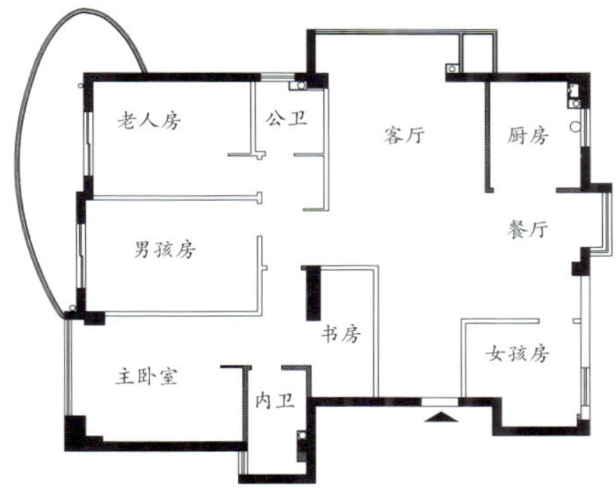

规划后的平面图

01

原始户型分析

居室的左侧为阳光充足的阳面，阳台囊括了两个窗位，根据管道分布来看共可安排两个卫生间；右侧上面的空间有一个小阳台，厨房相关管道在右侧

02

“简历”上获取的信息

※ 希望房间在阳面的有爷爷、奶奶和妈妈

※ 希望房间内有卫生间的是爷爷、奶奶和妈妈

※ 喜欢安静环境的有爷爷、奶奶和女儿

※ 儿子对房间的要求是距离主卧近，且能够摆放较多玩具

03

总功能区的确定

※ 家中有一半的成员希望可以住在阳光充足的一面，所以将左侧定为卧室区

※ 右侧为公共区域。根据入户门的位置、空间的宽敞程度和家庭聚会的情况来看，有阳台的区域适合做客厅，临近厨房的位置适合做餐厅

04

老人房位置的确定

奶奶有阅读和饮茶的爱好，爷爷喜欢打太极，他们都希望房间有卫生间，但从整体格局来看，很难全部满足。最后从主要需求出发，将比较安静、比邻卫生间且有大阳台的卧室定为老人房，他们可以充分利用阳台活动

05

主卧位置的确定

爸爸最重要的需求是要有书房；妈妈的需求是内卫和摆放衣柜，对阳台并没有明确要求，所以更适合选择有卫生间、但没有阳台的左下角的位置。门厅的位置比较宽敞，对这个家庭来说有些浪费，所以利用隔墙间隔出书房，以满足爸爸的需求

06

儿童房位置的确定

儿子希望跟爸爸妈妈比较近，且房间宽敞一点；女儿希望环境安静一些，且女儿主要是晚上在家。所以将主卧和老人房中间定为男孩房，门口右侧的独立角落间隔成女孩房

（二）根据性别、年龄确定不同空间装修需求

虽然家庭的组成是多样的，有独自居住的人，有新婚夫妇，有三口之家，还有四世同堂等，但总体来说，可以分为单身男性、单身女性、新婚夫妇、老人和儿童五类。每一类人群适合的色彩、材质、家具、装饰甚至图案都是不同的。适合居室环境的设计才能让居住者有归属感。因此，在与设计师沟通方案前，对这些需求做到心中有数，可以更好地满足空间装修需求。

1 单身男性

单身男性的空间装修需求，可参考下表。

类别	需求概述
家居色彩	◎冷峻、理智的色彩：以蓝色系色彩为主，低明度和纯度 ◎厚重、坚实感的色彩：能够表现出力量感，以暗色调及浊色调为主 ◎强对比、个性的色彩：红色与绿色、黄色与蓝色等 ◎经典、理性的色彩：黑、白、灰的组合
家居材质	◎以亚光质感的棉麻为主的布艺，避开蕾丝、长毛绒、亮片 ◎玻璃、金属等冷调质感的材料 ◎棕色、浅棕色系列的木质材料 ◎大理石和瓷砖类等具有光滑质感的材料
适用家具	◎粗犷的木质、皮革或棉麻布艺类家具 ◎收纳功能较为强大的家具 ◎以直线条、大块面为主的利落感家具 ◎质感对比强烈的家具，如粗糙金属搭配亮光玻璃等
家居装饰	◎雕塑、金属装饰品、机械工艺品等，体现理性主义的装饰 ◎抽象画、简洁感的装饰画 ◎车船类模型 ◎干花、中性或具有男性气质的鲜花及花器
形状图案	◎理性的几何造型 ◎简练的直线条 ◎植物图案 ◎玻璃、水晶灯等通透明亮的材质
布置重点	◎简洁、顺畅的空间格局 ◎少而精的装饰

2 单身女性

单身女性的空间装修需求，可参考下表。

类别	需求概述
家居色彩	◎温暖、柔和的色彩：色彩通常是温暖的、柔和的，配色以弱对比且过渡平稳的色调为宜 ◎明亮的暖色：以高明度或高纯度的红色、粉色、黄色、橙色等暖色为主 ◎属于“酷”女孩的无色系：适当使用一些黑色和灰色系
家居材质	◎大量的布艺织物表现柔美感，无论是棉麻、丝绸还是丝绒均可 ◎以浅色为主的木质及藤、草编等材质 ◎带有螺旋、花纹的铁艺
适用家具	◎布艺家具、柔软的皮革家具 ◎手绘家具等具有艺术化特征的家具 ◎梳妆台、公主床等带有女性色彩的家具
家居装饰	◎花卉绿植、花器等与花草有关的装饰 ◎布绒玩偶等带有一些童趣的装饰 ◎圆润的树脂摆件，玻璃、水晶等材质的摆件
形状图案	◎花草类型的图案 ◎花边、曲线、弧线等圆润的线条 ◎适应年龄广泛一些的卡通图案
布置重点	◎以温馨、柔和的基调为主 ◎注重营造空间的系列化，以及色彩和元素的搭配 ◎在符合女性特质的同时，还需满足个性化的需求

3 新婚家庭

新婚家庭的空间装修需求，可参考下表。

类别	需求概述
家居色彩	◎典型配色：以红色为主的搭配 ◎个性化配色：将红色作为点缀，或完全脱离红色，采用黄、绿或蓝、白等形式的清新感组合

续表

类别	需求概述
家居材质	◎珠线帘、纱帘等浪漫、缥缈的隔断材质 ◎玻璃、水晶灯等通透明亮的材质 ◎以棉麻等亚光为主，加入少量亮光（如丝绸、锦缎）材质的布艺组合 ◎质感具有对比的材料，如玻璃和亚光墙纸
适用家具	◎较易打理的家具，如棉麻材质、板式家具及玻璃和金属组合的类型 ◎造型具有浪漫感的家具，如心形靠背座椅 ◎多用途的家具，如沙发床、带收纳功能的家具等
家居装饰	◎成双成对的装饰品，如男女娃娃摆件、天鹅摆件等 ◎带有两人共同记忆的纪念品 ◎婚纱照、双人生活照等 ◎新婚夫妻各自喜欢的装饰品
形状图案	◎心形、玫瑰花、LOVE 字样等具有浪漫基调的图案 ◎几何、直线条、水墨等较为中性的图案 ◎曲线较少、造型大气一些的花草图案
布置重点	◎彰显新婚的甜蜜氛围 ◎找到男性和女性恰当的融合点 ◎新婚居所通常面积不大，需避免拥挤，装饰要少而精

4 男孩房

男孩的空间装修需求，可参考下表。

类别	需求概述
家居色彩	◎婴儿：以柔和、淡雅一些的蓝色、绿色、黄色、灰色等为主 ◎儿童：活泼、鲜艳一些的色彩，多以蓝色、绿色为主，其他色彩做搭配 ◎少年：活泼感降低，多以黑色、白色、灰色或棕色为主，搭配红蓝、黄蓝等对比色
家居材质	◎无甲醛、无污染的环保材质 ◎实木、藤艺等天然材质 ◎天然且易清洗的棉麻材质

续表

类别	需求概述
适用家具	◎小型的组合家具 ◎边缘圆滑的家具 ◎安全性强的攀爬类家具
家居装饰	◎变形金刚、汽车、足球等玩具 ◎带有童趣的卡通类摆件
形状图案	◎卡通、涂鸦等男孩感兴趣的图案 ◎几何图形等线条平直的图案
布置重点	◎应注重其性别心理特征，如英雄情结 ◎主要应体现活泼、动感的设计理念

5 女孩房

女孩的空间装修需求，可参考下表。

类别	需求概述
家居色彩	◎婴儿：温柔、淡雅的色彩，如淡色调的肤色、粉红色、黄色等 ◎儿童：略为活泼的一些色彩，如鲜艳一些的黄色、红色、粉色等 ◎少年：以温柔、淡雅的色彩为主，点缀一些活泼色；若追求个性，可搭配黑色或灰色
家居材质	◎无甲醛、无污染的环保材质 ◎实木、藤艺等天然材质 ◎天然且易清洗的棉麻材质
适用家具	◎小型的组合家具 ◎边缘圆滑的家具 ◎公主床等具有童话色彩的家具

续表

类别	需求概述
家居装饰	◎洋娃娃、卡通布偶等玩具 ◎带有童趣的卡通类摆件
形状图案	◎七色花、麋鹿等具有梦幻色彩的图案 ◎花仙子、美少女等卡通图案 ◎碎花、大花、卷曲的植物等自然类图案
布置重点	◎以温馨、甜美为设计理念 ◎女孩房主要体现童话般的气息

6 老人房

老年人的空间装修需求，可参考下表。

类别	需求概述
家居色彩	◎宁静、安逸的色彩，避免鲜艳和刺激感 ◎宜用温暖、高雅、宁静的色彩，整体颜色不宜太暗
家居材质	◎隔声性良好的材质，防滑材质 ◎柔软的材质，避免玻璃等硬朗、脆弱的材质 ◎天然类的材质，如棉麻、实木、藤草等
适用家具	◎家具的样式宜低矮，方便取放物品 ◎以稳定性好的单件家具、固定式家具为首选，最好边缘为圆角 ◎古朴、厚重的中式家具
家居装饰	◎带有旺盛生命力的绿植、盆花等 ◎带有回忆色彩的装饰品，如照片
形状图案	◎中式或其他类型的复古图案 ◎以简洁线条为主的图案 ◎简约一些的花草、花鸟类图案
布置重点	◎空间要流畅，家具尽量靠墙而立 ◎注重细节，门把手、抽屉把手应该采用圆弧形

二 装修风格的确定及选择

（一）选择装修风格的方式

每一种家居风格都有其代表性元素，总体来看，可以将其分成四个方面。在选择家居的装修风格时，既可以分别从四个方面中的某一方面入手，也可以从多个方面入手。

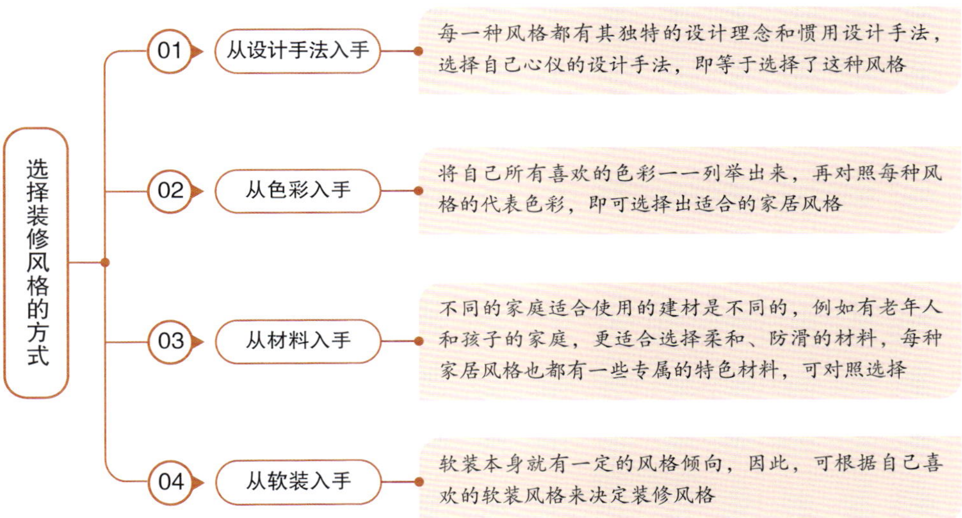

选择装修风格的方式

（二）结合成员喜好确定装修风格

根据自己的喜好，在以下每种风格特征前做记号，最后所做记号最多的一种即为自己最喜欢的风格。

1 现代风格

（1）装修总体规划

□ 喜欢宽敞、流畅的布局，不喜欢太多隔断

□ 喜欢强调个性与时尚感

□ 更愿意将预算花在软装上

（2）具体设计方式

□ 喜欢明快的色调

□ 喜欢黑白、黄色、红色等对比强烈的色彩

□ 喜欢玻璃、金属等材料

□ 喜欢充满科技感、有创意的东西

□ 对家具的喜好偏向现代风格

2 简约风格

（1）装修总体规划

□ 喜欢明亮、宽敞的布局

□ 家居空间强调干净、通透

□ 追求“重装饰、轻装修”的装修方式

（2）具体设计方式

□ 喜欢黑、白、灰等无色系色彩

□ 喜欢清雅色调或浅茶色、棕色等中间色调

□ 喜欢光泽感比较强的材料，如大理石、玻璃等

□ 对直线、大面积色块、几何图案感兴趣

□ 对家具的喜好偏向低矮、直线条，或是多功能的家具

□ 喜欢简洁感的装饰画及饰品

3 北欧风格

（1）装修总体规划

□ 喜欢明亮、宽敞的布局

□ 喜欢无阻碍、流动感强的空间

□ 比起硬装，更注重软装的布置

（2）具体设计方式

□ 喜欢以黑、白、灰为主的配色方式

□ 喜欢茱萸粉、薄荷绿等莫兰迪色系的色彩

□ 喜欢亲和感强的木质类材料

□ 偏好直线条和几何类型的造型，或北欧动植物类图案

□ 喜欢造型简洁的家具，或如伊姆斯椅等北欧风格家具

4 工业风格

（1）装修总体规划

□ 喜欢类似“厂房”一样的布局

□ 喜欢粗犷感或机械感

（2）具体设计方式

□ 喜欢黑、白、灰等无色系色彩或砖红、棕红等色彩

□ 喜欢金属类的装饰材料，如拉丝不锈钢或带有做旧感的铁艺等

□ 喜欢原始的砖墙、水泥墙或带有沧桑感的原木

□ 喜欢较具有厚重感的皮革家具或铁艺家具

□ 喜欢暖黄色灯光的灯具

□ 喜欢工业感较强的造型，如齿轮、水管等

□ 对复古且个性的装饰品感兴趣，如自行车、旧风扇、旧汽车牌等

5 中式古典风格

（1）装修总体规划

□ 在布局上倾向严格的中轴对称原则

□ 强调家居空间古色古香、富有文化气息的氛围

□ 喜欢有移步换景效果的布局形式

□ 对硬装和软装都具有一定的追求，装修资金充足

（2）具体设计方式

□ 喜欢中式古典建筑（如故宫、颐和园）的设计方式

□ 对中式古典颜色情有独钟，如中国红、杏黄、黛蓝等

□ 喜欢木质材料，特别是实木材料

□ 有收藏青花瓷、字画、文房四宝的爱好，喜欢花鸟鱼虫等装饰

□ 喜欢明清风格的家具，如圈椅、博古架、隔扇等

6 新中式风格

（1）装修总体规划

□ 在布局上比较喜欢严谨或倾向于对称的形式

□ 喜欢古雅的中式气质，又觉得古典中式过于庄重、严肃

（2）具体设计方式

□ 喜欢融入现代元素的、具有简洁感的中式元素造型

□ 喜欢黑、白、灰、棕等素雅配色或具有中式古典特征的色彩，如中国红、杏黄、黛蓝等

□ 喜欢木质材料与现代材料的搭配方式，如木料搭配玻璃、木料搭配大理石等

□ 喜欢设计中带有明清家具元素的家具

□ 喜欢中式镂空雕花、仿古灯等中式元素装饰

□ 喜欢带有中式色彩的装饰品，如丝绸靠枕、简化的水墨画、鸟笼摆件等

7 欧式古典风格

（1）装修总体规划

□ 家居面积大于 $130m^2$

□ 对硬装和软装都具有一定的追求，装修预算充足

□ 喜欢体现欧式人文历史文化的家居氛围

（2）具体设计方式

□ 喜欢明黄、金色等颜色渲染出的富丽堂皇的氛围

□ 喜欢大理石（或仿大理石地砖）拼花地面

□ 对于欧式拱门和精美雕花的罗马柱情有独钟

□ 喜欢经典的欧式花纹，如佩里斯纹、大马士革纹等

□ 喜欢奢华的水晶灯、罗马帘、壁炉等古典风格装饰，喜欢各种西洋油画

8 简欧风格

（1）装修总体规划

- □ 不喜欢过于繁复的造型，想突出随意、舒适的空间感受
- □ 想避免传统欧式家居的奢华，又期待拥有欧式风格的高雅

（2）具体设计方式

- □ 喜欢以白色 + 金色为主搭配出的高雅和谐的氛围
- □ 喜欢欧式花纹、装饰线
- □ 不喜欢板式家具，喜欢有波状线条和富有层次感的家具
- □ 喜欢大理石或拼花地面
- □ 对于各种白色描金的器具非常喜欢

9 美式乡村风格

（1）装修总体规划

- □ 家居面积大于 $100m^2$
- □ 喜欢清新自然、具有自由感和舒适感的家居环境
- □ 重视家具和日常用品的实用和坚固

（2）具体设计方式

- □ 喜欢以质朴的大地色或比邻色（蓝、红、白）为主的配色
- □ 喜欢带有自由感的拱形造型
- □ 喜欢棉麻等天然材质的布艺，可以接受粗犷的材质（如硅藻泥墙面、复古砖）
- □ 喜欢带有仿旧效果、式样厚重、质朴的家具
- □ 喜欢花鸟等自然系列的图案及铁艺、大型绿植等类型的装饰

10 现代美式风格

（1）装修总体规划

- □ 喜欢具有舒适感和大方感的布局形式
- □ 喜欢具有简洁、爽朗感的空间效果

（2）具体设计方式

- □ 喜欢明朗恬静的色彩搭配方式，如白色搭配蓝色和黄色、白色搭配米色和

棕色等

☐ 喜欢简洁一些的欧式线条造型，如墙线、直线条的护墙板等

☐ 喜欢天然的材质，如棉麻、原木色木料或经过油漆的木料等

☐ 喜欢宽大但没有太多厚重感的家具

☐ 喜欢带有自然元素图案的装饰，如花鸟图案靠枕、装饰画等

11 日式风格

（1）装修总体规划

☐ 在布局上比较喜欢空间的流动与分隔

☐ 喜欢简洁、明快的时代感

（2）具体设计方式

☐ 喜欢以素雅感为主的配色方式，如木色搭配白色或米色、木色搭配淡蓝色等

☐ 喜欢浅色系的木质材料以及棉麻、纸等亚光自然类材料

☐ 喜欢几何造型或单纯的线面造型

☐ 喜欢和式风格的图案，如海浪、富士山、浮世绘等

☐ 喜欢低矮且体量不大、以木质材料为主的家具

☐ 喜欢榻榻米或地台

12 地中海风格

（1）装修总体规划

☐ 喜欢明亮、宽敞的布局

☐ 空间强调通透性，拥有良好的光线

（2）具体设计方式

☐ 喜欢海洋的清新、自然浪漫的氛围

☐ 不排斥蓝色、白色、绿色等冷色调

☐ 对于各种拱形门、拱形窗情有独钟

☐ 喜欢铁艺雕花及马赛克拼花

☐ 喜欢各种造型的饰品（如船、贝壳、海星）

13 东南亚风格

（1）装修总体规划

□ 向往浓烈的异域风情

□ 对硬装和软装均有一定的追求，但更重视软装的质感

（2）具体设计方式

□ 喜欢天然的木材、藤、竹等质朴材质

□ 喜欢以大地色系为主的配色方式，但能接受很艳丽的色彩，如橙色、明黄色、果绿色

□ 喜欢富有禅意的饰品，如佛手、佛像，对各种木雕情有独钟

14 欧式田园风格

（1）装修总体规划

□ 强调自然居家气氛、接近大自然的感觉

（2）具体设计方式

□ 对于各种纯天然的色彩情有独钟，如大地色、红色、绿色、黄色等

□ 喜欢天然类的材料，如木质材料、棉麻材料等

□ 喜欢造型流畅、材质天然且具有舒适感的家具

□ 喜欢碎花、格子、条纹等具有田园代表性的图案

15 法式乡村风格

（1）装修总体规划

□ 喜欢具有自然感和惬意感的设计风格

□ 有比较充足的预算，既追求硬装效果也追求软装效果

（2）具体设计方式

□ 喜欢自然类的装饰材料及墙纸

□ 喜欢直线为主的欧式装饰线条造型

□ 喜欢植物纹样、花鸟图案或乡村风格图案

□ 喜欢洗白木质框架搭配布艺的家具或木质手绘家具

三 装修资金分配和承包方式选择

（一）装修资金的分配比例

1 装修资金的分配原则

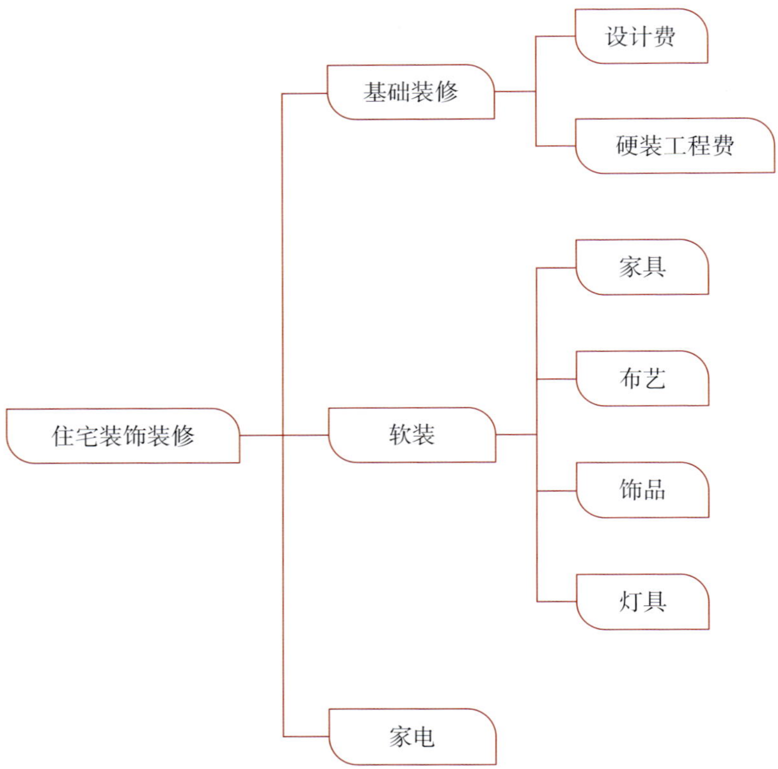

装修资金的分配

住宅装饰装修的资金以基础装修、软装、家电三种类型进行分类，在得到业主的初步装修资金规划时，可根据业主的需求对三者之间的比重进行调整。这将影响设计师重点设计的应该是硬装部分还是软装部分。资金规划主要还是根据业主的需求而定。

2 基础装修资金的分配比例

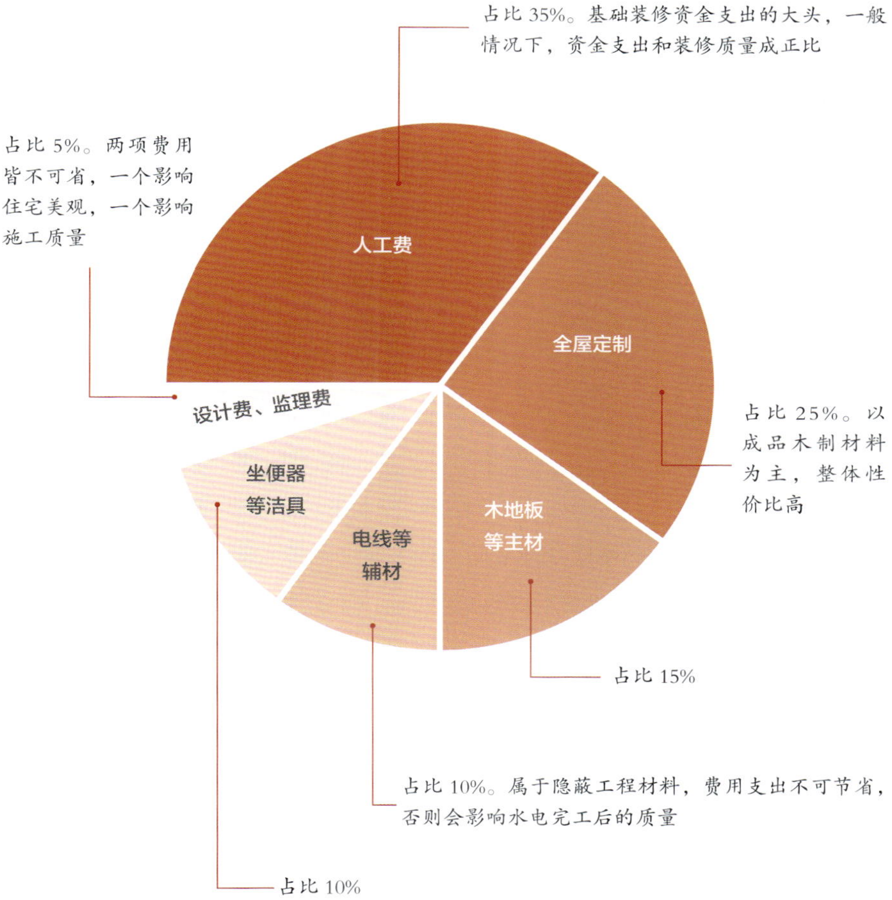

基础装修资金的分配比例

3 软装资金的分配比例

在软装资金的支出中，家具占比较大，其次为吊灯、台灯等灯具。在选择软装时更多地要考虑到日常使用对软装部分的损耗，应重点考虑其质量。

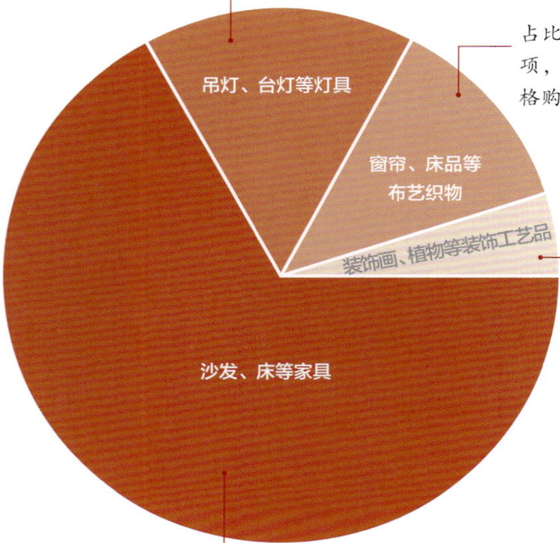

软装资金的分配比例

（二）装修承包方式的对比与选择

1 市场行情的调查

（1）调查材料费用的市场价格

家装主要材料一般包括墙地砖、木地板、油漆涂料、多层板、墙纸、木线、电料、水料等。了解它们的市场行情，有助于业主与装饰公司谈判时控制工程总预算，使总价格不至于过高。

（2）调查人工费用的市场价格

人工可分为力工、水暖工、电工、瓦工、木工、油漆工等类型。不同工种负责的施工项目不同，费用也有所不同，且师傅的价格和学徒也有差别。可通过向已经装修过的亲朋好友或施工方询问获得市场价。

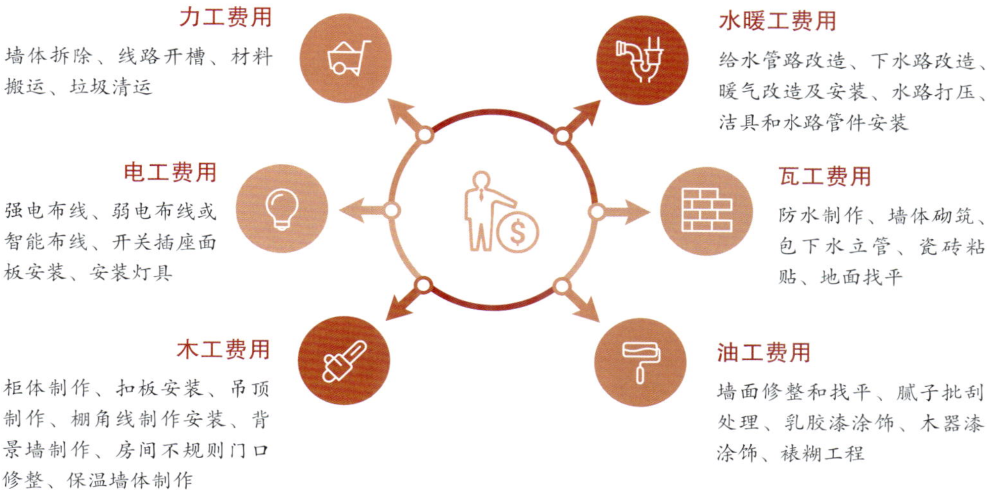

装修人工费用分类

2 承包方式及预算的分配

家装预算包含的内容比较繁杂，根据其特征进行分类，大致可划分为材料费、施工费、施工方附加费用、保洁费及软装费用五个部分。这些费用总体来看又可划分成装修公司负责和业主负责两部分，而具体由哪一方负责哪些费用则与承包方式有关。

费用名称		包含内容
材料费	主材费	墙砖、地砖、地板、吊顶扣板、集成吊顶、橱柜、门窗、开关插座、暖气、五金件、卫浴洁具、厨房水槽等
	辅料费	电线、线管、水管、沙子、水泥、木工板、石膏板、石膏线、木方、油漆、乳胶漆、腻子粉
施工费		人工费、机械费
施工方附加费用		企业管理费、利润、税金
保洁费		开荒保洁费用
软装费用		家具、灯具、布艺、饰品等

（1）全包

全包装修也叫包工包料装修，即所有材料采购和施工都由施工方负责。

省钱指数：★★☆☆☆　省事指数：★★★★★　装修效果：★★★★☆

优点：省心、省时、省力；质量、环保及保修均较有保障；可保证工期；责任清晰。

缺点：容易出现偷工减料的情况；装修费用整体偏高。

适合人群：没有太多时间监工、资金较为充裕的人群。

装饰公司全包

注：洁具的费用是否由装饰公司承担，不同装饰公司可能存在一些差别。本书指一般情况，具体需要业主向装饰公司进行咨询。

装饰公司的预算内容

- 全部材料费
- 人工费、机械费
- 企业管理费、利润、税金

业主的预算内容

- 灯具费用
- 电器费用
- 开荒保洁费用
- 家具、布艺、饰品费用

全包的预算内容

（2）半包

半包装修即包工包辅料，业主负责主材，装修公司负责装修工程的施工以及辅材的采购。

省钱指数：★★★☆☆　省事指数：★★★☆☆　装修效果：★★★☆☆

优点：可以节省一定的时间；可节省部分资金。

缺点：需要花费一定时间监工；装修效果可能不如预期；容易出现不良公司更换材料或使用不良辅料的情况；质量需要通过严格监工才能保证；较难控制工期；出现质量问题责任较难界定。

适合人群：时间安排较为自由、有一定装修经验、对材料有鉴别能力的人群。

装饰公司半包

装饰公司的预算内容

- 辅助材料的费用
- 人工费、机械费
- 企业管理费、利润、税金

业主的预算内容

- 主材费用
- 灯具费用
- 电器费用
- 开荒保洁费用
- 家具、布艺、饰品费用

半包的预算内容

（3）清包

清包即包工不包料，也就是装修用的材料由业主全权负责，装修公司仅按供料施工。

省钱指数：★★★★☆ 省事指数：★★☆☆☆ 装修效果：★★☆☆☆

优点：可严格把控材料的价格，节省部分资金；若熟知装修材料，则能够以低于装修公司报价的价格买到高质量材料；自主性强，可充分满足自我意愿。

缺点：需要花费大量的时间购买材料和监工；装修效果较难保证；若不熟悉材料，则容易买到次品；容易浪费材料；质量需要通过严格监工才能保证；较难控制工期；出现质量问题责任较难界定。

适合人群：有非常充足的时间、有一定的装修经验并且有耐心的人群。

装饰公司清包

装饰公司的预算内容

- 人工费、机械费
- 企业管理费、利润、税金

业主的预算内容

- 主材费用
- 辅助材料的费用
- 灯具费用
- 电器费用
- 开荒保洁费用
- 家具、布艺、饰品费用

清包的预算内容

（4）全屋整装

全屋整装是住宅装饰装修行业提出整体家装之后衍生出的一种全新装修模式。其整合了装修材料、基础施工、软装配饰、设计安装、定制家具，以及入住前开荒保洁等入住必备服务项目，用户仅需购置家电和生活用品即可实现入住。所谓的全屋整装实际上是把硬装、软装、定制家具、电器等整合到一起，一次性解决客户的所有需求。

省钱指数：★★☆☆☆

省事指数：★★★★☆

装修效果：★★★★★

优点：省心、省时、省力；公司服务热情，关心业主的每一个问题；施工质量优秀；保证了住宅的设计风格、家具风格和软装风格的统一，避免了装修完成后效果与前期设计效果不统一的问题；施工比较集中，工期较短；售后维修有保障；责任清晰。

缺点：公司没有明确的管理体系，容易导致后期施工的拖延。

适合人群：没有太多时间监工、资金较为充裕、想要拎包入住的人群。

全屋整装

装饰公司的预算内容

- 全部材料费
- 人工费、机械费
- 企业管理费、利润、税金
- 灯具费用
- 开荒保洁费用
- 家具、布艺、饰品费用

业主的预算内容

- 电器费用

全屋整装的预算内容

TIPS

了解装修公司的收费标准

- 管理费 =（人工费 + 材料费）×（5%~10%）
- 计划利润 =（人工费 + 材料费）×（5%~10%）
- 合计 = 人工费 + 材料费 + 管理费 + 计划利润

四 装修需求规划常见问题避坑

问题 1：预算有限就不能装修吗？

并不是。在装修资金有限的情况下，可以根据居室面积和自身经济情况预估装修费用，将资金用在“刀刃”上，也能达到不错的效果。

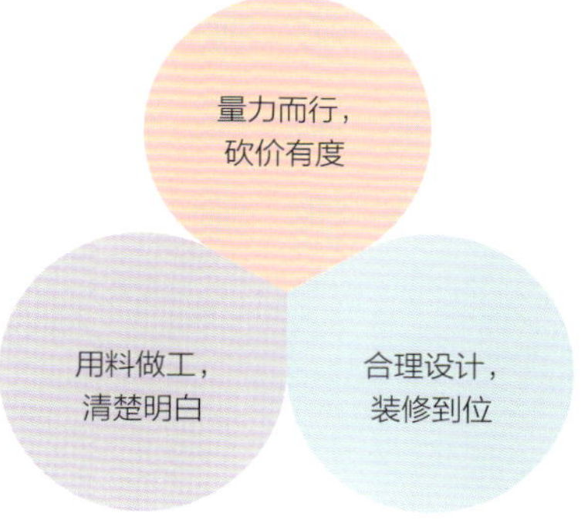

装修费用合理支出

1 量力而行，砍价有度

“节约开支”是指合理消费，把有限的资金用在刀刃上，而不是以低质、低效为代价。如果一味追求“节约”，最后得到的可能是伪劣产品。

无论是设计师还是装饰公司，出于营利目的，会在最初的报价上列出一些可有可无的项目。业主需擦亮眼睛，删去这些项目，以节约开支。

2 合理设计，装修到位

合理设计是最基本的节约开支的方法。在通常情况下，设计师会将居室功能、装饰、用材等都一一标示在施工图纸上，并可协商修改，直到业主满意为止，从而避免装修过程中边施工边调整设计方案所带来的人力、物力、财力浪费。更何况装修设计不合理，会导致部分室内空间被浪费，那也是一笔损失。

3 用料做工，清楚明白

现在有些装修公司为降低成本，通常在材料上选择伪劣产品，以次充好牟取暴利，所以对于装修公司提供的图纸和报价单，应让其列出每个装修项目的具体材料（包括型号、品牌）、施工工艺、价格等。

问题 2：装修易犯的错误有哪些？

装修易犯的错误有以下五种。

装修易犯的五种错误

1 胸无全局

很多业主在拿到新房钥匙后，没有准备充分、做好计划就开始装修。从选择装修风格时就开始茫然，全凭一时的喜好，结果导致装修效果与预想相差甚远，装修预算也超标。

因此，拿到新房钥匙后，不要急于装修。应先确定装修风格，包括使用的装饰材料、家具的购置和摆放位置等细节都要心中有数。然后结合装修风格、自身经济能力，确定装修预算费用。

2 贪小便宜

事实上，许多装修上的纠纷都是业主贪小便宜心理造成的。例如，为了节约装修开支，聘请无资质施工队进行装修，按合同应竣工时却迟迟不能完工。而在环保方面，由于室内装修污染较为严重，许多业主在装修结束后几个月还迟迟不能入住。

3 生搬硬套

装修前，业主在网上找了大量图片，还买了许多时尚家居杂志，但业主精挑细选的图片却不符合装修设计要求。适当参考与借鉴是必要的，但一味模仿则完全没必要。施工前，业主应告知设计师自己的需求，与设计师达成共识。

4 一步到位

年轻人装修新房很容易走入一个误区，就是总想“一步到位”。装修应该随环境改变做相应调整。尤其当二人世界变成三口之家时，应重新调整，合理划分和利用居室空间。因此，新房装修要“留白”，为适应未来变化留有足够的空间。一次性全部完成装修会造成浪费，也会让业主在重新规划房屋时，一方面不知如何设计，另一方面舍不得丢弃已过时的家具。

5 盲目攀比

一些人装修房子喜欢跟风，看到别人追求豪华，也一味模仿，结果一套居室装修下来，花费数十万元。过度消费是一种不成熟的消费心理。现代人的装修理念应该是从简、环保，令居室温馨舒适即可。

问题 3：是不是无论怎么准备，装修资金都会超支?

不是。装修前如果好好规划资金，了解装修项目并估算好费用，也可以保证资金不超标。一套房子的装修资金大致用于以下几个部分：

① 水电线路改造；

② 家具、顶面（包括买、做）；

③ 厨卫墙、地面防水；

④ 油漆、涂料；

⑤ 橱柜；

⑥ 卫浴洁具（坐便器、浴缸、洗脸台）；

⑦ 地板、地砖；

⑧ 五金材料；

⑨ 门槛石（阳台石）；

⑩ 厨卫、阳台瓷砖；

⑪ 灯具；

⑫ 窗帘及其配件；

⑬ 电器（热水器、空调、抽油烟机、燃气灶、排风扇等）；

⑭ 防盗门；

⑮ 厨卫吊顶；

⑯ 灯具、洁具等的安装费；

⑰ 装饰品。

TIPS

很多业主会在②、③、④项上和装修公司讨价还价，而忽略了第①项。业主在水电改造上开始看到单价以为不会花很多钱，盲目地要求把各种线路敷设到各个房间，结果决算时往往会超出预算。水电改造要求其安全性极高。网络及音响线大可不必每个房间都有，但是空调和插座要尽量考虑周全一些，该埋的、该换的绝不能省。审核装修合同时让公司给出基本的水电改造单价。

⑥～⑰ 项的资金投入可以是业主自主决定的。跑过市场后，了解品牌、比较价格、有计划地支出是每个业主要做好的。长期使用的设施要美观实用，例如坐便器、橱柜等。有损耗、随时可以更换的东西要缩小投入，例如窗帘、沙发等。

问题 4：装修的项目是不是越多越好？

装修并不是项目越多，效果越好。有时候过度的装修可能不仅达不到好的效果，还会多花钱。想要避免过度装修就要防止犯以下几个错误。

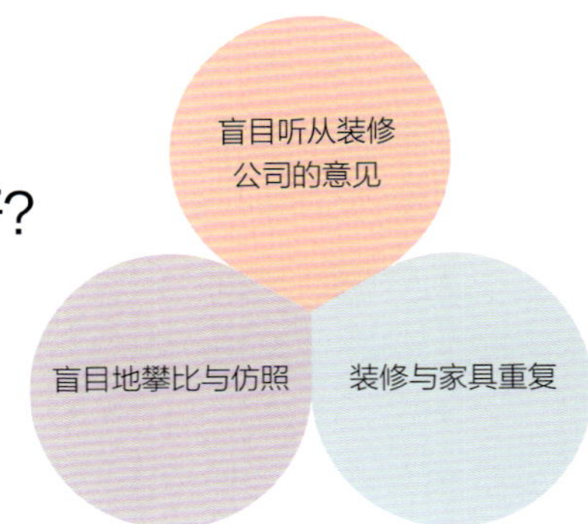

造成过度装修的主观原因

1 盲目听从装修公司的意见

装修公司以营利为目的，当然是希望多施工、多投入，故在家居装修的方案上，难免偏向于“全面开花”甚至“画蛇添足”。对此，业主应有充分的心理准备，把握“删繁就简”的原则。

2 装修与家具重复

目前，大多数人家的居住面积还不算大，家具一般占总面积的 50% 左右。以房间为例，除双人床、大衣柜外，有的家庭还摆放电视柜、梳妆台、写字台、沙发等家具。这样一来，从墙面到地面，被家具掩盖了许多。因此，对于较小的房间来说，实在没必要在硬装上“大动干戈”。

3 盲目地攀比与仿照

有些人看过一些装修实例或装修图集后，便生硬地仿照，而不顾自己的房间是否具备条件。如今大多房屋内部只有 2.7m 高左右，做“吊顶”的装修不是很适宜，虽然吊出的顶很漂亮，但很容易给人带来一种“压抑”感。

问题 5：装修中是不是容易出现“亏空”？

亏空就是预算超支。很多人都有装修超支的经历，装修前把大大小小的开支做了很详细的预算，并且每一项预算都留出了很大的超支空间，但最后的费用还是高出一截。仔细算算，一定有一些没注意到的地方，不妨看看以下的例子。

① **热水器和浴霸：**该项超支主要是打孔和加管的钱。现在安装燃气热水器很多都是收费的，而且价格不低。打孔要 60 元，安装时加的管 15 元一根，弯头 30 元。浴霸安装打孔也要收费。

② **塑钢内窗：**本来窗户应该没问题，但要另加隐形纱窗，一延米 80 元。安装的时候才发现，所谓的隐形纱窗就是在内窗上挂一个纱窗盒，超出内窗足有 7cm，跟业主原来看到的根本不一样。

此外，勾缝剂、晾衣架、门碰等细节在做装修预算时容易被忽略，从而造成了不经意的“装修亏空”。

问题 6：包工包料的装修方式是不是不容易出现问题？

不是。虽然包工包料的装修方式可以帮业主节省大量的时间和精力，但全包的费用偏高，而且由于目前装修市场比较混乱，很多中小型装修装饰公司缺乏诚信，市场上同款材料的性能不同，价格相差甚远，而大部分业主对此所知甚少，若是遇上施工方虚报价格，或与材料商联手作假，那么很容易就会让业主掉入预算陷阱。

问题 7：装修前是否需要调查市场？

需要。装修前最好去了解一下装修的基本行情。可以到专业的机构、单位或组织去了解，如装饰服务中心、装饰协会等，了解一下设计、施工价格的范围，做到心中有数，才能在装修运作时应对自如。

问题 8：装修的时间账不算也可以吗？

不可以。家庭装修真正开工前要做的事情很多，装修前一定要留出足够的时间，如设计方案、用料采购、询价和预算等一定要做到位。前期准备得越充分，正式装修施工速度越快，实际花费也就越低。自己备料的装修家庭更要安排好采购备料的顺序，要比装修进程略有提前，以防延误工期。

问题 9：新房装修可以不做规划预算吗？

不可以。新房的装修需要进行预算规划，规划的重点如下。

1 装修重点放在格局的规划上

对于新房，建议将装修重点放在格局的规划上。格局的规划就是对室内整体动线及采光和通风的一次总体性整改。家居格局规划可分为主动规划和被动规划两类。

户型问题

户型中主卧的门洞开口位置尴尬，导致进出主卧与进出客厅的动线重复，毫无隐私可言。

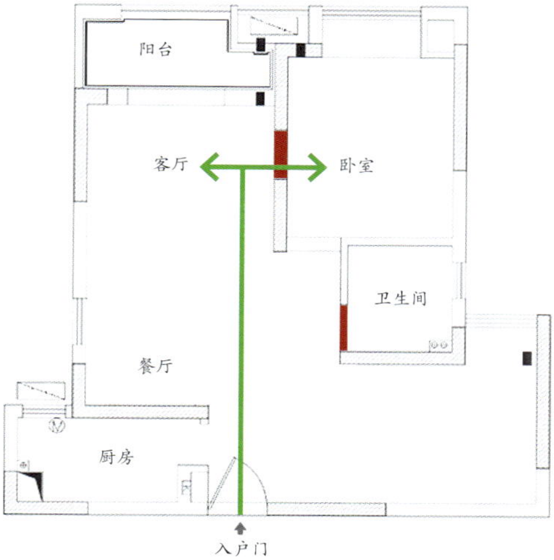

改造重点

① 将原有主卧门洞堵塞，进出主卧的路线与进出客厅的路线分离，保证主卧室隐私。

② 改变卫浴门的位置。

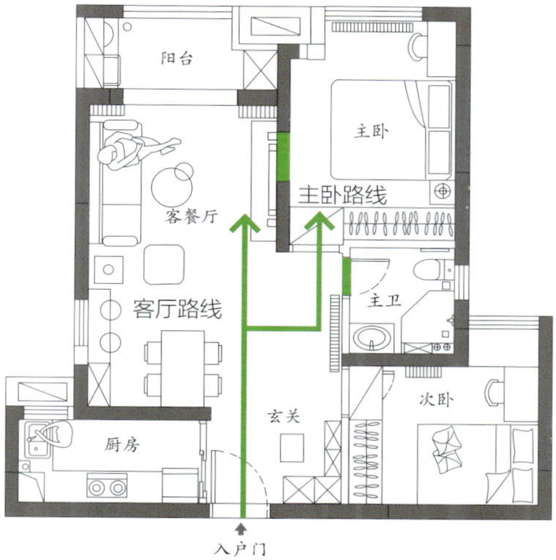

好的格局能给人带来完全不一样的居住感受，所以对于新房而言格局的规划非常重要

2 预留一半预算给软装

格局通畅以后，居住环境的基本舒适性就有了保障。如果预算不多，建议减少墙面部分的不必要造型，简单地刷漆或粘贴壁纸，而在后期的软装布置上多花心思。这样做不仅可以同时满足舒适性和美观性，还能为以后的变化预留出充足的空间。

软装不仅可以随时更换，而且费用一般比硬装少

3 软装重点放在家具上

当预算资金有限时，可以将后期软装的花费分成两大部分。较多的预算留给家具，尤其是大件的、使用频率较高的家具，例如沙发、衣柜等。最好选择质量比较好的产品，无论是美观度、舒适性还是质量都能够兼顾。这样即使墙面不做什么复杂的装饰，也能让人感觉很有档次。

其他装饰如窗帘、靠枕、小摆件等就可以选择符合风格特征的价格略低一些的款式，在日后的生活中，还可以随时更换，既能减少装修时期的资金压力，又能让居家生活随时增添新鲜感

问题 10：二手房装修预算是不是要多很多？

二手房重新装修的预算并不一定要多。可以将重点放在拆除和重建项目上，保证基础设备质量过关，后期再逐步添置软装。

1 拆除项目重建需重点对待

拆除工程多了以后，对房屋的结构也会产生或多或少的影响，所以后期的补建项目建议预算分配得多一些，留给房屋一个强健的体质。经过一次拆除后很难再次折腾，所以比起新房来说，重建时后期材料的质量尤为重要。

2 装饰性布置可放宽标准

基础建设完成后，如果预算已经支出了大部分，那么对后期的软装布置就可以放宽标准，先满足生活的基本需求，一些装饰性物品可以以后再慢慢添置。

问题 11：装修预算吃紧是不是很难平衡？

装修中，并不是所有项目都要花大价钱才能达到好的效果。有一些可以节约开支的部分，我们可以放心地减少预算，但有些部分还是要保证有充足的预算。这样也能够保证预算平衡。

一定不能省的装修部分

① 隐蔽工程：比如水电、防水、墙面基层处理等。这些都属于内部工程，千万不能省，否则不但影响使用，而且水电未处理好还可能会产生危险

② 高频率使用的物品：主要指五金、开关插座、洁具、门窗等。使用频率高的物品很容易坏，所以要买质量好的，避免日后经常维修或更换

③ 环保类：乳胶漆、板材一定要选择环保性高的产品

可以根据实际情况节省的装修部分

① 电视墙可以做简单些，比较耐看

② 新风系统适合大户型，小户型无需盲目跟风

③ 不是重度泡澡爱好者，浴缸能省则省

问题 12：预算规划总是不满意怎么办？

怎么规划预算都不满意，可能是没有做出周密的“策划”和精心的准备。在进行装修洽谈之前，业主最好先做好以下三个策划方案，方能有备无患。

1 到底要花多少钱

由于家庭装修具有一次性的特点，业主不妨将资金的使用重点放在装修上。对于资金相对紧张的家庭，可以先将装修做好一点，以后再购买与之相配的家具和装饰品。

2 到底需要些什么

当拿到新居的图纸时，不妨把家人聚在一起，畅所欲言，说说对新居的要求。最后再根据这些要求分配空间，确定每个房间和功能性空间的用途。而对于家人的审美要求，则要“求大同、存小异”，在住宅整体装修风格和谐、统一的基础上，尽量让所有家庭成员满意。

3 哪些细节没想到

在家庭装修之前，应对空间中的细节考虑周全，主要是要对房间家具、电器等物品的布置有一套周密合理的规划。最好绘出简单的平面工程草图，标明空间分配和家具的位置。这些细节在装修前想得越全面，装修中的改动、装修后的遗憾就会越少。对于空间内线路的走向和插座的位置，要为未来购置的空调、电热水器、微波炉等家用电器做准备，因此需要特别注意。

问题 13：装修时间与工期是不是需要自己规划？

是的。装修的时间和工期影响我们与装修公司合同的签订以及费用的计算。自己在装修期间支付的其他费用，也和装修的时间有关。一般来说，装修所需时间因装修项目的多少、工艺难易程度的不同而或长或短。工程量大，装修时间自然就长，但一般家庭的常规装修内容差不多，所需时间也相差无几，一般情况下需要40~50天。

1 开工准备

流程攻略

装修准备（1~3周）

准备装修前，我们要明确装修需求和预算，这样才能给出完善的设计方案，比如衣帽间、书房等功能区是否必需，再比如未来规划是否要二胎、三胎等。当这些都有了初步的想法后，就可以思考装修的方式是全包、半包还是清包。

装修设计（1~2个月）

设计也就是规划，我们的家不仅要美也要实用。设计师一般分为两类，独立设计师和装修公司的设计师。前者的费用较高，但设计图纸全面，且能跟踪整个装修流程，能辅助购买装修主材辅料等。后者的设计费通常包含在报价里，也有可能打着“免费设计”的幌子做低价陷阱。

装修量房

当设计师与施工方都选择完毕后就需要对房屋进行实际测量。这时就能提供设计图纸或概念方案，并且给出报价，最后签合同。这里需要注意，确认的设计图纸应包含原始结构图、拆除图、新建图、平面布局图、天花布局图、地面铺装图、水电点位图、立面图等，这些确认好之后再做施工报价，就不容易产生增减项目，从而更好地做预算。

施工报价

装修材料、工艺、单位、数量、人工等项目都需要写明。

开工准备（一周）

当一切准备就绪后，需要找物业办理装修许可证，选个好日子就能开始施工了。若是精装房的话，在动工前需要对装好的部分进行保护。

2 装修施工

流程攻略

拆改（1~3 天）

简而言之，就是根据设计方案对结构进行拆改，重新做隔墙等，当然承重墙、结构梁、配重墙等不能敲的墙是不可以动的。在这个时候就可以联系窗户、中央空调、新风系统、暖气设备、橱柜等厂家了，并且做好他们与施工队的交接，提前预留水电位。

水电（5~10 天）

水电是非常重要的隐蔽工程，因此开始做水电之后可以常来现场看看，以便及时发现需要调整或做得不对的地方。当水电做好之后，一定要进行验收并拍照留底。在这个阶段可以联系房间门、衣柜的商家上门测量，并且要确定瓷砖的型号和花色。

木工（10 天左右）

木工主要有吊顶、木制柜子及造型墙、贴石膏线、包立管等。这些工作会和其他工序配合。比如贴砖早于吊顶也是很常见的，但贴完之后一定要做好地面的保护。

泥瓦（10 天左右）

泥瓦的工作有砌墙、墙地面找平、贴砖、勾缝、防水，因此泥瓦工是贯穿在施工前期的，对师傅手艺和经验都有较高的要求。在这个阶段就可以提前看看家具家电、窗帘地毯等软装了。

油漆（10 天左右）

主要是墙地面的装饰，不仅是涂料，墙纸墙布铺贴也在这个阶段，此外还有墙顶面的基层处理、批腻子等。到这一步，整个家已经呈现出来了，接下来就要开始安装阶段。

安装（10 天左右）

主要是安装集成吊顶、地板、门窗、橱柜、灯具、洁具、窗帘架、晾衣架、热水器、油烟机、开关插座等。一些嵌入式的微波炉、烤箱、净水器、洗碗机等设备也可以在这个时候进场。

收尾（1~3 个月）

开荒保洁、物品整理、油漆补色等都在这个阶段进行。等一切准备就绪后就可以进沙发、床、茶几、餐桌椅、电视、挂式或立式空调、窗帘等软装了。收尾的过程是比较长的，硬装完毕后，软装进场并不着急，可以开窗通风散味。

问题 14：装修档次是不是越高越好？

装修档次并不是越高越好，而是要综合考虑自己的经济情况以及住房的面积。

经济型装修

特点：户型格局没有大的改动；自己买材料，以中低档材料为主

费用：5 万 ~8 万元（以 $100m^2$ 为基准）

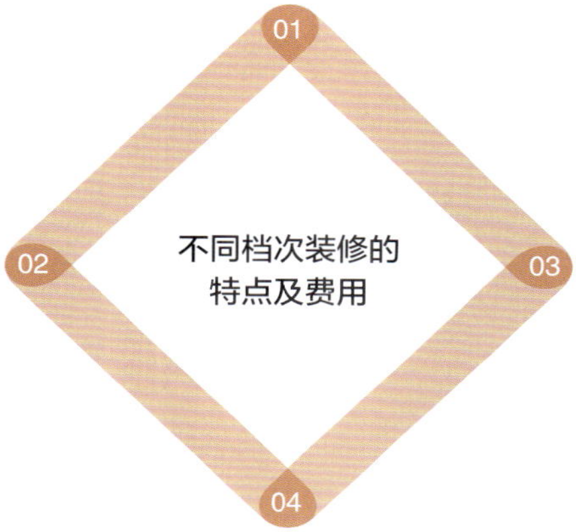

中档型装修

特点：更多的造型设计；有一定的预算请设计师和监理

费用：9 万 ~15 万元（以 $100m^2$ 为基准）

高档型装修

特点：可选择有信誉、高知名度的家装公司；所用材料一般都是国内外知名品牌

费用：16 万 ~30 万元（以 $100m^2$ 为基准）

豪华型装修

特点：设计师经验丰富；材料基本上都是精品级材料；做工要求高

费用：30 万元以上（以 $100m^2$ 为基准）

不同档次装修的特点及费用

家装知识扩展

选择装修档次应考虑的因素。

- 经济能力：工薪阶层建议选择经济型或中档型装修；比较富裕的人群建议选择高档型或豪华型装修。
- 住房面积：面积超过 $140m^2$ 时，建议选择高档型或豪华型装修；面积为 80~$140m^2$ 时，适合选择中档型装修；面积小于 $80m^2$ 时，建议选择经济型装修。
- 住房售价：售价高的（如别墅）选择高档型或豪华型装修；普通住房选用中档型或经济型装修。
- 居住者：老年人选用中档型或高档型装修，年轻人根据自己喜好选择。
- 居住年限：长久居住选用中档型及以上档次的装修；短期居住选择经济型装修。

问题 15：装修资金的分配只分硬装和软装就行吗？

不是。装修资金不仅仅是简单地分为软装和硬装，还有其他的费用也要考虑进去。

1 装修资金分配方案

① 装修资金分配方案按步骤分类，可体现在设计、硬装、软装、购买电器四个环节上。

② 硬装部分可再按照顶、地、四面墙来分类，其中顶包括吊顶、龙骨、灯具等。

③ 软装部分按布艺和家具分类，布艺包括窗帘、布艺制品等，家具包括电器、洁具和橱柜等。

2 装修过程中的资金分配

如果将装修整体开支看作是 100%（不包括电器），各种开支的建议占比如下图所示。

① 装修公司（包括水电路改造、墙面漆、墙地砖等施工）20%

② 木门（成品包括：窗套、垭口、踢脚线）18%

③ 橱柜 16%

④ 地面材料 14%

⑤ 厨卫墙砖及洁具 11%

⑥ 窗帘布艺 2%

⑦ 灯具及开关插座 3%

⑧ 烟机灶具及龙头、花洒 9%

⑨ 不可预见开支 7%

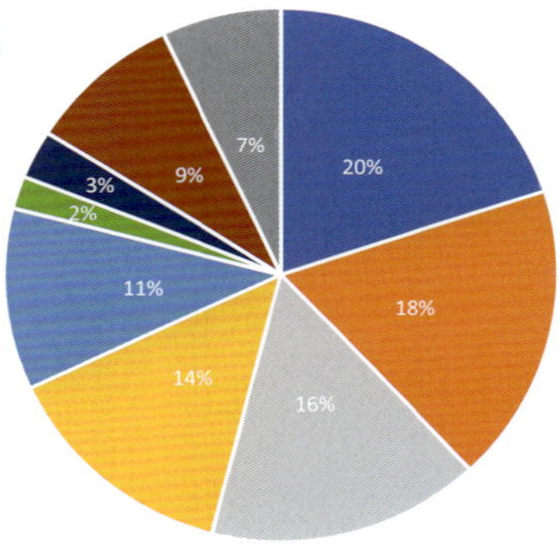

装修各项开支占比

家装知识扩展

根据装修预计造价来确定省钱的方式。

● 当装修预计造价为 300~500 元 /m² 时，所用材料可追求品牌产品，但要便宜，尽量选择简约风格或北欧风格等简洁一些的装饰风格。

● 当装修预计造价超过 500 元 /m² 时，主要材料可选择比较高档的类型，装饰风格除花费资金较多的古典欧式、古典中式外，均可选择。

● 当装修预计造价超过 1000 元 /m² 时，无论是材料还是风格都可以尽情选择，但建议最好还是有一个整体比例上的控制。

问题 16：不同季节装修是不是没有区别？

不是。不同季节装修需要注意的事项不同，气候的不同可能会导致施工的不同，那么预算也会跟着不同。

1 春季

（1）春季装修的优劣势

名称		概述
优势		◎有利于木材稳定，不易受潮变形，方便保存、使用 ◎空气流通性好，利于室内水分挥发，可缩短工期 ◎利于室内有害物质的挥发及空气净化 ◎装修公司折扣较大，装修工人状态较好
劣势	南方	◎易出现回南天，梅雨季节潮湿程度较高
	北方	◎停暖前后室内温度变化大 ◎风沙较大，室内灰尘较多 ◎空气过分干燥，一些易燃易爆产品存在安全隐患

（2）化解北方春季装修劣势的方法

① 北方的春季为供暖和停暖的交替时节，供暖前后室内温度变化大。所以，如刷漆、批灰、做油漆、瓦工铺砖、水泥地面、水泥砂浆等泥水活在供暖前后需采取不同的施工工艺。

② 北方春季的刮风天较多，有时还会伴有扬沙，因此通风应适度。尤其是墙面、瓷砖等工程，通风不宜过于强烈，否则会导致水分挥发过快，墙面、吊顶容易开裂，瓷砖容易脱落，灰沙进入造成污染。可在中午前后通风三四个小时，并只将窗户开一个小缝。

③ 北方春季空气干燥、风大，需使用防火等级高的建材，并注意防火。

（3）化解南方春季装修劣势的方法

① 潮湿天气装修选材需谨慎。一般要做湿度检查，或选择防水性能好的材料。

② 潮湿天气施工要采取防潮措施，同时要合理分配工序。

2 夏季

（1）夏季装修的优劣势

名称	概述
优势	◎装修淡季，工人不易出现多工地施工的情况，可以较好地保证装修质量；设计师接单少，设计方案的构思更完善 ◎昼长夜短，与其他季节相比，施工时间比较充裕 ◎材料环保性能更易识别，靠闻气味就能轻易判别 ◎空气流通快，甲醛会成倍释放，环保性优于其他季节
劣势	◎气温较高，工人施工环境较差 ◎水分蒸发快，材料易变形，瓷砖易空鼓 ◎湿度高，油工不易干燥 ◎容易出现冷凝水问题 ◎阴雨天容易影响施工进度

（2）化解夏季装修劣势的方法

① 购买含水率低的材料。

② 所使用的线管、胶布等材料都要能抗持久高温。

③ 木工要注意板材、木料的防潮、防变形。

④ 瓦工需保证瓷砖充分吸水，并可适当延长泡水处理的时间，使瓷砖不会出现因吸水而与水泥黏结不牢的情况。

⑤ 乳胶漆施工要注意“三防”，即防漆膜粗糙起皱、漆面发霉变味、漆面泛黄。在施工过程中做好基层腻子的干燥处理，每次上过腻子后，要将干燥的时间延长一些，做好室内的通风对流，尽量减少室内存在的水分。

3 秋季

（1）秋季装修的优劣势

名称	概述
优势	◎温度适宜，有利于装修工人施工和装修效率的提高 ◎气候干燥，木质板材不易返潮，安装效果好；瓷砖易粘贴得更加紧凑、严密 ◎通风顺畅，提高了有害物质的排放效率，可以缩短晾房的时间 ◎装修旺季，装修材料市场的促销力度更大

续表

名称	概述
劣势	◎气候干燥，木质板材不易保存 ◎安全隐患大，若不注意防火，一个小火星都可能酿成重大火灾事故 ◎干燥天气，如若通风不良，油漆挥发出的气体不易排出 ◎因为干燥，地板、墙纸、墙面等容易开裂

（2）化解秋季装修劣势的方法

① 木质材料如果放在通风口，其内部水分会迅速流失，导致表面出现裂纹。所以木质材料存放时要避免放置在通风口，避免阳光直射，及时进行封油处理。另外，装饰板要避免竖着放。

② 油漆涂料容易挥发，其储存容器密封性一定要好；分开存放在不同房间，尽量放在房子阴面。避免阳光直射，避免遇上明火。

③ 施工时，需要特别注重电路安全与防火。

④ 墙纸需补水，使其自然阴干。

4 冬季

（1）冬季装修的优劣势

名称	概述
优势	◎木材的含水率很低，干燥程度较好，不易出现变形的问题 ◎对于供暖的区域，暖气工程施工后可及时检验效果，如室内温度不理想，可进行调改 ◎油漆干燥快，比较容易刷出理想效果 ◎装修淡季，工人不易出现多工地施工的情况，可以较好地保证装修质量；设计师接单少，设计方案的构思更完善
劣势	◎气温低下，不利于装修工人施工 ◎水泥砂浆易冻结，而且黏结强度不高，在低温下铺的瓷砖到夏季高温时容易出现脱落的问题 ◎容易由于春节假期而延误工期 ◎北方冬季风沙较大，容易影响油漆效果 ◎容易引发墙面裂纹 ◎较少开窗通风，导致有害气体容易在居室内聚集，难以释放

（2）化解冬季装修劣势的方法

① 材料保存注意防冻、防开裂。例如水性涂料、胶类应该存放在温度较高的房间，不要将其放在阳台或者朝北的房间，以防止被冻坏；装饰面板不要放在通风口或者暖气旁。

② 大风降温天气不宜进行油工作业，否则容易附着尘土。保证涂料施涂的环境温度不低于 5℃，清漆施涂时的环境温度则不低于 8℃ 。为防止沙粒落在油漆表面上，要紧闭门窗。

③ 门窗的缝不宜太小。铺实木地板时，四周要留出 2mm 左右的伸缩缝，做家具时，也需留出 0.1mm 左右的接口缝，地板与墙的接缝处用地板压条形成过渡。

④ 冬季地砖、瓷砖在铺装之前要经过泡水处理，一定要使水分达到饱和状态。从室外搬进室内后，应达到室温后再进行铺贴。

⑤ 应保持室内经常性通风，以充分释放甲醛。

问题 17：家装设计由谁做主最省钱呢？

家居的设计应充分考虑每位居住者的需求和特点。很多人喜欢把家装设计交给装修公司，自己不参与设计。这样设计出来的居室往往无法体现居住者的爱好和性格。为了让居室满足自己的需求，在设计伊始就应该参与设计，最基本的就是将自己喜欢的风格、颜色、材质等告诉设计师，然后让设计师对你的要求提出专业的意见，并且把双方的想法体现在设计图纸上。

问题 18：现在还会发生卷款事件吗？

会。近年来，装修款被卷事件常有发生，特别是在年底。因为年底是装修公司和生产商、销售商结算材料款的时候，而且还要支付施工单位的工程款和工人工资，资金周转存在较大压力，这种情况下比较容易发生“卷款事件”。对此，业主应该精心挑选有资质、信誉好的装修公司。一般来讲，业主可事先对装修公司进行考察，如果此公司有不良记录或投诉记录，就可将其排除在外。

问题 19：装修纠纷隐患可以避免吗？

可以避免，只要做到以下几点。

认定装修公司资质

装修公司营业执照的“经营项目”中，必须有“承揽室内装饰装修工程”这一项。除了要检查营业执照之外，公司有无正规的办公地点、是否能出具合格的票据等方面，都是要仔细考察的

确认报价

在装修公司进行实地测量之后，装修公司将会呈上设计图以及一张详尽的报价单，上面列有非常具体的用料和施工量。在拿到这份材料之后，首先要看设计是否符合自己的要求；然后请设计师来解释这份设计方案；在确认了设计方案之后，还要仔细考察报价单中每一单项的价格和用量是否合理

杜绝合同漏洞

在认可报价之后，正规的装修公司还要与业主签订一份施工合同或协议书。在这份合同中，必须写明装修的具体要求和完工日期，注明所使用装饰材料的具体品牌或型号等常见问题

避免装修纠纷的注意事项

问题 20：需不需要给自己规划最低预算呢？

还是需要的。最低预算的标准不是说看上去很低就行了，而是在优先保证硬装质量的前提下，压缩一些当前不是很有必要的软装。最低预算一般围绕着硬装来计算，预算的浮动可以留给软装和家电，因为后者可以慢慢添置，没必要一步到位。

问题 21：控制预算的方法都有哪些呢?

① 轻硬装，重软装。即在保证硬装质量的前提下，减少硬装配饰，尽量用软装体现风格。

② 风格按预算选择。在预算不多的情况下，应该规避中式、欧式等比较烧钱的风格。

③ 不盲目跟风。一些特殊设计，一定要确认有用再选择。

④ 选择硬装主材之前，连同它的人工费也要一起考虑。

问题 22：自己是不是做不了装修规划?

我们自己也可以做出合理的装修规划，但前提是要了解家庭成员的喜好、生活习惯，并对家装具体支出项目一一列表。如果业主可以清楚知道需要购买的商品明细，再到市场咨询价格，就不会出现总造价大大超出预算的情况。业主在确定各项资金分配比例后，在施工过程中，还需要将预算费用落实到各个环节，严把开支关。另外，一般装修公司应该完成的部分包括方案设计、基础装修、部分材料安装和相应的水电改造等。所以，对于这一部分的必需支出，业主需多找几家不同类型的装修公司，通过比较它们的报价来确定适合自己预期价位的装修公司。

问题 23：装修前需不需要了解材料价格呢?

需要。如果不事先了解材料价格，那么在装修公司列出报价单后，就可能会出现虚报价格或者以次充好的情况。所以，装修前最好去装饰材料专卖店、超市看看，只要多逛几家就可询问到市面上的真正价格，做到心中有数、知己知彼，才能更好地与装修公司谈价，并与之制定出整个装修所需材料的合理预算。

只有了解材料市场的价格范围，才能避免在与装修公司沟通时一直被牵着鼻子走

问题 24：装修资金需要平均分配吗？

装修资金一定不能平均分配，除非自己的资金非常充足。我们可以将资金重点放在以下这些地方。

客厅相当于家的“门面”，所以在资金规划上可以稍微多一点

1 重客厅轻卧室

装修客厅最重要的是体现这个家庭的特色。顶、墙、地的处理不仅质量要高、材质要好，而且装修手法上要新颖。在家具的配置、装饰品的选用上，客厅所占的份额应是整个预算中最大的。与此相反，卧室的装修和装饰应该以简洁、温馨为主，用不着太过雕琢。

2 区别对待顶面、墙面、地面

目前家居房间的净高普遍比较低，为了不产生压抑感，房间的顶部处理以简单为宜。墙面的装修也是以简单为宜，可以挑一面墙重点进行设计。由于地面的使用频率明显要比墙和顶面高，所以重点在于地面材料的选择。

3 厨房、卫浴重点投入

厨房是家庭中管线最多的地方，装修时也最让人头痛。多投入一些资金，把厨房装修得漂亮一点是很值得的。卫浴的装修也存在同样问题。因为许多卫浴的通风和采光都很差，所以在装修上更要下一番功夫。

问题 25：只装修不装饰就可以省钱吗？

很多人认为，既然花了那么多的钱去装修，就没有必要再去做什么饰品布置，否则既浪费钱财，又掩盖了装修好的地方，破坏了装修优美、简朴的整体效果。其实不然。

简朴优美的装饰品，是家装不可缺少的点缀。在布置美化室内时，只有它才可能起到画龙点睛的作用。地饰、壁饰、桌饰、床饰和窗饰是室内装饰的主要构成。在硬装饰之后，巧手安排室内软装饰，会使家庭氛围显得更加温馨舒适。

装饰物件可以让家变得细节满满。如果预算有限，可以在入住后慢慢添置

问题 26：装修是不是哪个环节都不容易省钱？

不是，注意以下环节也可以做到放心省钱。

① **尽可能少动泥作工程。**只要涉及任何有关需要水泥的工程，像打一面墙，就会衍生地砖修补、墙面修补、瓷砖修补、油漆修补、木工等工程，可谓牵一发而动全身，一定要三思。

② **使用同等级或连工带料的建材。**不一定要使用名牌，很多相同等级的建材一样能达到相同的效果，但是价格却有很大的差距。尽可能找有连工带料的配合厂商。

③ 尽量用现成家具代替木作工程。装修最耗费人工的除了泥作，另一个就是木工，而且还很耗时。所以，除非需要利用房屋原结构来创造更多的收纳空间，才请设计师去规划，否则还是建议用现成的家具来代替。

问题 27：装修前为什么要自己去测量房子?

仅靠装修公司去量房，如果装修公司多量几厘米，最后的施工面积就会翻倍增加，这会导致随后的预算报价升高。所以最好自己去测量一遍，先画一张平面草图，记得墙身要有厚度，门、窗、柱、洗手盆、浴缸、灶台等一切固定设备要全部画出。草图不必太准确，样子差不多即可。

使用拉尺在每个房间内顺（或逆）时针方向一段一段测量，量一次马上用蓝色笔把尺寸写在图上相应的位置。用红色笔在平面图和立面图上写出原有水电设施位置的尺寸（包括开关、天花灯、水龙头、煤气管的位置，电话及电视出线位等）

问题 28：装修产品是不是最好不要团购？

并不是。团购的产品不一定就是质量不好，有一些团购的产品还会更实惠，比如下面几类。

瓷砖、地板类

由于品种较为统一、用量大，瓷砖和地板成为团购的重头戏，也是最容易见效益的项目。某些大品牌甚至还专门成立了团购销售部，提供深入小区的特别服务

厨卫设施

很多人装修完算账，发现最大的花销居然是厨房和卫浴间。的确，有一些昂贵的按摩浴缸、坐便器、橱柜，更有甚者水龙头也要以千元来计价。如果不参加团购，就很容易超支

灯饰

选择综合性的大型灯具商场洽谈团购，既能够享受低价，又有多种选择

家用电器

不要自行组织团购，直接参加大型网站举办的团购活动。因为电器利润较薄，小批量购买，厂家不会给较多折扣。只有大型门户网站，才能够谈成优惠力度足够的团购

建议团购的装修产品

第二章

家居户型改造与空间设计

家居空间的布局是很重要的。如果布局顺畅，即使简单的装修也能够让人享受到高品质的生活，所以，建议先对户型进行改造。了解改造、风格设计及空间重点设计等方面的内容，可以让设计出来的方案更具针对性和实用性。

一 户型改造工程具体要求

（一）室内不能拆除的结构及能拆除的结构

1 室内不能拆除的结构

每个家庭都有自己独特的需求，而多数时候，房屋内的布局很难能够百分之百地满足每个家庭的需求，所以就需要对结构或者构件进行改动。在改动结构时需要特别注意，有一些结构是不能进行拆除的，否则容易造成一定的安全事故，具体如下。

扫 / 码 / 观 / 看
装修拆改有坑有禁忌

01 承重墙

承重墙拆除后会改变房屋受力结构，不可随意在承重墙上打洞或开门

02 阳台配重墙

阳台配重墙对房屋起一定的配重作用，拆除方式不正确，会导致安全隐患

03 墙体钢筋

在埋设管线时将钢筋破坏，就会影响墙体和楼板的承受力

04 通风系统

室内自带的通风系统主要是窗户。强行去掉分室门上方的玻璃窗，会阻碍室内通风

05 防水层

防水层的主要作用是防水，如果破坏了本层房屋中的防水层，楼下就会变成“水帘洞”

室内不能拆除的结构

2 室内可以拆除的结构

除了不能够拆除的一些结构外，室内还有一些结构是可以拆除的，具体如下。

01 非承重墙体

非承重墙是不承担重量只起到间隔作用的墙体。将其拆除后重组，可令室内布局更合理，也可节省室内空间

02 隐蔽工程

若购买的是二手房，将老化与负荷不足的水电路拆除后，可避免安全隐患

03 门窗

如果购买的房子使用年限已经在 10 年以上，大门和外窗的密封性会大幅度下降，建议尽可能全部更换

室内可以拆除的结构

（二）拆除工程的合理顺序

如果购买的是毛坯房，拆除时根据需要拆除隔墙和构件即可；如果购买的是二手房，拆除时建议遵循以下顺序。

01 拆装饰物和木制品

拆除室内空间中所有的装饰物和木制品，如墙面装饰、木质垭口等

02 拆除不必要的隔墙

拆除妨碍格局的隔墙，但不应再对房间结构做大改动

03 铲除墙面和顶面涂料

铲墙皮要铲到露出水泥墙或毛坯墙面；铲除墙面时要注意保护墙面上的电路或电源

04 拆除厨卫瓷砖

将厨房和卫生间内的墙、地砖拆除。在拆除时，应避免碎片堵塞下水道

05 检查遗漏

当设备、结构、墙面、卫浴、厨房都拆除完毕后，要检查遗落部分并清理

拆除工程的合理顺序

TIPS

非承重墙拆除时需注意的问题

- 拆除墙体时，要事先断电，避免发生事故。不要野蛮施工，否则容易弄断墙体中的电路。
- 拆改之前要对电路的改造方向进行详细考虑。
- 拆除时应叮嘱工人，不要切断视频线和宽带网线，防止装修后信号不通。

（三）根据合理动线确定拆除部位

1 家居空间分区要点

家居空间按照性质可分为不同的区域，其分区要点即：公私分区、动静分区。

① **公私分区：**公私分区是按照空间使用功能的私密程度来划分的，也可以称为内外分区。

② **动静分区：**户型的动静分区指的是客厅、餐厅、厨房等主要供人活动的场所，与卧室、书房等供人休息的场所分开，互不干扰。

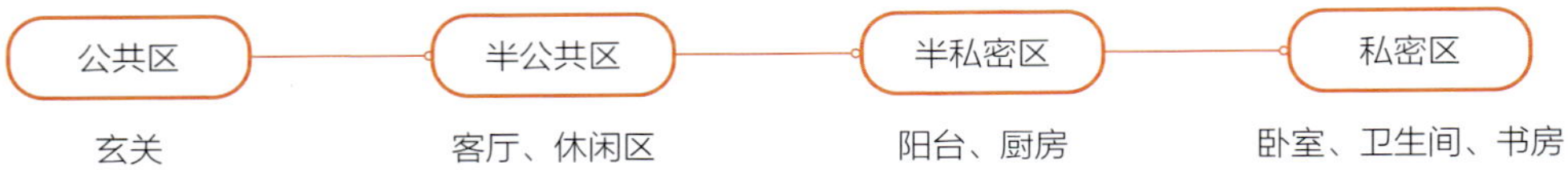

公私分区示意

2 合理的动线

每个家庭因为生活习惯、人口数量等因素的差异，都会存在一些不同的需求，所以即使是同一个户型，对于不同家庭来说，每个区域的使用功能也是不同的。因此，判断一个家居空间的区域划分是否合理，就要看其动线规划是否合理。合理的动线，即从入户门进入客厅、卧室、厨房的三条动线不会交叉，而且做到动静分离，互不干扰。

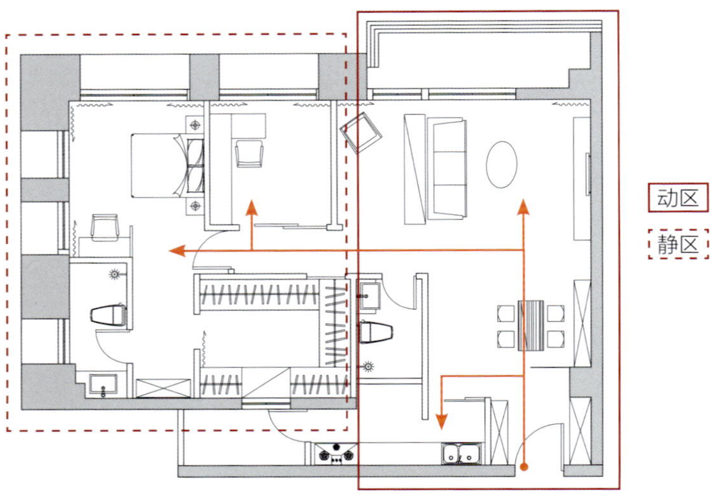

合理动线示意

3 拆除部位的确定

在对整体规划没有大的妨碍时，不建议对家居空间的墙面进行拆除。只有妨碍了动线或者对某个区域中的生活需求造成了影响，才可对可拆除部位进行拆除。

① **妨碍合理动线：** 即对动线的合理性产生了妨碍，让动、静两区产生了交叉，或者让某一条路线被延长，严重影响生活质量，此时，即可做适当拆除。

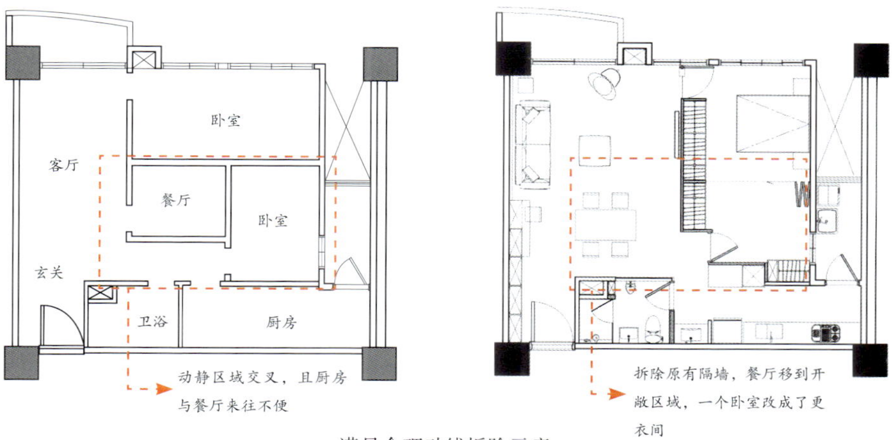

满足合理动线拆除示意

② **不能满足生活需求：** 当某一区域内空间的现有划分不能够完全满足业主的生活需求时，即可对有妨碍的部分进行拆除。例如，业主希望书房包含在主卧室内，夜晚办公完毕后无需再进出门就能回到主卧室，即可拆除主卧和相邻房间之间的非承重墙来达到目的。

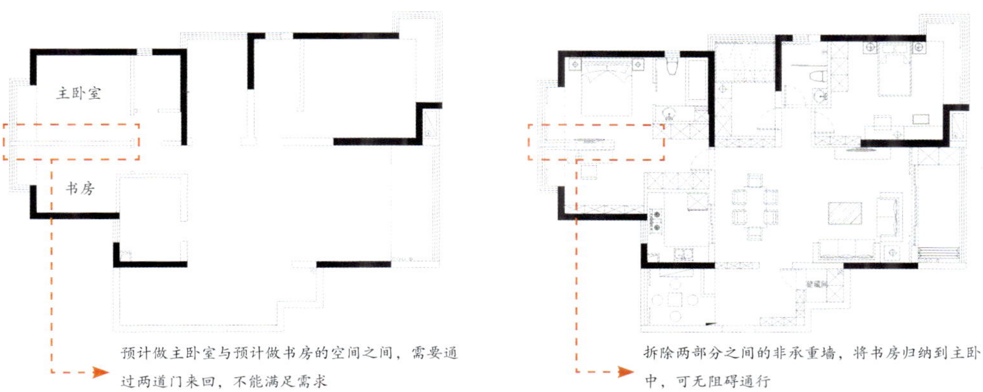

满足生活需求合理拆除示意

二 不同家居户型装修要点

（一）小户型的装修要点

1 小户型设计要点

小户型面积标准各地有所不同，一般界定为 30~70m^2。小户型的房子面积不大，但是家中该有的家具和用品却是不能少的。装修小户型房子的时候要注意空间的规划，不能随意摆放，否则会让房子看起来非常拥挤零乱，因此简洁和实用并存是其设计要点。同时，尽量将小户型设计得简约些，在家具的选择上也要偏向于简洁而精致的款式或储物功能比较强大的多功能家具，这样整体看上去才不会显得拥挤杂乱。

利用简单的置物架分隔出客厅与卧室，既有不同的空间规划，又不显零乱

6 小户型收纳设计

小户型的收纳设计要充分利用纵向垂直空间。比如，如果房屋高度够高，就可利用其多余高度隔出天花板夹层，加上折叠梯作为储藏室；同时，可以使用抽屉床、可拉式桌板、抽屉柜等家具，将不同功能区重叠；活用犄角空间和墙面，定制可随意组合的家具，避免空间浪费。

在玄关处墙面定制到顶橱柜，使原本窄小的玄关变得宽敞、干净

（二）一居室的装修要点

1 一居室设计要点

一居室即为一室一厅，包括一室、一厅、一厨、一卫。一居室设计需要合理利用空间，满足多种功能。墙面避免繁复造型，可选择一面墙来作主题墙设计；地面可采用木地板来增加温暖质感；顶面造型也不宜过于复杂，可用灯光调整氛围。尽量运用布艺织物来柔化空间，如小面积铺设地毯，在沙发上摆放色彩跳跃的抱枕等。

客厅选择一面墙设计成主题墙，搭配木地板，能简洁明快地凸显居室风格

2 一居室色彩设计

根据居住人群不同，一居室在色彩设计方面也略有不同。单身人士大多采用浅色系或中间色，塑造出明亮、开阔的氛围；也可以根据自身的喜好，选择适合自己的家居配色；而新婚夫妇用其作为过渡房，在色彩设计上可以采用温馨色彩，如黄色系、粉色系等。

3 一居室家具布置

一居室的家具不宜过多，满足基本生活需要即可。例如，沙发可选择简单的双人沙发或单人沙发搭配简单的单人椅；也可以运用没有过多修饰的 L 形沙发作为空间软隔断，分隔出一个小餐厅或阅读空间。另外，一居室的家具可以选择具有强大收纳功能的，可以节省不少空间。

选择组合型家具可以节省不少空间

4 一居室动线设计

房子面积越小，就越需要合理的空间规划，越需要避免过多杂物堆积而使空间拥挤，因此，居室动线的设计尤为重要。在家里，业主最常进行的活动是洗菜、洗衣服、做饭、打扫，所涉及的空间主要集中在厨房、卫生间等区域。如果将餐桌放在一进门的位置，那么外出购置回的食物就会堆放在餐桌上，从而使人一进门就看到最乱的地方；相反，如果将厨房设计在门口位置，就可以直接拎进厨房，减少混乱感。

厨房设置在门口位置，餐厅与客厅形成直线，日常动线简洁快速

5 一居室软装设计

一居室的软装饰品以简洁为主，数量可以不用太多，但要精致、独特或兼备实用功能。比如，一居室客厅与餐厅往往没有明确的分区，因此可以使用轻盈美观的珠线帘作为隔断，既显得美观，又可以分隔空间。除此之外，也可以选择有反射作用的镜面装点居室。镜面的镜像作用有视觉上扩大空间的效果，令一居室看起来更宽敞、明亮。

镜面装饰可以使面积不大的客厅在视觉上有扩大的效果，同时也能为客厅补充光线

（三）两居室的装修要点

1 两居室设计要点

两居室泛指拥有两个卧室的房间，户型包括两室一厅和两室两厅，面积大致在50~100m^2。两居室的家庭一般都会有较多的社交活动，可以在餐厅或空余地带设计吧台等带有聚会功能的家具。两居室的墙地顶设计多样化，主要根据业主需求来选择。合理搭配材料、和谐配色、适当的家具布置依然是其设计要点。两居室中的

软装配饰应和家居风格相协调，可以多用 DIY 设计。

简单却蕴含小心机的墙面设计，通过材质和色彩的搭配，形成简洁舒适的两居室空间

2 两居室空间分配

两居室如果客厅较大，则可以将客厅的一半和阳台密封起来做一个房间，留一半空间继续当客厅。此外，也可以将次卧和餐厅各隔出一部分来，增加一个房间；或者把客厅和卧室连接的墙打掉一半，然后将卧室的门向里挪一点。这种向卧室借空间的改造方法也不错。

将卧室的墙面改造成玻璃窗，分出一部分改造成餐厅，这样可以提高空间的利用率

客厅面积较大时，可以隔出一部分作为书房使用

3 两居室色彩设计

两居室的居住对象常为新婚夫妇、三口之家或儿女已成家的中年夫妇，因此在色彩设计上可以更多地去展现温馨感。大地色系会奠定温和、朴素的基调，可以再加入暖色调或浅色调来点缀调和，从而增加活跃、生动的气氛。新婚夫妇则可以在此基础上局部使用红色系进行点缀，增加喜庆氛围；也可以整体使用黄色系，比如淡黄色、奶黄色来塑造温馨的感觉。

白色系空间加入橙色装饰，增加了活跃、温馨的气氛

4 两居室家具布置

两居室的家庭一般都会有较多的社交活动，因此可以在餐厅与厨房的过渡地段设计摆放带有聚会功能的家具，例如吧台或休闲高脚凳等；也可以在客厅摆放三人沙发和两三张凳椅，再搭配中等体积的茶几形成围坐形式，方便家庭成员或主客之间的聚谈交流。

厨房与餐厅连接的地方可以摆放两张休闲椅，成为餐前休闲的小场所

5 两居室动线设计

两居室的动线设计要重点注意居住动线与访客动线的设计。两居室的家庭相对一居室会增加较多的社交聚会，因此在设计动线时，既要保证居住者空间的私密性和独立性，也要注意避免访客动线与卧室等私密空间相交。例如，有些户型的卧室门位于电视墙旁边，正对客厅，客人一落座即可看到卧室内的床、衣柜，私密的休息空间直接暴露于客人面前，难免尴尬。

6 两居室软装设计

相较于一居室，两居室在软装样式上的选择较为多样，但也要根据空间整体风格来选择，而不是一味地堆砌。比如，现代风格的两居室可以简单选择题材抽象的单幅装饰挂画装点空白墙面，同时为空间增添艺术感；也可以摆放带有几何图案的靠枕或铺设线条利索干净的地毯来丰富空间线条变化。

利用颜色艳丽的装饰画来装饰客厅，在增添艺术感的同时也活跃了客厅氛围

（四）三居室的装修要点

1 三居室设计要点

三居室泛指拥有三个卧室的房间，户型包括三室一厅一卫和三室两厅两卫，面积大致在 90~140m^2。三居室具有较充裕的居住面积，可以按较理想的功能划分居室空间，即起居室、休息区、学习工作区。各自相互独立，不再彼此干扰。布局方式、色彩和形式也较为自由。家庭成员可以按自己的喜好布置各自的房间。对于起居室，可结合全家人的心意共同设计。居室的具体安排应结合实际的居住人数来考虑。

三居室可以按较理想的功能划分居室空间

2 三居室空间分配

三室一厅中的大厅主要设计为会客厅，作为日常接待亲朋好友之用。面积较大的卧室为主卧室，一般这间卧室会带有卫浴，可以设计成主卫。如果面积足够大，还可以隔出一个衣帽间。面积居中的卧室可以设计成儿童房，根据儿童的年龄阶段进行不同设计；如果是和父母同住，则可以设计为老人房。面积最小的卧室一般作为书房加客房使用，如果是三世同堂，则把这一间设计为儿童房。

如果家中居住的人口较少，还可以把面积最小的卧室设计成一个单独的用餐空间。如果没有多余的空间做餐厅或者不想在客厅中划分出餐厅，则可以考虑打造一个餐厨一体的厨房。

3 三居室色彩设计

三居室由于面积较大，在色彩的设计上可以不用避讳大面积使用深色系色彩，反而可以因此显得大气而沉稳。三居室家庭大部分都有孩子或与老人同住，因此在色彩的设计上有所侧重。儿童房的色彩尽量以纯色调或明色调为主，多运用如天蓝色、嫩黄色、果绿色或粉色等清新、活泼的颜色；而老人房则可以多使用棕色系色彩，营造舒适、稳重的气氛。

亮黄色和天蓝色点缀，使儿童房变得活泼、明快

面积较大的卧室可以选择大地色进行搭配，表现出稳重、大气的感觉

4 三居室家具布置

三居室的面积较大，所以可选择的家具比较多，因此在布置上有更多的可能性。比如，面积较大的卧室为主卧室，可以在其中打造带有休憩功能的飘窗，在室内摆放休闲座椅等；面积最小的卧室一般可以作为书房和客房使用，可以在书桌对面摆放可卧可坐的榻式家具，将书房与客房结合。

面积较大的卧室可以在室内摆放休闲座椅和床尾凳，从细节上为生活增添品质

5 三居室动线设计

三居室由于卧室数量增多，整体面积增大，因此动线的合理设计将能节省居住者的时间与精力。居住动线涉及卧室、卫生间、书房等区域，这条动线的设计关键在于私密、方便。例如起床洗澡后，在卫生间直接吹头发比跑到卧室梳妆台吹头发要简单；有时候，在卧室梳妆台化妆觉得光线不够，要拿着小镜子到窗前补妆，而这些不合理的动线都耽误了时间。

三居室动线设计要使居住者更节省时间与精力

6 三居室软装设计

三居室的软装选择可以更加丰富，除了小型工艺品，也可适当加入体积较大的装饰物件。业主可以根据个人的喜好，结合空间风格，选择不同的软装饰品。除了可以在墙面悬挂多幅组合的装饰画，或在过道、走廊处放置造型精美的边柜，摆放上精致、独特的工艺摆件外，喜爱绿植的业主还可以选择在客厅角落摆放大型盆栽，使居室充满自然之感。

三居室的客厅悬挂多幅装饰画，可以带来不一样的视觉体验

（五）跃层户型的装修要点

1 跃层户型优缺点

（1）跃层户型的优点

拥有较好的采光面，提供优质的采光、通风效果；户内面积较大，布局紧凑，可满足不同人群的住房需求；功能明确、齐全，上下层隔离，相互干扰较小。

（2）跃层户型的缺点

户内楼梯要占用一定的面积；二层一般不设户外通道，发生火灾时，不易疏散，存在安全隐患；上下楼对于老人、儿童不方便；跃层住宅面积一般较大，房屋总价较高。

跃层住宅在分区上更加明确、合理

对于有孩子和老年人的家庭，跃层设计较为不方便

2 跃层空间设计要点

跃层住宅有足够的空间可以分隔，可按照主客之分、动静之分、干湿之分的原则进行功能分区，满足业主休息、娱乐、就餐、读书、会客等各种需要，同时也要考虑外来客人、家佣、保姆等的需要。另外，功能分区要明确合理，避免相互干扰。

跃层设计功能分区明确合理，避免相互干扰

3 跃层的空间分配

跃层在首层一般安排起居室、厨房、餐厅和客卫，如果条件允许，还会有一间卧室；二层安排卧室、书房、主卫等。在装饰档次上，要根据不同需求、不同身份进行设计，突出重点。一般主卧室、书房、客厅、餐厅要豪华一些，客房、佣房则应简洁一些。

墙面使用黄色乳胶漆和壁纸修饰，不仅可以划分空间区域，而且也能丰富墙面设计

跃层总高度一般为5.6m左右，所以在分层的时候，要注意其分层高度。为了避免压抑感，二层的卧室净高必须大于等于2.3m。如果住宅面积太小，只设计一个卫生间，最好设计在上层，位置最好在下层厨房的上部，也可以在门厅或入口前室上部。

跃层一楼一般以客厅、餐厅和厨房为主

（六）复式户型的装修要点

1 复式户型优缺点

（1）复式户型的优点

平面利用系数高，通过设置夹层，可使住宅的使用面积提高 50% ~ 70%；户内的隔层可为木结构，将隔断、家具、装饰融为一体，降低了综合造价；适合大家庭居住，既满足了隔代人的相对独立性，又达到了相互照应的目的；上下两层有视线联系，空间具有开阔感。

通过设置夹层，可使住宅的使用面积提高

（2）复式户型的缺点

复式住宅不是真正意义上的两层空间，采用夹层设计势必会对住宅层高造成一定的影响；楼梯设计尤为费心，因空间开阔，需设有必要的防护措施，对于老人、儿童生活具有潜在危险性；复式装修大部分依赖木质装修材料，隔声性能差，防火效果不佳。

复式户型一定要注意防护措施的设立

2 复式户型设计要点

复式的房子进行了挑高，同时又分成了上下两层，有些空间是重叠的部分，要充分地考虑到对自然光的利用。因此在设计之时，复式房的窗户也要多一些，这样能更加透光。在复式房中，可以多加一些绿色的植物进行点缀，这样能够让家居充满一种更加自然美好的感觉。同时，也可以用一些隔断来将空间进行划分，最好是透明玻璃或者是带格的花窗，虚虚实实之间就让空间有效地利用起来了。

客厅多扇落地窗为复式住宅增添充足的光线，使整个空间看起来更宽敞、明亮

复式楼的墙面要突出设计感。复式楼墙面过高，如果设计过于简单，会显得墙面太单调，因此对待复式楼，尤其需要有一种设计的美感。一般情况下，可以用各种不同的装饰材料来对墙面进行装饰，让墙面显得更加独特，更加凸显房屋主人的品位。尤其是电视背景墙，可以重点打造，如设计一个展示架，或

由于客厅配色和装饰十分简单，因此在楼梯处设计马赛克拼花来丰富空间细节

者用两三种材料做出造型。

复式楼房子装修要注意空间的衔接。因为复式楼分上下两层，衔接上下两层的就是楼梯。楼梯一般放在一个角落里比较好，不会影响一楼的整体美感。

3 复式户型空间分配

复式住宅的居住形式实质上与其他住宅的居住形式相同。在对复式小户型进行设计的过程中，首先必须要对其功能进行全面分析，然后根据居住者的不同需求对其进行合理设计，以求能够确保复式户型设计的合理性，满足居住者的日常生活需求。例如有年迈老人的家庭，由于上下楼梯不方便，那么可以在楼下设计出单独的老人房。

对于复式户型来说，最大的特点在于用楼梯将两层楼连接为一体，并将客厅有效利用，令客厅显得更加通透、宽敞。同时，最好楼上楼下都有卫浴间，避免跑上跑下浪费精力；卧室、书房等安静私密的地方可以设置在楼上，客厅、厨房等生活会客区域可以设置在楼下。

利用楼梯连接上下两层，将客厅有效利用

三 不同家居空间设计要点

（一）客厅装修设计要点

扫 / 码 / 观 / 看
客厅设计 6 个细节要牢记

1 客厅空间格局的设计要点

01 位置的选择

客厅不仅是家庭成员的主要活动空间，也是待客的主要场所，从使用的便捷性和舒适性等方面进行考虑，其最佳位置是穿过玄关后即能够见到的、位置朝阳的空间

02 面积的选择

因为容纳人数较多，所以客厅的面积宜大不宜小，建议将户型中最宽敞的空间规划为客厅。如果适合的位置面积过小，可改动格局，将其他临近的次要空间（如书房、餐厅）的隔墙砸掉，并入客厅，两者之间用隔断等方式做软性分隔

03 功能区的确定

功能区的规划应先满足客厅的主要功能。电视墙、沙发和茶几、角几等主要功能区确定后，再结合自身需求，结合第一章中主要活动空间——客厅部分的内容确定附加功能的适合布置区域

客厅空间格局的设计要点

2 客厅色彩的设计要点

客厅中的色彩可以根据前面讲解过的每种风格的特征，结合自身的喜好选择适合的主要色彩及搭配方式。

● 个性选择

如果单身或者只有两个人，且很少待客，那么色彩选择可以完全遵循自我喜好来设计，无需考虑大众审美，只要自己觉得适合就可以。

客厅色彩的个性选择

● 大众选择

客厅属于公共空间，其色彩的设计建议简洁、大气一些。一般情况下，大面积部分（如顶墙地、沙发、柜体、地毯、窗帘等）的色彩数量不宜超过三种（黑、白、灰不计算在内）。如果觉得三种彩色的数量较少，可以多增加一些小块面的色彩进行调节，如小的摆件、花瓶、鲜花、靠枕、装饰画等。

客厅色彩的大众选择

3 客厅界面的设计要点

● **局部吊顶或石膏角线装饰**

适合户型：矮房间，中、小面积客厅。

适合风格：北欧、简约、现代、工业、日式等风格。

● **复杂样式或多层级吊顶**

适合户型：高房间、大面积客厅。

适合风格：欧式、美式、法式、地中海、东南亚、中式古典等风格。

顶面设计要点：根据房间的高度和风格进行造型设计

● **电视墙做设计**

适合户型：中、小面积客厅。

适合人群：有影音娱乐需求的人群。

● **沙发墙做设计**

适合户型：中、小面积客厅。

适合人群：追求个性的人群。

● **电视墙、沙发墙均做设计**

适合户型：中、大面积客厅。

适合人群：追求设计感和艺术感的人群。

墙面设计要点：选择 1~2 个重点设计墙面，重点墙做造型，其他墙面不做造型，或重点墙刷彩色涂料，其他墙刷白色涂料

● **拼花设计或材料拼接设计**

适合户型：中、大面积客厅。

适合风格：欧式、美式、法式、地中海、东南亚等风格。

● **单一材料铺设**

适合户型：中、小面积客厅。

适合风格：所有类型的风格。

地面设计要点：地面材质要适用于绝大部分或全部家庭成员，不宜选择过于光滑的材料

4 客餐厅动线规划要点

客厅和餐厅属于家庭中的公共活动区域，通常是连接在一起的，动线设计就需要结合起来进行考虑。客厅是人员走动比较频繁的区域，固定构造物及摆设要符合人的休息和行动需要。在往返客厅与其他区域的行走过程中，家具摆设不能成为阻碍，从客厅到餐厅的动线应以直线为佳。

（1）正方形小客厅

① 摆放活动式家具，如茶几，可令空间运动更加灵活。

② 用家具、隔断或移门分隔空间，如利用鞋柜分隔客厅、玄关及餐厅空间；用移门或隔断分隔客厅与卧室等。

③ 家具靠一侧墙面摆放，可以节省空间。

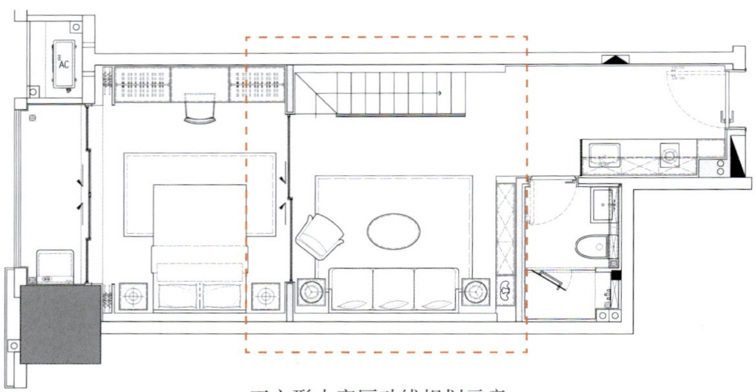

正方形小客厅动线规划示意

（2）横长形小客厅

① 先进餐厅再进客厅，可以令动线更加顺畅。

② 摆放双人沙发，或者 L 形沙发，搭配可移动的茶几。

③ 沿墙设置收纳功能，如餐柜及电视柜可以沿墙规划。

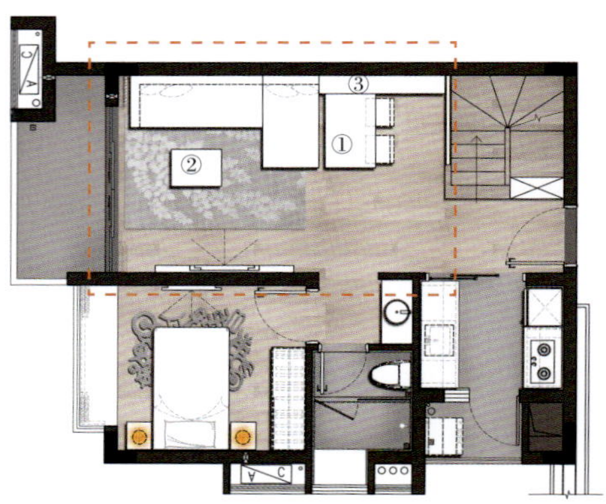

狭长形小客厅动线规划示意

（3）横长形大客厅

① 客厅与餐厅不做间隔，通过开放的设计延伸空间感。

② 餐椅后方至少预留 80cm 的距离，才能不影响餐厅功能，且令动线更方便。

③ 如果安排餐边柜，则适合靠墙摆放；若与餐椅临近，则需注意柜门拉开的距离。

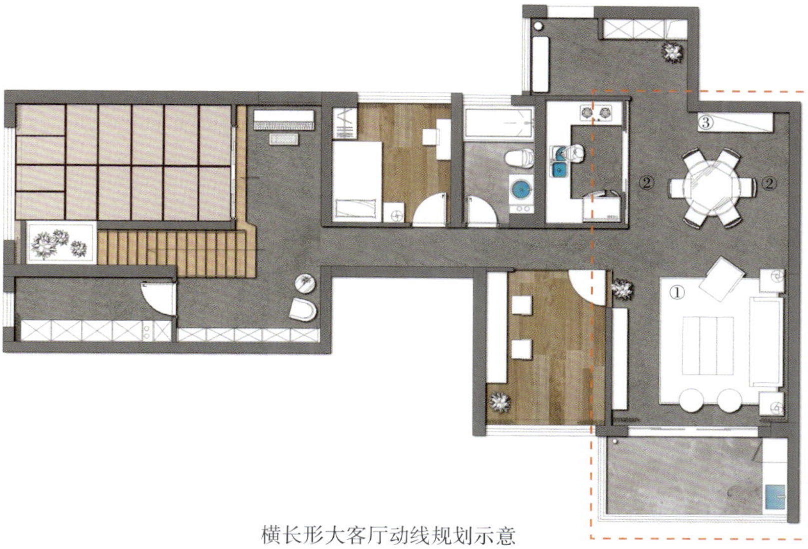

横长形大客厅动线规划示意

（4）竖长形大客厅

① 通常餐厅设置在沙发后面的空间中。先进餐厅再进客厅，可以令动线更加顺畅。

② 如果空间足够宽敞，餐厅与客厅之间可以摆放家具，起到装饰、分隔或收纳的作用，如收纳柜、几案等。

③ 家具靠一侧摆放，将过道留到另一侧，可以使家居整体空间的动线更方便。

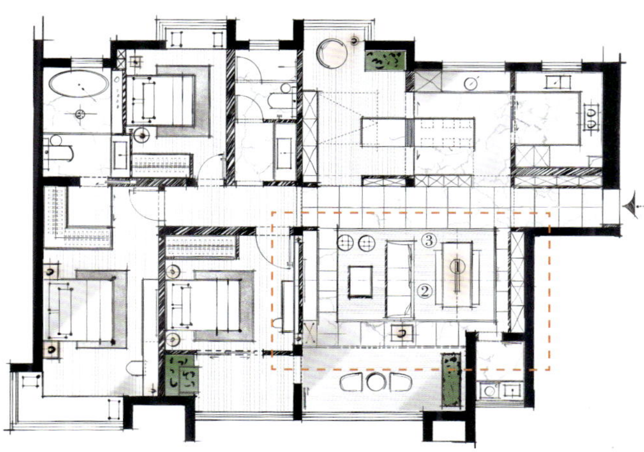

竖长形大客厅动线规划示意

5 客厅合理收纳要点

① 使用频率不高的物品，可以利用抽屉柜收纳，抽屉柜要与客厅整体风格相协调。

② 在客厅里准备一些收纳凳，既能收纳客厅不常用的杂物，还能当茶几使用。

③ 可以使用开放式置物架，这是一种储藏的简易方法，并且可以成为客厅的焦点。

④ 对墙面进行“挖洞”处理，在具备收纳功能的同时，也令居室具有现代感。

客厅常见收纳方式	
整面墙收纳	大多根据墙面尺寸定制。在制定装修方案时，需要确定好位置和尺寸，进行轻体墙的施工。一定要将其固定在墙面上，以保证使用时的安全
沙发背后墙面收纳	可以考虑摆放开放式家具，兼顾收纳和展示功能；也可设计一些隔板
电视柜收纳	可以用最传统的抽屉和门板将物品藏于无形，也可采用现代式的搁架直接展示客厅的精彩
茶几收纳	选购带有收纳功能的茶几；但如果不希望因为收纳功能而让茶几显得笨重，则可以选择轻薄的茶几，而后利用茶几下面的空间摆放带盖子的收纳盒
边几收纳	三角形或圆形边几适合放在客厅角落，收纳杂物的同时会让角落变得丰富多彩

整面墙收纳

电视柜收纳

沙发背后墙面收纳

舒适的餐厅必不可少 扫/码/观/看

（二）餐厅装修设计要点

1 餐厅空间格局的设计要点

01 位置的选择

餐厅是家居空间中家庭成员活动频率仅次于客厅的功能空间。作为公共区域的一个次要重点空间，其位置应临近客厅，与客厅之间可以通过直线到达，同时从便捷性考虑，还应靠近厨房，所以其最佳位置是厨房与客厅之间的空间

02 面积的选择

餐厅所需要容纳的人数通常为家中人口的数量，其面积的选择需先考虑便捷性，而后再选择能够容纳家庭人口的空间。大面积居室选择次于客厅面积的空间即可；若为小面积居室，甚至可以将厨房敞开，而后设计一处吧台兼作餐桌

03 功能区的确定

餐厅功能区的规划以先满足餐厅的主要功能为主。首先需要规划的是餐桌椅的位置；在用餐功能区确定后，根据餐厅面积布置储物区；最后再结合自身需求以及第一章中介绍到的餐厅多样性功能，依次布置其他功能区

餐厅空间格局的设计要点

2 餐厅色彩的设计要点

因为多数户型中，餐厅都与客厅共处同一个空间内，所以餐厅的色彩一般跟随客厅做设计搭配，或者也可以在客厅的配色基础上做一些变化。

● **个性选择**

餐厅中仅某个或某两个界面的色彩跟随客厅进行设计，而主题墙、家具等部分的色彩则完全脱离客厅配色，从家居整体风格的角度选择其他适合的色彩。

餐厅色彩的个性选择

- 大众选择

餐厅的色彩完全跟随客厅色彩进行设计。例如客厅顶面为白色、地面为棕色、主题墙为暗红色、其余墙面为白色，餐厅色彩则完全跟随客厅的设计方式，但主题墙部分可在造型上做变化或完全不做造型，用装饰画凸显主题墙。家具可以选择同系列产品。

餐厅色彩的大众选择

3 餐厅界面的设计要点

- 局部吊顶或石膏角线装饰

适合户型：矮房间，中、小面积餐厅，与客厅或厨房合并的餐厅。

适合风格：北欧、简约、现代、工业等风格。

- 复杂样式或多层级吊顶

适合户型：高房间、大面积餐厅、空间相对独立的餐厅。

适合风格：欧式、美式、法式、地中海、东南亚、中式古典等风格。

顶面设计要点：根据室内风格、面积及高度设计造型

- 设计造型背景墙

适合户型：中、大面积餐厅。

适合人群：追求设计感和艺术感的人群。

- 用色彩 + 装饰画设计主题墙

适合户型：中、小面积餐厅。

适合人群：年轻及追求经济性的人群。

- 仅装饰画设计主题墙

适合户型：中、小面积餐厅。

适合人群：追求简洁感和经济性的人群。

墙面设计要点：独立式餐厅可设计一处造型背景墙或涂刷与其他墙面不同颜色的乳胶漆，而后搭配装饰画强化视觉焦点，也可仅用装饰画装饰墙面

● **拼花设计或材料拼接设计**

适合户型：中、大面积餐厅。

适合风格：欧式、美式、法式、地中海、东南亚等风格。

● **单一材料铺设**

适合户型：中、小面积餐厅。

适合风格：所有类型的风格。

地面设计要点：选用表面光洁、易清洁材料，如大理石、地砖等

4 餐厅合理收纳要点

① 餐厅就餐区的收纳应与餐柜配合。

② 将墙面设计成整面式的墙面柜进行收纳可以增加空间使用率。

③ 靠墙摆放的餐桌椅，可充分利用餐桌上方空间。

④ 家具也可巧妙设计成收纳空间的一部分。

餐厅常见收纳方式	
整面墙收纳	若不想收纳柜占据餐厅面积，则可直接将隔墙设计成收纳柜的样式。可部分开敞部分封闭，制造出节奏感。如果面积较为宽敞，可靠墙直接设计收纳柜，但需注意其牢固性
餐边柜收纳	根据需要选择款式。使用封闭式柜门的款式不容易落灰尘，餐边柜上方可摆放装饰品或花艺来装饰餐厅；如果选择的尺寸较大，则可使用玻璃柜门、百叶柜门或部分封闭柜门部分开敞设计的款式，不会显得厚重、憋闷
墙面搁架或开敞储物格收纳	不喜欢柜体或者餐桌靠墙摆放的情况下，可以使用搁架或者嵌入墙内的开敞式储物格来收纳餐厅内的物品。同时这种收纳形式还具有展示作用，可美化餐厅环境，摆放时需要注意美感
家具收纳	将部分餐椅设计成卡座的形式，卡座下方的空间即可用来收纳物品

整面墙收纳

开敞储物格收纳

家具（卡座）收纳

（三）卧室装修设计要点

扫/码/观/看 卧室这么装，舒适度爆表

1 卧室空间格局的设计要点

01 位置的选择

卧室属于家居空间中私密性最强的功能区，同时，其主要功能是供人夜间休息，所以环境应该是相对安静的。从以上两个方面来看，其位置应该相对远离家庭中的公共区域，即客厅与餐厅，靠近或位于整个户型距离大门最远的一侧

02 面积的选择

卧室面积的选择可以根据居住人数、居住者的年龄以及居住者对卧室的要求决定。以三口之家为例，夫妻住主卧室，应选择面积较大的空间；而孩子仅有一个人，相对来说可以选择面积小一些的空间，根据其年龄和需求，临近或远离主卧均可

03 功能区的确定

卧室的主要功能为睡眠，所以应先确定床的位置，通常是在卧室的中央，若需要摆放书桌，则也可靠一侧墙摆放。床的位置确定后再来布置床头柜、衣柜等收纳区。最后根据自身需求和剩余空间面积，增加其他功能

卧室空间格局的设计要点

2 卧室色彩的设计要点

卧室是休憩空间，成人卧室需要能够营造出舒缓、平和的氛围，以缓解疲劳的神经，营造良好的睡眠环境，所以色彩设计不宜过于活泼、刺激。而儿童房则可以适当活泼一些。

● 成人选择

卧室属于成人的私人空间，色彩设计可从个人喜好方面进行考虑，但是不建议大面积使用过于鲜艳的红色、橙色以及过于深暗的蓝色，以免刺激神经或显得阴冷。通常来说，顶面建议选择白色，地面可选择棕色系，柔和的米黄色、米色、淡黄色、粉色、绿色等均可用来装饰墙面。

成人卧室色彩设计

● 儿童选择

3~9 岁的儿童，其卧室的色彩搭配可以活泼一些，以凸显其年龄特点，并使其更加开朗、活泼。若觉得随年龄增长更改装修麻烦，则可以将活泼色彩用在家具及装饰上，顶面及地面素雅一些，墙面部分可使用一些色彩不刺激的卡通图案墙纸。

儿童卧室色彩设计

3 卧室界面的设计要点

- **局部吊顶或石膏角线装饰**

适合户型：矮房间，中、小面积卧室。

适合风格：北欧、简约、现代、工业、日式等风格。

- **复杂样式或多层级吊顶**

适合户型：高房间、大面积卧室。

适合风格：欧式、美式、法式、地中海、东南亚、中式古典等风格。

顶面设计要点：舒适最重要，无需过于复杂、华丽

- **复杂设计的床头背景墙**

适合户型：中、大面积卧室。

适合人群：预算足且追求设计感的人群。

- **用不同色彩或墙纸设计主题墙**

适合户型：中、小面积卧室。

适合人群：追求简洁感和经济性的人群。

- **仅用装饰画设计主题墙**

适合户型：中、小面积卧室。

适合人群：追求简洁感和经济性的人群。

墙面设计要点：除别墅或华丽的风格外，卧室墙面装饰不宜过于华丽，用墙纸、墙布或乳胶漆装饰即可，颜色花纹可根据居住者的年龄、个人喜好来选择

- **大理石铺设周边拼花**

适合户型：大面积卧室。

适合风格：欧式、美式、法式等华丽的风格。

- **地板或地砖组合地毯铺设**

适合户型：中、小面积卧室。

适合风格：所有类型的风格。

地面设计要点：宜用木地板、地毯或者陶瓷地砖等材料。木地板或陶瓷地砖上可加铺块毯增加舒适感

4 卧室动线规划要点

卧室与客餐厅等公共区域不同，使用者比较单一，所以动线设计除了考虑无阻碍外，还需考虑使用者的生活习惯。总体来说，卧室的动线规划包括以下四种类型。

（1）正方形小卧室

① 选择单人床靠一侧摆放更加方便布置其他家具，两边需要预留 50cm 左右的空间，用于走动。

② 选择双人床摆放在卧室中间更方便，需要预留三边的走动空间，预留过道不要阻塞。

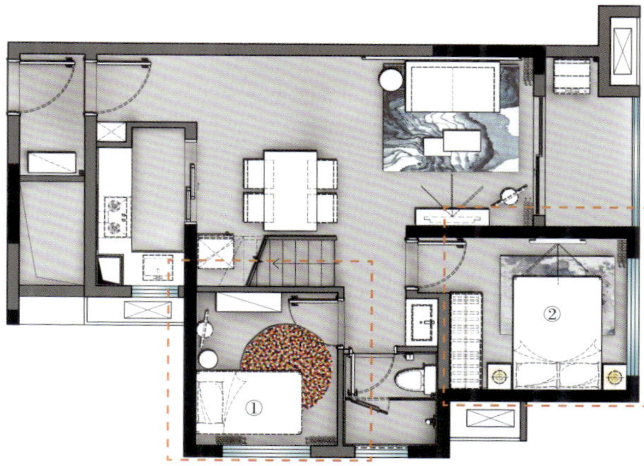

正方形小卧室动线规划示意

（2）正方形大卧室

① 如果需要增添视听设备，则注意预留出足够的走动空间。

② 视听设备既可结合衣柜，也可在旁边摆放书桌等家具。

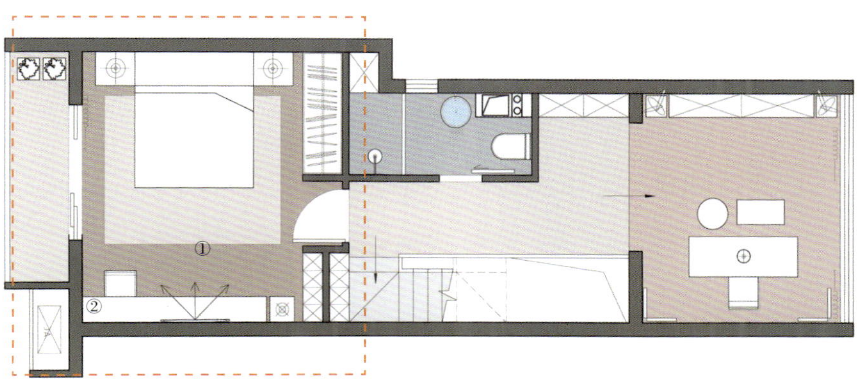

正方形大卧室动线规划示意

（3）横长形小卧室

① 双人床为了便于两人使用，多靠中间摆放，三边预留出至少 50cm 的通行距离。

② 床底最好带有收纳功能，可用来存放棉被等物品；如果设计有飘窗，还可用飘窗下方储物。

③ 多利用门后与墙壁的空间或者门一侧墙壁前的空间摆放衣柜。

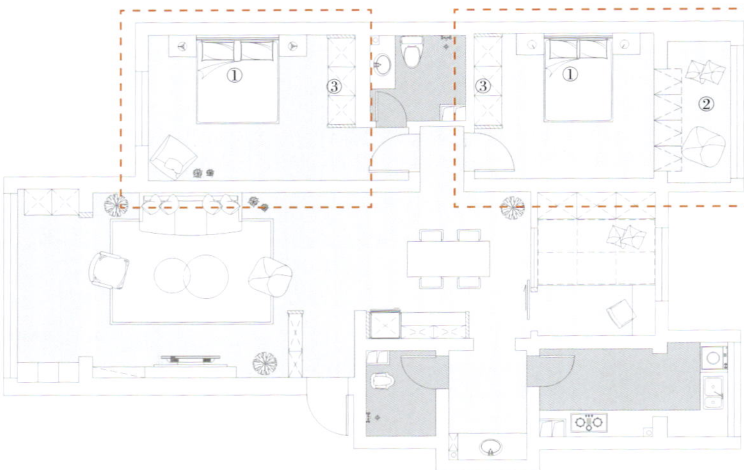

横长形小卧室动线规划示意

（4）横长形大卧室

① 如果卧室空间足够，可将衣帽间规划在卧室角落或卧室与卫浴的畸零空间。

② 门在角落的房间，双人床居中摆放，更有利于布置其他家具。床的两侧需预留出至少 50cm 的交通空间。

③ 大空间可以规划阅读区域。书架可靠一侧墙设计，书架前摆放阅读椅；还可单独间隔出两个区域，书桌与床之间用书架隔开。

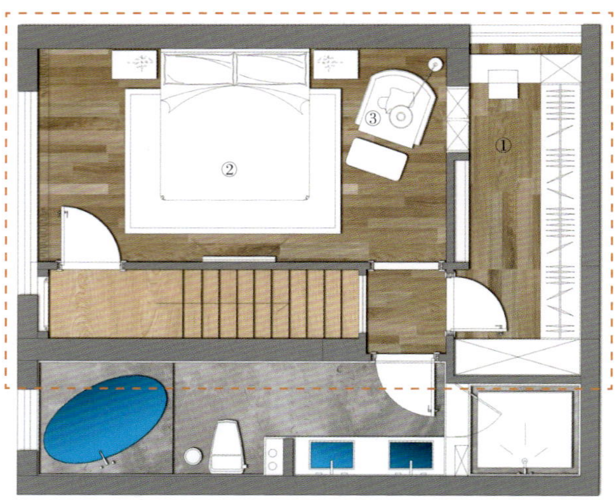

横长形大卧室动线规划示意

5 卧室合理收纳要点

① 卧室可利用睡床周围的空间进行有效收纳。

② 为节省空间及整体美观考虑，卧室内的衣柜可做成壁橱。

卧室常见收纳方式	
壁橱或衣柜收纳	通常会选择将床侧面靠近门一侧的墙面设计成壁橱。壁橱可以节省卧室内的占用面积，柜门可与墙面平齐；无法设计壁橱时，也可直接使用大衣柜做收纳，需注意尺寸和高度的选择
床头柜收纳	可以选择收纳功能较为强大的床头柜，具体使用抽屉款、柜门款还是两者组合的款式，可根据收纳物品的特征进行选择。如果是开敞式的床头柜，可以用收纳盒收纳物品，放在开敞的位置
斗柜收纳	面积大的卧室，可以在适合的位置摆放一个或一组斗柜，收纳一些适合放在抽屉中的物品；斗柜上方还可以摆放一些工艺品、花艺、装饰画等装饰品
步入式更衣间收纳	如果卧室内有充足的空间，可以将部分面积设计成步入式更衣间，将大小物品均收纳进去，方便取用、分类，且卧室内会显得更加整洁；但如果更衣间面积过小，则不必追求步入式，因其实际上使用起来不如衣柜方便
床收纳	床下有非常大的空间，可以充分利用起来，可以选择本身带收纳设计的床或选择底部悬空的框架床，用整理箱进行收纳

壁橱收纳

床头柜收纳

斗柜收纳

（四）书房装修设计要点

扫 / 码 / 观 / 看
注意这几个细节，书房尽享美好宁静

1 书房空间格局的设计要点

01

位置的选择

书房通常有两种格局，一种是开敞式的书房，可选择客厅的角落、餐厅与厨房的转角、阳台上或卧室靠落地窗的墙面放置书架与书桌；另一种是独立式的书房，可以选择公共区和卧室之间的空间，如果对安静程度有较高要求，也可安排在最里侧

02

面积的选择

开敞式的书房无需过多面积，最小仅需容纳书桌和椅子即可，书柜或书架可安装在书桌上方的墙面上；独立式的书房，其面积可根据使用者的需求来选择。通常来说，除别墅、大平层等大户型外，书房可以是面积小于主卧室且位置适合的空间

03

功能区的确定

书房的主要功能有收纳和读写两种，在面积有限的情况下，以先满足读写为主，也就是说需要先确定桌椅的位置，而后再确定书柜或书架的位置。此两方面的主要功能均被满足后，剩余空间可以结合使用者的需求，来添加其他功能

书房空间格局的设计要点

2 书房色彩的设计要点

开敞式书房的色彩设计跟随空间主体即可。独立式书房的色彩应柔和而不杂乱，塑造可以让人静心的学习或工作环境，因此不适合大面积使用艳丽的色彩。同时，色彩的搭配宜有主次之分，或以冷色为主或以暖色为主，不要平均对待。

- **大众选择**

常规书房比较适合素雅的配色，顶面最适合使用白色，除超高房间外，顶面不建议使用深色；墙面选择白色、米黄色或淡黄色等柔和色彩；地面选择深于墙面的色彩，视觉上最舒适；家具的色彩深于地面会更具稳重感，但也可根据风格选择其他颜色。冷暖色选择一种为主，另一种少量使用即可。

书房色彩的大众选择

- **个性选择**

若追求个性，在常规书房配色的基础上，可多加入一些棕色系、黑灰色或金属色，但不建议选择亮面材质，因其反光会刺激眼睛引发疲劳。带有拉丝或做旧处理的金属色更加柔和，如旧金色、古铜金、玫瑰金等。而后用一些比较浓郁的彩色做点缀。

书房色彩的个性选择

3 书房界面的设计要点

- **平顶、局部顶或石膏线装饰**

适合户型：矮房间，中、小面积书房。

适合风格：北欧、简约、现代、工业、日式等风格。

- **复杂样式或多层级吊顶**

适合户型：高房间、大面积书房。

适合风格：欧式、美式、法式、地中海、东南亚、中式古典等风格。

顶面设计要点：不宜过于复杂，造型设计需适宜

- **独立造型背景墙**

适合户型：大面积书房。

适合人群：预算足且喜欢造型感的人群。

- **与书柜组合设计的背景墙**

适合户型：中、小面积书房。

适合人群：追求个性和经济性的人群。

- **用美观的书柜兼做背景墙**

适合户型：中、小面积书房。

适合人群：追求简洁感和经济性的人群。

墙面设计要点：适合选择亚光乳胶漆、涂料、墙纸、墙布等，以避免眩光或增加静音效果

- **大理石拼花铺设**

适合户型：大面积书房。

适合风格：欧式、美式、法式等华丽的风格。

- **单一材质或组合块毯铺设**

适合户型：中、小面积书房。

适合风格：所有类型的风格。

地面设计要点：最好铺设地毯，以降低噪声的产生。若觉得不好打理也可以铺设地板，上面叠加块毯

4 书房合理收纳要点

① 书房要考虑收纳的物品如何取用更方便、如何充分地利用书房空间。

② 书房中书橱和书架上的书，总量不宜超过书架空间的 80%，剩下的空间可用植物或者装饰品填满，在减轻重量的同时，还可增加美观性。

书房常见收纳方式	
书柜收纳	书柜有开敞式、封闭式和开敞封闭组合式三种类型。如果书柜的面积较大，建议选择第三种或者封闭式但有部分玻璃门的款式，不容易使人感到压抑、笨重，尤其是深色款式
书架收纳	成品书架的收纳量与书柜类似，但其完全为开敞空间，取用更方便，展示性和装饰性更强，但需要经常打扫。如果是小面积的书房，可在墙面设置搁架收纳书籍，既节省空间，又减少花费
书桌收纳	一些零碎的笔、笔记本及近期常使用的书籍、资料等，可以放在书桌中。若有此类需求，需选择收纳功能设计合理且较为强大的书桌
斗柜收纳	若书房的面积足够宽敞，在主要功能区外的空闲区域中，可以摆放斗柜。在柜子内部收纳一些物品，柜台上则可以摆放装饰品
榻榻米或地台收纳	设计有榻榻米或地台类休闲区的书房，还可以将它们的内部空间利用起来，收纳一些旧书或者其他杂物。若收纳旧书，则需做好防潮措施

书柜收纳

榻榻米收纳

（五）厨房装修设计要点

扫 / 码 / 观 / 看
开放式厨房特别需要注意这几点

1 厨房空间格局的设计要点

01

常见厨房格局

家居厨房通常有以下几种形式的格局。

- 一字形厨房：可将与厨房相邻空间的部分墙面打掉，改为吧台形式的矮柜，形成半开放式空间，增加使用面积
- L 形厨房：将各项工作区依据烹饪顺序置于 L 形的两条轴线上
- U 形厨房：洗菜盆最好放在 U 形底部，并将配料区和烹饪区分设两旁，使洗菜盆、冰箱和灶台连成一个正三角形
- 走廊型厨房：将工作区安排在两边的墙面上，通常将清洁区和配菜区安排在一起，而烹饪区安排在另一边

02

功能区的确定

厨房内的主要功能区通常依靠整体橱柜来实现，只要规划好台面上各个功能区的位置即可。若面积过小，冰箱可以外移。另外，大面积的厨房还可以增加岛台，让厨房功能和美感双倍增强。另外，如果厨房需要用餐、饮酒或浣洗，则需要在定制橱柜前就规划好位置，如使用餐桌还是吧台，洗衣机的摆放位置等

厨房空间格局的设计要点

2 厨房色彩的设计要点

厨房的色彩设计可以结合厨房的类型来选择。如果是开敞式厨房，需要考虑整体的美观性，所以根据客厅、餐厅等主要空间的配色进行考虑；如果是封闭式的厨房，则可以结合环境特点、使用者的喜好和年龄进行考虑。

- **开放式厨房**

顶、墙、地这三个界面中，可以有两个界面或三个界面均跟随餐厅进行配色设计。若想要做一些变化，则可以改变整体橱柜柜门的色彩，选择一台色彩独特的冰箱，或者也可以用装饰画、花瓶等装饰品做个性化的色彩点缀。

开放式厨房的色彩设计

● 封闭式厨房

因为厨房处于一个独立的空间中，所以既可以跟随整体配色进行设计，也可以做一些个性的选择。例如，如果使用者较为年轻且喜欢鲜艳的色彩，则可以在部分墙砖或橱柜上使用此类色彩；如果使用者是中老年人，则更适合使用温和一些的色彩。但需要注意的是，厨房不建议大面积使用深暗的蓝色及黑色，以免让人产生低沉的情绪。

封闭式厨房色彩设计

3 厨房界面的设计要点

● 铝扣板吊顶

适合户型：封闭式的厨房及开敞式的厨房。

适合风格：所有类型的风格。

● 防水石膏板吊顶

适合户型：开敞式的厨房。

适合风格：所有类型的风格。

顶面设计要点：材质要防火、抗热，并须配合通风设备及隔声措施；若用石膏板，则需选择防潮、防水的类型

- **单色瓷砖铺贴**

适合户型：中、小面积厨房。

适合人群：追求简洁感和经济性的人群。

- **单色 + 花砖铺贴**

适合户型：所有类型的厨房。

适合人群：追求个性和经济性的人群。

- **多色瓷砖拼花铺贴**

适合户型：所有类型的厨房。

适合人群：追求艺术感的人群。

墙面设计要点：以不易受污、耐水、耐火、抗热的材料为佳。最佳选择为陶瓷砖，但部分西厨中油烟较少，也可使用功能适合的墙纸或乳胶漆

- **拼花铺设**

适合户型：所有类型的厨房。

适合风格：欧式、美式、法式、地中海、东南亚、中式古典等风格。

- **单一材质铺设**

适合户型：所有类型的厨房。

适合风格：所有类型的风格。

地面设计要点：宜用防滑、易于清洗的陶瓷地砖；也可用具有防水性且价格便宜的人造石材

4 厨房动线规划要点

厨房的动线规划是非常重要的。舒适的动线可以节省很多体力，让烹饪的过程更轻松。根据厨房布局的不同，可将其分为以下四种类型。

（1）一字形厨房

① 动线一字形排开，即（冰箱→）洗涤区→处理区→烹饪区，最佳空间长度为2m。

② 处理区一般介于水槽区和灶具区之间，宽度至少为 40cm，若能预留 80~100cm 更佳。

③ 灶具位置应靠近窗户或阳台，以利于通风。燃气灶具最好不要紧靠墙面。

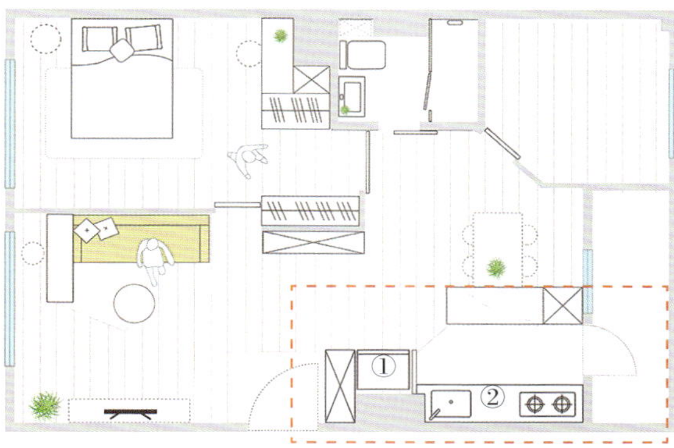

一字形厨房动线规划示意

（2）L 形厨房

① 洗涤区与灶具区应安排在不同轴线上。会产生高温、油烟的烤箱和灶具应置于同一区，冰箱和水槽则置于另一轴线上。

② 摆设厨具的每一墙面都至少要预留 1.5m 的长度。

③ 灶具、烤箱或微波炉等设备摆放在同一轴线上，就能与水槽形成完美的工作金三角，最长可在 2.8m 左右，才不会降低工作效率。

L 形厨房动线规划示意

（3）走廊型厨房

① 料理区与收纳区分开。

② 工作平台也是备餐区。

③ 保持走道顺畅，两边间隔最好能保持在 90~120cm 的距离。

走廊型厨房动线规划示意

（4）中岛型厨房

① 厨房加装便餐台，可以同时容纳多人一起使用。

② 厨具与其他台面的距离保留在 105cm 左右。

③ 洗涤区靠近冰箱，以减少往返走动的距离。如不便安排，也可将冰箱放在合适位置。

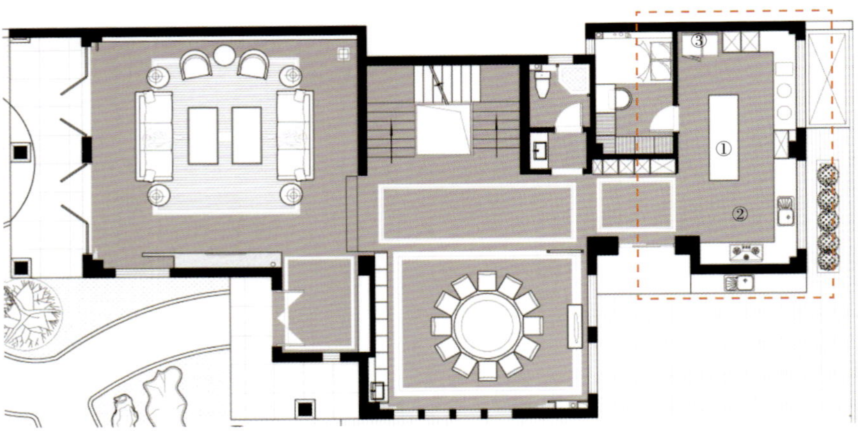

中岛型厨房动线规划示意

TIPS

符合人体工学的厨具位置很重要

厨房水槽在黄金三角动线内往返交错应控制在 2m 范围内；工作台高度距地面为 85cm，吊柜上缘的高度一般不超过 230cm。

5 厨房合理收纳要点

① 厨房收纳可充分利用整体橱柜，并区别吊柜、立柜和地柜的收纳。

② 厨房收纳可以充分利用墙面空间，如在墙面定做搁架或搁板等。

③ 充分利用垂直的收纳空间，从地板到吊顶的空间都可以利用。

厨房常见收纳方式	
整体橱柜收纳	现在的整体橱柜可选择的收纳方式很多，有不同类型的拉篮、不同规格的抽屉收纳格、可拉动的吊柜收纳架等，具体可根据需要进行选择。水槽下方的空间也可以利用起来，购买专门的水槽下收纳架，即可以规整地收纳洗洁精等物品
墙面收纳	吊柜和地柜中间的空间可以充分利用起来，安装搁架、吊钩等收纳物品；如果厨房面积较为宽敞且抽烟装置吸烟性好，则可以设计一整面墙的搁架，收纳常用物品，取用更方便
窗户收纳	利用窗台上的空间做收纳，如购买适合放置在窗台上的收纳架，把瓶瓶罐罐摆在上面。但这种方式更适合推拉窗，平开窗则不太适合，会妨碍窗户的开关
转角空间收纳	利用拐角设置转角柜，既增加厨房收纳量，又解决了空间浪费问题
置物架收纳	小面积厨房可以使用落地式的置物架收纳锅具、微波炉、小烤箱等物品，还可以使用移动式的置物架或推车收纳调料或耐久性较好的蔬菜，如马铃薯、红薯等

整体橱柜收纳

置物架收纳

扫 / 码 / 观 / 看
卫浴间装修的 7 个要点

（六）卫浴装修设计要点

1 卫浴空间格局的设计要点

01
位置的选择

通常来说，家居空间中的卫浴位置是固定的，所以无需进行选择。若厨房和卫浴没有明显区分，则临近餐厅的空间即为厨房，剩余为卫浴

02
功能区的确定

卫浴空间的功能区主要可分为沐浴区和洗漱区两部分。如果条件允许，最好做干湿分离。最简单的方式是采用玻璃隔断分隔。若面积足够，可以安装淋浴房或完全用隔墙分隔。在面积足够宽敞的情况下，若需要增加桑拿功能，建议放在湿区内；而梳妆区域则建议设计在干区内；若主卧中同时有卫浴和更衣间，条件允许时两者可连在一起设计，更衣间可安排在卫浴外侧或入口处

卫浴空间格局的设计要点

2 卫浴色彩的设计要点

卫浴的主要作用是清洁，所以其内部的色彩设计宜避免产生“脏”的感觉。具有清洁、明快或温馨感的色彩最为适合，缺乏透明度与纯净感的色彩要敬而远之。另外，主次色彩要分明，不然容易显得杂乱。

- **大众选择**

对于多数人群来说，卫浴内的色彩应尽量以浅色为主色，深色或鲜艳的色彩可小面积或局部使用，透彻而又素雅一些的色彩用来装饰卫浴是非常适合的。有几种常见的选择：

① 黑白灰，将这三种颜色稍加组合，即可装饰出时尚、明快而又不乏洁净的氛围；

② 浅暖色与白色组合，如米黄、浅黄等，浅暖色可用在墙面或地面上；

③ 弱对比的冷暖色组合，如蓝白结合的墙面，搭配棕色浴室柜等。

卫浴色彩的大众选择

● 个性选择

对于追求个性的人群来说，卫浴间内可适量使用一些鲜艳的或比较浓郁的色彩塑造个性感。这些色彩的选择完全可以根据个人的喜好进行，如用白色顶搭配粉色瓷砖及同色浴缸和洁面盆，就可塑造出浪漫感；如果换成黄色，则会有沐浴阳光的感觉。特别是主卫或者独居人群，可以无需考虑他人喜好，完全遵循自我选择。

卫浴色彩的个性选择

3 卫浴界面的设计要点

● 铝扣板吊顶

适合户型：非常潮湿的卫浴。

适合风格：所有类型的风格。

● 防水石膏板吊顶

适合户型：湿度适中的卫浴或干区。

适合风格：所有类型的风格。

● 桑拿板或炭化木吊顶

适合户型：湿度适中的卫浴。

适合风格：北欧、田园、地中海、美式乡村、法式田园、东南亚等风格。

顶面设计要点：材质要防潮、防水。如使用石膏板，则需选择防水石膏板，搭配防水、防潮的面漆

- **瓷砖＋腰线组合**

  适合户型：中、小面积卫浴。

  适合人群：年轻及追求经济性的人群。

- **拼花式背景墙**

  适合户型：中、大面积卫浴。

  适合人群：预算足且追求设计感的人群。

墙面设计要点：选择耐潮湿且易打理的材料，如艺术瓷砖、墙砖、天然石材或人造石材等

- **单一地砖或石材铺设**

  适合户型：所有类型的卫浴。

  适合风格：所有类型的风格。

- **炭化木组合瓷砖或石材铺设**

  适合户型：中、大面积的卫浴。

  适合风格：简约、北欧、田园、地中海、美式乡村、法式田园、东南亚等风格。

地面设计要点：材料要防滑、易清洁、防水。一般地砖或天然石材使用较多，部分区域也可使用炭化木

4 卫浴动线规划要点

卫浴空间的动线规划相对来说比较简单。它并不像厨房一般所有功能区有一套固定的使用流程，所以最重要的一点是行动路线的无阻碍。根据卫浴空间格局的不同，可将其分为以下四种类型。

（1）横长型卫浴

① 坐便器规划在门后、贴墙壁角落，坐便器旁边的空间最少保持 70cm；坐便器还可放置在洁面盆与浴缸 / 淋浴区之间，两侧根据需要预留适量距离即可。

② 主线以洗漱区为主，动线考虑以圆形为主，将主要动线留在洗漱区前。

横长型卫浴动线规划示意

（2）小面积竖长型卫浴

① 根据门所在的位置规划内部动线。若为推拉门则可根据使用习惯进行规划；若为平开门，则门附近更适合安排洁面盆，而后是坐便器，最后是洗澡的区域，三者成直线。

② 做好室内整体的尺寸规划。浴缸长 150~180cm，宽 80cm，高度 50~60cm。洗手台宽度至少 100cm。

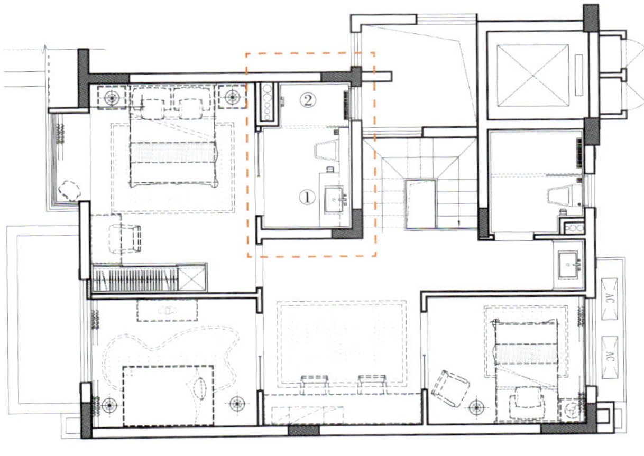

小面积竖长型卫浴动线规划示意

（3）大面积竖长型卫浴

① 在有需求的情况下，除坐便器、洗手台、浴缸外，再规划一个独立沐浴区，令空间干湿分离；或者规划一个更衣间，放在入口处，与浴室做干湿分离。

② 适合四件式浴室规划，坐便器与洗手台为同一列 / 行，浴缸及沐浴区为另一列 / 行，节省空间，动线更流畅。

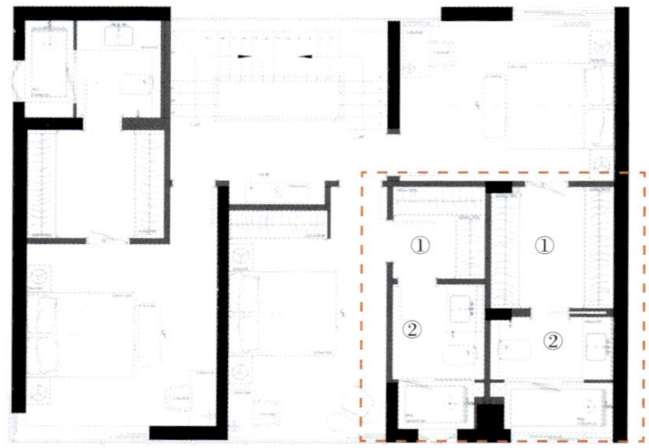

大面积竖长型卫浴动线规划示意

（4）方形卫浴

① 三个区域成三角形布置。淋浴区或浴缸可以安排在两面都靠墙的角落中。

② 根据使用习惯安排洁面盆和坐便器的位置。洁面盆可以靠近门口或者坐便器靠近门口，过道集中规划到一起，并预留充足的距离。

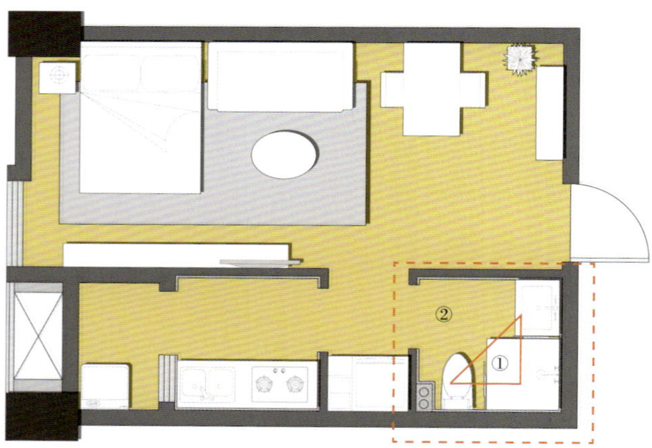

方形卫浴动线规划示意

5 卫浴合理收纳要点

① 利用一切容易忽略的空间进行收纳，如洁面盆的下方、淋浴区的墙面、窗台上面的空间、坐便器一侧的空隙处等。

② 根据生活习惯选择适合自己的浴室柜，才能完全满足收纳需求。

卫浴常见收纳方式	
浴室柜收纳	根据生活习惯选择浴室柜的款式，如果浴室柜常用来收纳一些不怕潮湿的洗衣液、清洗剂等类型的物品，可以选择封闭式的浴室柜；如果想要收纳一些比较怕潮湿的物品，则更建议选择开敞式的浴室柜，或者台面是抽屉，最下方是开敞设计的款式
镜箱收纳	面积较小的卫浴，可以考虑用镜箱代替墙面镜，既可以满足照镜子的需求，内部又可以摆放常用的护肤品、牙刷、牙缸等物品
置物架、收纳柜收纳	置物架以及收纳柜有很多款式可以选择，除了正常的尺寸和款式外，还有一些可移动的带防尘的夹缝式收纳柜，很适合放在坐便器和洁面盆之间的夹缝处，或坐便器与墙之间的夹缝等处
墙面收纳	将墙面空间充分利用起来。可使用固定在墙面上的搁架、挂钩、毛巾杆、毛巾架、牙刷架、剃须刀架等，让常用物品全部上墙；还可在沐浴区的墙面上“挖洞”，将洗浴用品放置进去
浴缸台面收纳	如果浴室内计划安装内置式浴缸，通常会砌筑出部分台面，可以将其利用起来做收纳。除了平放外，还可以用小型置物架，将物品摞起来摆放

浴室柜、置物架及浴缸台面收纳

扫/码/观/看
玄关这么装就对了

（七）玄关装修设计要点

1 玄关空间格局的设计要点

01 常见玄关格局

家居玄关通常有以下几种形式的格局。

- 独立式玄关：此类玄关通常面积较大，可设计一整面墙体设置鞋柜和装饰柜
- 邻接式玄关：与客厅相连，没有较明显的独立区域。可使其形式独特，但要考虑到风格形式的统一
- 包含式玄关：包含于客厅之中，只需稍加修饰即可
- 格栅式玄关：以带有不同花格图案的镂空木格栅屏做隔断，古朴雅致

02 功能区的确定

玄关面积通常比较小，更适合用家具来进行功能区的划分，最常见的就是在合适的位置摆放鞋柜或设计整体式更衣柜，用来收纳衣物及鞋子等物品；有多余空间时，还可在墙上继续增加穿衣镜，便于整理仪容；如果面积足够宽敞，还可增加装饰性家具，如玄关柜等，用来摆放装饰品，提升整体装饰效果

玄关空间格局的设计要点

2 玄关色彩的设计要点

总体来说，玄关的色彩宜在与室内整体配色相呼应的基础上，以清爽、略偏暖的色调为主。多数玄关不具备自然采光，所以颜色不宜太深，以免使人感觉压抑。理想色彩搭配为顶面最浅、地面最深、墙面介于两者之间过渡。具体来说，根据玄关格局的不同，会有一些差异。

- **独立式玄关**

因为较为独立，所以独立式玄关的色彩搭配相对自由一些。可在延续整体风格和公共区域配色方式的基础上，增加一些具有点睛作用的小面积亮色。用家具、装饰画、装饰品等软装来呈现，更能够凸显艺术感和设计感。

独立式玄关色彩设计

● **非独立式玄关**

此类玄关多与客厅相连或包含在其中，所以色彩设计需与客厅做整体性考虑，不宜过于个性化，避免让居室整体配色有凌乱之感。

非独立式玄关色彩设计

3 玄关界面的设计要点

● **局部吊顶或平顶**

适合户型：矮房间，中、小面积玄关。

适合风格：北欧、简约、现代、工业、日式等风格。

● **复杂样式或多层级吊顶**

适合户型：高房间、大面积玄关。

适合风格：欧式、美式、法式、地中海、东南亚、中式古典等风格。

顶面设计要点：玄关多与客厅或主过道相连，顶面设计需和客厅或客厅与餐厅两者的吊顶结合起来考虑

● **背景墙或背景墙＋玄关柜**

适合户型：大面积独立式玄关。

适合人群：追求设计感和艺术感的人群。

● **平面墙＋装饰画背景墙**

适合户型：中、小面积玄关，独立式及非独立式玄关。

适合人群：年轻及追求经济性的人群。

● **收纳柜兼做背景墙**

适合户型：中、小面积独立式玄关。

适合人群：年轻及追求经济性的人群。

墙面设计要点：可参考室内设计方式选择墙面用材和造型。小面积玄关可精心设计收纳柜的外观，用其兼做背景墙

● **大理石或地砖拼花铺设**

适合户型：所有类型玄关。

适合风格：欧式、美式、法式、新中式、北欧、地中海、东南亚等风格。

● **单一材质铺设**

适合户型：所有类型玄关。

适合风格：所有风格均适用。

地面设计要点：材料应具备耐磨、易清洗的特点。一般常用铺设材料有木地板、石材或地砖等

4 玄关合理收纳要点

① 物品收纳需避免给人杂乱的感觉，组合式的衣帽柜是玄关收纳的最佳选择。

② 玄关收纳可以充分做内嵌壁柜，收纳家具要小巧。

玄关常见收纳方式	
收纳柜收纳	收纳柜有较多的设计方式，小玄关可将收纳柜设计成入墙式推拉门的样式，内部再做详细的收纳分类；面积充足一些的可以将收纳柜靠墙放置，可以设计成整面墙的样式，但厚度要薄一些；可以设计成吊柜与地柜组合的形式，中间放置装饰品，还可加灯光；或者设计成组合式衣柜，部分开敞，设置为挂衣板和换鞋凳，部分用柜门封闭，实用又美观
鞋柜 + 挂衣板收纳	这种方式更适合小玄关或没有独立空间的玄关，通常下方摆放鞋柜，上方安装挂衣钩。鞋柜可以靠墙摆放，也可以垂直于墙面摆放，上方设计为隔断，隔断上安装挂衣钩

四 不同空间照明设计要点

（一）客厅

现在大多数家庭客厅的作用主要是招待客人、视听和阅读。最基本的要求是环境光能够均匀照亮整个区域，无需太过强烈；轮廓光能减少电视画面与背后亮差，缓解视觉疲劳；沙发旁可以有焦点光，方便看电视或阅读时使用。

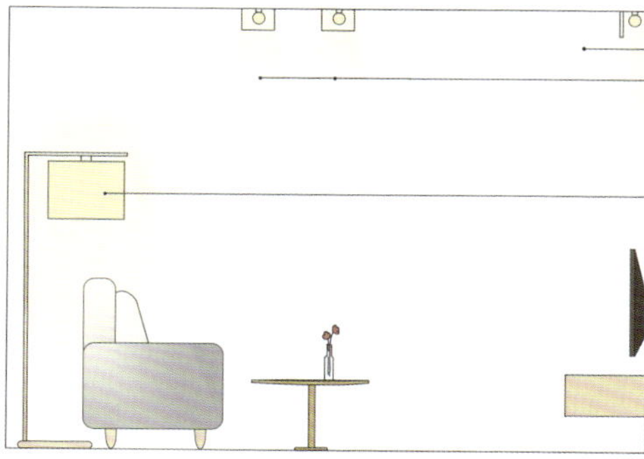

多数客厅的照明配置标准

1 客厅照明的设计要点

● 大面积客厅

可多设计一些局部光源，如沙发旁若有书架则可摆放一盏落地灯，有装饰画或造型的部分设计筒灯或射灯，顶部或电视墙设计暗藏灯带等。

● 小面积客厅

根据需要安排 1~3 处局部光源，不建议灯具数量过多，否则容易使人晕眩且费电。

使用主灯照明设计要点：结合面积搭配局部照明

● **整体照明的设计**

此种设计方式，依靠筒灯进行整体照明，按照客厅的面积设计筒灯数量和间隔距离即可。

● **局部照明的设计**

根据客厅面积和使用需求，在光源不充足的区域设计局部光源即可。

不使用主灯照明设计要点：安排好光源的距离

2 客厅照明的省钱设计

（1）嵌灯换成吸顶灯、吊灯

使用吸顶灯或吊灯，可以不用非要做吊顶，但是嵌灯是一定要做吊顶的。虽然吸顶灯或吊灯的光线会比较集中，但是胜在灯具造型多、装饰性强。

将嵌灯换成吊灯，就可以减少做吊顶的费用，造型突出的吊灯也能让客厅非常好看

（2）不要主灯，保留轮廓光和焦点光

不要环境灯意味着空间没有主灯，从而没有大面积均匀的光线，对于喜欢比较有氛围感的人来说是不错的选择。不用做吊顶，也不用买嵌灯或吸顶灯，相对可以减少预算。

整个客厅没有主灯，只用轨道灯和落地灯、台灯来完成客厅的照明

（3）不要灯带，只用环境光

灯带作为轮廓光是比较能够凸显氛围的，光线也比较柔和，但是单独使用还是比较暗的，也常需要与其他光搭配使用。如果客厅并没有视听需求，那么可以舍去灯带，仅用嵌灯保证基本光线，有阅读需要的可以加一盏立灯。

因为客厅没有准备放电视，只用作休闲、孩子玩乐的区域，所以仅用嵌灯照亮整个空间

（4）什么灯都不做

什么灯都不做可以说是最省预算的方法，只利用立灯或桌灯等活动式的灯具进行照明。但是这种方式并不适合所有人和所有空间，对于较小的居室，只用立灯也可以满足照明需求。

由于客厅并不大，并且采光较好，所以没有设置太多的照明，只用一盏落地灯提供照明，同时也提供了氛围照明

（二）餐厅

餐厅的活动主要是围绕餐桌进行的，所以照明的重点可以放在餐桌上。餐厅的环境光可以与客厅一样采用分散光源，焦点光设置在餐桌中间。可以选择造型比较独特的灯具，这样能让空间更好看，也能带来好食欲。如果餐桌周围有橱柜或隔板等，也可以加入轮廓光。

多数餐厅的照明配置标准

1 餐厅照明的设计要点

● **中面积餐厅**

可选择尺寸略大一些、头数较多且上下均可透光的吊灯，让灯光的覆盖面积广泛一些，使餐厅更明亮。

● **小面积餐厅**

根据餐桌的尺寸选择 2~ 3 头的小尺寸吊灯，灯光可全部从下方投射出来。

仅使用主灯照明设计要点：根据面积选择适合的款式

● **整体照明的设计**

可选择吊线或吊杆长一些的多头吊灯作为主灯。如果顶部较低，也可以选择吸顶灯作为主灯。

● **局部照明的设计**

可在背景墙、装饰画、装饰品、酒柜内部等需要补充光源的部位，用射灯、筒灯或壁灯作为辅助光源。

主灯与局部照明结合设计要点：控制好光源数量

2 餐厅照明的省钱设计

（1）不要嵌灯

餐桌区 9 成会设计吊灯，很多家庭客餐厅往往在一个空间，所以餐厅即使不做嵌灯也不担心环境太暗，只要保证坐在餐桌上吊灯能够照亮人脸即可。这样餐厅不做吊顶也可以。

开放式的餐厅可以不做嵌灯，而是用吊灯照亮餐桌面即可

（2）不要吊灯，仅用嵌灯

如果层高不够，可以不用吊灯。没有餐边柜或者隔板的话，轮廓灯也可以舍去，仅用嵌灯照明。这样也可以减少一部分的预算。

餐厅的层高较低，并且采光一般，所以为了让空间整体看起来更亮一点，就用嵌灯照亮整个房间

（三）卧室

卧室的主要功能是休息与收纳，私密性较高，但是对于照明的要求不是很高，重点是营造宁静、温馨的氛围。与客厅、餐厅不同，卧室的环境光亮度更低，主要利用灯具照亮床头和床尾的两面墙，在床的两侧可以设置吊灯、壁灯或桌灯。

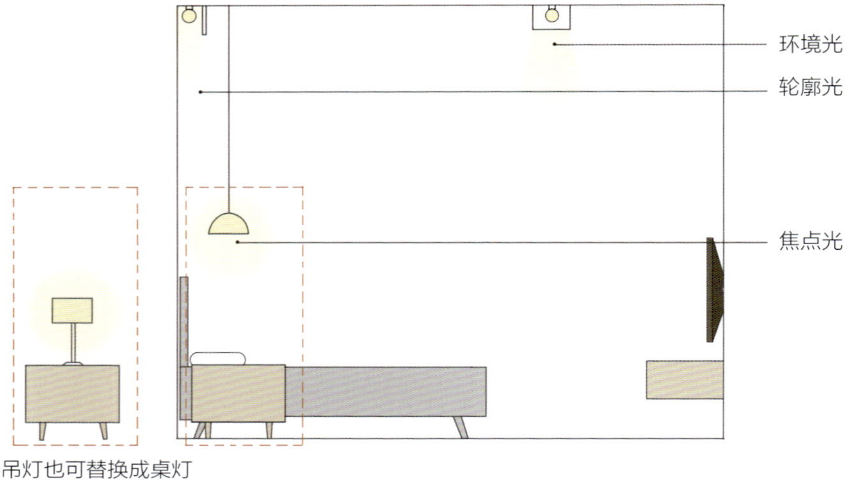

多数卧室的照明配置标准

1 卧室照明的设计要点

- **大、中面积卧室主灯的设计**

如果房间高度较高，可选择灯泡数量较多的吊灯作为主灯；如果房间高度较低矮，可选择吸顶灯作为主灯。

- **小面积卧室主灯的设计**

根据房间的高度来选择使用吊灯还是吸顶灯。吊灯建议选择灯泡数量较少的款式，吸顶灯尺寸也可小一些。

主灯的设计要点：根据房间高度及面积选择款式

- **大、中面积卧室局部光源的设计**

床头两侧摆放台灯或安装长吊线的单头吊灯；床头背景墙可安装几盏射灯或筒灯，顶面或床头背景墙可安装暗藏灯带，阅读区可摆放落地灯。

- **小面积卧室局部光源的设计**

床头两侧或单侧摆放台灯，或安装长吊线的单头吊灯；其余部分根据需要安排其他灯具。

局部光源的设计要点：根据具体需求选择灯具类型

2 卧室照明的省钱设计

（1）不做一圈灯带

卧室如果没有书房的功能，那么在照明上就不用特别苛求。对大多数人而言，卧室就是睡眠的地方，可能还有更衣、收纳的作用，因此做一圈的灯带并没有必要，一般只需要照亮两面墙就足够了。

在靠床头的一边墙做灯带，另一边不做，不仅可以节省不少的费用，而且也能让间接的光线充满床的周围

（2）不做嵌灯，仅用吊灯

由于卧室并不一定需要均匀的光线，所以可以省去环境光，不做嵌灯，仅用吊灯进行照明。这样可以节约做吊顶的费用。

不做嵌灯就可以省去做吊顶的费用。用吊灯不仅可以提供照明，而且还有装饰作用

（四）书房

书房的照明设计主要可分为两个部分，一是主照明及工作照明的设计，二是辅助性照明的设计。工作照明采用直接照明或半直接照明，光线最好从左肩上端照射。

- **主照明的设计**

其主要作用是整体性的照明，所以根据面积、房高选择适合的款式即可。如高房间选择长杆吊灯、低房间选择短杆吊灯或吸顶灯等。

- **工作照明的设计**

在书桌前方放置高度较高又不刺眼的台灯，宜用旋臂台灯或能调光的台灯。

主照明及工作照明设计要点：同时满足整体及工作照明

- **补光照明的设计**

如果书房的面积较大，一盏主灯不能够满足整体照明，即可使用一些灯具进行补光，如筒灯、灯带等。

- **装饰照明的设计**

主要起到装饰作用或突出装饰物的照明，可安装在书柜内部、装饰画上方、艺术品上方等，如筒灯、射灯。

辅助性照明设计要点：根据需要安排位置

（五）厨房

厨房是整个房子光线最亮的地方，需要设置较亮的环境光。由于人操作时低头背对光线，容易在案台上产生阴影，导致看不清手中的东西，所以需要在料理台和水槽的上方增加焦点光补充照明。在有些较深的层架上安装灯带，方便取放物件。还应注意的是，厨房应该采用白色灯光，过暖或过冷都会影响对食材的判断。

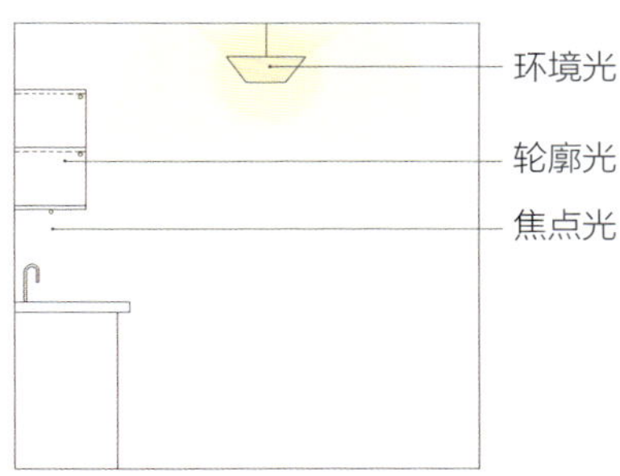

多数厨房的照明配置标准

1 厨房照明的设计要点

● **中、大面积厨房**

顶面采用局部吊顶或跌级式吊顶，顶棚正中间使用吊灯，四周环绕射灯或筒灯，吊柜下方安装灯管或筒灯照射台面。

● **小面积厨房**

顶面采用局部吊顶，安装嵌入式筒灯或射灯，数目 4~10 个不等。台面上方同样设计局部性光源照射台面，以便于操作。

开敞式厨房照明设计要点：避免使用吸顶灯，因为其不聚光，只有散光

● **整体照明的设计**

可选择吊线或吊杆长一些的多头吊灯主灯或者多盏筒灯 / 射灯作为主灯。如果顶部较低，也可以选择吸顶灯作为主灯。

● **局部照明的设计**

可在背景墙、装饰画、装饰品、酒柜内部等需要补充光源的部位，用射灯、筒灯或壁灯作为辅助光源。

封闭式厨房照明设计要点：根据面积选择灯具类型

2 厨房照明的省钱设计

减少顶面照明数量

厨房的主要照明可以不必太亮，但是在料理台、水槽与炒菜区上方要有重点的照明，这些地方的灯光才是厨房必要的，因为近距离的照射才有用。所以不必花太多钱做厨房顶面的照明，可以减少顶面灯具的预算。

厨房橱柜下的照明比较重要，所以顶面上的嵌灯不用放很多，能基本照亮空间就可以

（六）卫生间

卫生间的照明应该明亮柔和。在洗脸台和梳妆镜处，应该有足够的照度，要能看清人脸，避免阴影的产生。

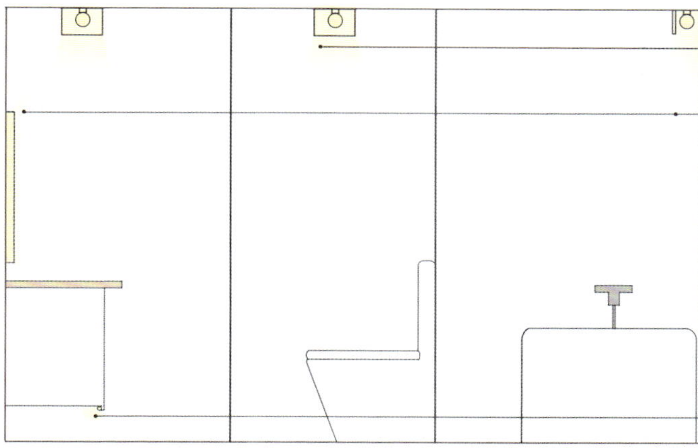

多数卫生间的照明配置标准

1 卫生间照明的设计要点

- **主光源选择**

采用集成式吊顶的卫生间顶部多带有顶灯，可起到整体性照明的作用；如果是防水石膏板吊顶，可使用吸顶灯、吊灯或多盏筒灯作为整体性照明。

- **局部照明选择**

面积略大一些的卫生间，可在墙面镜上方安装一盏镜灯，或者也可以在两侧安装壁灯；如果有需要，沐浴区上方还可安装筒灯或射灯。

- **装饰性照明选择**

面积大且豪华的卫生间，可在重点装饰区域安装几盏筒灯或射灯，照射背景墙等装饰性设计。

照明设计要点：应以具有可靠防水性与安全性的玻璃或塑料密封灯具为主；灯具和开关最好带有安全防护功能

2 卫生间照明的省钱设计

不做灯带，只做镜前灯。如果轮廓光只能选一个做，那么一定要选镜前灯。灯带不仅不好打理，光线柔和，亮度有限，而且容易有安全隐患。而镜前灯可以弥补环境光无法照射到人脸的问题，对脸补充光线，减少阴影，避免看不清。

镜前照明

在镜柜上下安装镜前灯，基本就能够把整个洗手台区域照亮，相比灯带的照明效果更好

（七）玄关

玄关是家居空间的入口。对于家人来说，进入玄关就回到了家，对于客人来说，进入玄关就可以通过其设计对这个家庭有一个初步的了解。所以，除非玄关面积特别小，否则应避免只依靠一个光源提供照明，要具有层次，以塑造温馨、舒适的氛围，同时更建议使用温暖的黄色光源。

- **主光源的选择**

大面积玄关可选择小型吊灯作为主灯；小面积玄关如不设吊顶，可使用小型吊灯，若有吊顶更建议用适量的筒灯作为主光源。

- **局部照明选择**

大面积的玄关，可在背景墙、装饰品、装饰画、衣柜等位置安装局部性照明，增添光线的层次感，突出重点装饰，同时也可以避免光照死角的产生。

玄关照明设计要点：用能够营造气氛的灯光来装点空间

五　户型改造和空间设计常见问题避坑

问题 29：小户型装修的误区有哪些？

1　不够周全的强弱电布置

小户型房间虽小，但“五脏俱全”，又因居住者以年轻人居多，对电脑、网络依赖度高，生活随意性强，所以小户型对电路布置要求很高。要充分考虑各种使用需求，在前期设计时做到宁多勿缺，避免后期家具和格局变动后造成接口不足的尴尬。

2　划分区域的地面装饰

小户型的空间狭小曲折，很多人为了追求装饰效果，突出区域感，会在不同的区域用不同的材质与高度来加以划分，吊顶也往往与之呼应，这就造成了更加曲折的空间结构并衍生出许多的“走廊”，造成视觉的阻碍与空间的浪费。

统一的地面材料会让视线延伸，让小户型变大

3 镜子的盲目运用

镜子因对参照物的反射作用而在狭小的空间中被广泛使用。但镜子的合理利用又是一个不小的难题。镜子过多会让人产生晕眩感，要选择合适的位置进行点缀运用。比如，在视觉的死角或光线暗角，以块状或条状布置为宜。忌相同面积的镜子两两相对，那样会使人产生不舒服的感觉。

4 过多占用空间的家具电器

小户型的家具电器可以选择造型低矮一点的，或者款式轻薄的，这样视觉上不会有厚重感，并且体积感也会减少，不会占用很多空间，视觉上也就能让空间更宽敞。

低矮的家具对于小户型而言，既不会占用空间又能满足日常生活需求

问题 30：户型小就不可以做吊顶吗？

面积有限的一居室大多较矮，所以顶面吊顶应点到为止。较薄的、造型较小的吊顶装饰应该成其首选，或者干脆不做吊顶，也可以考虑做异型吊顶或木质、铝制的格栅吊顶。当然，还可以在材料上做文章，选用新型材料或者一些打破常规的材料，既富有新意，又无局促感。

如果风格合适，小户型完全可以不做吊顶，将管线裸露着，也非常有美感

如果不喜欢裸露的感觉，局部吊顶既可以隐藏管线，又不会占用整体层高

问题 31：挑高过高的户型不可以动吗？

挑空过高，在装修设计时应该解决视觉的舒适度问题。具体做法是，采用体积大、样式隆重的灯具弥补高处空旷的感觉；在合适的位置圈出石膏线，或者用较长的窗帘拉伸空间，令空间敞阔豪华而不空旷。

问题 32：层高太低怎么办？

① 换低矮家具。家具稍微低矮一点，能拉开与天花板的距离，从而影响人对整个屋子高度的判断。

② 墙面留多空白。把装修的重点设计得低一点，让墙面和天花板空白显得多一点，这样视觉上会显高。

③ 选择细长款式的装饰。墙上如果挂装饰，尽量选择细长的款式，会有拉长的感觉。

低层高的处理

问题 33：不规则的户型就不好改吗？

Before

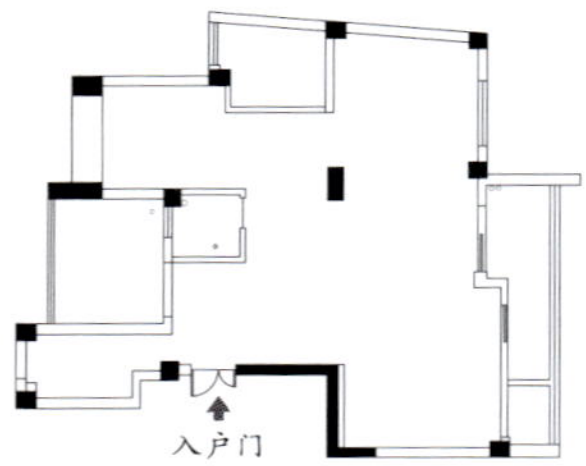

原户型中的一侧墙面为斜边，既给人不好的视觉体验，又不利于家具的摆放，怎么住心里都不畅快。

After

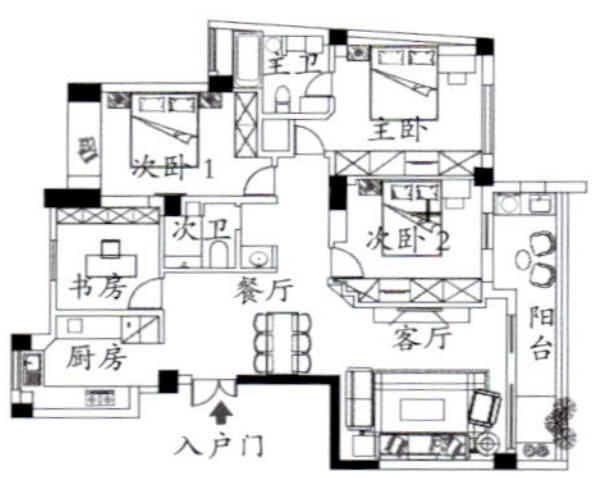

利用造型柜找平墙面，既形成了方正的空间，方便床和床边柜的摆放，又为主卧室增加了一定的储物功能。通过精心的设计弥补，糟糕的户型也能带来美好的生活体验。

类似空间的改造方法

① 巧建隔墙。依空间斜面建造可以拉正空间的墙面，形成规整格局（建议较大空间使用）。

② 隔墙拆除。可将无用的非承重隔墙拆除，营造开放式空间。

③ 改变门的开启位置。有的不规则空间是因为门的开启方向所导致，可通过改变居室门的位置使格局规整。

问题 34：户型中房间很小是不是就没办法了？

Before

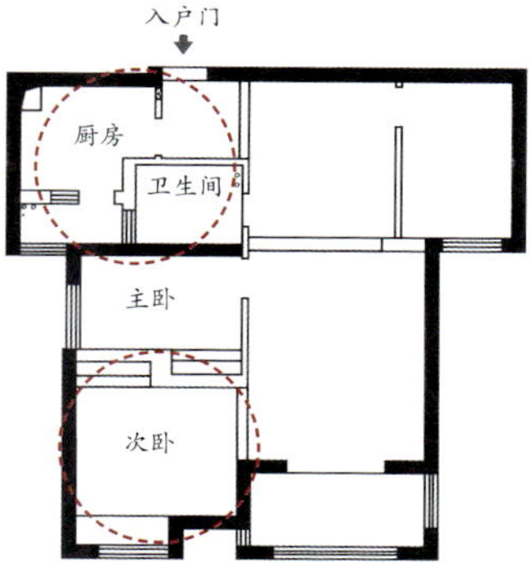

原户型中的卧室较多，但主卧隔壁的次卧面积较小，利用率很低。另外，厨房的面积也较小，还被分成了两部分，中间有一个门连窗，内侧非常窄小。

After

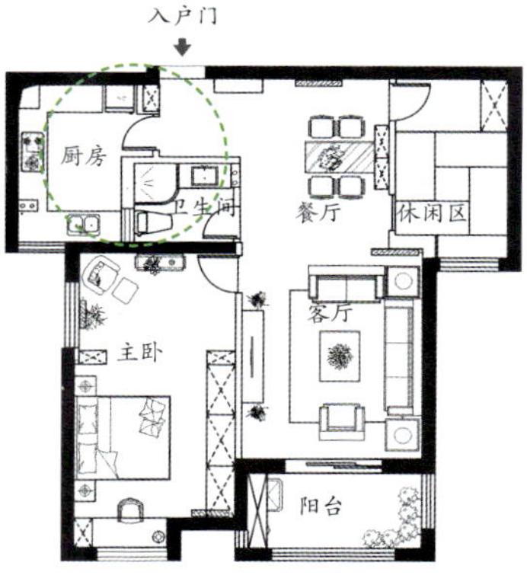

将主卧和次卧之间的隔墙砸掉，合并成一个空间。由于卧室与客厅的隔墙延长，使电视墙的比例更舒适。另外，为了扩大厨房面积，使橱柜更好摆放，砸掉了中间的门连窗，使厨房空间变成了一个整体。

类似空间的改造方法

① 隔墙改造。巧借临近空间的面积，使狭小空间变开阔。

② 色彩弥补。利用具有膨胀感的色彩涂饰墙面，在视觉上放大小空间。

问题 35：户型带着一个很长的走廊不能改吗？

Before

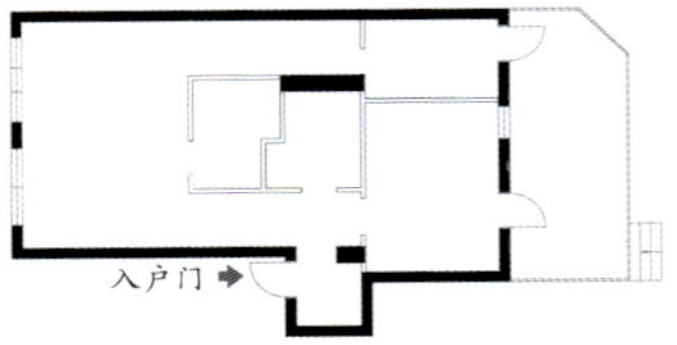

这是一个整体呈长条形的户型，由于厨房和卫浴的位置在中间，所以公共区两侧出现了两条非常狭长的过道区域，窄且长，破坏了整体比例，使人感觉非常不舒服。

After

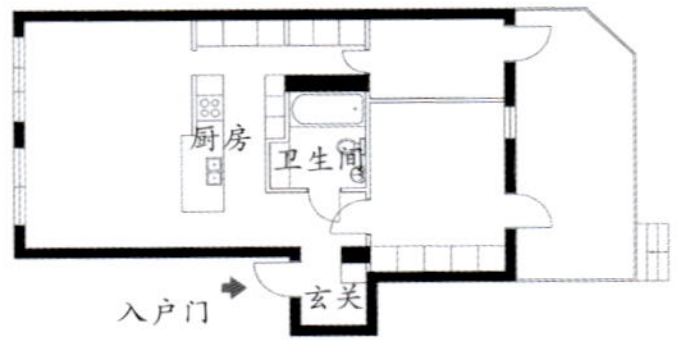

因厨房面积比较窄小，所以仅保留了一道墙壁。厨房其余部分的隔墙全部敲除后，狭长的区域就消失了。将原来通向次卧的过道利用起来，用短隔墙做几道间隔，将橱柜嵌入其中，增加了厨房利用面积。

类似空间的改造方法

① 巧设造型墙。将原有生硬的隔墙拆除，再设计一面造型墙，可避免狭长过道带来的压抑感，也能为空间带来美的视觉享受。

② 色彩弥补。不方便拆除的隔墙，可利用后退色（亦称“缩色”，指和其他颜色在同一平面上，但看起来离眼睛较远的颜色，如绿色、蓝色、紫色等）来营造视觉上的扩大感。

问题 36：不砌墙就不能分区吗？

当提到对空间进行分区时，很容易就会想到砌筑隔墙。隔墙虽然具有隔声效果好、能够分隔出比较完整的空间等优点，但同时存在工程量较大、施工过程较麻烦等弊端。因此，室内空间中对于隔声和隐私要求不高的区域，可以通过更简单、有效的方式进行分区改造。

1 不阻挡光线，又分隔空间，还能储物的隔断柜

隔断柜不仅具有分隔作用，还具备一定的储物和展示功能。若设计成半隔断柜的形式，还可以保证室内的采光和通透感，在视觉上不会显得拥挤，非常适合小空间。

隔断柜的设置相对简单，且使用功能比较丰富

2 小吧台让开放式空间更有融合感

吧台具有占地小、形态灵活等优势。在一些开放式的空间中，吧台还具备分隔空间的作用，既可以缓和视线焦点，又能促进空间的融合。

在客厅与玄关之间设置吧台，形成隔而不断的视觉效果，既增加功能性，也在一定程度上保护了客厅的隐私

3 具有分隔空间作用的多功能家具

既想拥有比较通透的空间环境，又想在一个空间中满足两种功能需求，可以巧用家具进行室内分区。

想在客厅划分出一个书房，可以用沙发作为两个空间的分区标志，沙发前面的空间是客厅，背后的空间就是书房

小矮柜作为沙发与餐桌之间的过渡，既能起到分隔空间的作用，又能充当边几收纳物品，一举两得

4 地毯区分出客厅和餐厅空间

在面积较大的居室中，运用地毯来划分出不同的功能区域，既合理地利用了空间，又为空间注入了更多的功能。

客厅和餐厅没有进行特别的分区，视觉上很容易产生融合。但若在客厅大面积铺设地毯，客厅区域一下子就与餐厅区域区分开来了，视觉上不会减小空间感，却增加了空间层次

问题 37：家里不做吊顶要注意哪些方面？

在进行装修时，对于要不要做吊顶，很多业主实际上并不会过多考虑，因为定式思维就是“吊顶一定要做”。但事实上，做不做吊顶不仅关系到装修资金的支出，也取决于空间的层高。

项目	做吊顶	不做吊顶
管线	可遮挡灯具电线、消防管线、冷气管线	会被看到
造型	可有圆形、弧形或任何创意造型的吊顶设计	除了裸露水泥层与不裸露的水泥层外，没有特别造型，但可以上色
灯嵌	可藏在吊顶内	整个灯具会外露
费用	费用较高	为简单的批土油漆费，可省下板材与工费
空间感	层高要降 10cm 以上，空间会变小	能维持原空间的空旷感

如果不想做吊顶，那么就会碰到管线如何处理的问题。管线处理不当不仅会影响美观，也会存在安全隐患。

1 走在水泥墙内

电线走在顶面水泥墙内，可以不用担心管线的排布如何才能美观。但如果遇到门框，要改走壁面或地面。

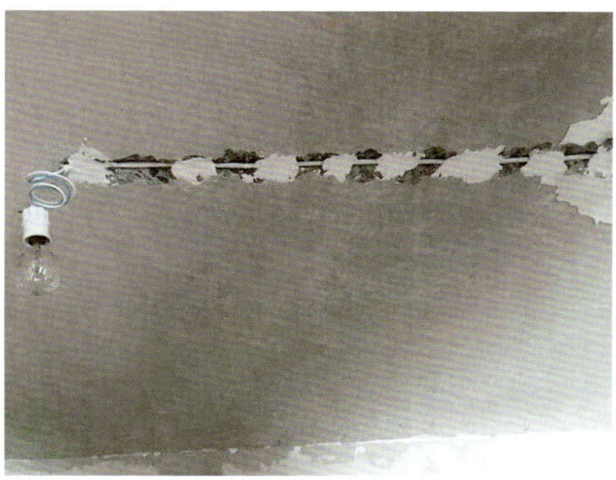

如果吊顶没有留管线槽沟，就要先开槽

2 走明线

走明线，顾名思义就是将管线全部暴露出来。走明线关键在于如何才能让管线走得好看，这需要把电线当作设计的一部分，使其融入整体装饰之中。如果想让线管成为家里的亮点，可以使用以下美化方法。

（1）镀锌管

表面有一层氧化锌的镀锌管，不仅可以防锈防腐蚀、保护线路，而且颇具干练个性的工业风美感。

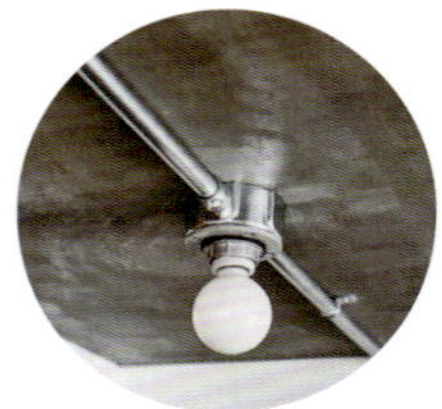

每根管线的排布注意线路的间隔，排列整齐，固定的间距要均匀

转折处保持 90°，伸展出的线条才能形成秩序的层次感

（2）铜管

利用铜管代替镀锌管，不但可以很好地隐藏电线，而且可以把灯管集成在管子里，还可以结合挂钩等配件，解决走线、照明、收纳、装饰等问题。

墙面走线利用铜管，原本挑高的楼梯空间墙面就不会显得留白过多。线管折转的造型，不至于死板、失去装饰性。同时搭配相同材质的灯具。材质之间的呼应，让空间整体性加强

空间的整体风格是比较科技化的风格，偏现代工业的感觉。为了配合整体色调统一，顶面的走线选择了铜管而不是镀锌管。整齐的排列方式，让顶面也充满了看点，搭配整个空间的工业感，非常和谐

（3）线卡 + 彩色护套线

直接利用电线绕梁而走，拼出各种造型。施工简单，但电线需要用彩色护套线。线的表层有两层绝缘体，最外层有尼龙套的安全性更高。

线卡可以拼出任意的造型，也能成为顶面的装饰亮点

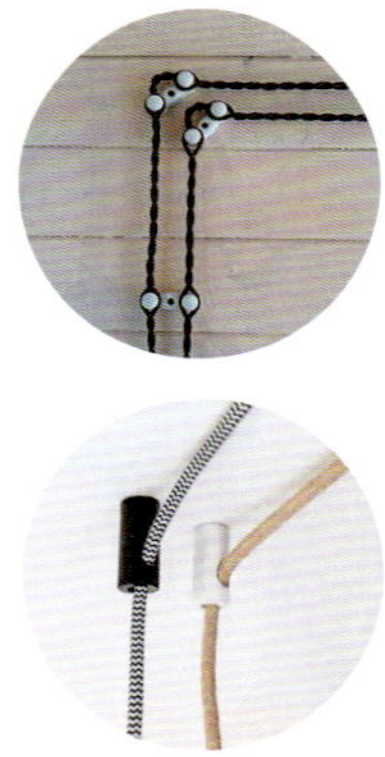

不同的线卡

（4）钉侧板

不同于灯线可以通过走明线的方式，空调等管线虽然也可以走明线，但是未必能让所有人接受。因此可以选择钉侧板的方式，也就是把管道包起来，但是不全包，只是从下面将管线与梁隐藏起来。

如果将整根梁包起来，可能会包得太大、太占空间。因此可以先将板料钉在梁上，冷气等管线就走在里面。只包一面的梁，其他三面都不用包，这样既可以节省木料费用，又能隐藏管线

问题 38：采光不好就只能忍着吗?

无论是屋内结构原因，还是其他设施造成的光线不足，都可以通过下面的这些方法尽量去改善。

1 浅色为主

浅色反射光线，深色吸收光线。家里多用浅色墙和家具，会显得更亮堂、更宽敞。

2 增加照明

最直接的增加家里光照度的方法，就是用人造光代替自然光来增加照明。

3 局部吊顶

层高低，自然而然从窗户进来的光线也就被压缩了。如果不是必须要遮挡横梁、安装新风、中央空调或者风管机，吊顶完全可以不用安装。如果吊顶非做不可，尽量只占贴墙的一部分空间，做局部吊顶。

仅靠一扇小窗户无法满足客厅的采光需求，所以为了让空间看起来更明亮，选择了白色系作为空间的主要色彩。明亮的筒灯和略带反光的柜体材质，也为空间补充了光线

问题 39：一体式空间就无法设计了吗？

1 餐厅、客厅一体式

可以把餐厅安排在客厅与厨房之间。这样设计可以缩短膳食供应和就座进餐的交通流线。餐厅和客厅之间的分隔可采用灵活的处理方式，可用家具、屏风、植物等作为隔断，或只做一些材质和颜色上的处理，总体要注意餐厅与客厅的协调统一。

餐厅与客厅在一个空间中，仅用矮凳、装饰镜作为过渡。两个功能区的整体色彩、装饰风格都保持统一，看上去不会很乱

2 餐厅、厨房一体式

这种布局能让上菜快捷方便，充分利用了空间。值得注意的是，烹调不能破坏进餐的气氛，就餐也不能使烹调变得不方便。因此，两者之间需要有合适的隔断，或控制好两者的空间距离。另外，餐厅应设有集中照明灯具。

厨房和餐桌之间用岛台作为隔断，既能起到分隔作用，又能在烹饪的同时与家人沟通

问题 40：小卧室就无法装饰设计了吗？

1 打通阻隔，做个“开放式”的卧室

如果条件允许的话（不影响承重墙），可以把客厅和卧室打通，不但减除了卧室的狭隘感，也让客厅从视觉上即刻大了一倍。

卧室和客厅之间用玻璃隔断隔开，进卧室时可以拉上布帘，保证私密感；不用卧室时拉开布帘，让空间看起来更大一些

2 摆对位置，床或靠窗或靠墙

向外摆设床，靠紧窗户和一面墙壁，注意要准备一幅遮光性能比较好的窗帘；向内摆设床，靠紧两面墙壁，墙面上可以增加小型的储物架或者搁板。

卧室比较小的话，不建议居中摆放床，这样两边的走道会很窄。尽量靠墙或靠窗摆放比较节省空间

3 选对款型和色彩，扩张卧室空间感

想让空间感更强，床上用品与墙面、地板的色调就应当相互呼应。相对来说，冷色调比暖色调更容易有视觉延展性。

因为冷色有收缩的感觉，所以用类似蓝色、紫色等颜色的床品、窗帘可以让小卧室看上去宽敞一点

4 特色家具，适当使用事半功倍

现在市面上推出了不少专门针对小户型的家具，可以适当选用。比如白天可以收到柜子中的睡床，或者在床尾架设小桌子的睡床，都是不错的选择。

定制床头柜可以完全将空间利用起来，同时也能增加收纳空间

问题 41：小户型是不是不能有衣帽间？

扫 / 码 / 观 / 看
如何实现衣帽间自由

房子面积较小的家庭，如果能够找出一块面积在 4 m^2 以上的空间，就可以考虑请专业家具厂依据这个空间形状，制作几组衣柜门和内部间隔，做成嵌入式衣帽间，成为收纳衣物的空间。这样做可以节约面积，提高空间利用率，也容易保持清洁。

问题 42：是不是不改开窗位置就不能增强光线？

不是。如果开窗位置很难改变，不妨考虑增强室内光线。例如，利用磨砂玻璃、烤漆玻璃、单面玻璃等材质制作空间与空间之间的隔断和推拉门。这样既可以节省空间，又增强了采光，一举两得。

一面墙用镜面装饰，增补光线的同时，也能扩大空间

玻璃推拉门作为厨房和餐厅的过渡，可以将厨房的光线引入餐厅

问题 43：想让空间变大就只能砸墙吗？

不是。除了砸墙之外，还有很多可以让空间变大的方法。

1 不做吊顶，视觉上拔高层高

小户型大多层高比较矮，除非是 Loft 的跃层。如果要做吊顶的话，天花板的存在感就会特别强烈，让整个房间显得更小更矮。所以对小户型来说最好是干脆不做吊顶，或直接用石膏线装饰。

2 内嵌设计

内嵌式设计能充分利用墙体空间的面积，比如将柜子、冰箱等嵌入墙体。嵌入式的设计让原本两三件家具功能合并，不仅节省了空间，而且可以让杂乱的场景轻松隐身。

嵌入式书柜可以减少对空间的占用，看上去也不会破坏整体感

在餐桌旁的墙内嵌入一个餐边柜，既不会占用餐厅的空间，又能增加储物空间

3 巧用转角空间

转角空间可以利用搁板打造小型收纳展示区域，也可以放上书桌给家里增加一个小型书房，或者搭上一个小帐篷，给孩子打造一个休闲娱乐区。总之，这个空间不要浪费。

问题 44：吊顶的样子是不是只能是一样的？

吊顶装修不仅要美观大方，保持和整个居室的风格一致，还要使客厅保持宽敞明亮，避免产生压抑昏暗的效果。一般应采取轻浅、柔和的色彩，给人以洁净大方之感。但从整个房间装饰效果来看，如果顶面全是白色，则过于单调。因此，顶面色彩可稍做变化。

全白色的顶面看上去比较干净大方

在顶面局部用木梁修饰可以让白色顶面不显得太单调

问题 45：家里装修选择的色彩越多越好吗？

家居配色应避免混乱。多种色彩的搭配能够使空间看起来活泼并具有节日氛围，但若搭配不恰当，活力过强，反而会破坏整体配色效果，造成混乱感。除了控制色彩的三种属性外，还可以控制色彩的主次位置来避免混乱。要注意控制配色的比例，以强化主角色，主题就会显得更加突出，而不至于主次不清，显得混乱。

鲜艳的色彩尽量少用，可以局部点缀在小的地方，这样不会有混乱的感觉

问题 46：房顶太高或太低，是不是色彩选择都一样？

不是的。如果顶面太高，要降低顶面的视觉高度，可用比墙面温暖、深浓的色彩来装饰顶面。但必须注意色彩不要太暗，以免使顶面与墙面形成太强烈的对比，使人有塌顶的错觉；如果顶面太低，顶面的颜色最好用白色，或比墙面淡的色彩，以“提升”墙顶。用条木装饰墙顶也行，重复的一根根条木能给墙顶带来一种动感。

问题 47：户型大小会不会影响风格选择？

不会。有些装修风格的确对户型有一定的要求。比如传统欧式风格更适合大户型，因为其细节烦琐，层次多会让小户型更显窄小；另外，传统的美式风格因为家具都是尺寸偏大的，所以需要更大的户型。还有中式古典风格或传统法式风格，都需要比较大的户型才能展现其特点。

美式风格追求粗犷的感觉，所以体现在装饰中就是爱用宽大造型的家具，这对于小户型而言是非常不合适的

传统中式风格需要更多的硬装来表现，所以对户型的大小要求较多

问题 48：背景墙是不是都要着重设计？

不是所有的背景墙都要重点装修的。比如客厅的沙发背景墙和电视背景墙中，可以着重设计沙发背景墙，以弥补家居空间沙发区的空旷，同时起到装饰的作用。如果一个空间中背景墙的设计没有主次之分，那么整个空间会给人混乱的感觉。

沙发背景墙用蓝色的乳胶漆、石膏线和画装饰，可给人留下较深的印象。而相比沙发背景墙，电视背景墙则没做任何装饰。这样整个空间才不会显得凌乱、没有主次

在卧室中，床头背景墙一般会是装饰的重点，可以使用一点不同的材料和摆件，让空间变得精致起来

问题 49：户型小没有玄关怎么改？

① 如果入户是长走廊，可拆墙，用柜体代替墙面。最直接的解决办法就是打掉其中一面非承重墙体，替换成鞋柜。这样既有玄关作用，又有收纳作用。

② 如果开门就是客厅或者餐厅，可以在门与客厅、餐厅之间打隔断。隔断可以是镂空隔断，保证通透性和采光；也可以是柜体隔断，满足收纳需求。也可以在与门平行的墙面做玄关柜。

如果没有单独的玄关做玄关柜，也可以在与门平行的墙面做玄关柜

镂空的隔断可以区分出玄关区域，也能保证客厅的光线到达玄关

问题 50：客厅阳台可以改造成卧室吗？

客厅阳台改卧室必须在实用的基础上考虑美观性，否则家居整体效果会大打折扣。因为阳台三面采光，如果长期作为卧室，从舒适性上讲，确实有些不太合适。如果迫不得已需要在客厅增加一处休息场所的话，可以将阳台装修成地台、榻榻米的形式。如此一来，晚上可以用作休息，白天收起铺盖，就可以作为待客的地方，美观又大方。

第三章

装修施工方的选择与沟通

施工方对于家居装修来说是至关重要的。不同的施工方具有不同的特点，需要注意的事项也不同。与施工方的沟通是否顺畅，直接关系到业主的装修过程是否愉快、能否以最高性价比获得预期的装修效果，以及能否保证装修质量等。因此，了解与施工方有关的相关信息是必要的。这些信息包括了不同施工方的特点、不同承包方式的优劣、预算分配和预算造价应包含的内容，以及签订装修合同的注意事项等。

扫 / 码 / 观 / 看

装修公司、设计师和施工队，怎么选？

一 不同装修施工方的特点

（一）装修施工方的种类

家庭装修的施工方，通常有以下两种类型。

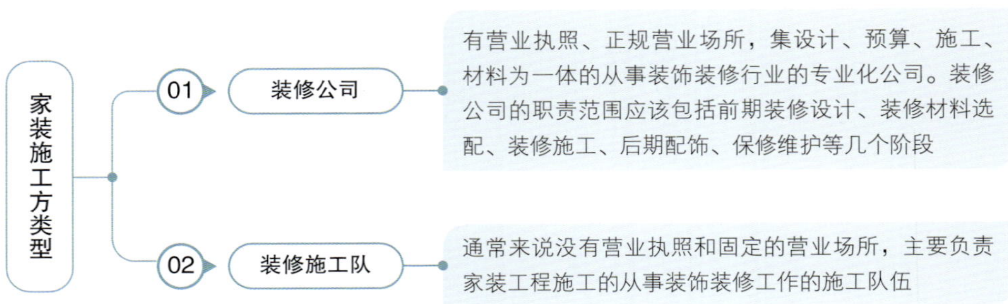

家装施工方主要类型

（二）不同施工方的特点

1 人员配备

（1）装修公司

① 设计师。设计师对房屋进行现场测量、设计，进行合理布局，达到客户的认可。通常包括不同级别，如设计总监、首席设计师、主任设计师、副主任设计师、设计师及设计师助理等。不同等级的设计师，级别越高设计水平通常也越高，所以收取的设计费也不同。

② 材料采购。可由公司负责人负责采购。

③ 施工队伍。通常包括工长、木工、水电工、砖工、油漆工等人员，主要负责设计方案的施工（施工队伍不一定为公司固定员工，前提是必须保证工程质量）。

④ 业务员。包括业务员、电话营销等，主要负责招揽客户。

（2）装修施工队

装修施工队的主要人员配备为施工队伍。不同工种有可能不固定隶属于同一个施工队，而是由临时拼凑的或经常搭档的不同工种队伍组成的。

2 主要区别

① 装修公司会在装修前给出装修报价单，施工队通常没有正规的装修报价单。

② 装修公司施工前会由设计师出具详细的设计图纸，而施工队通常没有专业设计人员。

③ 装修公司有专门的监理人员，负责监理不同施工队的施工质量，并能够统筹预算造价；施工队的很多工序之间往往是分开的，没有一个总体的控制方式，不便于装修预算的控制。

④ 装修公司会有尾款扣押的规则，有利于业主维护自身利益；而施工队则没有这个规定。

家装知识扩展

适合选择装修公司的人群

- 工作繁忙，没有足够的时间采购材料或者进行工地施工监理的业主。
- 完全没有任何装修经验的新手，不懂任何材料知识及施工工法，往往被糊弄也觉察不到。
- 性格不够果断，买衣服会因为选哪个颜色或款式而思考很久，买回家还会后悔。

适合选择装修施工队的人群

由于施工队没有广告费、管理费等附加费用，所以整体来说工费部分的费用比装饰公司花费少。但找施工队不能因为想省钱才找，它更适合满足以下四个条件的人群。

- 有足够充足的时间，能够有足够的精力来购买材料并操控整体的装饰效果。
- 有监理经验或者对工法足够了解，并且性格够果断，不会朝令夕改。
- 有一定的审美水平，对设计方案心中有数，且能够把控设计方案。
- 认识或熟悉水平很高的设计师，可以帮忙设计并进行监工指导。

二 装修公司的选择与确定

（一）寻找装修公司的主要渠道

寻找装修公司的渠道，主要有以下四种。

寻找装修公司主要渠道

（二）装修公司的主要经营模式

装修公司的主要经营模式如下表所示。

经营模式	概述	优点	缺点
高端设计室、品牌高端设计分部等	◎规模比较小，员工人数通常为 8~15 人 ◎设计师分等级，按装修预算不同有不同等级的设计师对应服务	◎设计综合素质强，通常还配有装软设计师进行软装方案的策划和装饰的指导 ◎设计费明码标价，更容易得到满意的设计方案 ◎通常有固定合作的施工队	◎通常收费会比较高，设计费和施工费分开计算

续表

经营模式	概述	优点	缺点
中小型装修公司	◎公司规模中等，员工人数通常为 6~20 人 ◎不止一位设计师	◎编制完整，人力较为充足 ◎部分公司有客服部，处理售后服务相关事宜	◎通常没有属于自己的施工队，施工质量容易参差不齐
连锁型装修公司	◎总部的规模通常比较大，员工人数较多，而分公司则根据地域的不同而有所区别 ◎设计师分等级，按装修预算不同有不同等级的设计师对应服务	◎管理通常都有固定的流程，主材有自己的联盟品牌 ◎部门划分较细致，功能齐全，售后服务也能够保证	◎通常有加盟费用或品牌附加费用，所以收费会高一些 ◎不同地区人员素质不同，除非总部或高端设计部，否则品牌并不一定代表着装修品质高
大型装修公司	◎公司规模较大，员工人数通常大于 20 人 ◎设计师分等级，按装修预算不同有不同等级的设计师对应服务	◎资源多，人力充足 ◎设计风格多元化 ◎发生问题有专属部门解决 ◎可能有专属的施工队	◎管理成本相对较高，所以收费也就相对高一些 ◎如果遇到经验少的设计师，施工过程中可能会出现各种问题

（三）考察装修公司的方法

考察装修公司，主要可分为以下几个步骤和方法。

01 **看营业执照**

目的是考察其是否有设计和施工的能力

02 **看诚意**

考察设计师和工长是否踏实肯干，是否真心实意为业主服务

03 **看样板房**

主要看最不起眼的位置，快速了解公司的负责程度

04 **看施工工地**

施工现场的一些细节能够反映一个公司的管理水平

05 **看预算**

看该公司的预算透明程度，了解其价格是否合理

06 **看售后**

考察售后服务是否方便快捷，一次到位

考察装修公司的步骤

三 装修设计师的辨别与挑选

（一）设计师的工作流程及内容

设计师的工作流程及内容如下所示。

01 现场勘查及丈量空间尺寸

02 平面规划及预算评估

03 签订设计合同

04 进行施工图设计，并确认工程内容及细节

05 确认工程估价，包含数量、材料、施工方法

06 签订工程合同

07 确定施工日期及各项工程的工期

08 工程施工及监工，每项工程结束后验收，完工后总验收

09 维修及保修

设计师的工作流程

（二）设计师的挑选方法

对于家居装修来说，设计师对于装修的质量和最后效果是否能够符合预期都是至关重要的。挑选设计师有两种情况：一是确定了装修公司，在其内部挑选设计师；二是决定找装修施工队施工，但自己没有把握，请设计师设计或设计并监理。无论哪一种情况，找到适合自己的设计师才最关键。可从以下三个方面入手。

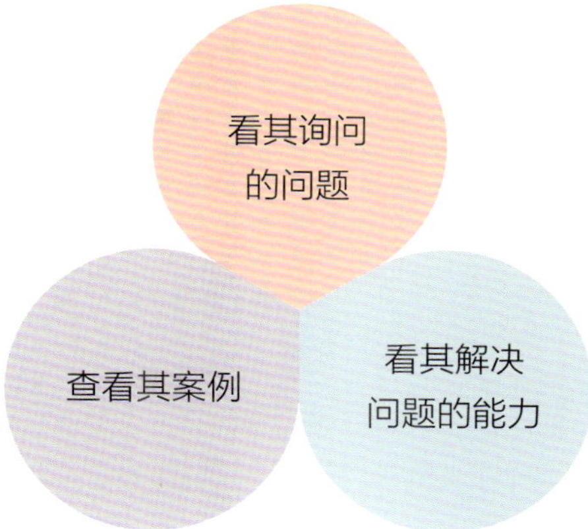

设计师的挑选方法

看其询问的问题

看设计师是否会询问生活需求、习惯、爱好等问题，而不是只是简单了解喜好的风格或有无参考图片等问题，且阐述设计方案时是否更多注重装饰性而忽略了功能性

看其解决问题的能力

提出自身对于房屋本身的一些困扰，看设计师是否能够给出让自己满意的解决方案；可以大致透露自己的预算范围，看其能否合理分配或提出中肯的建议，并在此范围内提出适合的设计方案

查看其案例

查看一名设计师以往的案例是迅速了解他的一种方式。在查看过程中，可以看其设计是否仅注重美观而忽略了使用需求，与家居生活有关的动线设计、收纳设计等是否合理

（三）与设计师沟通的技巧

与设计师的沟通方式与技巧，如下所示。

步骤序号	沟通方式与技巧
1	选出家庭代表和设计师进行沟通，以保证沟通有效，同时也可以避免重复沟通、浪费时间
2	对设计师交代一些基本情况，如家庭成员、生活习惯、具体需求等，必须要详尽、清楚；同时将整体风格倾向、每个成员的个性需求等也一并交代清楚
3	将初步的装修预算告知对方，以免在初期预算就出现超标问题
4	探讨房间的功能分配，避免空间功能本末倒置
5	探讨房屋的结构问题，确定哪些可以拆除、哪些不能拆除
6	探讨装修细节问题，避免最终设计达不到预期
7	仔细审看设计图纸，尤其应注意尺寸部分的问题，避免方案与理想不符
8	探讨设计改动方案，避免由于考虑失策造成损失
9	定期做现场施工沟通，避免日后因施工质量与设计师发生矛盾
10	和质检员一起进行完工验收，避免因工程瑕疵造成工期延迟的损失
11	征求设计师软装建议，避免与装修风格不相符

四 装修施工队伍的选择

（一）施工队包含的工种及负责项目

施工队包含的工种及负责项目，如下所示。

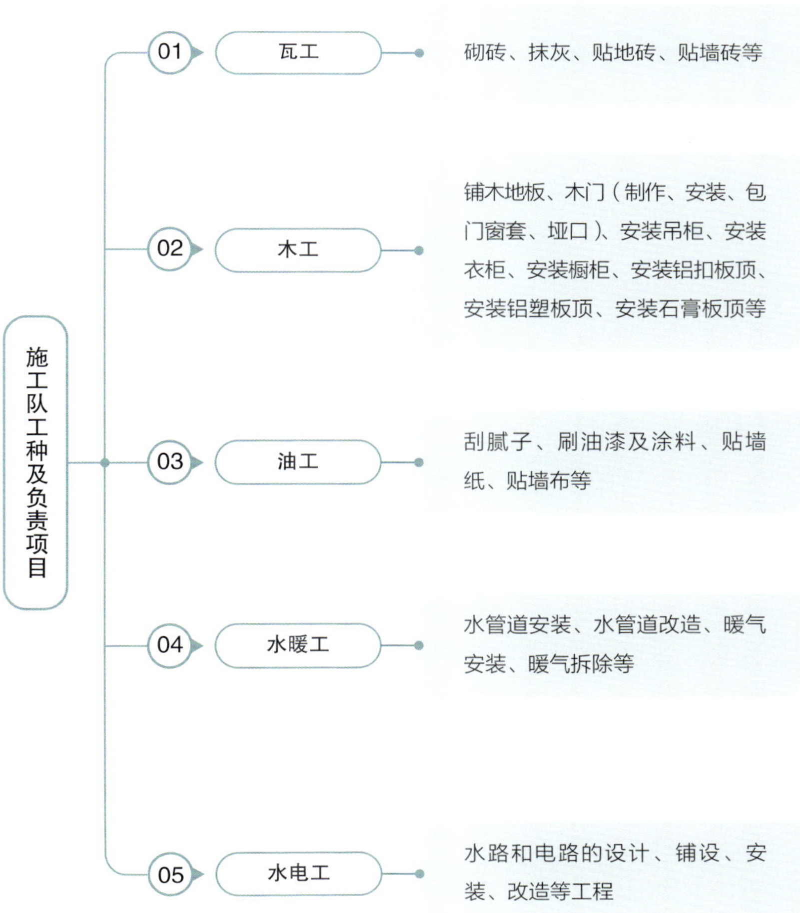

施工队工种及负责项目

（二）考察施工队的要点

1 报价要合理

报价来源于装饰工程所用的工费、材料、工艺。可自行多做一些市场行情的调查，而后对不同施工队的报价进行横向对比，选择报价合理的，但不建议选择低于平均标准的。

市场上装修队的报价大体上可分为四种：游击施工队，其报价最低；挂靠公司的施工队，报价稍高；中档次装修公司的施工队，报价比前者高；大牌装饰公司的施工队报价最高。

2 施工队的现场应整齐规范

考察其施工现场，主要包括以下几个方面。

在施工现场应考察的方面

① 现场卫生。应该干净、卫生，没有烟头、垃圾的现象。

② 材料码放。所有装饰材料要分类码放整齐。

③ 安全措施。施工现场最少要放两个灭火器，作为防火安全的措施。

④ 工人食宿。不许现场食宿，由于赶进度业主特许的，不能明火做饭。要自带坐便器。

⑤ 工人素质。对去现场看施工的业主，施工人员能主动地打招呼。

五　装修成员选择常见问题避坑

问题 51：装修找熟人更保险吗？

许多业主本着对熟人的信任而选择其为自己装修，但最后却遇到装修材料以次充好、工程质量不过关等问题。此时，业主即使想解决问题，也往往因为是朋友关系而难以开口。更有甚者，对方还认为自己是帮朋友忙而收益受损。此时，业主通常只能吃哑巴亏。

家装行业一直有“装修不能找熟人”的说法，就是因为类似“宰熟”现象屡见不鲜。因此，业主在选择装修队伍时应谨慎。工人素质及施工效率在很大程度上影响着工程的装修质量和能否按时完工。此外，不论选择什么样的装修公司，都是一种市场经济行为，应签订施工协议和其他相关合约，并严格按合同执行，以便把可能出现的损失降到最低。

问题 52：装修公司资质不查也没事吗？

业主应要求装修公司提供工商营业执照、资质证明等相关文件，查验相关人员资质，以防上当受骗。

一些装修公司并不具备相应资质，而是挂靠在有资质的公司下，也就是说公司并不对施工质量和服务负责。而在合同中的“发包方和承包方”一项中，有“委托代理人”一栏。这些装修公司属于挂靠、承包企业，却有意无意漏填“委托代理人”一栏，也不填写法人委托代理人姓名及联系方式，一旦出现问题便推卸责任，业主的利益往往得不到任何保障。

因此，业主在选择装修公司时应仔细核对其装修资质和营业执照，并应让其出示原件，查验装修公司营业执照“经营项目”中是否有“承揽室内装饰装修工程”这一项。业主还需留意公司有无正规的办公地点，能否出具合格票据等。对装修公司工作人员应让其出示相关证件，如电工证、施工管理人员资格证等，并核对公司营业场所地址、电话是否真实有效。

问题 53：设计费是不是可以不用付？

作为一种促销手段，许多装修公司为客户提供免费设计，这逐渐成为一种行业惯例，因此在大部分消费者头脑中也形成了家装设计不收费的观念。

家装业内人士认为，目前大多数家装设计师只能说是会画图的业务员。据了解，目前大多数设计师的收入是按一个家装工程产值的 2 %~ 3 % 收取提成，设计的工程越多，提成也就越多，设计师的收入也会随之增加。在这种情况下，为了增加收入，一个设计师通常在一个月内完成 6~8 个家装设计方案，甚至更多。由于设计师的精力是有限的，每一个设计方案都会被压缩在最短的时间内完成，因此粗制滥造是不可避免的。

由于设计师收入是按家装工程产值提成，产值越高，收入也就越多，因此在做设计方案时往往并不是根据客户的实际需求，而是可做可不做的项目也要求客户做，比如石膏线、吊顶、各种造型等，从而增加材料和人工费，如此“免”掉的设计费就从这里找回来了。

对业主而言，一个好的设计方案由于有一个整体规划，反而可以节省装修总造价，因此在设计上多投入对业主是有利的。

问题 54：与装修公司打交道怎么才能变得简单？

1 与装修公司的接洽

业主与装修公司开始接触时，把一些必要的相关信息交代给装修公司，看他们是否接受。如果装修公司同意承接家庭装修工程，才能进入具体的设计、报价和协商阶段。

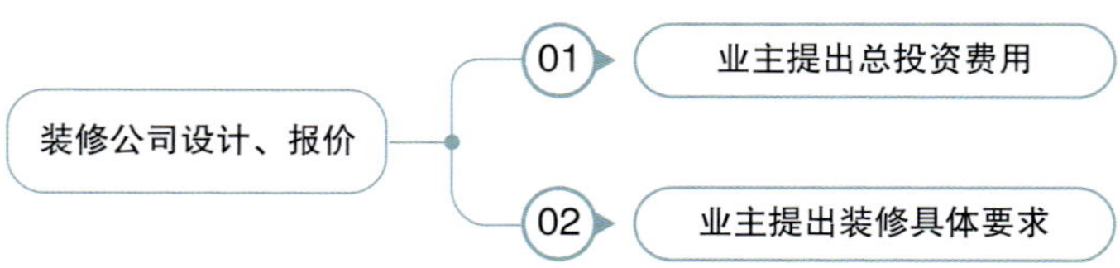

装修公司报价方式

2 与装修公司的谈判技巧

① 沟通初始就应向设计师表明自己的投资预算、爱好、职业、装饰材料的选择、

物品的取舍等情况，以便设计师根据业主所提出的要求，完成令其满意的设计方案。

② 尽量要让设计师把选用的装修材料的产地、品牌、品质、颜色、规格、价格明白无误地告知自己，并应该尽可能地见到实物，以便亲自选择。选择的办法最好是多逛装修超市。

③ 装修报价最好有每项工程单价的材料和工艺说明，因为价格的高低来自材料的品牌和档次及不同的施工工艺。作为业主如果有不懂的地方，就应及时问，特别是对电气、防水这些工程项目的施工工艺要多加细心询问，直到清楚为止。另外，还要明确每项单价的计量方法。

问题 55：装修公司都很靠谱吗?

不是的。看一个装修公司靠不靠谱主要看以下几点。

01

看公司是否公开张挂有效证件。如，营业执照、税务登记证、设计资质等级证书、施工资质等级证书等

02

注意员工素质。正规公司的接待人员大都有着丰富的专业知识，对于一般的问题都能够给予准确的答复，可通过咨询问题来了解员工素质

03

询问材料预算。可以询问某材料价格，与自己了解到的价格做比较，看看这家公司在材料报价方面是否真实可信。有些公司会有惯用的材料，也可以和材料市场得来的资料相对照，看是否属于合格的质量上乘的材料

04

询问是否具有各种标准合同文本和正规发票。正规的装修公司应该具有各种标准的合同文本以备投标时使用

问题 56：网上找装修公司一定便宜安全吗?

不一定，网上的装修公司良莠不齐，一定要关注以下几点：

① 看装修公司成立年限，时间太短的就别去了，特别是互联网装修，今天开得好好的明天就可能倒闭了；

② 不要以任何方式透漏自己的电话号码，除非你已经决定去这家公司现场了解；

③ 很多装修平台不是搞装修的，只是把你转给装修公司；

④ 搜索平台上“装修”“互联网装修”这类大词下面前 1 页几乎都是广告；

⑤ 某些全国连锁的装修公司，在有的城市只是加盟，每个城市店面的业务水平不同。

问题 57：与装修公司沟通是不是什么都不需要准备？

不是。在与装修公司沟通之前，一定要提供以下这些信息，这样装修公司才能更好地了解我们的装修要求。

居住要求

房子准备住多少人，是否有老人和小孩，家庭中人员构成及各成员希望居住于哪个空间里

功能要求

是否需要书房、酒吧台、更衣室、保姆房等，冰箱、洗衣机、电脑摆放的位置；现有或准备添置设备的规格、型号和颜色；准备选购的家具及原有家具的款式、材料、颜色；不喜欢的材料、颜色、造型与布局等

兴趣爱好

男女主人的爱好。有老人的话，还要注意老人的爱好、兴趣等

预算范围

大概造价需控制在多少，这会涉及装修时候用到的材料、工艺等

装饰风格

喜欢的是偏现代的风格，还是传统的风格，或是更喜欢民族特色较明显的风格

问题 58：选择设计师有哪些诀窍？

选择设计师的时候最好看一下设计师以前的个案和设计作品。观察他在不同个案中采用的手法及对每套设计方案的理解程度，以此了解这个设计师的专业技能水平。也可以看看设计师在与业主交谈时是否具备一定的礼仪，答应要做到的事情能否按时完成，以此来了解这个设计师是否具有一定的职业素养。

最重要的是听他对自家房屋空间使用及功能布置的想法，听他准备采用何种装修手法处理房子。要注意听设计师的分析是一时兴起还是有理有据。同时还要听设计师在进行思路阐述时能否将业主的功能性要求包含进去。如果设计师一味地阐述其自己的所谓设计风格、设计手法，而不能说出设计的道理，那么选择这样的设计师就要慎重。

问题 59：设计师收费是不是都一样？

1 仅做空间设计的设计师工作内容及收费方式

① 设计师要给业主所有的图纸，包含平面图、立面图及各项工程的施工图。

② 设计师有义务帮业主向工程公司或施工队解释图纸。

③ 通常只收设计费，在确定平面图后，开始签约付费，一般分 2 次付清。

2 设计连同监工的设计师工作内容及收费方式

① 设计师不光负责空间设计，还可以帮业主监工，解决施工过程中所遇到的问题。

② 付费方式多为 2~3 次付清。

3 从设计、监工到验收的设计师工作内容及收费方式

① 设计师负责所有设计图，帮业主监工，并安排工程、确定工种及工时。

② 协助材质挑选、解决工程中的问题，完工后负责验收及日后保修（保修期通常为 1 年）。

③ 签约付第一次费用，施工后按工程进度收款，会有 10%~15% 的尾款至验收完成时付清。

问题 60：装修公司的监理和外面的监理一样吗？

不一样。有些装饰装修公司在向业主宣传时，往往介绍说自己公司内就有一支装饰装修监理公司。这其实是一种误导。装饰装修监理机构只有作为第三方，才能公正、独立、科学地行使装饰装修监理职能。如果隶属于装饰装修工程公司，则它维护的往往只是装饰装修公司单方面的利益，而很难再周到地考虑到业主的利益。

1 资质不同

装修公司的内部监理或某些市场的工程监理没有市建委颁发的监理资质，无资格担当正规监理；而站在第三方立场进行公正监理的家装监理公司具有市建委颁发的监理资质。

2 工作范畴不同

内部工程监理不用审核装修公司的资质和人员资质，本身就归装修公司管；而正规监理公司要审核装修公司的营业执照、装修资质和施工人员的资格，审核设计方案、工程报价、施工工艺，检验材料，分期验收，竣工验收和保修监督等。

装修公司监理不等于装修工程监理

问题 61：是不是请监理之后就可以完全不用管了？

并不是请了监理以后，就可以不管不问。一方面要经常与监理员保持联系，另一方面在闲暇时到工地查看，发现有疑问的地方及时与监理员沟通。有严重问题时要及时碰头，召集装修公司、监理公司的负责人协商，并及时整改。在隐蔽工程、分部分项工程完工时，应到现场共同验收，方可继续施工（特殊情况除外）。另外，自供材料应及时采购并供应到工地，否则会影响工程进度。

问题 62：是不是请装修监理就是多花钱？

一般人认为已花几万元、几十万元装修房子，还要再付一笔监理费，似乎是额外支出。其实，如果换一个角度来看待的话，监理公司在审核装修公司的设计、预算时可挤掉一些水分，这些费用一般都要多于监理费。而且，每天有监理人员在工程材料质量、施工质量等方面把关，可以节约业主大量的时间和精力。由此看来，请家装监理并没有增加支出。

监理费用参考

工程预算总价	全程监理费用标准（参考）
3 万 ~4 万元	2000 元
4 万 ~5 万元	2250 元
5 万 ~6 万元	2400 元
6 万 ~7 万元	2450 元
7 万 ~8 万元	2500 元
8 万 ~9 万元	2700 元
9 万 ~10 万元	2850 元
10 万元以上	3000 元起

问题 63：是不是不能和装修公司砍价?

可以砍价，但是不要砍太多。一般正规装修公司的毛利率大概在总价的 10%~40%。如果将装修公司的管理费砍至工程总造价的 5%，为了保持合理利润，装修公司就会克扣各项费用。

问题 64：设计工作室和装修公司是不是没区别?

有区别。设计工作室以设计为主，多是由一些有丰富设计经验的、行业工作时间久的设计师建立。设计上，他们有独到的见解，可以提供符合家庭格局的设计方案，化解户型难题。但相比普通装修公司，设计工作室价格更贵，并且施工队伍的工作能力难以确定。

问题 65：选择装修公司可以不去看工地吗?

鉴于现在我们装修用的都是装修公司的施工队，所以还是要去工地看一看。不过，去看的时间节点是有讲究的，最好选择水电施工完毕、泥瓦木作过半、家具进场这三个时间节点去看，可以大致看出选择的装修公司施工质量如何。

第四章

装修报价单的核对与合同的签订

在开始施工前，装修公司会给出装修报价单，里面会含有很多重要信息。了解装修报价单中各个项目的支出所占比例，可有效地掌握装修预算的支出方向与细节，并识破哪些项目是毫无意义的。

扫/码/观/看

1分钟搞懂装修合同如何避坑

一 装修报价单的核对

（一）报价单所包含的费用种类

1 主材费

各种构造板材、瓷砖、地板、橱柜、门及门套、灯具、洁具、开关插座、热水器、龙头花洒和净水机等。

备注

① 板材、瓷砖和地板不会在预算中单独体现，而是与辅材和工费一起按照一定单位合计体现。

② 如果是全包，成件的主材应在预算中按照单位体现，例如是一个还是一组。

2 辅料费

各种钉子、水泥、黄沙、油漆刷子、砂纸、腻子、胶、老粉、电线、小五金、门铃等。

备注 由于数量多且种类杂，在预算表中不会单独体现，而是合计到其他费用之中，无法单独计算。

3 管理费

是指为了本工程发生的测量费、施工图纸费、工程监理费、企业办公费、企业房租、水电通信费、交通费、管理人员的社会保障费及企业固定资产折旧费和日常费用等。

4 税金

企业在承接工程业务的经营中获得了利润，所以应向国家缴纳法定所得税。

备注

国家规定税率是 3.41%，每个公司的税金可能会略有差别，但浮动不大。

5 利润

企业因为操控这个项目而所得的合理纯利润。

备注

合理范围内的利润，不会单独体现。

（二）装修报价单详细解析

看报价单最重要的是要学会比较。这个比较不能只是比较总价，而是要一项项地比较。在进行比较之前，首先应注意报价单是否写得细致、明了。如果报价单中只是简单地罗列价格和数量，而后得出一个总价，关于材料的品牌、施工方式等全无注明，则很容易被装修公司做文章，所以业主一定要要求对方出具详细的报价单，而后再进行比较。

装饰公司提供的报价单通常是分空间或者按照项目来计价的，例如按照客厅、卧室、餐厅、书房等，或是按照拆除工程、水电工程、瓦工工程等方式来分类。还有可能是两者混合，最后会归纳一个总价。大多数的主材、工费、辅料等不会单独列出，而是会按照工程来计价。

简洁版报价单一

项目工种	人工费用 / 元	材料费用 / 元	管理费 / 元	项目计价 / 元
水工	1140	1580	817	3537
电工	2040	2872	1460	6372
瓦工	4800	2812	2015	9627
木工	1168	2110	960	4238

简洁版报价单二

工程名称	单位	单价 / 元	数量	金额 / 元	备注
			一、主卧室		
墙、顶面基层处理	m^2	16	60	960	铲墙皮，腻子找平
墙、顶面乳胶漆涂刷	m^2	10	60	600	涂刷 ×× 牌乳胶漆
石膏线安装及油漆	m^2	5	9	45	石膏线粘贴后刷立邦漆
门及门套	樘	1500	1	1500	—

正规版报价单

工程名称	单位	单价 / 元	数量	金额 / 元	工艺做法	备注
一、主卧室						
墙、顶面基层处理	m^2	16	60	960	原墙皮铲除，石膏找平，刮两边腻子，砂纸打磨①	×× 牌 821 腻子② 产地：××× 环保型 801 胶③ 产地：×××
墙、顶面乳胶漆涂刷	m^2	10	60	600	乳胶漆底漆两遍；面漆三遍，达到厂家要求标准④	× 牌家丽安乳胶漆⑤ 产地：×××
石膏线安装及油漆	m^2	5	9	45	刷胶一遍，快粘粉黏接⑥ 面层处理，乳胶漆另计⑦	成品石膏线⑧
门及门套	樘	1500	1	1500	安装门、门套及门锁⑨	成品 ×× 牌门及门套 ×× 牌门锁⑩

报价单详解

① 基层处理需写清楚具体的做法，包括是否铲除墙皮、刮腻子的次数等。

② 腻子的用量较多并直接关系到环保指数，虽属于辅材，但材料的品牌和产地也建议标注清楚。

③ 胶是家居装修的重点污染源，虽然也属于辅料，也建议标明品牌和产地。

④ 乳胶漆都是分底漆和面漆的，两者有本质区别。有很多装饰公司为了节省资金和施工费用，都不涂刷底漆，这点应尤其注意。

⑤ 使用某一品牌的乳胶漆时，应详细注明所用的乳胶漆属于该品牌的哪个系列以及其产地。同品牌之间的不同系列差价也非常大。

⑥ 石膏线施工应写清楚施工步骤，快粘粉用量少且基本没有区别，无需注明品牌。

⑦ 为了刷漆方便，石膏线的面层应进行打磨处理。乳胶漆的价格是否包含在内也应注明，避免工程量重叠。

⑧ 石膏线的品质和价格差别不是很大，可以不注明品牌和产地。

⑨ 门和门套通常是采取定制形式制作的，由厂家安装。如果是全包形式，这部分费用应体现在报价中；若为清包和半包，则无需体现。

⑩ 所使用门、门锁的品牌应详细注明，有助于业主核对是否与自己的需求一致。

（三）常见装修报价方法

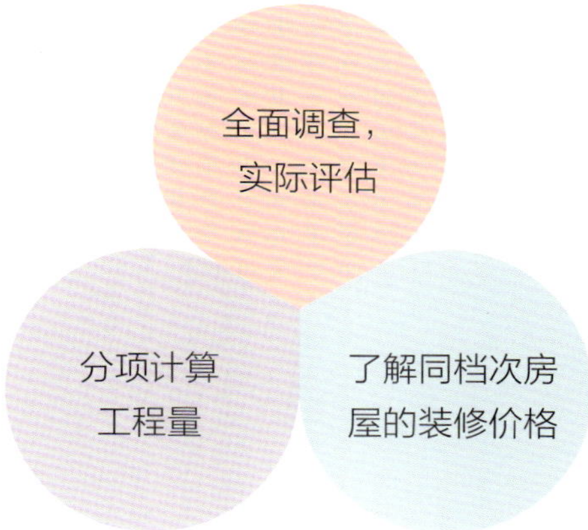

常见装修报价方法

1 全面调查，实际评估

对当地的建筑装饰材料市场和施工劳务市场进行调查了解，制订出材料价格与人工价格之和，再对实际工程量进行估算，从而算出装修的基本价。以此为基础，再计入一定的损耗和装修公司利润即可。这种方式，综合损耗一般设定在5%～7%，装修公司的利润可设为基础价的10%左右。

例如　业主要装修三室两厅两卫约120m^{2}建筑面积的住宅，按中等装修标准，所需材料费为5000元左右，人工费12000元左右，那么综合损耗为4300元左右，装修公司的利润约为6200元。以上四组数据相加，可以得出估算价格约27500元。

要点：这种方法比较普遍。对于业主而言，测算简单，容易理解，可通过对市场考察和向周边有过装修经验的人咨询了解相关价格。然而该方法报价根据不同装修方式、不同材料品牌、不同程度的装饰细节而有不同差异，不能一概而论。

2 了解同档次房屋的装修价格

对同等档次已完成的居室装修费用进行调查，将获取到的总价除以建筑面积，所得到的综合造价再乘以即将装修的建筑面积。

例如 新房中高档居室装修的综合造价为 1000 元 /m^2，那么可推知，三室两厅两卫约 120m^2 建筑面积的住宅的装修总费用约在 120000 元。

要点：这种方法可比性很强，不少装修公司在宣传单上印制了多种装修档次价格，都以这种方法按每平方米计量，比如经济型 400 元 /m^2，舒适型 600 元 /m^2 等。业主在选择时应注意装饰工程中配套设施如五金配件、厨卫洁具、电气设备等是否包含，以免上当受骗。

3 分项计算工程量

对所需装饰材料的市场价格进行了解，分项计算工程量，从而求出总的材料购置费，然后再计入人工费、工程管理费、计划利润、税金，最后所得即为总的装修费用。这种方法又称为预制成品核算，一般为装修公司内部的计算方法。

例如 下面运用该方法计算某衣柜的预算报价。该衣柜尺寸为 2200mm × 2200mm × 550mm。木芯板框架结构，内外均贴饰面板，背侧和边侧贴墙钉制，配饰五金拉手、滑轨，外涂聚酯清漆。

序号	材料名称	数量	单价 / 元	总价 / 元	备注
			主材		
1	木芯板	6 块	80	480	知名品牌，AAA 级
2	九厘板	3 块	40	120	知名品牌，合资生产
3	外饰面板	2 块	30	60	黑胡桃科技板
4	内饰面板	4 块	30	120	红榉科技板
5	滑轮	6 对	8	48	合资生产品牌

续表

序号	材料名称	数量	单价 / 元	总价 / 元	备注
6	铰链	14 个	1.5	20	合资生产品牌
7	拉手	11 个	2.8	30	合资生产品牌
小计				878	–
辅材					
8	20mm 枪钉	1 盒	4	4	普通品牌
9	25mm 枪钉	1 盒	4	4	普通品牌
10	聚酯清漆	$7m^2$	0	100	知名品牌，亚光漆
11	20mm 木线条	35m	0.6	20	黑胡桃
12	其他	1 项	60	60	辅助材料
小计				188	–
人工 （按平均每人每天 40 元计算，制作该衣柜需要 2 人工作 5 天，即人工费为 400 元）					
13	工程直接费 （主材 + 辅材 + 人工）	–	1466	1466	以上三项之和
14	工程管理费	–	–	117	直接费 ×8%
15	计划利润	–	–	73	直接费 ×5%
16	税金	–	–	56	以上三项 ×3.4%
17	工程总造价	–	–	1712	以上四项之和

预算说明：该衣柜的制作是家庭装饰装修的一个组成部分，没有在衣柜中计入运输费、力资费等综合费用；没有计入材料损耗。

（四）阅读报价单的重点

方案通过后，装饰公司会出具一份报价单给业主。在阅读报价单之前，业主需要做一些核查，才有利于避免各种陷阱，并为自己争取到合理的折扣。

审核图纸是否正确

在审核预算前，应该先审核好图纸。一套完整、详细、准确的图纸是预算报价的基础。因为报价都是依据图纸中具体的面积、长度尺寸、使用的材料及工艺等情况计算的，如果图纸不准确，预算也肯定不准确

工程项目是否齐全

要核定预算中所有的工程项目是否齐全，是不是把要做的东西都列在了预算表上，有没有少报了一个窗口或者漏掉了卫生间、吊顶等项目。漏掉的项目到了现场施工时，肯定还是要做的，这就免不了要补办增加装修项目的手续，计划费用自然又“超标”了

图纸与预算尺寸应一致

参照图纸核对预算书中各工程项目的具体数量。例如，用图纸上的尺寸计算出刷墙漆的面积是 85m^2，那么预算书中应该是 84~86m^2 之间。如果按图纸计算的面积是 85m^2，而预算书是 90m^2，这就是明显的错误。对于一些单价高的装修项目，往往就会相差上千元钱

材料和工艺说明要明确

装修公司应该告诉业主，所报的这个价格是根据什么材料、什么工艺计算的。例如报价单一项：“墙面多乐士 38 元 /m^2”，这显然不够具体。“多乐士”是一个墙面涂料的品牌，包括很多产品，有内墙漆、外墙漆等，内墙漆又分为几大类，且每种漆又有很多种颜色

三 装修合同的签订

（一）签订装修合同前的准备

1 检查装饰公司的手续是否齐全

① 合法经营的装饰公司，必须有营业执照。

② 对于开设分支机构的公司，要检查对方是否有法人委托书。

③ 一般家庭装修，装饰公司有四级资质即可。

④ 不要和只有一张营业执照复印件的人谈家装工程，因为无法判定其真实性。

2 检查装饰公司的设计方案资料是否齐全

① 设计图纸要齐全。应包括房间平面图、立面图、吊顶图、水电图及现场制作的家具图等。

② 工程预算要全面。审查是否已按双方约定做好，把缺项漏项在合同签订之前做好。

③ 材料要写清。检查甲乙双方的材料一览表。

④ 合同要全面。若等到开工以后再补齐，就会留下很多隐患。

3 仔细阅读装饰装修施工合同

仔细研究合同的每一项条款，查找装饰公司的“文字陷阱”。

（二）装修合同的内容

1 了解合同中工程概况的标明方式

① 内容。工程名称、地点、承包范围、承包方式、工期、质量和合同造价。

② 方式。承包设计和施工、承揽施工和材料供应、承揽施工及部分材料的选

购、甲方供料乙方只管施工、只承接部分工程的施工等（方式不同，各方工作内容也不同）。

2 明确合同双方的职责

甲乙双方的职责如下表所示。

对象	具体责任
甲方（业主）	◎向施工单位提供住宅图纸或做法说明，清空房屋并拆除影响施工的障碍物，提供施工所需的水、电、气及通信等设备 ◎办理施工所涉及的各种申请、批件等手续；负责保护好各种设备、管线 ◎做好现场保卫、消防、垃圾清理等工作，并承担相应费用 ◎确定驻工地代表，负责合同履行、质量监督，办理验收、变更、登记手续和其他事宜，确定委托单位等
乙方（装修公司）	◎拟定施工方案和进度计划，交甲方审定，严格按施工规范、安全操作规程、防火安全规定、环境保护规定、图纸或做法说明进行施工 ◎做好质量检查记录，参加竣工验收，编制工程结算 ◎遵守政府有关部门对施工现场管理的规定，做好保卫、垃圾处理、消防等工作 ◎负责现场的成品保护，指派驻工地代表，负责合同履行，按要求保质、保量、按期完成施工任务

3 合同中对材料供应做出规定的方法

① 由甲方负责提供的材料，应是符合设计要求的合格产品，并按时运到现场；如发生质量问题，由甲方承担责任。

② 甲方提供的材料，经乙方验收后，由乙方负责保管，甲方支付保管费。如乙方保管不当造成损失，由乙方负责。

③ 由乙方提供的材料，不符合质量要求或规格有差异，应禁止使用；若已使用，对工程造成的损失由乙方负责。

4 合同中规定工程质量验收的方法

① 双方应及时办理隐蔽工程和中间工程的检查和验收手续。

② 由于甲方提供的材料、设备质量不合格而影响的工程质量由甲方承担返工费，工期相应顺延；由乙方原因造成的质量事故返工费由乙方承担，工期不顺延。

③ 工程竣工后，甲方在接到乙方通知 3 日内组织验收，办理移交手续。

5 项目预算书要详细

① 报价应包括项目名称、计量单位、数量、单价、合计金额，同时应该标注必要的材料品牌、型号、规格以及材料的等级。

② 简单的工艺做法在预算单的备注栏里也应做出标注。

6 设计图纸须齐全

签订合同时须将相关图纸准备好，若过程中图纸有所变更，也要在合同中所必备图纸的基础上修改。

7 图纸应包括的要素

① 图纸比例。避免现场制作出来以后，与设计相差甚远。

② 详细比例。避免设计师在准备施工的现场没有认真细致地测量。

③ 项目材料。便于日后施工人员依约定图纸施工。

④ 标注工艺。便于防止施工人员在施工过程中偷工减料。

（三）合同内容中需要注意的部分

1 工期约定

简单装修的工期为 35 天左右。装修公司一般会把工期约定到 45~50 天。如果工程面积比较大、工艺较为复杂，则会根据实际情况延长期限，双方可共同商议。双方还要约定什么情况下可以延期，什么情况下不能延期，避免施工队交叉工地施工延误工期。

2 付款方式

装修款不宜一次性付清，最好分成首期款、中期款和尾款等多个部分来支付。尾款通常是 10%，但为了防止不良设计师或施工队不负责任，业主可以将尾款争取到 20%。业主可与装修公司约定工程“验收通过”才能支付尾款，不要刚完工未进行验收就支付尾款。

3 增减项目

合同中应注明，若需要进行项目变动，尤其是增加项目及预算，要经过双方书面同意后才能开工，以免日后出现争议。

4 保修条款

保修期限多为 1 年，在合同规定的保修时间内装修工程如果出现质量问题，针对装修公司的保修方式要在合同中写清楚。

5 水电费用

装修过程中，现场施工用到的水、电、煤气等费用由谁支付要标明。

6 按图施工

合同上要写明严格按照签字认可的图纸施工，若不符可以要求返工。

7 监理和质检到场时间和次数

监理和质检每隔 2 天应该到场一次；设计师也应该每 3~5 天到场一次。

（四）签订装修合同的要点

1 业主可签字的情况

一般情况，当合同中有下列条款时，业主基本可以考虑在合同上签字：

① 合同中应写明甲乙双方协商后均认可的装修总价；

② 工期（施工和竣工期）；

③ 质量标准；

④ 付款方式与时间（最好在合约上写清“保修期最少 3 个月，无施工质量问题，才付清最后一笔工程款，约为总装修款的 20%”）；

⑤ 注明双方应提供的有关施工方面的条件；

⑥ 发生纠纷后的处理方法和违约责任；

⑦ 有非常详细的工程预算书（预算书应将厨房、卫浴间、客厅、卧室等部分的施工项目注明，数量也应准确，单价也要合理）；

⑧ 应有一份非常全面而又详细的施工图（其中包括平面布置图、顶面布置图、管线开关布置图、家具式样图、门窗式样图和配色式样图）；

⑨ 应有一份与施工图相匹配的选材表（分项注明用料情况，例如墙面瓷砖，在表中应写明其品牌、生产厂家、规格、颜色、等级等）；

⑩ 对于不能表达清楚的部分材料，可进行封样处理；

⑪ 合同中应写有“施工中如变更合同内容及条款，应经双方认可，并再签字补充合同”的字样。

2 业主不可签字的情况

当合同中下列条款含糊不清时，业主不能在合同上签字：

① 装修公司没有工商营业执照；

② 装修公司没有资质证书；

③ 合同报价单中遗漏某些硬装修的主材；

④ 合同报价单中某个单项的价格很低；

⑤ 合同报价单中材料计量单位模糊不清；

⑥ 施工工艺标注得含糊不清。

三 装修报价和合同签订常见问题避坑

问题 66：装修公司的“优惠套餐”是不是不靠谱?

近年来，许多装修公司都会推出不同的优惠措施和打折活动。业内人士提醒，面对打折和优惠，切不可盲目心动，应摸准市场行情。在通常情况下，不妨在装修前去建材市场实地调查，了解材料的市场价格，这样才能避免落入“优惠”陷阱。

问题 67：“最低价”中标很幸运吗?

业主不宜一味追求装修“最低价”，应弄清装修材料和服务，再决定聘请哪家装修公司。如果缺少装修经验，没有把握去处理这类装修报价，则最简单、保险的处理办法如下图所示。

01 选择一家规模较大、有信誉的装修公司

02 装修公司提供的报价单，必须列明装修项目、数量、规格、单价及总价

03 装修公司应提供施工方案和材料样品等

04 与装修公司签订的合同中，应列明装修费用和完工期限

如何选择装修公司

问题 68：装修预算费用不能告诉装修公司吗?

许多业主出于“怕吃亏”心理，不愿将装修预算费用告知装修公司。业主认为：假如告知装修预算是 10 万元，但其实 8 万元就可以做，岂不是会吃亏？其实，装修费用是由施工方式和用料决定的。即同一个装修设计，采用不同的施工方法和用料，就有不同的费用。

问题 69：报价太低的预算可信吗?

许多业主在选择装修公司时，哪家报价最低，就选择哪家。单纯比较价格、选择报价最低的装修公司，往往会给业主带来不可弥补的损失。

业主在查看装修预算报价时，应综合考虑材料品牌、型号，以及施工工艺、工序等因素，才能得出一个较为客观的判断。

问题 70：报价单是不是可以不用核对?

不是。拿到报价单后，业主应对其中的重要事项认真核对。

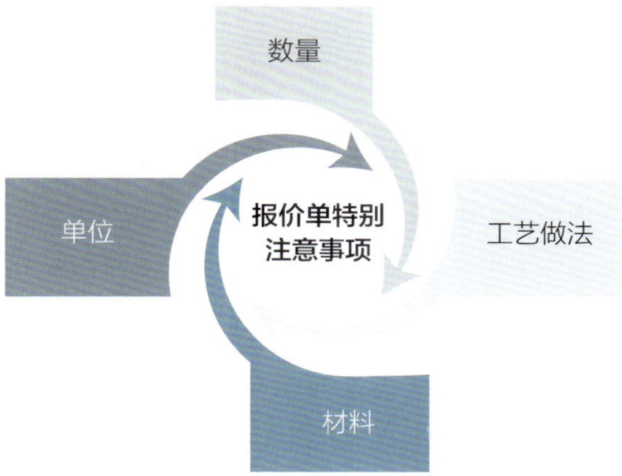

报价单中需要认真核对的事项

1 单位

单位需要明确，例如涂刷墙漆、铺设地砖等多按照平方米来计价。而如果有木工柜，则有的按照平方米，有的按照项来收费。平方米多为展开面积而不是平面面积。这些需要注意，如果不清晰应询问清楚。

2 数量

最好根据自己测量的面积再计算一下。如果遇到了无良的装饰公司，很可能会在上面多加数量。但如铺砖和地板类的工程，是有 5% 左右的报废率计算在内的。

3 工艺做法

重点检查是否与自己的要求、行业标准或材料说明一致。例如，如果原墙有墙皮，那么铲除费用是否包含在内。

4 材料

现代人装修都很注重环保。如果材料是环保达标的，那么有害物处理起来就会容易许多，所以材料方面要严格核查品牌是否与自己要求的一致。需要特别注意的是电料，例如电线指明使用 ×× 牌、2.5mm^2 的实心线、生产日期需在半年之内等；若为全包，瓷砖也应特别注明其规格、产地、系列、名称，如果可以，请附上样本或照片，这样不容易被掉包。

问题 71：什么是“免费设计”？

在一些打着“设计不收费”招牌的装修公司，设计师都是先拿出一大堆平面图、效果图让顾客选择风格，在简单询问基本情况后，很快就从电脑里拿出一张“适合你房子要求”的设计效果图纸了。如果再想让他出个详细的设计图，设计师就要追加量房费，并声称在装修开始后可以折抵工程款，这就迫使业主不得不与该公司签约。

其实这些效果图只不过是他们搜集的一些常用户型的设计效果图，然后再稍加调整储备到电脑中，等客户来了之后就直接从电脑上根据客户家的户型挑出一两张效果图来，根本没有任何设计。

此外，还有一些不规范的装修公司本身就没有设计师，并不具有设计能力。被其称为“设计师”的人根本不是专业设计人员，只是从业时间较长的施工人员。在这些公司看来，所谓的设计，不过就是在门上贴几条木线，或者铺铺地、刷刷墙。他们有一两张简单的、数字不准确的草图就开工操作，按业主的要求施工，说到哪做到哪。如此一来，他们喊“免收设计费”也就在情理之中了。

问题 72：有没有降低报价的方法？

降低装修预算的方法是存在的，但是一定要通过合理、合适的方法来达到。

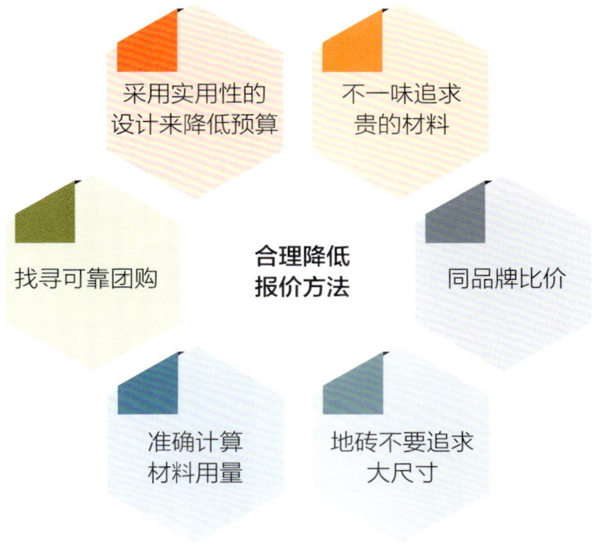

合理降低报价的方法

1 采用实用性的设计来降低预算

如果发现预算报价超出预期太多，建议可以先从审核设计图纸开始来降低预算。在符合自己所提需求的基础上，仔细查看设计师是否做了一些没有实际作用而完全是装饰性的设计，例如过多的墙面造型、大面积的复杂吊顶等。这些装饰的造价都很高，特别是带有装饰线和暗藏灯带的跌级吊顶。如果不是别墅或层高过高的跃层，可以不做吊顶而改用石膏线做装饰，或做简单的局部吊顶、平面式吊顶来降低预算。

2 不一味追求贵的材料

在合理范围内选择材料。例如照明电线，国家规定是使用 $2.5mm^2$ 的，但实际上如果没有太多灯具的话 $1.5\ mm^2$ 的就足够用。可询问电工，在照明不超标时，将报价单上 $2.5mm^2$ 的电线改成 $1.5mm^2$ 的。诸如此类，在合理范围内更改使用的材料。

3 同品牌比价

比较两家公司出具的报价单。在使用同品牌材料的情况下，如果其中一家比另一家贵很多，可以问清楚贵的原因。如果没有确切原因，这时候就可以对这一项进行砍价。

4 地砖不要追求大尺寸

很多业主都喜欢大尺寸的地砖，实际上这是不必要的。地砖的大小应结合房间的开间和进深来选择。通常来说，不是特别长或宽的房间，用中等尺寸的地砖比例上更合适。大尺寸的地砖不仅造价高，而且工费和损耗也高。

5 准确计算材料用量

要合理地计算材料的损耗。如果觉得一项价格过高，可以询问损耗的计算数量，而后跟品牌方核对，他们都比较有经验。若超出太多，可要求装饰公司降低。

6 找寻可靠团购

当搬到新的小区后，很多业主会一起进行装修。这时候可以组团去对家具、洁具等进行砍价，以节省部分资金。需要注意的是，并不是所有的团购都是可靠的，最好是身边的或者有可靠来源的。团购的产品最好是品牌的，并且能保证售后服务的。

问题 73：预算报价有哪些黑幕?

1 低报价、猛增项

一些装修公司和施工队为招揽业务，在预算时将价格压至很低，甚至低于常理，以此诱惑业主签订合同。进入施工阶段时，则又以各种名目增加费用。

例如 原定设计方案中，客厅只设置一盏主灯，也得到了业主的认可。而实际施工过程中，设计师或工人又说服业主增加灯具，表面上是为了客厅的装修效果，但实际上增加灯具就意味着要增加电线、穿线管、开关面板等一系列的材料及费用。

还有些装修公司通过打折促销来吸引业主的眼球，其实这也是基于一定的前提条件的，并带有很多附加条件。

例如 在签订合同前，装修公司可能会许诺七折的优惠，并要求客户交纳一定金额的定金。但在签订合同的过程中，装修公司会再给业主一个详细的活动内容，可能仅有部分项目可以享受七折，而高额的定金又不退还，业主无奈，只好签订合同。全算下来，得到的折扣并不如预先想到的那么诱人。

2 模糊材料品牌及型号

利用业主对装饰材料不了解的弱点，在预算报价单上只说明优质合格材料，并没有明确指定品牌、规格及型号等，而其所列举的价格只能用于低端产品。如果客户发现质量不佳，责令其更换，他们则提出加价。

例如 在原预算报价单上只是写明优质合资 PVC 扣板，但并没有指明品牌规格及生产厂商。在实际施工过程中，低品质的装饰材料很容易被业主发现。如果要求装修公司更换材料，装修公司则会提出要求，并声称成本太高，必须加价。而此时施工已进行一半，况且已经有了书面合同，使得业主不得不支付高额的差价。

3 工程量做手脚

在计算施工面积时利用业主不了解损耗计率方式的弱点，任意增加施工面积数量，或者本应以平方米为单位的工程在报价单中却以米为单位出现，从而增加了施工费用。比如，乳胶漆不扣除门窗洞口的面积，厨房、卫生间墙地砖按满铺计算，而贴的时候却只贴眼睛看得见的地方，至于橱柜背面就不贴了；有些还故意算错，多报工程量，待发现时以“预算员计算错误”应付了之。

例如 墙面乳胶漆涂饰，实测面积为 $20m^2$，在预算报价单中却标明 $25m^2$，多数业主不会为个别数字仔细复查，而平均 18 元 /m^2 的施工价格就给装修公司带来了 90 元的额外利润。

4 材料以次充好

装修公司在报价单上所指明的品牌材料与现场施工所采用的材料完全不符，或者在客户验收材料时以优质材料充当门面，在傍晚收工时撤离现场。这种方式比较常见，是惯用伎俩。

例如 预算报价单上标明的是天然黑胡桃饰面板，每张 98 元，而在施工中所采用的却是 30 元左右的人造饰面板，外观一致，但经过长期使用后会发生褪色变质等问题。又如在预算报价单中标明的是国标优质品牌电线，而实际施工中却擅自使用非国标的劣质电线。等到业主发现时，所有电线已入墙入板。若执意验证，只有将装修好的部位全部拆除。

5 拆项报价

拆项报价是指把一个项目拆成几个项目，单价下来了，总价却上去了。近年来，一些装修公司为招揽生意，把本来繁杂的预算项目重组为简单的条目，号称“套餐”报价，表面上为业主节约了时间和精力，实际上套餐报价华而不实，该说明的不说明，笼统空洞，很多原则性问题都得不到体现。

6 虚增工程量和损耗

有些装修公司利用业主不懂行的弱点，钻一些计算规则的空子，从而增加工程量，达到获利的目的。

例如 在计算涂刷墙面乳胶漆时，没有将门窗面积扣除，或者将墙面长宽增加，都会导致装修预算的增加。一般一个空间的地面和墙面之比是（1∶2.4）~（1∶2.7），有些装修公司甚至报到 1∶3.8 。

另外，按照以前的惯例，门窗面积按 50% 计入涂刷面积。其实目前很多家庭都包门窗套，门窗周边就不用涂刷了，但有些装修公司仍按照 50%，甚至按 100% 计入墙壁涂刷面积。一般业主在审查预算表的时候，都是关注单项的价格，至于实际的面积一般是大致估计。如果每项面积都稍微增加一些，单项价格又高，那么少则几百元，多则几千元就出去了。单项价格谈定了以后，一定要和装修公司或工头一起把单项的面积尺寸测量一下，并记下来，落实到纸面上，并算清楚单项的总价格是多少，作为合同的附件，以免结算时就面积和尺寸的大小发生纠纷。

7 降低工艺标准

业主一般对木工、瓦工、油漆工等这些“看得见、摸得着”的常规工程项目比较注意，监督得也严格些，但对于隐蔽工程和一些细节问题却知之甚少。如上下水改造、防水防漏工程、强电弱电改造、空调管道等工程做得如何，短期内很难看出来，也无法深究。不少施工人员常在此做文章。又如有些公司规定内墙要刷 3 遍墙漆，但施工人员只刷了 1 遍，表面上看不出有任何区别，但实际上却降低了工艺标准。虽然暂时看不出问题，但时间一长，毛病就会暴露出来。

问题 74：预算陷阱有哪些？

比较单价	通过参考预算表里面的人工价格和材料价格进行每个项目的材料和人工价格比较。对于不明白的项目可以问清楚。对于预算表里有的项目，装修公司没报的一定要问清楚。对装修公司预算表里没有的项目也要问清楚，免得装修公司以后逐渐加价，超过预算
去重	对于有些项目重复的地方审核清楚。比如找平，有的公司会把厨房找平算一项，之后再单独算一项找平。避免重复收费，尽量要审核清楚
弄清工程数量	对于工程量一定要问清楚。比如防水处理，要弄清楚是哪些面积要做开封槽，40m 要弄清楚是哪 40m，确认数量是否如此
主材、辅材分开	对于材料，一定要主材和辅材分开报，并且每个材料的单价、品牌、规格、等级、用量都应要求装修公司说明清楚分开报价。同一项目材料用不同品牌和用量，总价也会不同
注明工艺	相同项目由于施工工艺和难度的不同，人工收费也不同，需要装修公司对不同项目进行注明。比如贴不同规格的瓷砖，人工费是不同的。铲墙项目中铲除涂料层和铲除壁纸层也是不同的。还有墙面乳胶漆施工中，喷涂、滚涂、刷涂不同工艺效果不同，人工也不同，耗费的面漆用量也不同。这都牵涉项目整个花费量。比如喷涂效果最好，但人工也比后两者贵 1.5 元 /m^2 左右，后两者人工相同，而且相对省料，但效果不如前者

续表

审核收费	对于某些项目外收费要合理辨析。比如机械磨损费就不应该有，管理费应该适当收取 5%~10%，材料损耗大概是 5%，税金是肯定要收取的
弄清计价单位	对不同项目工程量的报价单位要弄清楚。比如大理石就应该按照平方米报，而不是按照米来报，按米报总价就会增加。确保每个项目在报价单上的单位都合理
问清综合单价	对于笼统报价的项目要问清楚里面包括哪些内容
分清厂家与装修公司安装项目	对于有些产品是厂家包安装和运送上楼的，要从装修公司的人工费和运送费里面扣除，如吊顶、水管、橱柜、地板、门窗、壁纸等

问题 75：避免产生装修增项的方法有哪些？

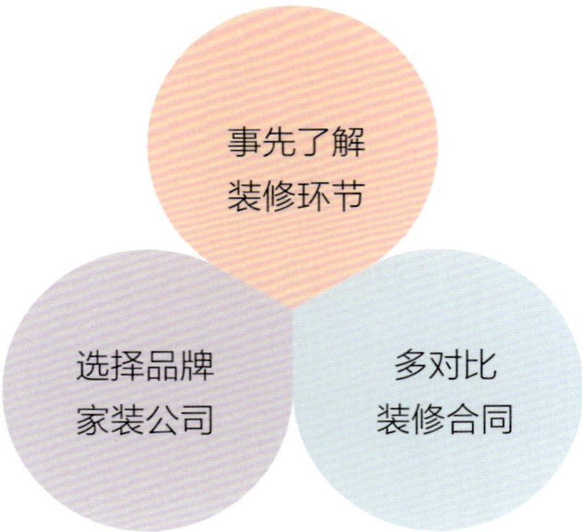

避免产生装修增项的方法

1 事先了解装修环节

事先了解装修环节是避免出现恶意增项的第一个步骤。在进行家庭装修之前，建议业主先通过网络了解一下家庭装修的步骤和使用材料，以及经常出现增项的环节，这样可以为避免恶意增项做好基本的准备。

2 多对比装修合同

如果亲朋好友或者同事刚刚装修完，那么可以通过借阅装修合同来更加具体地对比一下合同中的各种材料费用、施工费用、设计费用、管理费用等清单。通过简单的对比就能基本掌握装修中的支出项目，在签署自家合同时就能避免“故意缺项、漏项”现象的发生。

3 选择品牌家装公司

品牌家装公司在管理与服务上大都具有一定的优势，所以建议没有足够装修经验的业主最好不要选择装修游击队。

问题 76：付款方式是不是可以随便选？

选择装修款的支付方式不能太过随意。预算总金额确定后，在签订合同时还有一个重要事项就是约定付款的方式。通常来说都是分阶段来付款的，只是不同的装修公司支付比例略有不同。具体付款方式可以与设计师进行协商。合理的分期付款方式，可以保障业主的权益，也是高质量装修的前提保证。

开工预付款是工程的启动资金，应该在水电工进场前交付，用于基层材料款和部分人工费，如木工板、水泥、沙子、电线、木条等材料费

中期进度款在基层工程量基本完成、验收合格后，泥木工进场前支付，具体支付比例可以根据工程进度和质量高低决定

后期进度款应该是在工程后期所交付的费用。主要是用于后期材料的补全及后期维修维护

竣工尾款就是在工程尾段完成的时候交给施工队的最后一笔款项。交完这笔款项后，整个装修付款流程结束

分阶段付款的合理方式

问题 77：装修公司会不会克扣各项费用获得利润？

无论是设计师还是装修公司，出于盈利的本能，都会在最初的报价上列出一些可要可不要的项目。这时业主需要仔细考量，删去可有可无的项目，节省开支，但也不是所有项目都能省去。与装修公司谈合同时，业主事先要做到心中有数。

一般正规装修企业的毛利率占工程总造价的 10%~20% 左右。有的业主将装修公司的管理费砍至工程总造价的 5%，为了保持合理利润，装修公司就会克扣其他各项费用。

问题 78：装修公司的“先施工，后付款”可信吗？

现在不少装修公司提出“先施工，后付款”的口号，目的就在于让业主觉得放心、划算，承诺让业主看质量签合同。一旦签订装修合同后，装修公司就频繁改设计、加项目、变工艺、加费用。如果装修款项增加不到位，则又会肆意停工，耽误业主时间。如果业主终止合同，另外寻求其他施工单位，则前期的工程与后续工程不能相结合，会造成施工难度增加，后续施工单位也会以此为借口增加各种施工费用，这样就会陷入恶性循环。

因此，不要盲目相信“先施工，后付款”的承诺，一切以实际的施工质量为基础。

问题 79：装修公司承诺的短期完工可以相信吗？

有些业主为赶工期节约成本，常常催促施工队加快装修速度，而有些施工队也确实能在较短的时间内完成施工项目。但是入住没过多久，居室内便出现了各种各样的问题。

装修房子要处理的琐碎事情相当多，若时间太仓促，后期很容易产生纠纷。一般新房施工至少需要 1 个月，老房则需要 2 个月。为了保险起见，最少也要多预留半个月或 1 个月进行施工。若有设计公司答应在短期内可以完工，那么业主就要当心，因为施工就得按部就班，绝不能一蹴而就。

影响施工进度的原因很多，施工越快不代表效率越高，很可能是以牺牲工程品质换来的结果。但若施工进度有不合理的延宕，很可能就是没有找对施工队伍。

问题 80：装修公司的促销真的能省钱吗？

装修公司的促销活动并不一定划算，有时候也会存在陷阱。

选择装修公司一定不能因为前期价格便宜而轻易选择，因为很可能装修到一半的时候会面临加钱的风险

问题 81：装修公司在预算时会做手脚吗？

有些装修公司在做预算时，往往将一些项目有意改为不常规的算法，这样使单价看上去很低。在决算时，这些本来单价很低的项目就会突然数量变大，从而导致总价提升许多。比如，改电项目按米计算，本来是合理的，结算时，并不是按管的米数计算，而是按电线的长度进行计算。一根管里面往往会有数根电线，如此一来，总价就翻了数倍。

编号	项目名称	单位	数量	单价/元	合计/元	材料备注
五	卫浴间				6698.9	
	防水处理	m^2	3.3	55	181.5	（1）如客户取消此项，则厨卫漏水及造成的一切损失与公司无关。（2）按防水施工要求清理基层并找平。（3）GSA-100高强防水涂料二遍，涂刷均匀，按展开面积计算（防水层沿墙面向上抬高0.3m）。（4）做闭水必须达到48h以上
	地砖	m^2	3.3	168	554.4	（1）人工、水泥、砂浆。（2）300mm × 300mm砖。（3）拼花、小砖及马赛克则按68元/m^2计算。（4）尺寸范围以最长边计算
	墙砖	m^2	16.4	175	2870	（1）人工、水泥、砂浆。（2）200mm × 300mm砖。（3）拼花、小砖及马赛克则按68元/m^2计算。（4）尺寸范围以最长边计算
	铝扣板吊顶	m^2	3.3	310	1023	轻钢龙骨框架，集成铝扣板
	门及门套	项	1	1650	1650	订制成品复合实木门
	门锁及门吸	项	1	420	420	成品门锁及门吸
六	厨房				19279	
	地砖	m^2	6	155	930	（1）人工、水泥、砂浆。（2）300mm × 300mm砖。（3）拼花、小砖及马赛克则按68元/m^2计算。（4）尺寸范围以最长边计算
	墙砖	m^2	21.5	155	3332.5	（1）人工、水泥、砂浆。（2）200mm × 300mm砖。（3）拼花、小砖及马赛克则按68元/m^2计算。（4）尺寸范围以最长边计算
	铝扣板吊顶	m^2	6	310	1860	轻钢龙骨框架，集成铝扣板
	窗台台面	m	0.5	360	180	大理石
	橱柜	m	4.4	1780	7832	成品地柜加吊柜
	门及门套	项	1	1650	1650	订制成品复合实木门
	门锁及门吸	项	1	420	420	成品门锁及门吸
	阳台防水处理	m^2	2.9	55	159.5	（1）如客户取消此项，则厨卫漏水及造成的一切损失与公司无关。（2）按防水施工要求清理基层并找平。（3）GSA-100高强防水涂料二遍，涂刷均匀，按展开面积计算（防水层沿墙面向上抬高0.3m）。（4）做闭水必须达到48小时以上
	阳台地砖	m^2	2.9	140	406	（1）人工、水泥、砂浆。（2）300mm × 300mm砖。（3）拼花、小砖及马赛克则按68元/m^2计算。（4）尺寸范围以最长边计算
	阳台墙砖	m^2	11.5	140	1610	（1）人工、水泥、砂浆。（2）200mm × 300mm砖。（3）拼花、小砖及马赛克则按68元/m^2计算。（4）尺寸范围以最长边计算
	阳台铝扣板吊顶	m^2	2.9	310	899	轻钢龙骨框架，集成铝扣板

数量灌水

在数量上多算一点，这是装修公司常做的手段。但要注意，有些材料损耗是正常的

问题 82：怎么知道报价单里有没有“水分”？

最简单的办法就是查看报价单是否在“价格说明”以外，还有“材料结构和制造安装工艺标准”。以装修中最常见的衣柜制造项目为例，目前市场报价包工包料最高价为 780 元 /m^2，最低价为 500 元 /m^2。差价有如此之多，其原因就在于制造工艺与使用材料的不同。有的使用合资板，有的使用进口板。如果忽视制造工艺技术标准，又怎么能弄清价格的水分呢？

工程名称	单位	单价 / 元	数量	金额 / 元	备注
一、主卧室					
墙、顶面基层处理	m^2	16	60	960	铲墙皮，腻子找平
墙、顶面乳胶漆涂刷	m^2	10	60	360	涂刷 ×× 牌乳胶漆

工法含糊不清

缺少详细的施工步骤和产品品牌，实际施工的时候容易出现漏项、多项，以次充好的情况

工程名称	单位	单价 / 元	数量	金额 / 元	工艺做法	备注
一、主卧室						
墙、顶面基层处理	m^2	16	60	960	①原墙皮铲除，石膏找平，刮两边腻子，砂纸打磨	② ×× 牌 821 腻子，产地：山东 / 青岛 ③环保型 801 胶，产地：山东 / 青岛
墙、顶面乳胶漆涂刷	m^2	10	60	360	④乳胶漆底漆两遍；面漆三遍，达到厂家要求标准	⑤ ×× 牌家丽安乳胶漆，产地：中国 / 广州

单位：需要明确，例如涂墙漆、铺地砖等多按照平方米来计价；而如果有木工柜，则有的按平方米、有的按项来收费。平方米多为展开面积而非平面面积

数量：根据自己测量的面积计算一下，若遇到无良装修公司，很可能会在上面多加数量，但如铺砖和地板类的工程，是有 5% 左右的报废率计算在内的

工艺做法：重点检查是否与自己的要求、行业标准或材料说明一致。例如如果原墙有墙皮，需要铲除时是否包含在内

报价单应清楚标注各项内容

问题 83：预算书中哪些项目属于不合理收费？

在预算书的最后，会有一些诸如“机械磨损费”“现场管理费”等项目，这些项目其实都属于不合理收费。“机械磨损”是装修中必然发生的，“现场管理”则是装饰公司应该做到的，这两项费用其实都已经摊入每项工程中去了，不应该再索取。

问题 84：装修合同上会出现哪些文字游戏？

一些公司在签协议时，故意使用一些模棱两可的词语。比如，在合同条款中注明：“装修过程中，如原品牌材料没货时，乙方可临时更换相同型号的材料”。但没有写明“相同型号”是同质量，还是同类材料。这样，装修公司很可能就会以价低、质差的材料代替。

问题 85：合同砍价策略都不靠谱吗？

01

砍技术含量低的项目，比如敲打费、搬运费

02

砍非标工序的价格，比如踢脚线、门洞修复等，这些一般是装修公司的利润点

03

技术含量高的项目不随便砍，如水电、瓷砖、油漆这些对工人技术要求高的项目，尽量不要砍低价，否则会影响工人的施工质量

装修合同砍价策略

问题 86：合同中不写明装修日期要紧吗？

合同上应注明开工日期和竣工日期，以及什么情况下可以顺延工期、什么情况下延续工期需要处罚等。有的业主在签订合同时，没有注意这两点，给某些装修公司粗制滥造和拖延工期“创造”了条件。

依照《中华人民共和国合同法》《中华人民共和国消费者权益保护法》等有关法律、法规的规定，结合本市家庭居室装饰装修的特点，甲、乙双方在平等、自愿、公平、诚实信用的基础上，就乙方承包甲方的家庭居室装饰装修工程（以下简称工程）有关事宜，达成如下协议：

第一条　工程概况

1.1 工程施工地点：______________________________

1.2 工程装饰装修面积：______________________________

1.3 工程户型：______________________________

1.4 工程内容及做法，见《工程报价单》（附件三）和施工图纸。

1.5 工程承包，采取下列第_______种方式：

（1）乙方包工、包全部材料（附件二）。

（2）乙方包工、包部分材料，甲方供应其余部分材料（附件一、二）。

（3）乙方只包工。

1.6 工程期限________日（以实际工作日计算）。

开工日期：__________年_____月_____日；

竣工日期：__________年_____月_____日。

注明开工日期和竣工日期

1.7 工程款和报价单

（1）工程款：本合同工程造价为（人民币）______________________________

第八条　工期延误

8.1 因以下原因造成竣工日期延误的，经甲方确认后工期应当顺延：

（1）工程量变化或设计变更；

（2）不可抗力；

（3）甲方同意工期顺延的其他情况。

8.2 因以下原因造成竣工日期延误的，工期应当顺延：

（1）甲方未按合同约定完成其应当负责的工作而影响工期的；

（2）甲方未按合同约定支付工程款影响正常施工的；

（3）因甲方责任造成工期延误的其他情况。

8.3 因乙方责任不能按期完工的，工期不顺延；因乙方责任造成工程质量存在问题需要返工的，返工费用由乙方承担，工期不顺延。

工期延误的处罚

第九条　质量标准

9.1 工程的室内环境污染控制应当严格按照《民用建筑工程室内环境污染控制规范》（GB50325—2010）的标准执行。

9.2 工程施工质量按下列第_______项标准执行：

（1）北京市地方标准（《居住建筑装修装饰工程质量验收规范》）。

合同中装修日期的标注

问题 87：装修合同出现纠纷如何解决？

与装修公司协商解决；请求消费者协会调解；向有关行政部门申诉；根据与装修公司达成的仲裁协议提请仲裁机构仲裁；向人民法院提出诉讼。但必须注意，一般情况下，如提请了仲裁，便不得再向法院提出诉讼。

（2）对室内空气质量不合格的，乙方应当进行综合治理。因综合治理造成工程延期交付视同工程延误，按 12.5 的标准支付违约金。

（3）室内空气质量经综合治理仍不达标且确属乙方责任的，甲方有权要求乙方返还不达标工程项目涉及的工程款；不足以弥补甲方损失的，甲方有权要求乙方赔偿。

第十三条　争议解决方式

本合同项下发生的争议，双方应当协商解决或向市场主办单位、北京市建筑装饰协会、消费者协会等组织申请调解解决；经协商或调解未达成一致的，按下述第______种方式解决：

1. 向________________________人民法院起诉。

2. 向________________________仲裁委员会申请仲裁。

可以在合同上写清楚发生纠纷时如何处理

问题 88：装修公司会不会在预算单里故意漏掉项目？

会。一些没有信誉、质量、服务保证的装修公司或施工队往往采取“低开高走”的报价做法承揽业务，在预算时将价格压至很低，甚至低于常理，诱惑业主签订合同，进入施工过程后，又以各种名目增加费用。比如，在预算中漏掉某一至两项，并宣称按照行规该工程项目原本由业主自行解决，而合同中却没有明确指出，一步步加价，不少工程项目因此而攀升至原报价的两倍甚至三倍。

问题 89：装修公司会不会虚增费用？

会。有些装修公司会在预算书的最后，用一些诸如“机械磨损费”“现场管理费”“税费”和“利润”等项目增加费用，这些项目其实都属于不合理收费。“机械磨损”

是装修中必然发生的，“现场管理”则是装修公司应该做到的。这两项费用其实都已经摊入到每项工程中，不应该再向业主索取。而根据“谁经营、谁纳税”的原则，装修公司的税费更不该由业主缴纳。将“利润”单独计算，是以前公共建筑装修报价的计算方式。目前，装修公司已经把利润摊入每项施工中，因此不应该重复计算。

问题 90：报价单里单位写错了没关系吗？

有关系。巧妙转换材料计量单位，是装修公司赚取利润最常用、最隐蔽的手法。通常，材料市场的材料价格都是按照多少钱一桶（一组）、多少钱一张等计量单位来出售的。而装修公司向业主出示的报价单，很多主材都是按照每平方米、每米来报价的，如涂料、板材等。因此，业主根本就不清楚究竟会用多少装修材料，究竟用掉了多少装修材料。

问题 91：装修公司故意延误工期怎么办？

如果业主选择的是一些信誉较好的公司，一般情况下是不会出现延误工期的情况；但是也有些装修公司会通过故意延误工期多抽取利润。所以为了让装修能按时完成，建议在与装修公司签约前，注意以下两点。

① 装修前和装修公司认真设定时间表，并且在合同中注明。施工图纸是基础，详细的图纸有助于装修公司做出准确的工期预计和安排。同时，应该督促装修公司做出有效的计划表，这样一来，装修过程中就有章可循了。

② 到施工现场，了解工程状况。通过看现场整理整顿的情形，了解现场管理的情况，了解工人的工作态度。比如，工人是不是吃住在现场，材料的堆放是否整齐，完成部分的成品保护是否做好等问题。业主如果在签施工合同前，能去工地现场实地考察一下，可能会更容易做决定。

问题 92：报价单中“分项计算”代表很正规吗？

有些装修公司表面做得比较正规，将某一单项工程随意地分解成多个分项，按每一个分项分别报价。业主通常会觉得这样的装修公司报价明确，但却不知道装修公司会在分项计算上提高价格。如做门，把门扇、门套、合页等五金件分别作为单独的项目计价，往往把一些分项价格各提高一小部分，业主不易觉察，总体价格就在不知不觉中被提高了很多。

更有甚者，把安装和油漆的人工费也作为一项收费内容让业主再次交钱。由于受专业知识的限制，业主往往不能识别其中的秘密，也不能理解报价不合理的原因。实际上，分项计价很容易出现重复收取装修费的情况。

问题 93：不会看设计图纸会不会影响预算报价？

一套完整、详细、准确的图纸是预算报价的基础。因为，报价都是依据图纸中具体的面积、长度尺寸、使用的材料及工艺等情况而制的，图纸不准确，预算也肯定不准确。常见的图纸一般有以下几种。

1 原始结构布置图

根据需要装修的房屋现场测量绘制出来的尺寸图，是以下一系列图的基准。

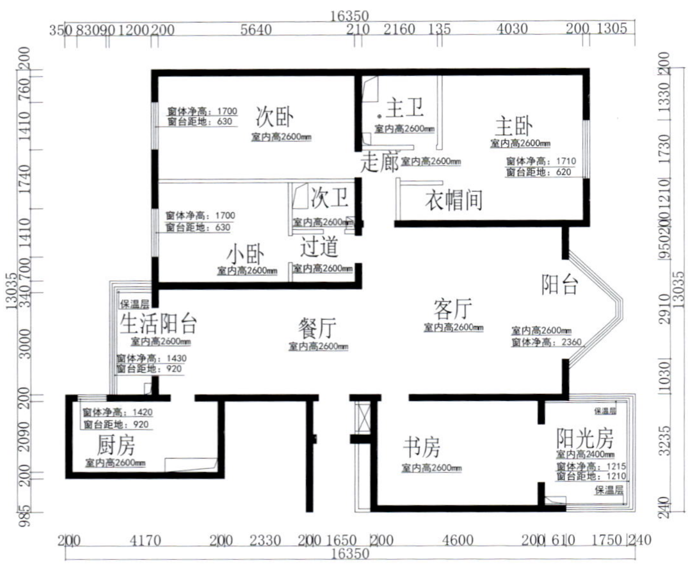

原始结构布置图

2 平面布局图

基于上一张图，这张图标出所有家具的尺寸，方便业主根据具体尺寸购买家具。

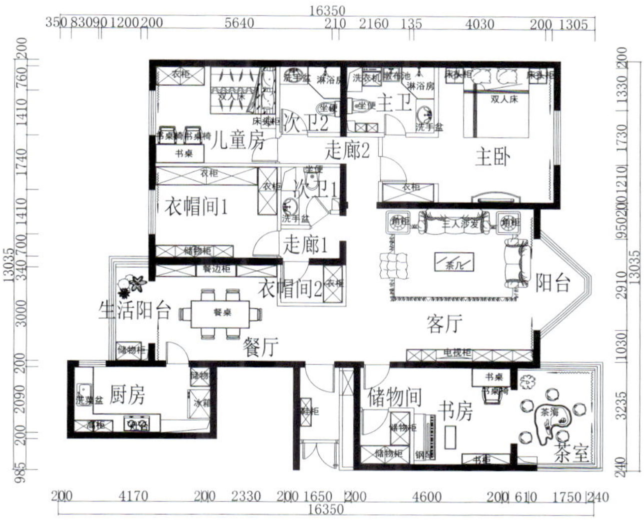

平面布局图

3 家具尺寸布置图

这张图很重要，它决定了整个空间的布局以及动线走向，决定了家具的尺寸以及如何摆放。

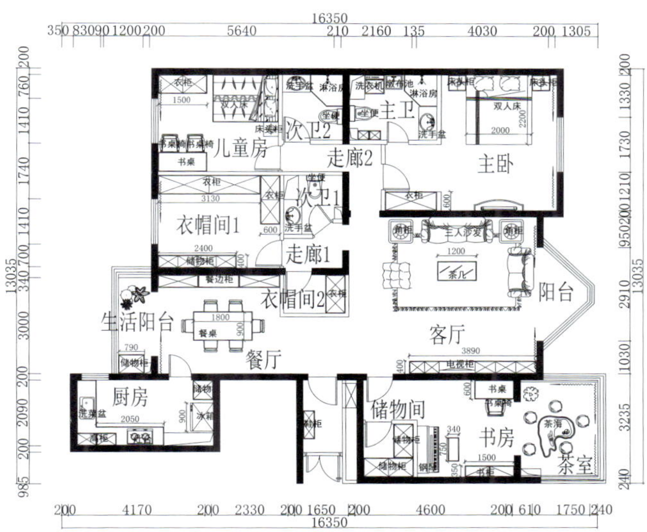

家具尺寸布置图

4 面积周长示意图

这张图标出了每个空间的面积和周长，工程预算书依据这张图上的尺寸来计算。

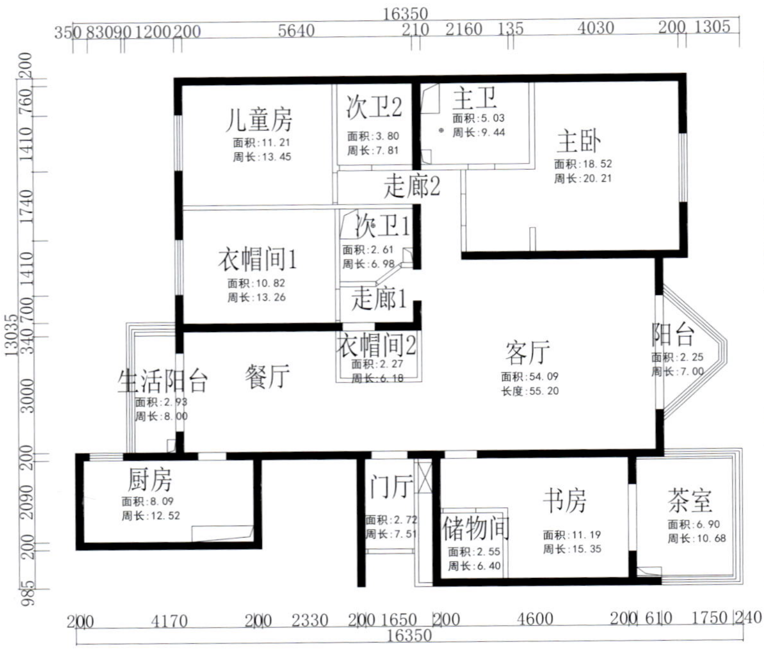

面积周长示意图

问题 94：选报价低的公司是不是就能省钱？

不一定。有时候在比对报价时，甲公司的报价为 10 万元，乙公司的报价为 8 万元，但是不一定说选乙公司就代表省钱，因为不同公司用的材料和施工工艺不一样，甚至可能是因为甲公司增加了某个施工项目或是乙公司少了某个项目。因此不能简单地以报价总价来决定装修公司。

问题 95：同一个空间设计报价是不是会相差很多？

是的。装修项目、工程量的多少是影响整个装修造价的直接因素。同时，装饰公司的规模、资质、等级、管理制度不同，其收费标准也有所不同。另外还需要注意的是，报价还会因为材质、工艺细致度等不同而有差异。

空间相同，但是用料和施工都不一样，导致价格也会不一样

问题 96：装修公司可以不对报价单做详细解释吗？

不可以。装修公司应该告诉装修家庭，所报的这个价格是由什么材料、什么工艺构成的。因为施工过程中，难免会出现一些特殊的情况，这时装修的费用就不能按正常报价来计算了。如水路、电路施工预算中关于水路、电路的改造费用开始时很难准确计算出，通常是先预收一部分，竣工时再按实际发生的数量进行结算。

问题 97：报价单上的材料可以只写名称吗？

不可以。有些装修公司在预算报价单上只是写明材料名称，但并没有指明品牌规格及生产厂商，在实际施工过程中，用低品质的材料以次充好。如果被发现，装修公司则会提出要求，并声称成本太高，必须加价。而此时施工已进行一半，况且已经有了书面合同，迫使我们不得不支付高额的费用。

编号	项目名称	单位	数量	单价/元	合计/元	材料备注
一	客厅				10266.4	
	顶、墙面乳胶漆（立邦五合一）	m²	51.8	55	2849	
	地面找平	m²	20.6	29	597.4	华新 32.5 号水泥 / 中粗砂、人工费用
	地砖	m²	20.6	95	1957	600mm×600mm 地砖、辅料、人工费用
	踢脚线	m	18.5	18	333	成品踢脚线及辅料，包含安装费用
	推拉门及门套	项	1	2450	2450	订制成品门及门套
	电视背景墙	项	1	780	780	订制图案壁纸、辅料及人工费
	电视柜	m	2.5	520	1300	细木工板框架，澳松板饰面，面层白色混油，柜体内贴玻音软片

材料品牌不清

缺少详细的材料费用，用了哪些材料没有写清楚，这样很容易被钻空子

问题 98：报价单上的施工工艺会不会出问题？

会。装修报价单上，有些施工项目有几种施工做法，做法不同，价格自然也有很大差异。如果只写贴瓷砖多少钱、刷涂料多少钱，这样太含糊其词。不同的施工工艺所涉及的主料、辅料的种类和数量会有所不同。不写明施工工艺，一方面在价格上会有伸缩余地，装修公司有可能按这种施工工艺收钱，却用其他简单做法；另一方面，在施工过程中，也就没有监督施工的依据。

问题 99：装修完的工程款会不会多于合同款？

不一定。有些情况发生会导致工程总款比合同款多。

01

在装修过程中增加装修项目。比如在合同外，又多做衣柜，很多本来应该装修公司买的东西，最后变成自己花钱买

02

看合同是否有重复计算的地方。比如，涂料是自己买的，可是在预算上，却把涂料钱付给装修公司

03

所有施工项目的面积是否仔细丈量。要知道，即使在装修前把价格压得很低，装修公司也有办法在预算中把钱都悄悄加回来。要避免装修公司在工程量上做手脚，业主需要了解房屋的装修面积

家装验收项目参考清单

（齐家·河狸质检）

装修房子是一个系统的工程，很多业主们都比较重视装修的过程，而往往容易忽略了整体验收。对装修质量进行检验是完成装修工程前非常重要的一个环节，如果业主不具备相关知识或者没有时间，建议聘请专业团队进行验收，并对验收结果及时处理，以免影响后续使用效果甚至安全隐患。以下验收项目可供参考。

一、水电验收项目

1. 给排水管道

☐ 新装给水管需进行打压试验，压力≥ 0.6MPa；塑料管在试验压力下稳压 1h，压降≤ 0.05MPa（水管厂家安装的，由厂家自行组织验收）；

☐ 冷热水管安装应左热右冷，平行安装间距符合要求；

☐ 混水阀冷热出水口中心间距 150mm ± 5mm，管中心平齐；

☐ 顶面同时铺设水管与电管时，应电上水下，水管安装不得靠近电源；

☐ 管道敷设应设置固定管卡，间距符合要求；

☐ 水管、电线管、燃气管的安装间距应符合要求；

☐ 排水管应采用硬质管材，接口密封，连接牢固，灌水试验无渗漏；

☐ 龙头、阀门、水表安装应平整，开启灵活，运转正常；

2. 电路管线

☐ 相线、零线、地线应进行分色；地线应使用双色线；

☐ 照明、插座、厨房、卫生间及空调等大功率用电器应设置单独回路；

☐ 电线使用规格：照明不小于 1.5mm^2，普通插座不小于 2.5mm^2，大功率用电器不小于 4mm^2；

☐ 导线的接头应搭接牢固，并用绝缘带（压线帽）包缠均匀紧密；

☐ 线管与电箱、线管与线盒必须使用连接件连接，相邻线盒间穿线的，要用管件连接；

☐ 不得将电气配管固定在吊平顶的吊杆或龙骨上；

☐ 吊顶内导线到电器的线路必须使用绝缘软管包裹，线管需用管卡固定；

☐ 各种强、弱电的导线均不得在吊平顶内出现裸露；

☐ 强弱电线管平行安装时管间距应符合要求，交叉时应进行屏蔽处理；

□ 线管内导线总截面积不超过管径 40%，管内无接头、扭结；

□ 不同回路、不同电压等级的电线，不穿在同一线管内；

□ 湿区地面应尽量避免电路铺设，如无法避免，电管内不应有中间接头；

□ 配电箱不应安装在卫生间隔墙或可燃性材料上；

□ 配电箱应设置总断路器；各配电回路应有过载、短路保护；

3. 燃气管

□ 严禁擅自拆改燃气设施设备；

□ 燃气管必须做明管，不得暗敷（入墙式燃气管除外）；

□ 燃气管道不得穿越卧室，穿越吊平顶内的燃气管道直管中间不得有接头。

二、泥木验收项目

1. 基层找平

□ 找平层与下一层结合应牢固，无空鼓；

□ 找平后完成面应密实，无起砂、开裂等缺陷；

□ 地面找平完成面的平整度符合要求；

2. 墙砖铺设

□ 表面平整度及阴阳角方正度符合要求；

□ 接缝均匀，宽度一致；

□ 单块砖边角空鼓面积≤ 15%，每自然间空鼓不应超过总数的 5%；

□ 砖面无裂纹、掉角、缺棱等现象；

□ 采用对花铺贴方式的，拼接应正确；

3. 地砖铺设

□ 表面平整度符合要求；

□ 接缝均匀，宽度一致；

□ 地砖铺贴不允许有空鼓；

□ 有排水要求的地面，表面坡度符合设计要求，不倒泛水、无积水；

□ 砖面无裂纹、掉角、缺棱等缺陷；

□ 采用对花铺贴方式的，拼接应正确；

4. 纸面石膏板

□ 宜使用不锈钢自攻螺钉，若为普通自攻螺钉必须刷防锈漆；

□ 自攻螺钉的钉头宜略埋入板面，并不得使纸面破损；

□ 石膏板边自攻螺钉间距 150 ~ 170mm，板中钉距不得大于 200mm；

□ 相邻石膏板拼缝大小应均匀一致，宜为：3 ~ 5mm；

□ 双层石膏板吊顶上下层应错缝安装，避免接缝在同一条龙骨上；

□ 潮湿空间使用纸面石膏板的，应采用防潮石膏板；

5. 现场木作

□ 配件应齐全，安装应牢固、正确；

□ 木制品表面应光滑洁净、色泽均匀，无划痕、磨损、起翘等缺陷；

□ 木作面板表面平整度、垂直度符合要求；

□ 木作阴阳角方正度符合要求；

□ 采用贴面材料时，应粘贴平整牢固、不脱胶。

三、竣工验收项目

1. 涂料涂刷

□ 墙面顺平，无明显起皮、起壳、鼓泡、泛碱、掉粉等缺陷；

□ 墙面阴阳角方正度符合要求；

□ 分色线直线度偏差符合要求；

□ 涂料涂刷均匀，无明显透底、色差，无漏涂；

□ 无明显滚筒印、滚纹通顺；

□ 无明显砂眼，无流坠，无粒子等；

2. 电路工程

□ 配电箱内接线桩与导线连接牢固、无松动；

□ 配电箱内漏电保护器能够正常使用；

□ 配电箱内各分路应标明具体用途；

□ 开关插座表面无破损、划伤；

□ 开关插座安装牢固，紧贴墙面，四周无缝隙；

□ 插座接线原则：面向插座的左侧应接零线，右侧应接相线，中间上方应接保护地线；

□ 湿区应安装防溅插座，开关宜安装在门外开启侧的墙体上；

□ 同一空间内开关插座高度应在同一水平线；

3. 灯具安装

☐ 灯具安装应端正，所有灯珠应齐全；

☐ 灯具固定牢固可靠，不使用木楔，固定点不少于两个；

☐ 当灯具重量大于 3kg 时，需使用螺栓和预埋吊勾固定；

☐ 筒灯安装应整齐，不应有偏斜、错位现象；

4. 卫生洁具

☐ 表面光洁、无污迹、无划伤，安装端正牢固；

☐ 上水左热右冷、混水阀平正、软管连接无渗漏；

☐ 下水畅通、无倒坡、无堵塞、无渗漏；

☐ 地漏安装应低于排水表面、周边无渗透、无积水、排水顺畅；

☐ 各种卫生设备与地面或墙体的连接应用金属固定件安装牢固；

☐ 各种卫生陶瓷类器具不得采用水泥砂浆窝嵌；

☐ 洁具与台面、墙面、地面等接触部位应采用密封胶密封固定；

5. 五金件

☐ 五金件安装牢固、位置正确；

6. 壁纸（布）

☐ 色泽一致无明显色差；

☐ 与顶角线、踢脚板拼接紧密无缝隙；

☐ 粘贴牢固，不得有漏贴、补贴、脱层；

☐ 表面无气泡、裂缝、褶皱、污渍等缺陷；

☐ 边缘平直整齐，无明显接缝，且不得有纸毛、飞刺；

☐ 阴角处接缝应搭接，阳角处应包角不得有接缝；

☐ 壁纸（布）花色一致、拼接处花纹吻合。

以上 83 条验收事项为河狸质检服务中的部分项目，河狸质检（全称：齐家·河狸质检）是齐家网平台推出的一款第三方装修质检服务，全部验收项目共计 172 条，如需详细了解，可扫描下方二维码。